图书在版编目（CIP）数据

京津冀地缘关系史 / 孙冬虎等著 . —北京：北京燕山出版社，2022.12
ISBN 978-7-5402-6582-3

Ⅰ . ①京… Ⅱ . ①孙… Ⅲ . ①华北地区－地方史－研究 Ⅳ . ① K292

中国版本图书馆 CIP 数据核字（2022）第 106989 号

北京学术丛书

京津冀地缘关系史
JING-JIN-JI DIYUAN GUANXI SHI

著　　者：孙冬虎　高福美　李　诚　靳　宝　王建伟
责任编辑：刘占凤　张金彪
书籍设计：芥子设计 + 黄晓飞
出版发行：北京燕山出版社有限公司

社　　址：北京市西城区椿树街道琉璃厂西街 20 号
邮　　编：100052
电话传真：010-65240430（总编室）
印　　刷：北京富诚彩色印刷有限公司
开　　本：787 mm×1092 mm　1/16
字　　数：347 千字
印　　张：17
版　　次：2022 年 12 月第 1 版
印　　次：2022 年 12 月第 1 次印刷
书　　号：ISBN 978-7-5402-6582-3
定　　价：**78.00 元**

北京学术丛书

京津冀地缘关系史

孙冬虎 高福美 李诚 靳宝 王建伟 著

北京燕山出版社

本书系北京市社会科学基金重大项目
《京津冀地缘关系的历史考察》（批准号：15ZDA24）成果

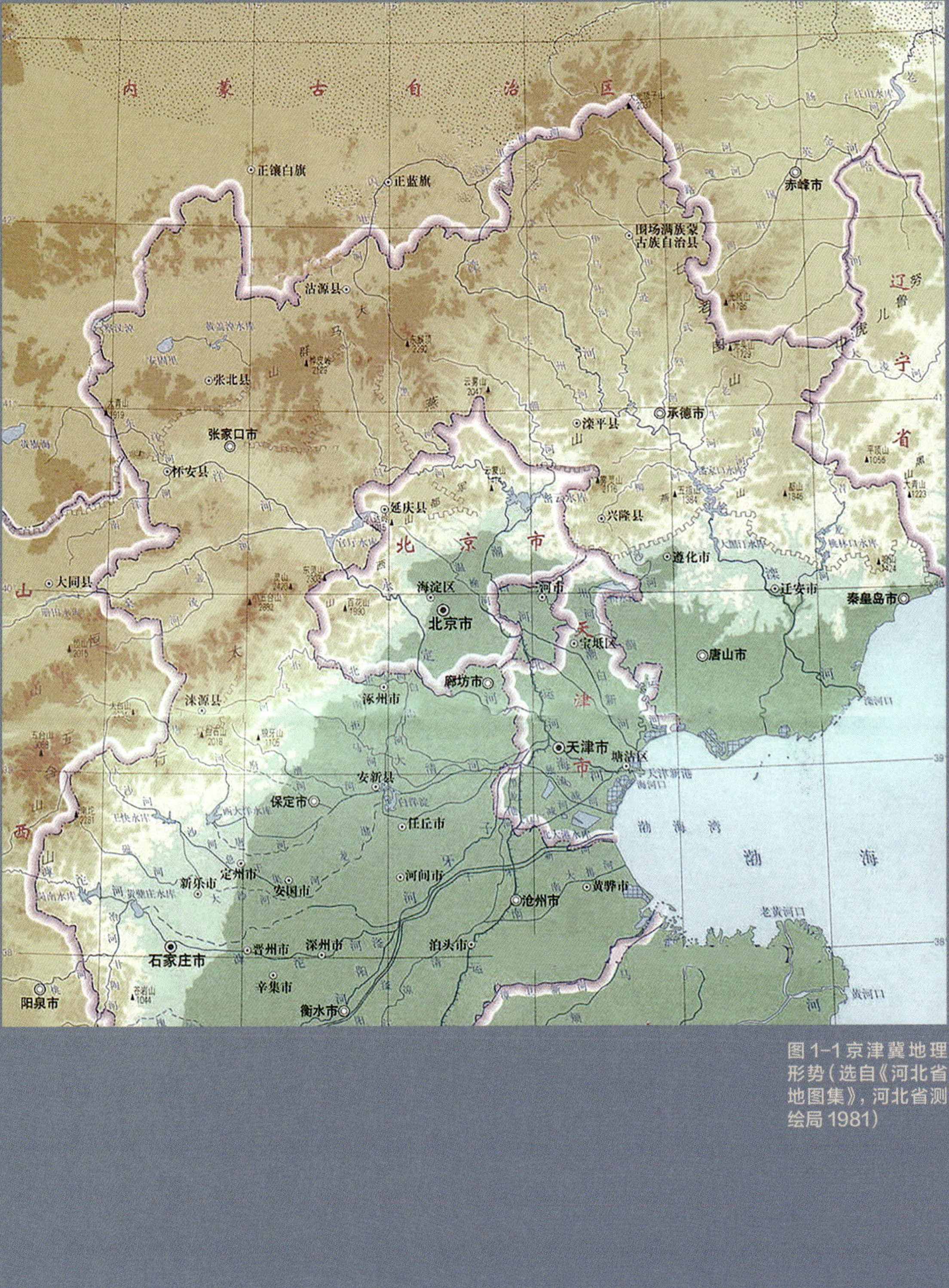

图 1-1 京津冀地理形势（选自《河北省地图集》，河北省测绘局 1981）

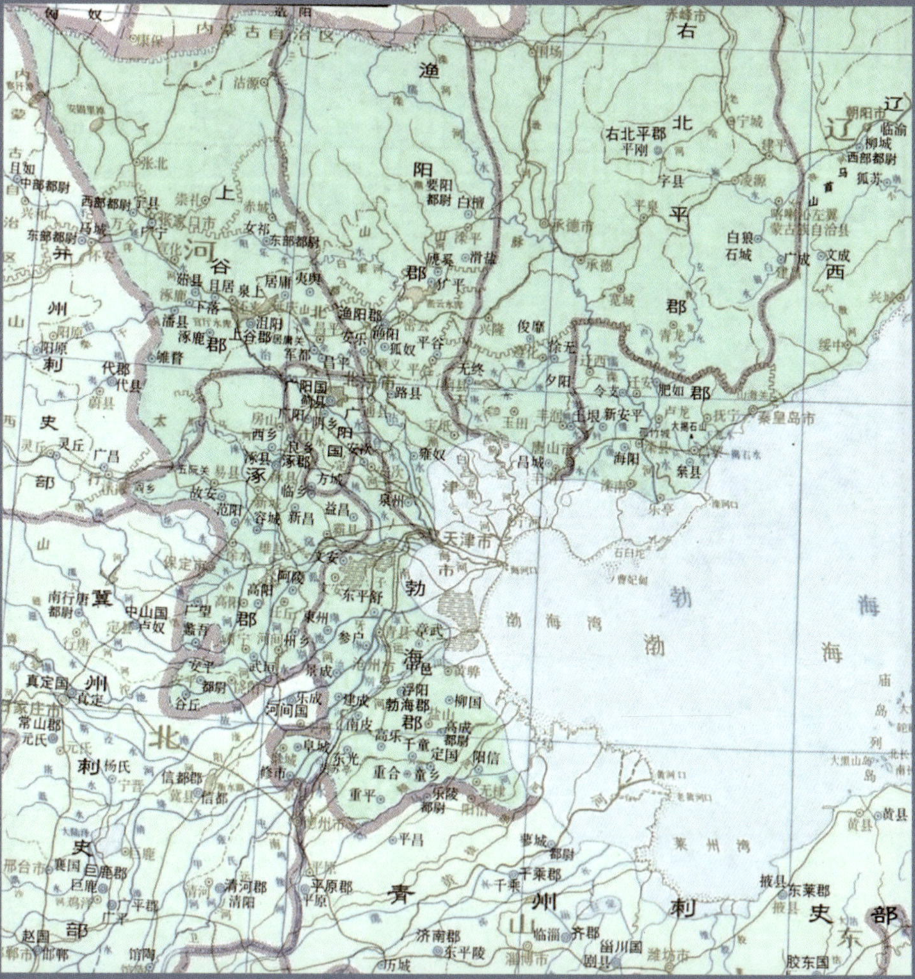

图 1-2 西汉幽州等刺史部局部（选自《中国历史地图集》第二册）

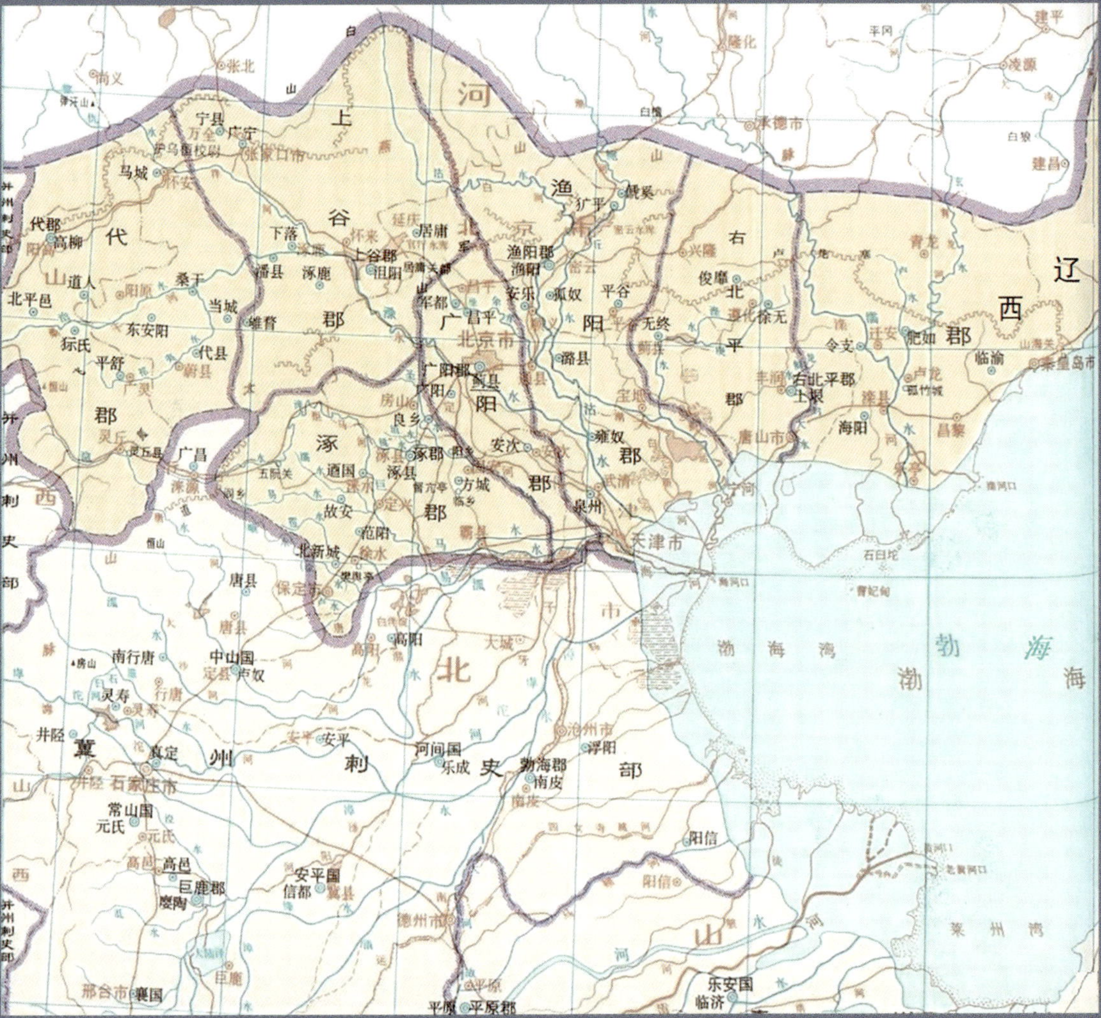

图1-3 东汉幽州、冀州刺史部局部（选自《中国历史地图集》第二册）

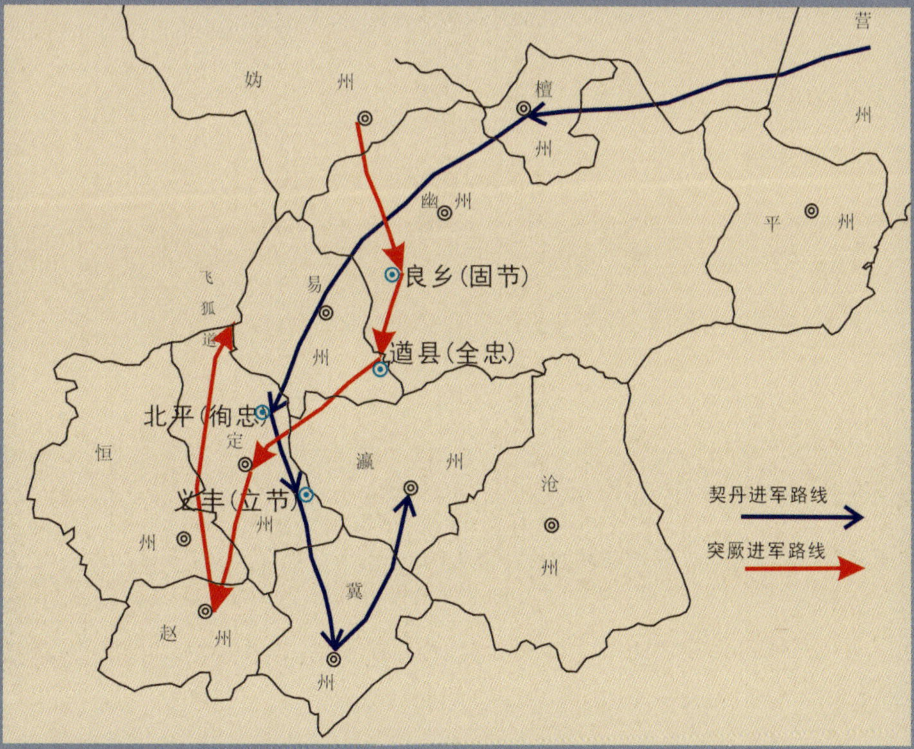

图 2-1 武周时期契丹突厥入侵与河北县名更改

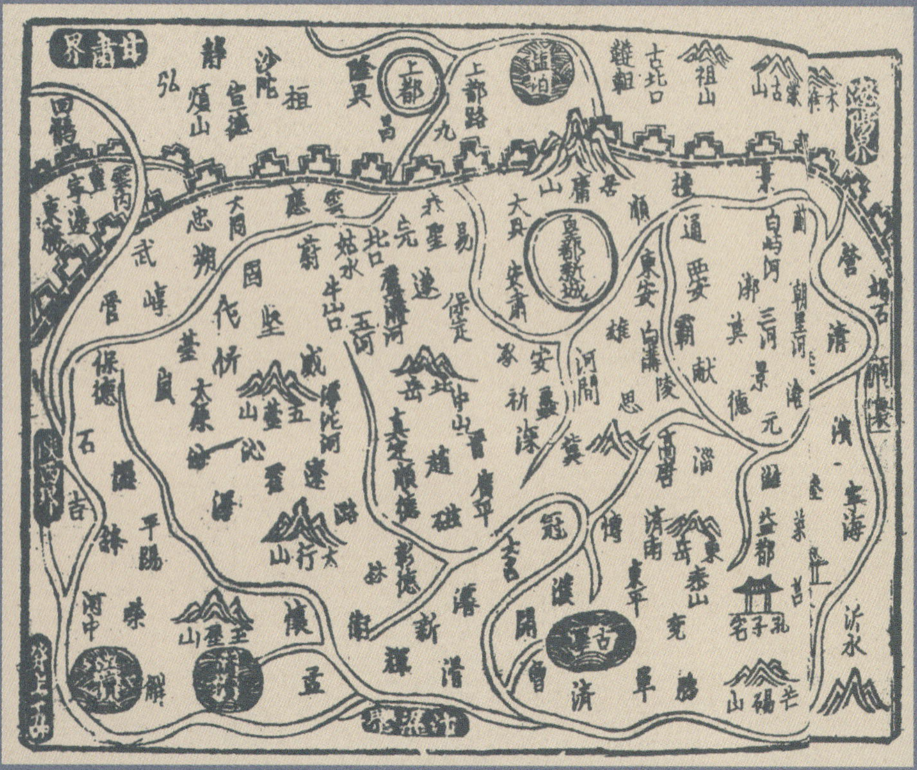

图 2-2 元代腹里图（选自《事林广记》卷三）

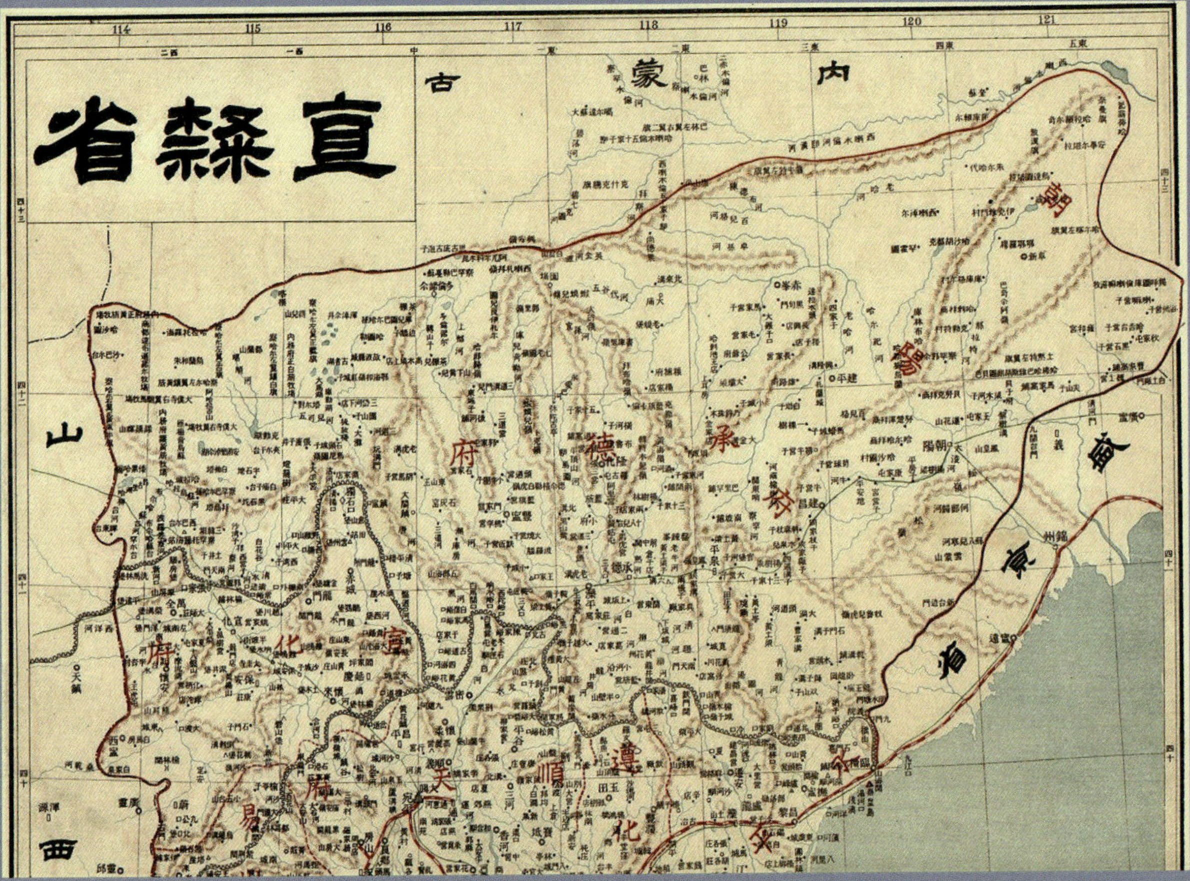

图 2-3 《大清帝国全图》直隶北部

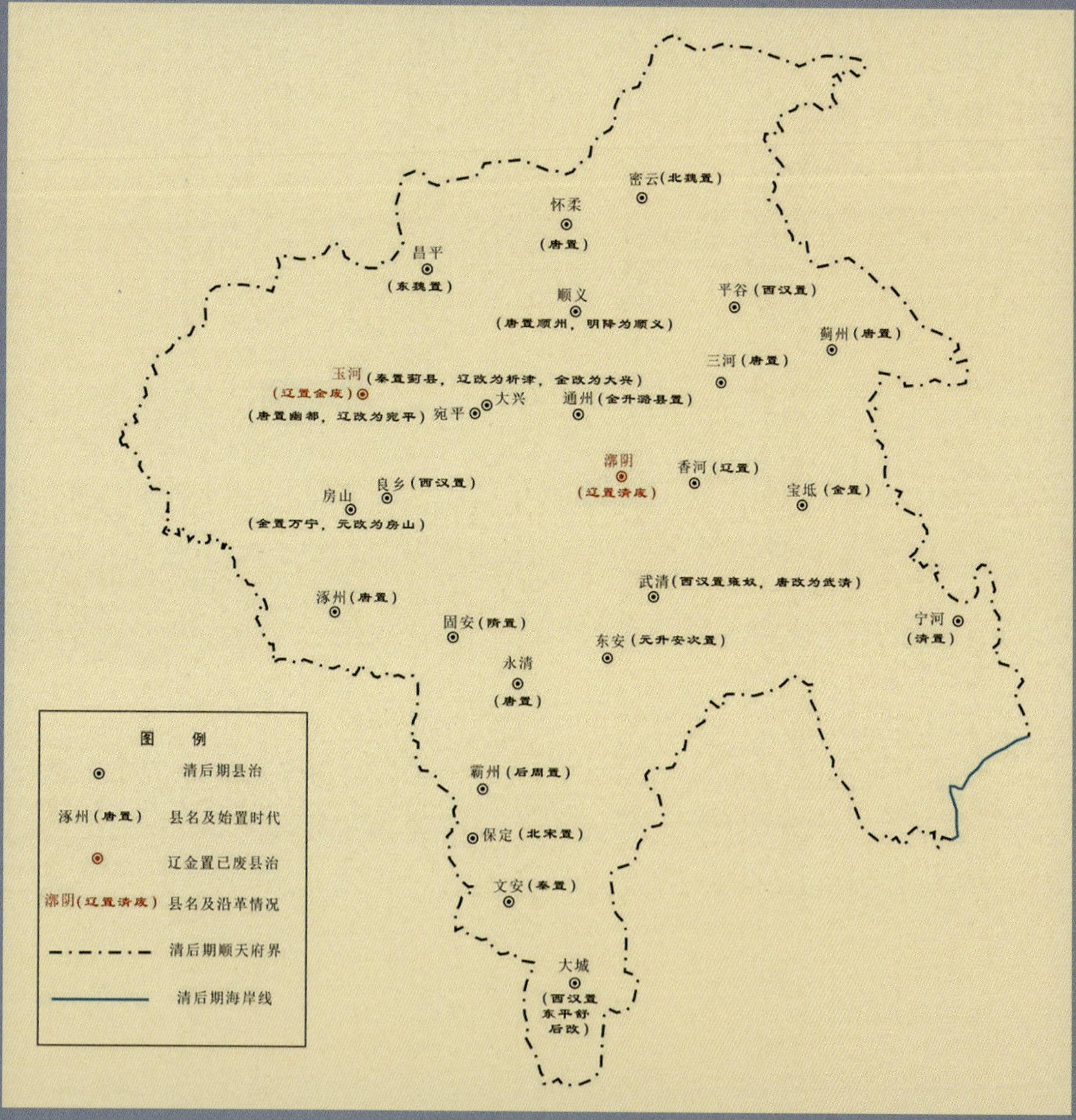

图 2-4 清顺天府境内历代州县沿革

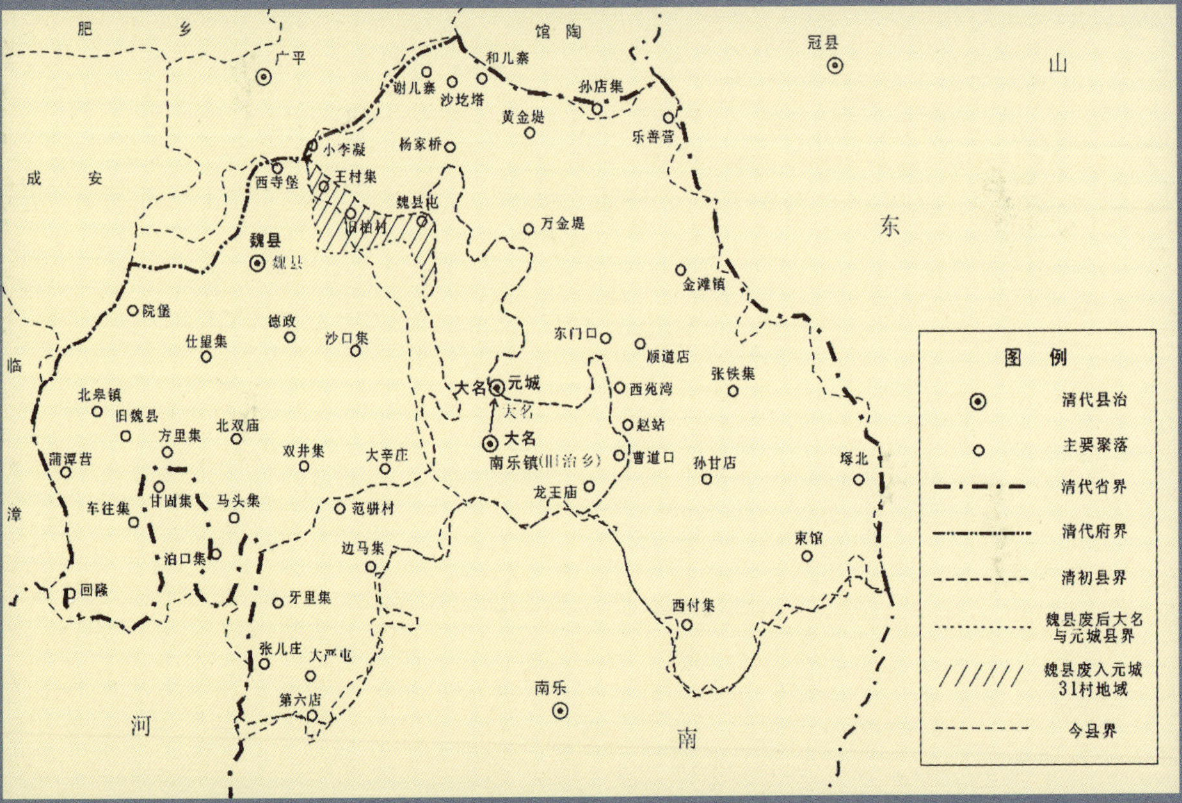

图2-5 清代魏县、大名、元城县界

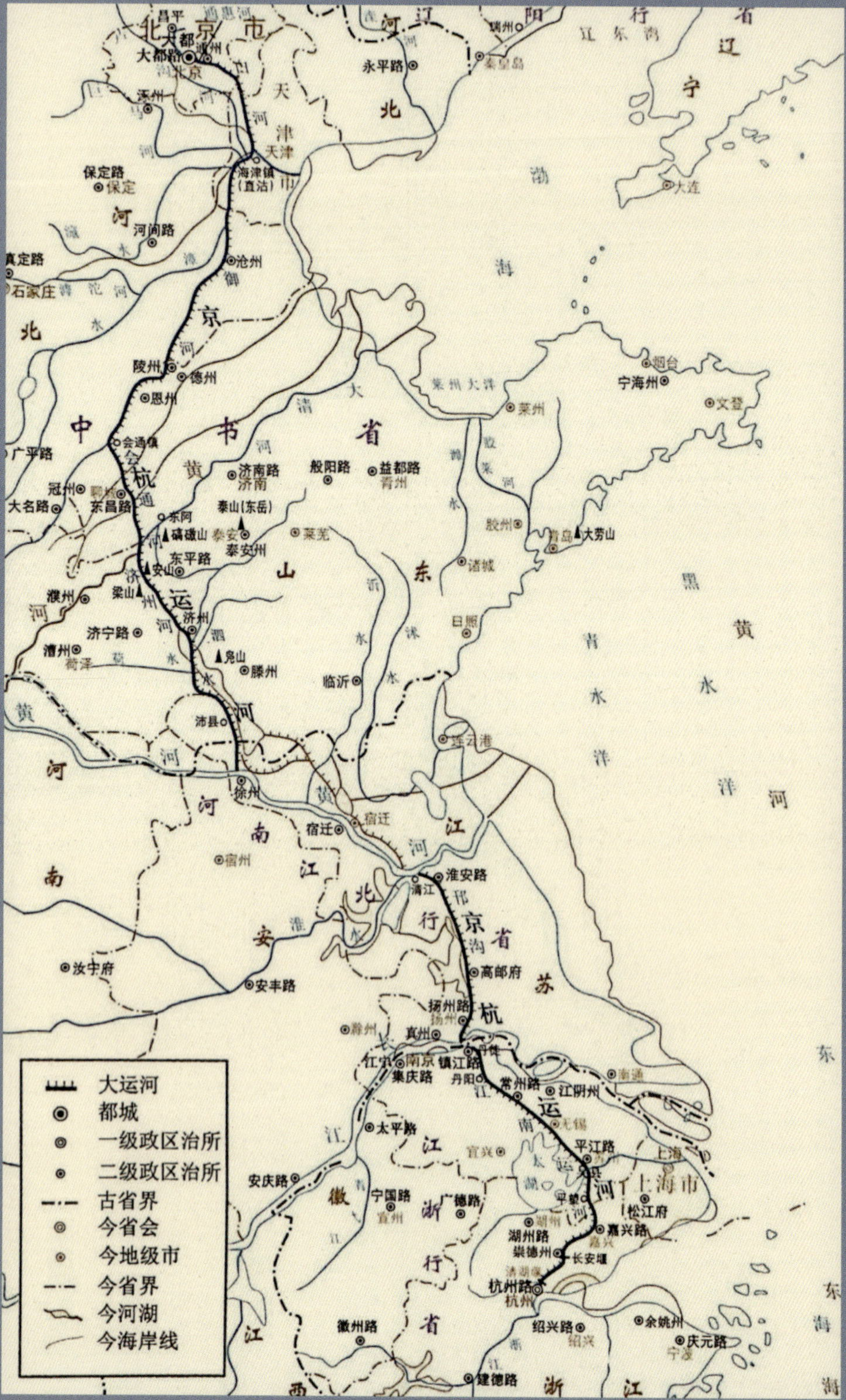

图 3-1 元代大运河（选自《北京历史地图集》人文社会卷）

图 3-2 元代漕运的海上航线

图 3-3 京奉铁路正阳门东车站今貌（孙冬虎 2018 年摄）

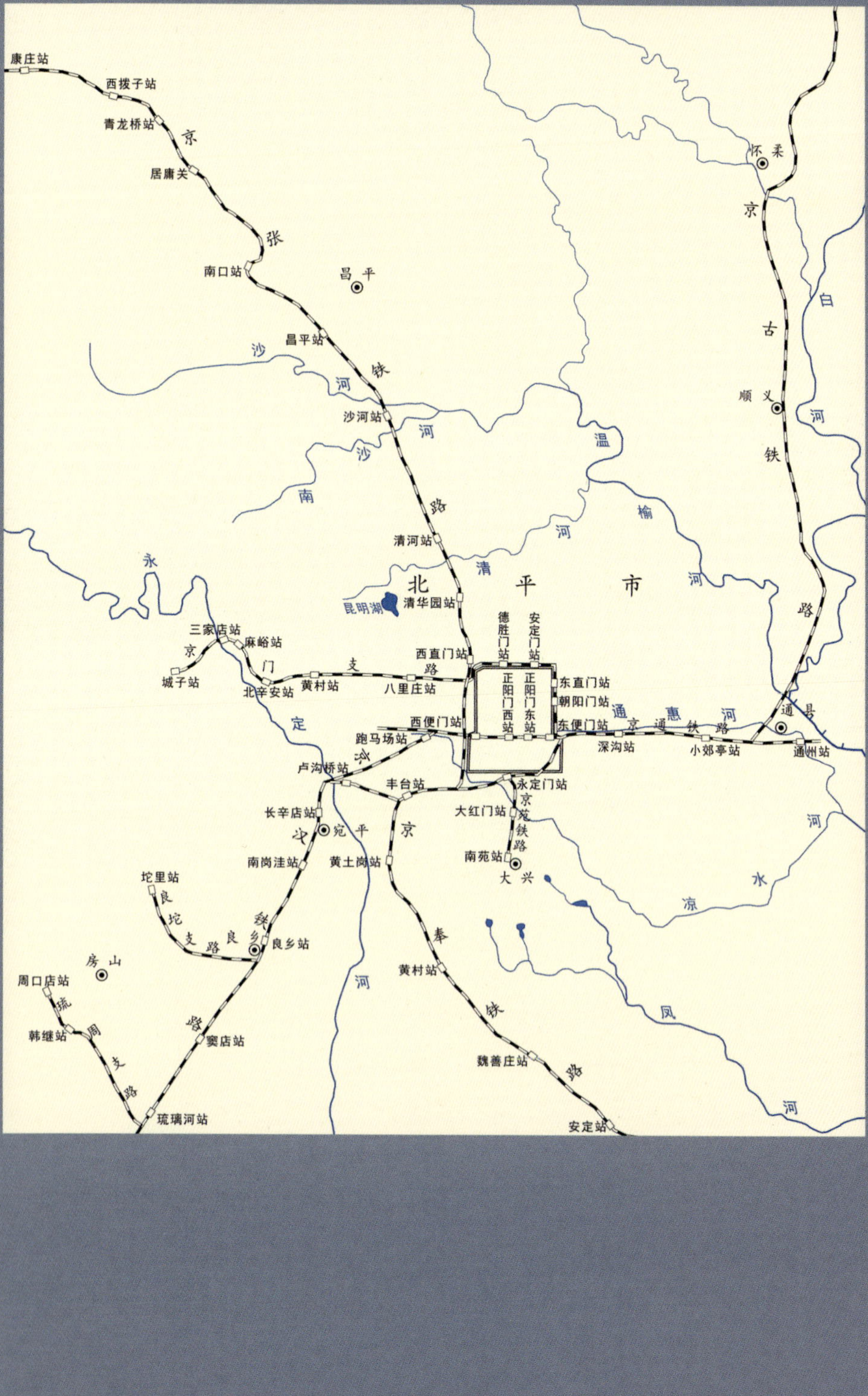

图 3-4 民国北京地区的铁路系统（据《北京历史地图集》人文社会卷改绘）

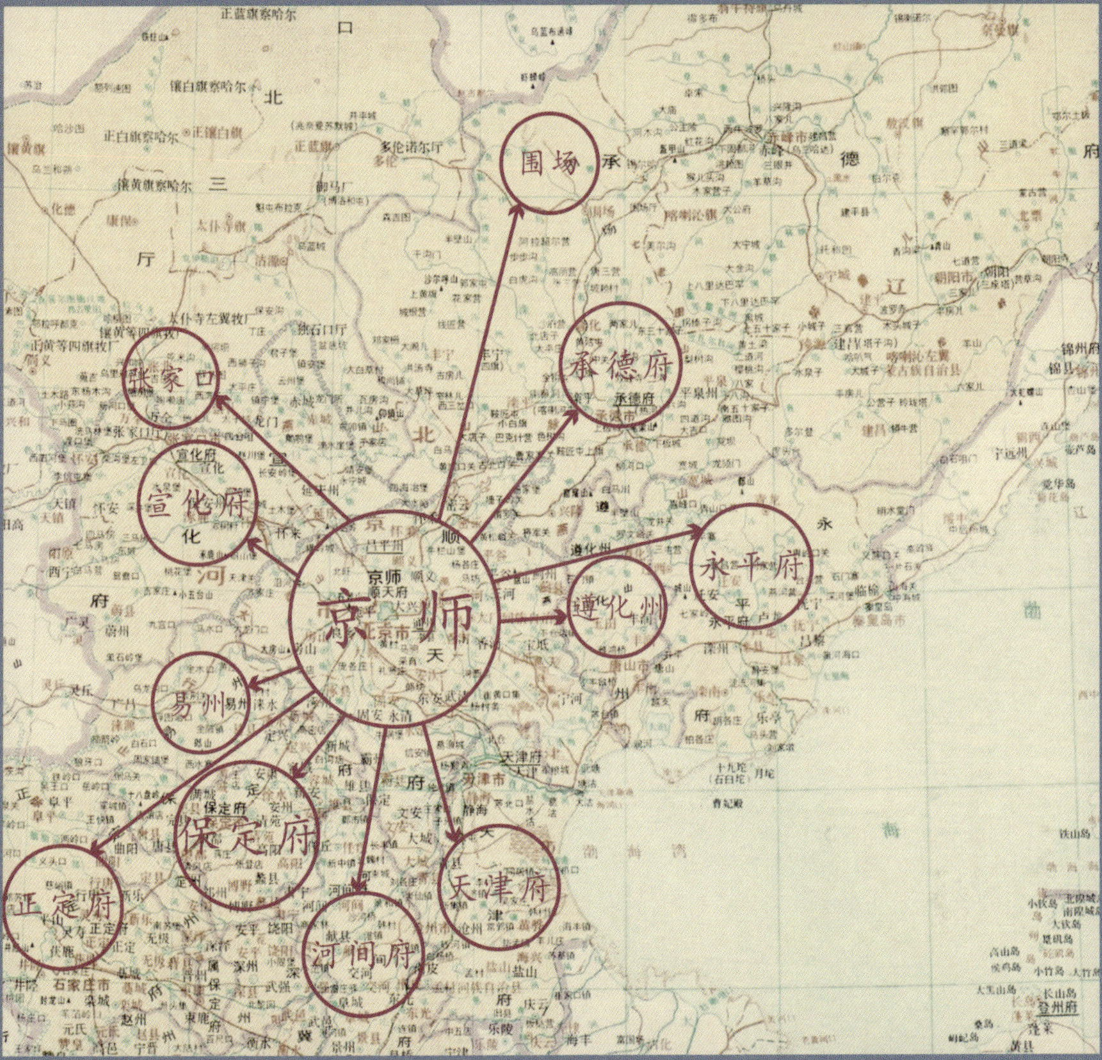

图 3-5 清代京师及周边城市和区域（据《中国历史地图集》人文社会卷改绘）

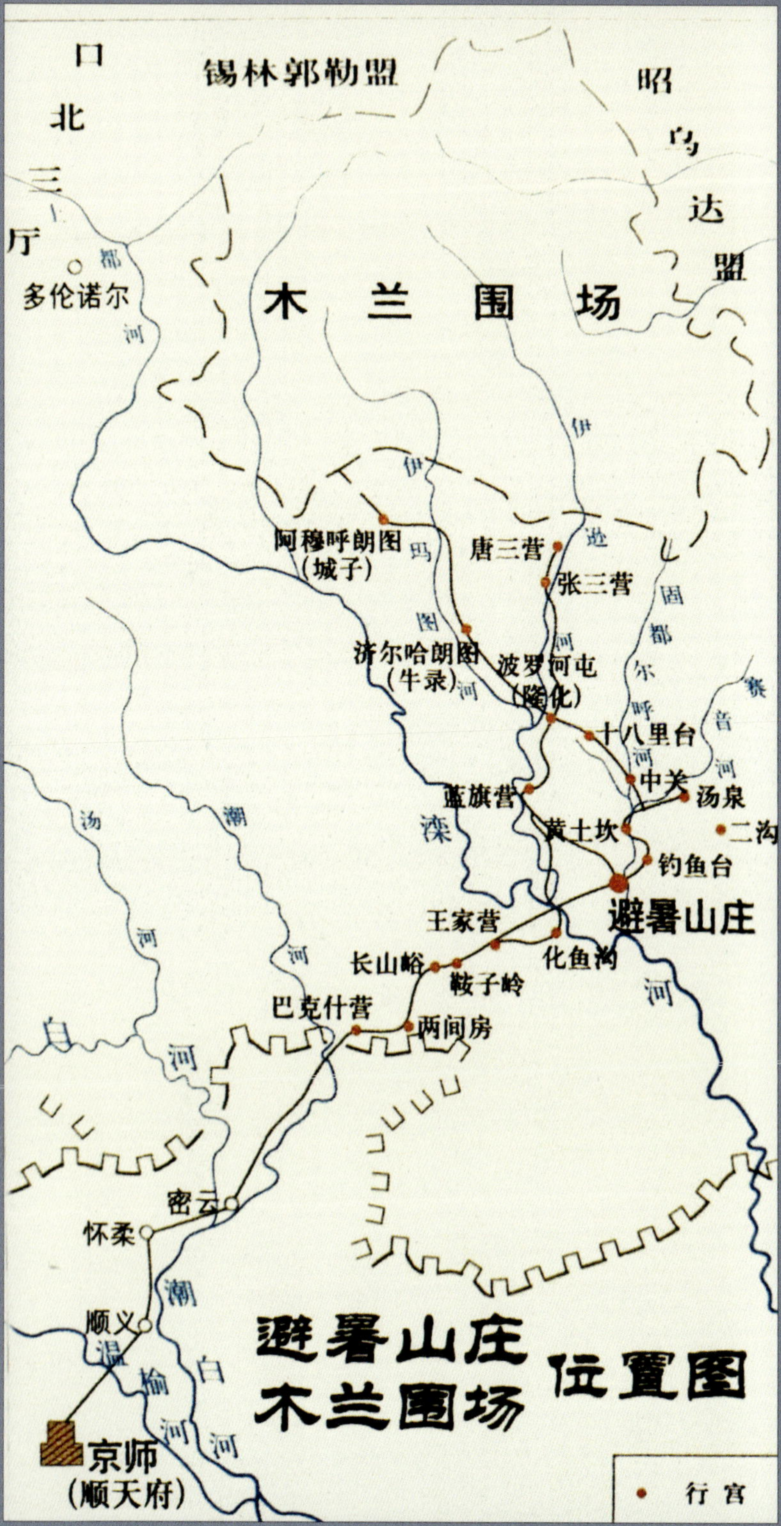

图 3-6 避暑山庄与木兰围场（选自《北京历史地图集》政区城市卷）

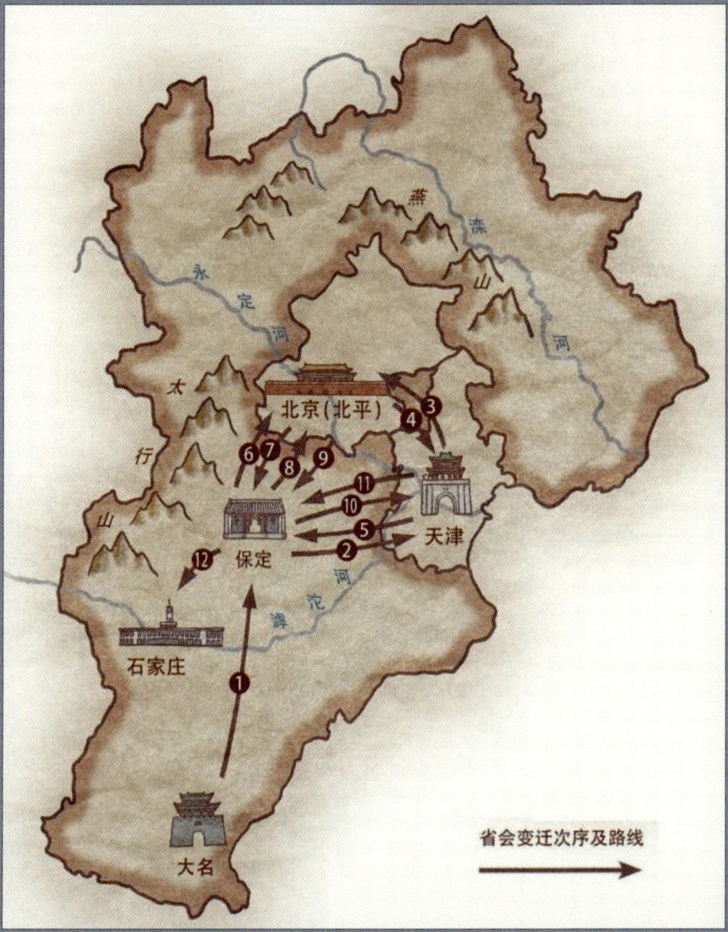

图 3-7 河北省会的迁移（选自《中国国家地理》2015 年 1 期，孟凡萌绘）

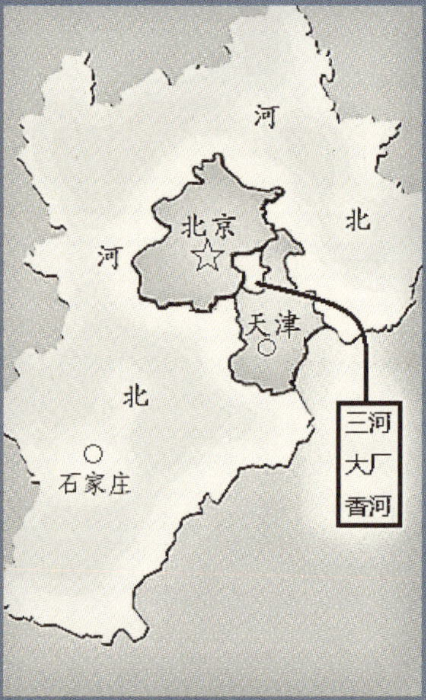

图 3-9 京津之间的“破碎地带”

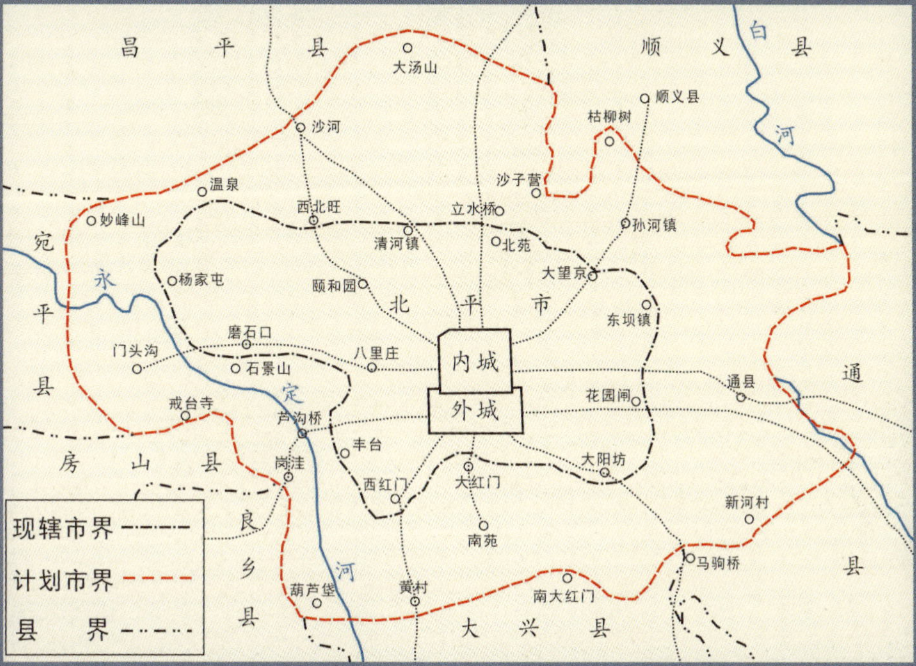

图 3-8 北平市新市界计划略图（据《北平市都市计划设计资料第一集》改绘

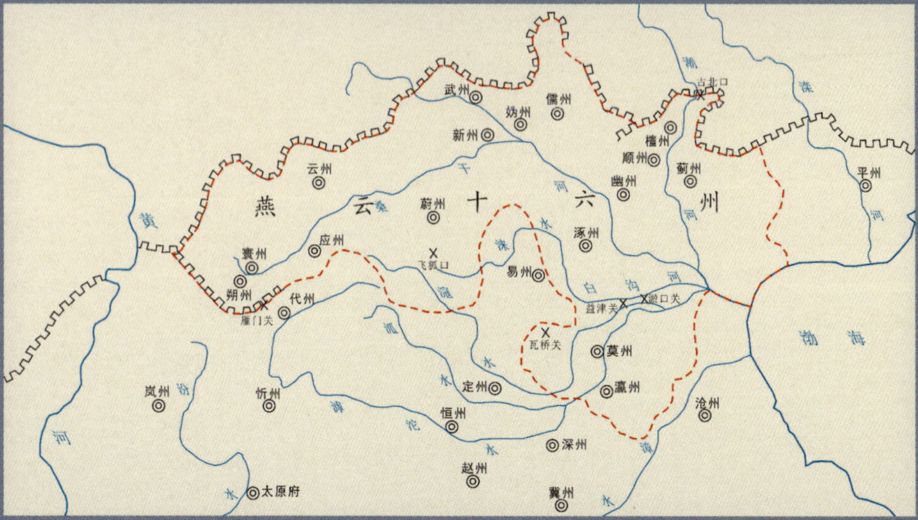

图 5-1 燕云十六州略图

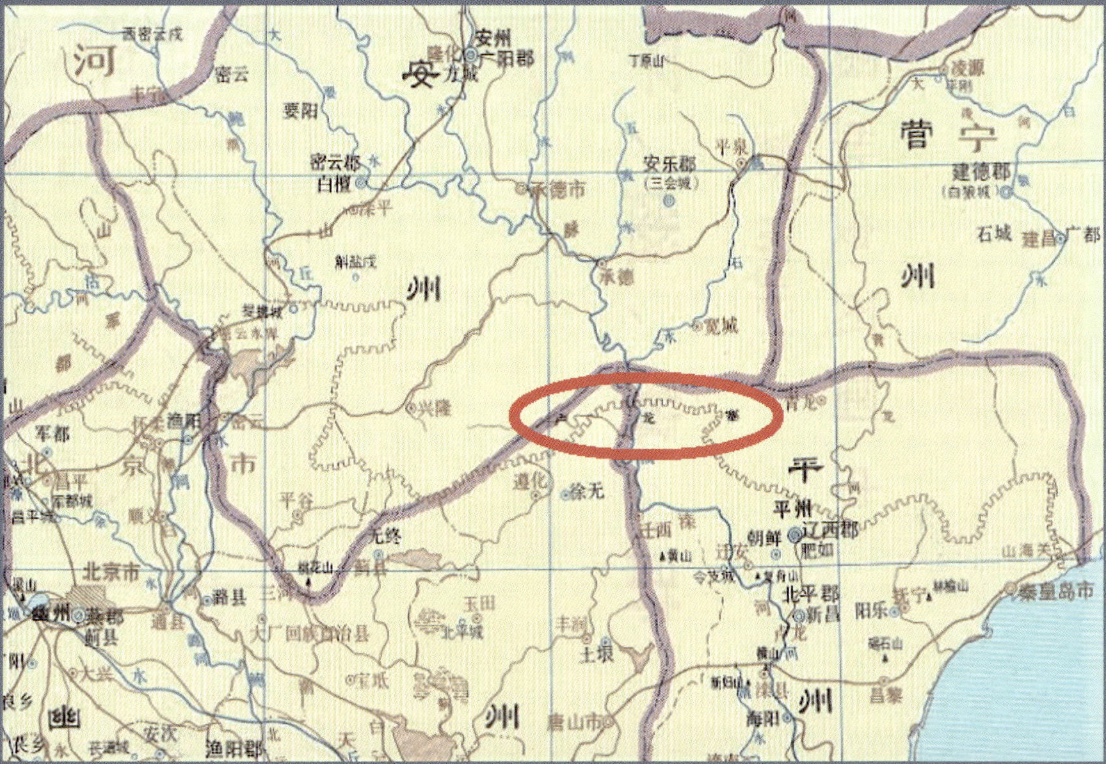

图 5–2 魏晋北朝时期的卢龙塞（选自《中国历史地图集》第 4 册）

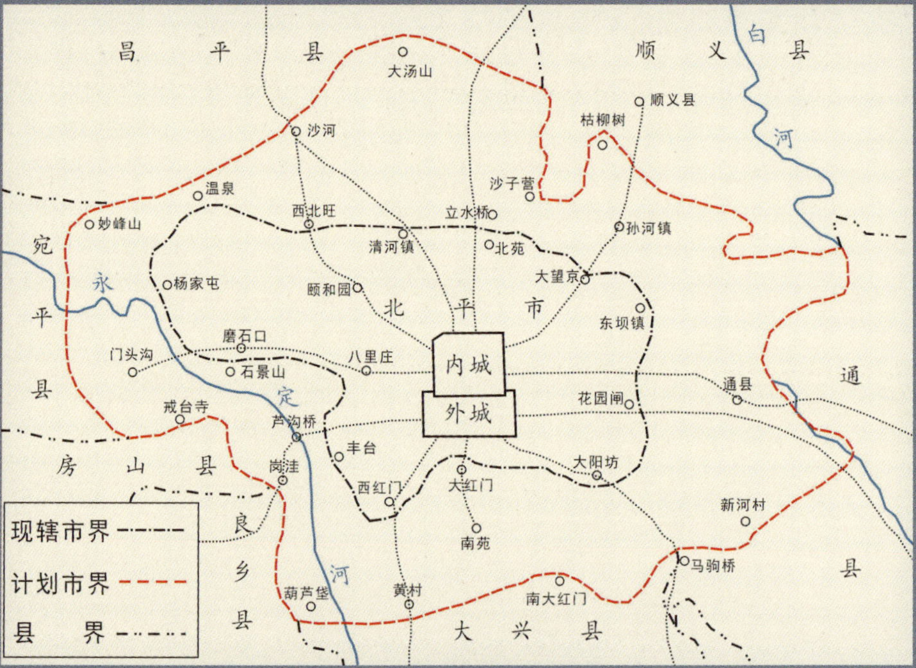

图 5—3 明代四镇总图（《四镇三关志》民国抄本）

图 6-1 清末长城外的骆驼队（山本赞七郎《北京名胜》，1906）

图 6-2《益世报》阅报栏（选自《哈里森·福尔曼中国摄影集》）

目 录

引　言

（一）研究宗旨与学术基础

对京津冀之间的地缘关系进行历史的考察，旨在以历史地理、区域史、专门史的综合研究为基础，为拓展和深化区域历史研究做出新探索，同时力求为推进京津冀协同发展战略提供人文社会科学的理论支撑。

就学术本身而言，京津冀区域历史和社会发展研究，是三省市人文社会科学界的基本任务之一。虽然有关学者在立足本地的基础上也曾注意到三者之间的彼此关联和相互影响，但由于研究者各有自己的学术志趣和目标要求，自然首先要完成以本地为中心的预期任务，对与另外两地的关系问题着力有限，在研究区域上难免有一些“画地为牢”与“各自为战”的倾向，但这也是无可厚非的选择。学术视野的局限，势必会在一定程度上削弱关于区域社会发展进程及其影响因素、作用机制、社会效果等问题的分析和透视，影响结论的精确性以及最终成果的学术意义和应用价值。把京、津、冀三地的社会历史发展视为一个有机关联的整体，在已有成果奠定的基础上，努力拓宽区域历史研究的领域，将有助于深化相关学术问题的探索。

基础研究的深化和拓展不仅是推动学科进步的动力，由此获得的某些成果也可以发挥“以古鉴今”的作用，面向社会发展的需要提供决策参考。实现京津冀区域协同发展，是在国家层面上大力推动“首都圈”面向未来的一项重大战略。京津冀之间历史与现实的地缘关系，构成了三省市密不可分的纽带。不同区域之间的地缘关系，是以地理位置的彼此接近或相隔遥远为前提形成的双边或多边的关联。互为邻居的京津冀三省市的这种关系，体现在地理格局、生态变迁、政治互动、经济关联、军事体系、文化脉络、社会融合等许多方面。当代社会发展的基础，来自这个区域的人民千百年来劳动创造的不断累积。未来的区域可持续发展，不仅要依靠当代日新月异的科学技术，也需要从人文社会科学的视角去考察下列问题：历史上京津冀之间彼此具有怎样的地缘关系？基于这种关系形成了怎样的环境、政治、经济、军事、文化、社会的相互关联？这种关联在何种程度上推动或制约着各自的区域发展？在京津冀协同发展进程中如何发挥区域历史人文资源的作用？这些既是关系到科学制定相关政策、规划、措施的实际问题，又是人文社会科学尤其是区域历史研究领域亟待探索的重大学术问题。如果能够比较系统地破解其间关键性的学术疑难，可望为推进京津冀协同发展战略提供人文社会科学的决策参考。

已有的相关研究是我们继续前进的基础，简要回顾近年来的学术进展，可以看到，京、津、冀三地的地方史与历史地理学者，一般以各自地域为中心展开研究工作。关于北京史、天津史、河北地方史的大量专著，尽管涉及彼此之间地缘关系的内容有限，却依然是认识各自城市或区域历史发展的主要文献。1988年出版的《北京与周围城市关系史》①，初步说明了天津、保定、张家口、承德、秦皇岛、唐山的发展过程及其与北京的某些关联，至今仍有参考价值。自从近年国家提出并实施京津冀一体化协同发展战略以来，社会各界展开了热烈的研究和讨论。仅中国知网著录的相关文章就接近一万篇，涉及京津冀当代发展的交通、金融、旅游、物流、人口、产业结构、环境治理、生态保护、水源供需、协调创新、资源共享、区域规划、城市体系、人才合作等众多方面。但是，在这个大视野之下进行的区域历史文化、地缘关系等方面的研究屈指可数，在某种程度上具有“历史味道”的相关论文，迄今大体只有以《京津冀之于“一带一路”的历史地位》②《京师·口岸·腹地：京津冀一体化的历史地理学解读》③《京津冀文化的历史演变与文化产业协同发展略论》④《京津冀区域协同发展的历史文化根基》⑤以及《“京津冀一体化”的历史考察》⑥等为代表的数篇。针对上述状况，我们将致力于从多方面探究京、津、冀在历史上的地缘关系，系统阐述作为一个整体的“京津冀”的历史变迁与发展规律，差可弥补目前研究的某些不足，力求提出我们的新认识。

（二）基本思路与研究内容

本项研究的核心目标，在于系统阐释历史上京、津、冀三者之间存在的地缘关系的发展过程及其变迁规律。在研究范围广阔、涉及内容众多、时间跨度巨大的情况下，必须广泛吸收历史学与多种相关学科关于古今北京、天津、河北的区域研究或个案分析的已有学术精华，在此基础上加以提炼、丰富、拓展、深化，进而实现预期的目标。为此，需要遵循区域史、城市史、专门史、历史地理等学科的基本理论，致力于相关学科研究方法的融会贯通和综合运用，根据研究对象的性质选择具有针对性的研究方法，从而尽量减少工作过程中的偏差，增强研究结论的科学性、准确性和系统性。文献资料的充分运用与必要的实地调查相结合，是取得预期成果的重要保障。在参考当代论著和考古成果之外，我们还将从古代史籍、地理文献、文集杂著、地方史志、金石碑刻、档案资料、古今地图等途径

① 王玲：《北京与周围城市关系史》，北京燕山出版社1988年版。
② 梁勇：《京津冀之于“一带一路”的历史地位》，《石家庄学院学报》2015年第5期。
③ 张慧芝、冯石岗：《京师·口岸·腹地：京津冀一体化的历史地理学解读》，《河北学刊》2013年第1期。
④ 王宝林：《京津冀文化的历史演变与文化产业协同发展略论》，《河北工业大学学报》（社会科学版）2014年第2期。
⑤ 刘仲华：《京津冀区域协同发展的历史文化根基》，《前线》2014年第7期。
⑥ 孙冬虎：《“京津冀一体化”的历史考察》，《北京社会科学》2014年第12期。

寻找线索和资料。在此前提下进行必要的野外实地调查，以弥补文献资料的不足或匡正其间存在的谬误，为研究工作奠定可靠的学术基础。

在上述前提下，我们将重点说明下列问题：

（1）京津冀地缘关系的地理基础：以北京、天津两市被河北省包围为基本特征的地域格局，决定了区域自然地理环境及其影响因素的高度一致与密不可分。包括山区、盆地、平原等众多类型的复杂地貌，以海河水系为主、历史上湖泊广布的水文环境，大尺度因素影响下的气候条件，造就了南宋郑樵所谓“千古不易”的天然形势。历史上以沙尘、水旱为代表的自然灾害，通常都会波及整个京津冀乃至中国北方地区，工业化时代产生的生态环境问题也不可能容忍某一家“独善其身”，这些都是地理区域的彼此相接所致。

（2）京津冀地区行政区划系统的形成过程：行政区划是国家实施行政管理的重要手段，梳理京、津、冀在历史上作为国家一级政区的形成、分合过程和一般规律，有助于认识本区域当代政区格局的来龙去脉及其利弊得失。梳理明代之前行政区划系统的基本结构和演变过程，是认识京津冀地缘关系的前提。明清时期天津作为口岸城市发展，初步建立了它与京师和直隶的相互关联。晚清民国直至当代，北京、天津辖境不断拓展，它们与河北（直隶）之间的行政区划经历了频繁的分合调整过程，由此形成了京津冀三省市最近半个世纪以来相对稳定的地缘关系。

（3）北京在京津冀地缘关系中的主导作用：北京在历史上长期作为国家政治中心的特殊地位，决定了它是京、津、冀三者关系中的主导因素。在区域城市群体中，国家首都具有领袖群伦的突出优势。整个区域乃至国家的水陆交通格局，自然以北京为中心。天津崛起之后，京津冀地区形成了首都北京、商港天津、腹地直隶（河北）互为倚靠的空间格局，它们的相互影响体现在政治、经济、军事、文化等重要方面。在明清时期，易州、遵化、承德、围场，与北京的关联尤为密切。

（4）京津冀地区城乡经济的发展历程及其相互关系：经济条件虽然不是北京成长为首都的决定性因素，但为满足北京的物资供应而进行的各类活动以及主要城市之间的商贸往来，却是区域经济发展的驱动因素。清理区域自然条件影响下的京津冀农业、手工业发展进程，认识天津作为漕运枢纽对北京物资供应的保障作用，分析京津驱动河北（直隶）城乡商品生产及物资流通、河北为京津两大都市崛起提供资源环境依托的相互关系，说明张家口在京津冀商贸格局中的独特地位以及社会经济因素制约下的区域人口迁移，都是从经济角度揭示京津冀地缘关系的重要任务。

（5）拱卫京师的古代京津冀地区军事防御体系：历史上的北京在它的幽州时代是中原政权的北方军事重镇，上升为首都后就转变为需要外围军事要塞拱卫的目标。燕山长城一线既是我国传统的农业文化与游牧文化的交错带与分界线，也为保卫中原地区的农耕文明树立了一道自然与人工相结合的军事地理防线。明代北京的防御体系建设与战略布局的变迁，清代天津作为北京东南海上屏障的作用，北京外围军事重镇宣化、张家口、保定等城市的成长，代表了军事文化视角下的京津冀地缘关系。

（6）京津冀文化发展的历史脉络和地域特色：地脉相连、人缘相亲的京、津、冀三地，千百年来形成的地域文化既有共同特征又有区域差异，这是体现彼此之间地缘关系的一个重要方面。梳理区域文化的发展历程，分析自然条件、人文环境对区域文化特征的影响，从风俗、艺术等方面审视京津冀的文化分异与相互交融，有助于充分认识融汇八方、辐射全国的北京地域文化，九河下梢、多方聚集的天津文化，燕赵之风熏染下的河北地域文化。

（7）京津冀地缘关系研究的基本结论：在多角度研究的基础上归纳主要收获，总结历史上京、津、冀地缘关系形成和发展的一般特征与变迁规律，根据历史经验提出关于当代推进京津冀协同发展的政策建议。

北京、天津、河北的区域史或城市史研究已相对成熟，但以往受课题具体目标的限制，研究范围大多只是涉及其中的一座城市或河北省的某个区域，关于历史时期城市群体关系的讨论还比较粗略。因此，对于京、津、冀之间地缘关系的历史发展过程及其变迁规律的探索，将有助于突破以往“画地为牢”的地域局限，把三足鼎立的京、津、冀作为一个整体加以综合透视，又把问题的焦点从三者各自的历史发展转移到彼此之间的“地缘关系”上来，从而可望实现研究视角和研究内容的创新。当然，分别隶属于京、津、冀三地的研究者，对另外两地的了解通常不如本省市那样熟悉。从北京史学者的角度看来，把研究领域从北京地区拓宽到京津冀全境，在更广阔的学术视野下认识北京城市发展的历史进程与区域关联，这就有可能在较大程度上突破区域之间的分界，获得更具理论意义和实践价值的认识。

第一章

燕赵连壤：地缘关系的自然基础

一般而言，“地缘”大致可以理解为不同区域之间由于地理位置的缘故而形成的相互关联。产生这种关联的区域——不论是自然区域、行政区域还是国家或地区——当然要在两个或两个以上，地理位置则有彼此邻近或相互隔远的区别。以地理位置为纽带，以某个空间范围为依托，基于现实或历史上的共同交往与地域关联而产生的人际关系，比如邻里、同乡、故土等观念，是“地缘关系”最普遍的大众化的表现形态。上升到国家层面，地缘关系就是彼此之间以地理位置、空间距离、综合国力、国家利益、意识形态等要素为基础的政治、军事、经济、文化等方面的协调、交融或矛盾、排斥。围绕着地理因素与国际关系这个主题而构建的“地缘政治学”，被定义为“国际关系的地理学”[①]，旨在从地理视角考察国际关系的历史、现状，更重要的在于预测其未来的发展趋势和政治格局。北京、天津、河北之间的地缘关系，是我国三个省级政区之间的关系。它既有别于同乡之间的人际关系，也与受到地理因素影响的国际关系有着本质的不同，而是属于国家政治制约下的区域关系。在这个意义上，我们可以有限度地借鉴原本用来分析国际关系的某些地缘政治学观点，考察京、津、冀三省市之间地缘关系的历史与未来。

（一）彼此为邻：山水与共的地理区位

京津冀地区在先秦时期属于燕国与赵国的辖境，彼此连壤的区位特征是地缘关系相当密切的决定性因素。“燕赵”很久以来就是以今天的河北省为主体的广阔地域的代称，汉代的《古诗十九首》称“燕赵多佳人，美者颜如玉”[②]，唐代韩愈《送董邵南序》更有名言“燕赵古称多感慨悲歌之士”[③]。燕都蓟城（在今北京西南）与赵都邯郸（今河北邯郸）之间的海河平原中部区域，往往被称为“燕南赵北”。东汉献帝初年幽州童谣说：“燕南垂，赵北际，中央不合大如砺，唯有此中可避世。”[④]北朝北周大象二年（580）十二月，李德林代拟的诏书，有“燕南赵北，实为天府”之语[⑤]。北宋苏轼到定州任职后的信札称：“燕南赵北，昔称谋帅之难；尺短寸长，今以乏人而授。”[⑥]后世还根据“燕南赵北”之意，命名了处在燕

① 索尔·科恩著，严春松译：《地缘政治学：国际关系的地理学》，上海社会科学院出版社2011年版。
② 沈德潜编：《古诗源》卷四《汉诗·古诗十九首》，中华书局1964年版，第90页。
③ 韩愈：《送董邵南序》，马其昶《韩昌黎文集校注》本，上海古籍出版社1986年版，第247页。
④ 范晔等：《后汉书》卷七十三《公孙瓒传》，第2362页。
⑤ 李德林：《隋公进爵为王诏》，严可均辑《全隋文》卷十七，清光绪间广雅书局刻本。
⑥ 苏轼：《苏轼文集》卷四十六《定州到任谢执政启》，中华书局1986年版，第1333页。

赵分界线上的城镇、今河北安新县赵北口。京津冀相互为邻的地理位置以及地形、水文等条件，为地缘关系的形成奠定了自然基础，提供了不同时代的人类通过多种活动继续改变这种地缘关系的广阔舞台（图1–1）。

以自然地理学的尺度衡量，京、津、冀三省市处于同一个地理单元。气候是在广阔的地域范围内表现为某种共同特征的环境因素，相互为邻的京、津、冀具有高度一致性。从地形上看，北京市辖区的西面与北面被太行山、燕山环抱，东南是海河平原的北段。天津市的主要辖区属于海河平原，东部濒临渤海湾，北部的武清区与北京市通州区毗连，蓟州区与北京市平谷区、河北省兴隆县交界。蓟州、平谷、兴隆境内的山地部分，属于燕山余脉。除此之外，京津两市的其他边界都与河北省接壤，河北省的三河、大厂、香河三市县又被京津两市包围。就水系而言，京津冀地区面积广大的西南部属于海河流域，被誉为北京“母亲河”的永定河是海河的众多支流之一，自西北向东南流经山西、河北、北京、天津，是最能够把这些政区辖境紧密联系起来的一条跨境河流与文化通道。自河北丰宁县西北的潮白河上游向东南，经北京密云区、天津蓟州区、河北玉田县至天津汉沽一线，是潮白—蓟运河流域，串起了京津两市的东北边缘地带与河北省的联系。河北省东北部即俗称“冀东地区”的绝大部分属于滦河流域，原本与京津两市并无干系。但是，1982年5月至1983年9月，为解决天津城市居民用水问题，实施了“引滦入津”工程，由此依靠人工打通了两个流域之间的联系。至于区域交通系统的格局，不论是铁路、公路、航空还是历史上沟通我国南北的大运河，无一不是以北京为中心、经过河北或天津向四外辐射。

行政区划制度是国家管理国土和人民的根本手段之一，历史上实施的行政区划制度，最终造就了北京（京师）、天津、河北（直隶）三个最高等级的政区单元在同一个比较“拥挤”的地理空间并存的格局。当代中国政区系统中的“市”经过多次变更，在小比例尺地图上显示的形状，已经从人口相对聚集、工商业比较发达、政治地位突出的“点”状的城市，拓展为以这个“点”为治所、下辖若干个次一级政区单元的“片”状的行政区域。今天的北京、天津二直辖市分别管辖十几个区，河北省大体延续着“省—市—县”层层管辖的政区系统。京津两市与河北省彼此接壤乃至“相互包围”的地理位置，为三地产生密切的地缘关系奠定了自然地理基础，进而形成了涉及政治、经济、军事、文化、生态等众多方面的地缘关系。

（二）星罗棋布：秦汉奠定的城镇格局

北京、天津在历史上首先是一座城市，它们或者由军事重镇发展到国家首都，或者从海防要塞和漕运中转站上升为商贸港口和政区治所。直到晚近时期“市”变为以城市为中心（治所）、同时管辖若干区县（包括建成区和广大农村）的国家最高级行政区域之后，才出现了当代意义上的京津冀地缘关系。因此，梳理京津两城市在区域城镇群中崛起的历史过程，就成为认识京津冀地缘关系的前提条件之一。为这个城镇群体奠定基本格局的时代是先秦两汉时期，嗣后的演变大致集中在城镇规模的伸缩与政治地位的升降方面，这些内容将与行政区划系统的沿革过程一起，在第三章予以更多说明。总体看来，京津冀地区在战国时期出现了城镇发展的第一次高潮，秦统一后趋于稳定。西汉时期迎来第二次高潮，进入东汉则有所收缩。在这样的背景下，每座城镇又有各具特点的建设过程与变迁轨迹，这些当然都是自然环境以及政治、经济、文化、社会因素综合作用的结果。古代所谓“城邑”，通常被视为城镇或城市的通称，但与当代的概念终究有所区别，本节将根据具体的语境选择采用。

1.春秋战国至秦代的城邑及其分布

根据相关史料初步统计，京津冀地区在春秋时期有城邑11座，其中河北9座、北京1座、天津1座。整体布局较为零散。从大尺度的地理环境来看，它们多数分布在太行山东麓，太行山以西仅有代县，燕山南麓地带也只有零星的几座。值得注意的是，其中有些出自鲜虞等少数民族部落之手，显示了民族融合对城市建设的影响。

战国时期，京津冀地区属燕国、赵国、中山国管辖，城市发展进入了第一个高潮。从数量上来看，这一时期区域内的城邑总数达79座，是春秋时期的近8倍。就分布区域而言，多数仍位于太行山东麓一带，太行山以西仅增加了安阳（治今河北阳原东南）1座城邑，位于桑干河东岸。燕山以北依然没有城邑。燕山南麓出现了新的城邑，即渔阳（今北京怀柔东南）、徐无（今河北遵化东）、临洵城（今三河市泃阳镇二里庄北）。在今天津地区，除了无终县（今蓟州区）之外，新增了泉州县（今武清区城上村）。太行山东麓一带新增了大量城邑，约有60余座。其中，督亢一带（今河北涿州、固安、高碑店等地）新增3座，这一地区春秋时期并无城邑。燕南长城一带以武阳（今河北易县东南）为中心，新增7座；中山都城顾（今河北定州）以北至燕南长城之间，新增10座。越过燕长城向南，沿途新增5座。以中山国后期都城灵寿（今河北灵寿县）为中心，新增12座。灵寿至赵国都城邯郸（今河北邯郸）一带，新增8座。以邯郸为中心的地区，新增5座城邑。

秦统一全国，京津冀地区属上谷、渔阳、右北平、代、广阳、恒山、巨鹿、邯郸诸郡管辖。与战国时期相比，城邑有增有减，但基本上是在沿袭前代城邑设县。秦代新设县的有广阳郡范阳（今河北定兴县西南四十里固城镇），右北平郡夕阳（今河北遵化东南）、字县（今河北平泉市东北），上谷郡夷舆（今北京延庆东北二十里古城）、宁县（今河北张家口万全区）、军都（今北京昌平西北土城或龙虎台）、上兰县（今北京延庆张山营镇佛浴口或东门营），渔阳郡白檀县（今河北滦平县东北小城子）。由此可见，秦统一后加强了广阳、上谷、渔阳、右北平诸郡的城市建设力度。

京津冀地区在秦代的城市分布与交通路线密切相关，表现出下列空间特征：

（1）从今河北保定至石家庄一带，分布了恒山郡的22座城邑，密度大，数量多。尤其值得注意的是，“太行八陉”的井陉（今河北井陉县微水镇西北北陉）和同样以山间通道为名的苦陉县（今定州东南邢邑镇）位于恒山郡内，显示出交通地位在城邑设置中的关键作用。恒山郡西面紧邻太原郡，是秦都咸阳通往东北的重要通道。

（2）太行山东麓大道，或称邯郸广阳道，除起点蓟城在今北京东南、终点洛阳即今河南洛阳之外，沿途城邑都在今河北境内。其具体路径是（今地括注于后）：蓟—涿县（涿州）—范阳（定兴固城）—容城（容城北）—北平（满城北）—卢奴（定州）—新市（新乐南）—真定（秦称东垣，今正定南）—元氏（元氏西北）—房子（高邑西南）—广阿（隆尧东）—邯郸（邯郸）—邺（临漳西南）—洛阳。除了新市、广阿为西汉新置外，其余均为秦代城邑。邯郸郡的10座城邑基本上分散在赵国都城邯郸周围，巨鹿郡的10座城邑多数也分布在邯郸广阳道上。由蓟城南下，在今河北境内的另一条交通大道，可称馆陶广阳道，其经行地点（今地括注于后）是：蓟—安次（廊坊）—易（原属雄县西北，今为容城古贤）—饶阳（饶阳北）—下曲阳（晋州西）—临平（晋州东南）—信都（冀州）—清阳（清河东南）—馆陶（馆陶）—邺（临漳）—洛阳。除了饶阳、临平、信都、馆陶为西汉新设外，其余皆为秦代城邑。广阳郡的9座城邑，多数位于战国时肥沃的督亢一带。经济发展是城市建设的基础，这样的设置也缘于蓟城曾为燕国之都，又是东北边防的军事中心，自然会环绕它建立一些城邑。广阳郡有4座城邑位于邯郸广阳大道上，2座位于馆陶广阳大道上。

（3）上谷郡的10座城邑，基本分布在今北京至河北张家口一带的居庸大道上。居庸大道从北京出发，经南口、居庸关，在延庆南越八达岭，沿着今官厅水库谷地西南行，途经怀来、宣化、万全、怀安、内蒙古兴和等地，进入内蒙古高原。这条大道上的城邑具有浓厚的军事色彩，多为边防要塞。古北口大道从广阳郡蓟县出发东北行，经渔阳出古北口，东北行，径白檀，渡濡水，循水东南行，于今承德折向东北，趋字县，再抵平冈（今辽宁凌源西南），与卢龙道合。不过，秦时这条大道上仅有渔阳、白檀、字县3座城邑，其交通地位似乎还没有显示出来。由此表明：尽管古北道早见通行，但因险狭崎岖，去往东北方向极为不便，一直没有成为经常性通途。迄唐代为止，古北道在交通东北方面的作用，难以与卢龙道匹敌①。卢龙道从蓟城出发，东行经无终、徐无，出卢龙塞，沿滦河北行，越白檀之险，再沿滦河支流瀑河河谷北上，经今河北宽城和平泉，东向经平冈，通向辽西郡（治阳乐县，今辽宁义县西）。这条道上，秦时有无终、夕阳、徐无3座城邑。无终道也是一条交通要道，从今北京出发，向东经华北平原北端河北玉田、丰润，然后沿燕山东南北上，至迁安西，再顺滦河西岸而下，至青龙河入滦水处渡滦水，至今河北卢龙。秦代这条道上，有令支（今迁安市西）和孤竹（今卢龙县南）2座城邑。

① 辛德勇：《古代交通与地理文献研究》，中华书局1996年版，第2—3页。

（4）渤海西岸大道，从蓟城出发，经今河北徐水，东南折向今沧州，南下至今山东乐陵。河北天津并海道，由今山东阳信西北至河北盐山南、黄骅，至天津静海、武清、宝坻一带。战国与秦代，渤海湾一带出现了渔阳郡泉州等若干城邑，还有治所在今河北境内的右北平郡昌城（唐山丰南西北）、河间郡章武（黄骅西南故县）、中邑（沧县东南）、南皮（南皮东北八里）。这些城邑的设置，都与并海道和渤海西岸大道的开通密不可分。

2.西汉时期区域城邑的发展变化

西汉时期，京津冀地区属代郡、涿郡、广阳国（郡）、渔阳郡、上谷郡、右北平郡、辽西郡、常山郡、巨鹿郡、中山国、信都国（郡）、河间国、赵国、真定国、广平国、魏郡、渤海郡等郡国管辖（图1–2）。

西汉时期的区域城市发展，进入战国之后的又一个高潮，总数达220座，是秦代的2.5倍，其中137座为西汉新设城邑。除了整体布局呈现南密北疏这一重要特点外[①]，还发生了其他变化。

（1）新增城邑很多来自新设立的侯国治所，这是西汉分封制的一种表现。涿郡新增18座城邑中，侯国城邑占10座。渤海郡新增20座城邑，侯国城邑占5座。广平国有16座城邑，其中新增2座。信都国17座城邑，其中新增5座侯国城邑。魏郡有11座城邑，其中新增4座侯国城邑。巨鹿郡20座城邑，其中新增8座侯国城邑。常山郡18座城邑包括4座侯国城邑，其中2座是新增。总体来看，西汉新增137座城邑，就有36座是侯国城邑。

（2）今保定至石家庄一带，西汉时分布着中山国、真定国、常山郡，分别新增城邑6座、3座、6座。三个郡国新增的15座城邑，占其城邑总数（36座）的近42%，增长了71%。在战国和秦代的基础上，西汉时继续加大了这个地带的城市建设力度。

（3）邯郸广阳道上，分布着涿郡、河间国、信都国（郡）、巨鹿郡、广平国、赵国，依次新增城邑18座、3座、14座、16座、14座、1座，共计新增66座，占这些郡国城邑总数（90座）的73%，增长了2.7倍。区域城市密度显著加大，邯郸广阳道继续发挥着交通要道的作用。

（4）代郡隶属于并州刺史部，西汉之前原有3座城邑，西汉时增加到9座。交通与军事地位的上升，是其新增6座城邑的根本原因。楚汉之际这里形成的飞狐道[②]，北达平城（今大同），南至广昌县（今河北涞源），向东北经潘县（治今河北涿鹿保岱镇西古城）沿桑干河谷东行，抵达今河北怀来一带，沟通了太行山东西之间的联系。西汉初期的平城之围过后，这条通道的军事价值得到提升，沿途城邑的设置自然随之增多。代郡在高柳（今山西阳高西北）设西部都尉，马城（今河北怀安西）设东部都尉，且如（今内蒙古兴和西北土

① 周长山：《河北地区汉代城市的历史考察》，《中国历史地理论丛》2005年第2期。

② 王文楚：《飞狐道的历史变迁》，《古代交通地理丛考》，中华书局1996年版，第255页。

城子）设中部都尉，雁门郡在平城（今山西大同）设东部都尉，都是这种变化的佐证。

（5）居庸大道上，汉朝的统治力量得到加强。在今河北省张家口地区，新增了涿鹿（治今涿鹿东南四十里古城）、广宁（今张家口）、女祁（今赤城县南）、泉上（今怀来县沙城东）、雊瞀（今蔚县东北）、茹县（今张家口东南下花园），废除了秦时的上兰。经过这样的发展，整条居庸大道上的城邑达到15座，密度较大，多数集中在居庸关外。宁县为西部都尉治所，与女祁、广宁一起分布在长城内侧。

（6）古北口大道上，在今北京境内新增了安乐（治今顺义西南古城）、狐奴（今顺义北小营镇北府村南）、平谷（今平谷东北十二里大北关、小北关）、厗奚（今密云古北口内潮河西岸）、犷平（今密云石匣附近），今河北境内增加了要阳（今丰宁县小城子）、滑盐（今滦平县南），要阳还是渔阳都尉治所。这条大道上共有9座城邑，与秦代相比，西汉时期古北口大道的交通地位已经凸显出来。

（7）卢龙大道上，在今北京境内新增了路县（治今通州潞城镇古城），今河北境内新增了俊靡（今遵化西北）、土垠（今唐山丰润区银城铺）、赘县（今遵化境内），赘县是都尉治所。沿途共分布12座城邑，显示了这条交通大道的重要地位。

（8）渤海湾沿岸城邑大量增加。渤海郡20座城邑中，西汉新增的占15座，比较重要的城邑包括东平舒（治今河北大城，或称在天津静海西钓台）、柳国（今河北海兴县境）、浮阳（今河北沧州东南四十里旧州镇）等。它们与渔阳郡雍奴（今天津武清杨村镇西北土门楼村）、辽西郡絫县（今河北昌黎南）这两座新增城邑一样，都是西汉时期渤海湾大道与沿海地带日渐发展的体现。

3.东汉时期区域城邑的显著减少

东汉时期，京津冀地区归属代郡、涿郡、渤海郡、广平国、真定国、中山国、安平国、魏郡、赵国、巨鹿郡、常山国、清河国、河间国、广阳郡、右北平郡、上谷郡、渔阳郡和辽西郡等郡国管辖（图1–3），共有131座城邑，比西汉减少了将近一半。在大量旧城邑消失的同时，新增了安平国（原信都国、乐成国）经县（治今河北广宗东北二十里）、巨鹿郡广宗（今河北威县东南二十里古城）和辽西郡临渝（今河北抚宁东榆关站）3座城邑。整体布局仍然南密北疏，各地城邑撤废的情形有所差别。

（1）东汉省并或废除的城邑，有38%属于西汉设置的侯国城邑，由此造成了京津冀地区城邑的显著减少。涿郡减少的14座城邑中的11座，渤海郡减少的10座城邑中的5座，安平国减少的8座城邑中的4座，魏郡减少的4座城邑中的3座，巨鹿郡减少的13座城邑中的8座，常山国减少的5座城邑中的3座，原来都是西汉时期的侯国城邑。

（2）今保定至石家庄一带，东汉时只有中山国13座城邑、常山国12座城邑，总数比西汉时期减少了11座。它们或被废除，或被省并，或迁移治所、改变隶属关系。中山国新处县（治今河北定州东北）、深泽县（今深泽）被废除，陆成县省入蠡吾县（今河北博野县西南)。涿郡的南深泽县(今深泽东南二十七里故城)改属安平国。常山国也废除了5座城邑。城邑密度有所降低，但总体布局变化不大。

(3)邯郸广阳大道上，东汉时属涿郡、河间国、安平国、赵国、巨鹿郡，共有城邑44座，比西汉减少了28%。其中涿郡只剩7座城邑，比西汉减少了76%。城市密度显著降低，可能与督亢地区的经济衰落有关，更主要的无疑是侯国城邑大量撤废所致。

(4)东汉时期，代郡减少了灵丘、阳原2座城邑，上谷郡减少了夷舆、且居、泉上、女祁、茹县5座城邑，渔阳郡减少了要阳、白檀、滑盐3座城邑，右北平郡减少了字县、夕阳、賨、昌城4座城邑，辽西郡减少了絫县1座城邑。居庸关外的城邑大量减少，右北平郡内缩至承德以南，渔阳郡内缩至燕山以南、迫近今北京东北部，宁县设立护乌桓校尉，这些都与北部边塞受到鲜卑等部族严重侵扰相关。他们屡次越过长城袭扰汉地，代郡、渔阳等郡城邑的衰落乃至废弃就变为势所必然。

(5)渤海湾地区城邑明显减少。渤海郡减少了10座，其中5座是侯国城邑，剩下的6座城邑布局比较分散。紧邻海滨的渤海郡章武、东平舒、浮阳以及渔阳郡泉州、雍奴依然如故，右北平郡昌城和辽西郡絫县却不见踪影。相关研究认为，东汉时泉州等渤海湾城邑虽然存在，却已经向西迁移，其重要原因就是汉末发生的海侵[①]。鉴于具体迁移地点缺乏文献来源和考古实证，这一推断显得未必可靠。况且，天津静海西钓台遗址等多处西汉遗迹中发现有东汉文化遗存，说明它们在东汉时期仍然存在。文献记录的海啸应当对渤海湾地区的城市建设有些影响，东汉渤海湾地区城邑减少可能与此具有一定关联，但也不宜过分夸大它的作用和影响力[②]。

4.区域城市发展的主要影响因素

京津冀地区先秦至两汉时期的城市发展，在战国与西汉形成两次高潮，中间又有秦代相对稳定与东汉明显减少两个阶段。在地理空间布局方面，整体上具有南密北疏、西密东疏的特征。靠近太行山东麓平原一带的政治经济都会比较稠密，邻近渤海一带则比较稀疏。多种历史地图上标注的各级政区治所的分布状况，也能体现出这一特点。影响城市发展与空间布局的因素，主要包括交通条件、经济开发、人口状况、地理环境、军事方略等。

秦汉时期的区域繁荣，有赖于交通道路的增加。许多城邑都位于交通要道之上，而交通要道的开辟也以连接具有政治、经济、军事意义的重要城邑为指归。秦汉时期以蓟城为

① 韩嘉谷:《天津平原的西汉县治和相关历史》,《天津社会科学》1983年第4期。

② 参见韩嘉谷《渤海湾西岸古文化遗址调查》(《考古》1965年第2期)、《西汉后期渤海湾西岸的海侵》(《考古》1982年第3期)、《再谈渤海湾西岸的汉代海侵》(《考古》1997年第2期),陈雍《渤海湾西岸汉代遗存年代甄别——兼论渤海湾西岸西汉末年海侵》(《考古》2001年第11期)、《渤海湾西岸东汉遗存的再认识》(《北方文物》1994年第1期),王子今《汉代“海溢”灾害》(《史学月刊》2005年第7期)等。

中心的十余条交通道路，初步构成了建立一个陆路交通网的基本框架，这就势必推动作为政治、经济、军事据点的大小城邑的发展。与此同时，某些交通要道的废置也会导致相关城邑的衰落、迁徙乃至废除。东汉时期卢龙道日趋阻塞不通，右北平郡治所内迁到土垠（今河北唐山丰润银城铺），原有道路沿途的城邑相应减少，就是其中典型的例证。

城市布局的区域差异，受经济因素的影响比较明显。太行山东麓的冲积扇形平原上，尤其是今河北中南部地区（两汉属冀州刺史部），河流纵横交错，土地肥沃，农业和手工业经济发达。正如司马迁所言："邯郸亦漳、河之间一都会也。北通燕、涿，南有郑、卫。""夫燕亦勃、碣之间一都会也。"[①]邯郸、中山、涿、蓟都是太行山东麓平原上著名的政治中心与经济都会，周边区域聚集了较多的人口，城邑分布的密度因此也高于边鄙之地。西汉新增的真定国（治真定县，今河北石家庄东北）、恒山郡（后改常山郡、常山国，原治真定县，在今石家庄东北；后移治元氏县，即今河北元氏西北）、魏郡（治邺县，今河北临漳西南邺镇），它们的治所也都是当时的政治都会，并且仍旧处在太行山东麓平原地带。东汉从整体上基本维持了此前的城邑布局，不过，就太行山以东地区的农业生产而言，"人们对于盛产粮食的地区也未能尽到应尽的力量，遂使这一地区不仅没有发挥潜力，反而还有点减色"[②]，这当然会在一定程度上削弱城邑发展的势头。此外，属于经济活动范畴的资源开发也值得重视。太行山东麓有不少地方产铁，"邯郸郭纵以铁冶成业，与王者埒富"[③]。魏郡武安（今河北武安）、常山郡都乡侯国、涿郡、赵国、中山国北平（今河北满城北十里）都设有铁官。渤海郡盐业比较突出，章武县就设有盐官，但是，因为南面的齐国与北面的辽东都有产盐区，不需要由渤海进行贩运。因此，太行山东平原东部靠海的南北通道（与当代津浦铁路相近）开通虽早，但也只是用于信使往来、兵家攻战，与经济发展没有太大关系[④]。

各地人口的疏密程度，与城市空间分布的地域差异基本合拍。西汉时期，靠近太行山南端的赵国平均每县8万人，密度位居太行山东地区的首位。靠近太行山北段的常山、涿郡、真定等郡国，每县不到5万人。尽管区域地貌类型严重影响着人口的空间分布，但这也是南北之间经济发展水平的间接反映。至于渤海湾旁的渤海郡，每县只有3万多人口，与城市布局西密东疏的特征高度一致。两汉之际的战乱导致东汉多数郡国人口下降，匈奴、乌桓、鲜卑等部族的侵扰更加剧了人口的减少。河北平原中部北段的河间国、安平国的人口有所增加，却不是当地经济发展的结果，而是西部郡国人口迁移所致。史念海先生

---

① 司马迁：《史记》卷一百二十九《货殖列传》，第3264—3265页。

② 史念海：《秦汉时代的农业地区》，《河山集》，三联书店1963年版，第195页。

③《史记》卷一百二十九《货殖列传》，第3259页。

④ 史念海：《战国至唐初太行山东经济地区的发展》，《河山集》，第145页。

指出，《续汉书·郡国志》记载的渤海、平原两郡人口，可能有失实之处[①]。

自然环境也是影响城市发展的一个重要因素。在太行山东麓平原地区，土壤盐碱化由西向东越来越重，黄河泛滥也造成了不少水患。赵国、魏郡都曾兴修水利、灌溉良田。西汉时期，靠近西部的多数城邑肇始于战国，东部地区的多数城邑则是西汉新建。这是因为，黄河在春秋战国时期屡次决溢改道，太行山东麓高海拔地带更适于居住。西汉筑堤后减轻了黄河决溢的危害，各类城邑随之逐渐向东推进。

靠近北部边境的上谷、渔阳、右北平、辽西诸郡苦寒多风沙，还与匈奴、乌桓、东羌等游牧民族为邻，“地边胡，数被寇”[②]。深受扰害的百姓内徙者众多，人口增长和城市发展由此陷于停滞倒退。西汉时期增加的北方边郡城邑多为军事要塞，与太行山东麓自然发展的城邑明显不同。东汉建武年间因为“百姓遭难，户口耗少”而“并省四百余县”，十余年后“徙雁门、代郡、上谷三郡民，置常山关（今河北唐县西北一百余里倒马关）、居庸关以东”[③]，则是不堪忍受北方部族的连年侵扰所致，城市的自然成长与人口的平稳增加也就无从谈起了。

先秦两汉时期奠定了以郡国州县治所为主体的区域城市发展的基础，大致形成了京津冀地区历史上长期延续的城市分布格局。燕都蓟城、赵都邯郸等在这个时期已是名都大邑，河北境内的其他主要城市也始露端倪，天津的崛起则是一千多年之后的事情了。

【附录1】 永定河：连接京津冀晋蒙的一条大文化带

在奠定京津冀地缘关系的自然因素中，永定河堪称连接整个区域以及山西北部的地理纽带，同时也是人类活动造就的一条极为重要的文化带。《永定河：连接京津冀晋蒙的一条大文化带》一文，是吴文涛2016年主持完成的北京市社会科学院重点课题《桑干河——永定河历史文化资源整合研究》结项报告的部分内容，删节后以《永定河流域这条“大文化带”值得重视》为题，发表于《北京日报》2017年5月15日。兹将前者附录如下，以见其一斑。

近年来，长城、运河、西山作为北京地区“三大文化带”的提法，得到了社会广泛关注和政府部门的高度重视。新近颁布的《北京城市总体规划（2016—2030年）草案》（征求意见稿）也把这“三大文化带”列为了“构建全覆盖、更完善的历史文化名城保护体系”的

① 史念海：《战国至唐初太行山东经济地区的发展》，《河山集》，第138页。

② 《史记》卷一百二十九《货殖列传》，第3265页。

③ 《后汉书》卷一下《光武帝纪下》，第49、64页。

重要内容。但如果从更广阔的视角观察，在地缘关系、历史文化、交通商贸等方面，永定河流域其实是超越这三大文化带之上的、联系区域范围更广、与周边区域关系更紧密的一条大文化带，它是一道跨越京、津、冀、晋、内蒙五省、市、自治区的文化风景线。

1. 悠悠母亲河，哺育华夏第一都

永定河是海河流域七大水系之一，发源于山西省宁武县管涔山，流经山西朔州、大同，河北张家口地区，北京延庆、门头沟、房山、丰台、大兴五区，再经河北廊坊、天津武清汇入海河，全长747公里（含永定新河），流域面积4.7万平方公里，涉及43个县市。北京段全长159.5公里，流域面积3168平方公里。永定河的重要支流洋河的上游三源——东洋河、西洋河、南洋河，皆出于内蒙古兴和县境，在河北怀安县柴沟堡以东先后汇流。历史上的永定河在华北平原西北部摆动、宣泄、淤积，形成广大的冲积洪积扇，既造就了大片丰泽膏腴的土壤，又留下了大量湖沼和丰富的地下水，哺育了北京地区最初的文明，并为北京城的发展壮大提供了优越的地理空间。

西周初年武王伐纣取得胜利，封黄帝的后裔于蓟（《史记·周本纪》），蓟就是历史上的北京城最早的聚落名称。它背靠长满蓟草的蓟丘，西邻大湖（史称西湖，今莲花池的前身），中心位置在今广安门一带。蓟丘之为“丘”，就是因为处于永定河冲积洪积扇的一条轴部，地势较高，丘下正是永定河冲积扇的潜水溢出带，绿野平畴，流泉萦绕，湖塘相间；城西的大湖，就是由蓟城西北一带的永定河地下水涌出汇流而成。在西湖水系的哺育下，从先秦蓟城到汉唐幽州再到辽南京、金中都，都是在同一城址上发展壮大。元代以后，城址北迁到高梁河水系。高梁河也是永定河故道之一，它接纳来自西北山区的水源，供养着元大都、明清北京城，直至今日之首都。也就是说，永定河水及其故道遗存所形成的莲花池水系、高梁河水系，一直是从蓟城到北京城的主要水源。

永定河中上游流域的森林、煤矿和岩石、沙砾，为北京的城市建设和城市生活提供了必需的建材和能源。早期的永定河曾是重要的水运通道，元朝以后仍有部分河水汇入北运河，为大运河的漕运补充水源。永定河的水利、水害及河道变迁，直接影响着北京三千多年的建城史、八百余年的建都史。永定河是北京的母亲河，这是不争的事实，也是永定河文化最基本的要义。

2. 南来北往、多元融合，构成华夏民族的文化走廊

永定河跨越了晋北高原与华北平原两大地理单元，沿途经过畜牧与农耕两类经济区域，河谷地带就成为南北民族交往的通道、各种文化交汇融合的走廊。唐代以前，中国的政治、文化中心在西安或洛阳，形成了辉煌的秦晋文化、河洛文化。其后的辽、金、元、明、清各朝相继建都北京，中国的文化中心也随之东移。永定河谷地正是“东移”的路径之一，它不仅为秦晋文化与燕赵文化的沟通，更为西北少数民族与中原汉民族的交流创造了有利条件，从而使新的文化中心得以落户北京。受其影响，永定河流域的文化具有历史悠久、内涵丰富、包容大气、底蕴深厚的特点，流域内的名山大川、聚落城堡、水利交通、宗教传统以及民间风俗等，无不映射着华夏民族融合发展的历史进程，表明永定河既是一条蜿蜒奔腾的水脉又是一条五彩纷呈的文脉。

（1）东方文明起源之谷，中华文化发祥之地

距今200万年前，人类的祖先就已出现在永定河上游、今河北阳原县境内的泥河湾一带。从200多万年到1万年前的旧石器时代早、中、晚期，人类活动都在这里留下了内容丰富的遗迹，这在世界上是独一无二的。泥河湾的发现，改写了世界关于人类起源和人类文明发展的历史，昭示了永定河流域是人类最早的文明发源地之一。

距今70万年前的旧石器时代早期，永定河中游出现了北京周口店的北京猿人；距今约20万至10万年前的旧石器时代中期，永定河流域的居民代表是北京的新洞人、山西阳高县的许家窑人；进入距今10万年至1万年左右的旧石器时代晚期，则有北京的山顶洞人、山西朔州的峙峪人；新石器时代，又有了北京门头沟的东胡林人等。可以说，从200多万年前到现在，永定河流域内的人类活动遍布多地，生生不息。正如苏秉琦先生《中国文明起源新探》一书指出的那样，“张家口地区是中原与北方古文化接触的‘三岔口’，又是北方与中原文化交流的双向通道”。西至永定河上游、东至辽河上游这一大片农牧交错带作为连结中国中原与欧亚大陆北部广大草原地区的中间环节，在中国古文明缔造史上具有特殊地位和作用。中国多民族国家统一过程中的一连串问题，最集中地反映在这里；从南北朝到辽、金、元、明、清，许多历史的“重头戏”也都在这个舞台上演。

（2）古都、古城、古堡、古村落，串起华夏民族融合的发展历程

永定河除孕育了古都北京，还造就了古都大同（北魏的首都，辽、金的陪都），以及传说时代的黄帝之都涿鹿（今涿鹿东南四十里之古城）、西周末年北狄人所建代国之都——代王城（今蔚县东之代王城），元朝时的元中都（今河北张北县西北）。这些都城，上溯炎黄，下及当代，贯通了中华五千年文明发展史，既有首都、陪都，又有割据政权之都、统一王朝之都；既有中原汉王朝之都，又有北方游牧民族之都。数量众多，类型齐全，构成了一个区域性的古都群落。这是永定河流域文化中最为突出的亮点和价值所在，直观地反映了中国都城变迁的历史轨迹和首都北京的成长历程。

永定河流域分布着众多上迄秦汉下至明清的各类郡、州、府、县、卫的治所城址，诸如代县故城、永兴故城、矾山故城、缙山废城、永宁旧城、万全右卫城、故蔚州卫城、故延庆卫城、狼山府城等，反映出永定河流域行政建置历史的悠久。它们作为曾经重要的行政建置，显示了区域历史发展的脉络，起到了时空标志的作用。

出于战争防御的需要，永定河中上游地区遍布大大小小的古城堡，如新平堡、得胜堡、开阳堡、榆林堡、土木堡、鸡鸣驿堡、双营、柳沟营、岔道城、沿河城、斋堂城、柴沟堡等。它们都有高大厚实的土筑墙垣，有的还甃以砖石，坚固、方正，自成一体。这种

城堡形态的古村落在永定河流域普遍存在，体现了民族交错地带的聚落特征。许多古城堡至今仍见残垣断壁、沧桑印痕，仿佛历史的定格或缩影。

永定河流域的其他古村落，相对保存较好的也不少，如北京的爨底下、灵水、三家店、琉璃渠、水峪等；河北省的南留庄、北方城、暖泉镇等；山西省的觉山村、小石门村、神溪村等。它们提供了丰富的历史信息，具有深厚的文化底蕴，正日益成为旅游热点。

（3）异彩纷呈的宗教文化遗产，展现流域文化的兼收并蓄、包容大气

在永定河流域，宗教文化占有重要地位，其文化遗存具有数量多、种类全、名气大、年代久、保存好等特点，由此构成了一条宗教文化带。大同市境内有举世闻名的伟大艺术宝库北魏云冈石窟、辽代佛教华严宗的圣地华严寺；浑源县有被徐霞客誉为天下奇观的悬空寺、藏有元代壁画杰作的永安寺等。北京的门头沟区犹如这条宗教文化带上的一颗明珠，据不完全统计，境内有寺庙375座，时间跨度自汉唐至明清绵延两千多年，如汉代始建的瑞云寺、灵泉寺，晋代的潭柘寺，隋唐至辽金的戒台寺、灵岩寺、灵岳寺、大云寺、白瀑寺等，元明清以后的寺庙则不可胜数；以种类区分，不仅释、道、儒、俗皆有，还包括来自西方的天主教、基督教、伊斯兰教；从等级、功能来看，上及皇家寺院，下至与百姓日常生活紧密相关的山神、土地、龙王、马王、虫王、树王、苗王等寺庙，还有独具地方特点的永定河河神庙、采煤者供奉的窑神庙等。如此悠久、繁多、迥异的宗教文化实体，反映了永定河流域文化的多样性和发展的持续性。

（4）民间文艺和民俗文化，保留古朴历史风貌及浓郁地域特色

永定河流域的民间文艺和民俗文化既具流域共性又有各地特色，呈现多种形式时空交织、相互辉映的状态。花会、幡会、秧歌、锣鼓、社火等，本是中原农耕民族为庆祝丰收或春节、元宵等举行的节庆活动，在永定河全流域同样盛行，但融入了很多北方草原民族热烈、奔放、雄浑、大气的风格。比如，上游地区的梆子戏、秧歌戏、北派皮影戏、蹦蹦戏等曲调高亢苍凉，内容和形式都有游牧民族生活的印记；同样是社火，河北蔚县的打树花、拜灯山，涿鹿的绕花，门头沟的台儿火等，呈现火树银花的方式不同，但都反映了对火的礼赞，同时既保留有草原民族以火驱兽的习俗，也体现了流域内采煤、冶矿的发达。由于地理环境相对封闭，永定河流域的民间戏曲大都流传久远。门头沟古幡乐保留了明代祭祀孔子用的礼乐，柏峪的秧歌戏被称为古代音乐的“活化石”，京西太平鼓、浑源扇鼓和云胜锣鼓等民间鼓乐舞，包含了远古时期北方民族粗犷豪放、爽朗大气的性格特征。永定河流域的民间艺术与民俗文化既有历史的沉积和延续，又呈现出不同时期各民族文化元素流布的影响和痕迹，这正是永定河作为文化走廊的独特气象。

3.地缘相接、文脉相通，京津冀晋蒙协同发展的天然纽带

地缘相接、文脉相通与文化走廊的优势，使永定河成为联系京、津、冀、晋、内蒙古五省、市、自治区的天然纽带。2005年，尹钧科等著《历史上的永定河与北京》总结出了

“永定河文化”的概念及其具体内容，门头沟区也率先成立了“永定河文化研究会”，为认识、宣传和推广永定河文化做了很多基础工作。随着各地对区域生态治理及文化保护的重视，以文化为轴线带动区域协同发展越来越切实可行。从全流域而不是某一省市的视角认识永定河文化，借助于文化资源的整合来谋求京津冀晋蒙的联动与合作，将为实现全流域生态保护和可持续发展、夯实区域协同的文化基础，提供长远动力。

如果说，运河、长城和西山三大文化带是在北京的东、北、西三个方向画了一个半圆，串起了京津冀的文化联系，那么，从地理方位和地缘关系上讲，理应再通过永定河文化带，补上西北—西南—南部这一缺口，带动发展相对滞缓的北京外围之西北、西南地区，这样才能构成一个完整的京津冀文化发展圈，进而实现北京新规划中要求的“全覆盖”。

以生态涵养和文化驱动为主题的永定河流域综合治理，不仅将为北京的上风上水带来极大改观，还必将为相邻的雄安新区的长足发展提供广阔而纵深的环境背景和人文支撑。倾力打造既有自然地理条件又有历史文化根基的永定河文化带，不仅是对北京“三大文化带”的深远拓展和有效补充，也是带动全流域协同发展的重大举措。在实施京津冀一体化的国家战略进程中，永定河文化带将日益展现其特殊价值和巨大潜力，闪烁出耀眼的光芒！

第二章

分合伸缩：地缘关系的政治调适

行政区划是国家对所辖领土进行管理的重要途径和手段之一，区域行政中心的迁移、行政区域辖境的伸缩、相邻行政区域的分合，都是执政者面对现实的需要，对行政区划系统以及由此可能引起的不同层次的地缘关系所做的政治调适。综观京津冀地区自先秦出现行政区划，绵延两千余年至今，经历多次调整后，最终演变成今天的分布形态。它们既是历史累积的结果，也是决定地缘关系发展趋向的基础。

（一）纷繁复杂：行政区划变迁研究由来已久

有关京津冀地区行政区划的历代沿革的研究，学界已积累了丰富的成果，大体上可分为通代研究、断代研究及具体区域研究三类。

本区通代沿革研究的情况，有河北省地名办公室编《河北政区沿革志》[①]，其书依据1983年河北省行政建置，收录了当时149个市、县政区的沿革概况，是可资参考的文献。周振鹤主编的《中国行政区划通史》分为12卷，目前已有修订版问世，代表了国内学界历史政区地理研究的最高水平。其中有关京津冀的沿革亦多可参考，但它以各朝的全国疆域为研究对象，一般首先综述全国一代沿革形势，后以标准年代为限论述各地政区，因而有关本地区的内容并不多。对这些朝代政区的变革情况，还需更多借鉴断代的政区地理研究成果。

关于京津冀的行政区划沿革问题，早在20世纪30年代便已出现陈铁卿《河北省行政区划沿革新考》等一系列文章[②]，详细考证了当时的河北省从先秦至清代的行政区划，以府州郡领县的形式予以梳理，成为较早研究本区域行政区划的代表作。此外，他还有《河北省县名考原》[③]《河北省县名次序之衍成》[④]等文章。丁锡田《山东县名之溯源》[⑤]以当时的行政区划“道”为纲，分述了各县的历史沿革；陈昌远《河南县名由来初探》[⑥]一文，分析了河南省县名命名的六种类型，并通过早期地名分析了当时人们的活动情况。这两篇论文涉及的山东、河南的某些区域，其隶属关系在历史上与今河北、天津相关。路洪昌《论河北

① 河北省地名办公室编：《河北政区沿革志》，河北科学技术出版社1985年版。
② 陈铁卿：《河北省行政区划沿革新考》，《河北月刊》第2卷1期至第3卷12期，1934年1月至1935年12月。
③ 陈铁卿：《河北省县名考原》，《河北月刊》第1卷第1期，1933年1月。
④ 陈铁卿：《河北省县名次序之衍成》，《河北月刊》第3卷第8期，1935年8月。
⑤ 丁锡田：《山东县名之溯源》，《地学杂志》1924年第15期。
⑥ 陈昌远：《河南县名由来初探》，《史学月刊》1981年第2期。

省县的命名》[①]总结了河北地区县制的发展历程，认为河北是我国置县较早的地区，春秋时齐、晋已经置县，两汉时期县的命名奠定了今日河北县名的基础，盛唐对县的命名则奠定了今日河北地名的骨架。文中还分析了政区命名类型（因水命名、因山命名、因形命名、因产命名和因位命名以及人文方面的命名）；地名命名的原则（同级排斥、名副其实、保持稳定、反映时代、简明适用原则）。曹尔琴《河北省及北京市、天津市古今县释名》[②]一文，具体分析了河北地区政区命名的特点：以自然条件命名的分为十一类（以山为名、县在山侧因以方向命名、因谷因原命名、以地势平衍命名、因丘为名、以河为名、以在水侧为名、因泉泽为名、因渠和堤为名、与大海有关的命名、因当地土质和物产命名），以人文关系命名的细分为十五类（以故国城邑为名、以封邑为名、以原来府州军镇关隘乡亭的名称命名、因字的音形相近命名、以两县第一字合成为名、因两地地理位置对称命名、因各族关系和战争命名、因祈望祥瑞命名、因避讳而改名、因年号及陵庙所在命名、以帝王巡游居处命名、因移民和侨置而命名、县地移徙仍用旧名、因城的形制大小命名和因民性特点命名），并以存疑的精神指出了有些古县和今县的名称渊源待考。作者还指出了县名的两个规律：命名的普遍性和稳定性。[③]路洪昌、梁勇《河北若干历史地理问题考辨》[④]考证了前燕大将慕容恪所筑安乐垒的地望问题；安乡、安乡城、安城乡的分别及井陉与井陉关的区别等问题。

在断代研究方面，赵泉澄《清代地理沿革表》[⑤]以府为序，对清代地理沿革进行了大略梳理，其中为首者即为顺天府、直隶省。还有牛平汉主编的《清代政区沿革综表》[⑥]和编著的《明代政区沿革综表》[⑦]。在《清代政区沿革综表》中，作者针对赵泉澄《清代地理沿革表》中未将“道”作为一级政区列入的不全面情况，采用先文后表的形式，以清末宣统为标准年代，对京津冀地区的行政沿革进一步作了梳理。《明代政区沿革综表》也采用基本相同的形式分述了明代各府、州、县沿革情况。

由于二十五史中只有十六部正史有“地理志”，清代乾嘉学者对此多有补阙校注之作。这些在商务印书馆1935年出版的《二十五史补编》中多有收录，如吴卓信《汉书地理志补注》103卷；温曰鉴《魏书地形志校录》3卷等。今人王仲荦《北周地理志》[⑧]被人誉为有“超迈乾嘉”之功，然而其中多有以封爵考证郡县名实的不严谨做法，因此在运用时要慎

① 路洪昌：《论河北省县的命名》，《河北师范大学学报（哲学社会科学版）》1982年第3期。

② 曹尔琴：《河北省及北京市、天津市古今县释名》，《中国历史地理论丛》1985年第1期。

③ 此外还有路洪昌：《“河北”考释》，《河北地方史》1987年第3期。

④ 路洪昌、梁勇：《河北若干历史地理问题考辨》，《河北师范大学学报（社会科学版）》1988年第4期。

⑤ 赵泉澄：《清代地理沿革表》，中华书局1955年版。

⑥ 牛平汉主编：《清代政区沿革综表》，中国地图出版社1990年版。

⑦ 牛平汉主编：《明代政区沿革综表》，中国地图出版社1997年版。

⑧ 王仲荦：《北周地理志》，中华书局1980年版。

重处理。[①] 此外，施和金《北齐地理志》[②] 也是这方面的力作。由于正史中的地理志“或多或少都存在着错误或遗漏”[③]，关于各部地理志研究成果的总结也较少，安徽教育出版社“正史地理志汇释丛刊”涉及京津冀地区的有：张修桂、赖青寿《辽史地理志汇释》(2001)；吴松弟《两唐书地理志汇释》(2002)；郭黎安《宋史地理志汇释》(2003)；周振鹤《汉书地理志汇释》(2006)；钱林书《续汉书郡国志汇释》(2007)；华林甫等《隋书地理志汇释》(2019)。该套丛刊的出版，使我们在阅读历代正史地理志遇到疑惑时，有了较为方便的资料汇编去查找。另一方面，一些研究断代的历史地理著作，如后晓荣《秦代政区地理》[④] 在总结了以往关于秦郡县制的研究成果后，以考古文物资料和传世文献记载相结合的方式考订秦代郡县。其中第六章“山东北部诸郡置县”关于京津冀的政区在秦代的沿革可以借鉴。在第八章“秦置县相关问题”中，作者指出了一些出土的秦封泥、陶文中地望待考的县并估计秦代县数当如杨守敬所言“八九百”而不足一千。周振鹤《西汉政区地理》[⑤] 论述了汉高帝时期十王国沿革中燕国、赵国的郡、国、县沿革，又以燕、赵封域为范围，探讨了其后诸如涿郡、邯郸郡、赵国、巨鹿郡、河间国、勃海郡领县的变动情况。李晓杰《东汉政区地理》[⑥] 对东汉本区域的冀州刺史部和幽州刺史部所辖郡国的政区进行了大略的介绍，其附表“东汉初期县省并及复置表”对于了解东汉初期县的置废情况有一定的帮助。翁俊雄关于唐代政区与人口研究的三部著作《唐初政区与人口》[⑦]《唐朝鼎盛时期政区与人口》[⑧] 及《唐后期政区与人口》[⑨]，分别依据《贞观十三年大簿》复原了贞观十三年(639)的州、县名称和户口人数；通过研究利用《旧唐书·地理志》中天宝十二载(753)的户部记账内容，考订了其时的各道所领州县及户口情况；以《元和郡县图志》为纲，复原了元和年间各方镇的州县名称、户口状况。这种考校研究，对于探讨唐代河北道的行政区划沿革无疑增加了标准年代及其相关状况。王颋《完颜金行政地理》[⑩]，先将金代政区的沿革过程分为四个时期略述概要，而后又以“建置录”的形式分述了金代各路的州、县沿革，其中大兴府路、河间府路、大名府路、真定府路等均可查阅。李治安等《元代华北地区研究——兼论汉人的华夷观念》[⑪]，概述了元代各路、州、县沿革，也具有参考价值。他还分

① 华林甫:《中国历史地理学·综述》，山东教育出版社2009年版，第262页。
② 施和金:《北齐地理志》，中华书局2008年版。
③ 吴松弟:《两唐书地理志汇释》，安徽教育出版社2002年版，“丛刊前言”，第1页。
④ 后晓荣:《秦代政区地理》，社会科学文献出版社2009年版。
⑤ 周振鹤:《西汉政区地理》，人民出版社1987年版。
⑥ 李晓杰:《东汉政区地理》，山东教育出版社1999年版。
⑦ 翁俊雄:《唐初政区与人口》，北京师范学院出版社1990年版。
⑧ 翁俊雄:《唐朝鼎盛时期政区与人口》，首都师范大学出版社1995年版。
⑨ 翁俊雄:《唐后期政区与人口》，首都师范大学出版社1999年版。
⑩ 王颋:《完颜金行政地理》，香港天马出版有限公司2005年版。
⑪ 李治安等:《元代华北地区研究——兼论汉人的华夷观念》，南开大学出版社2008年版。

析了“腹里”政区变迁的特征，认为“腹里”地区由于是中书省直辖，相比其他十行省少了一级区划；窝阔台时期的“画境之制”和至元二年合并州县对“腹里”政区影响较大；“腹里”政区内部长期保留“飞地”，是因为蒙古统治者保护投下特权而产生。与之相比，温海清《画境中州——金元之际华北建置考》[①]，最重要的特点是将李书没有透彻分析的金末元初华北地区的行政建置，包括“十道”的出现与消失及汉人世侯严实、张柔辖地变迁一一加以厘清。该书的下篇对《元史》卷五八《地理志一》中“腹里”地区的行政建置进行了考释，可以称为对《元史·地理志》该部分的汇释。只是整部书中仅有两幅地图，略嫌偏少。魏光奇《官治与自治——20世纪上半期的中国县制》[②]，将视角集中于20世纪上半期这一特殊的时间段，对诸如清末新政时的县制改革、北洋政府时期的“官治”县制与南京国民政府时期的“新县制”实行情况均有论述，对于这一阶段的县制改革的利弊得失也多有讨论分析。该书的姊妹篇《有法与无法——清代的州县制度及其运作》[③]，主要探讨了清代州县在地方行政体制中的地位，州县行政的治理结构、衙署组织及其各种职能，从现代政治学的角度对清代州县制度的缺陷进行实证研究，进而透视出中国传统社会政治制度与行政制度的基本特征。

论文方面，路洪昌《鲜虞中山国疆域变迁考》[④]，论述了中山国早期兴起与再度复国时期的疆域问题，并考证出一系列中山国境内的县，如灵寿、苦陉、棘蒲等。陈伟《晋南阳考》[⑤]，分析了春秋时期晋国的南阳地区（今河南省的黄河以北部分地区）所属县及秦、晋两国对于这一地区争夺的情况。关于各秦郡的属县问题，则有后晓荣《秦广阳郡置县考》[⑥]和《秦代燕地五郡置县考》[⑦]两文。两篇文章的研究成果在他随后出版的著作《秦代政区地理》被完全收入且有所增补，在广阳郡属县中，作者于书中增补了安次县。周振鹤《与满城汉墓有关的历史地理问题》[⑧]，分析了1980年出版的《满城汉墓发掘报告》中关于中山国封域、人口方面的错误，指出西汉中山国的疆域变迁可以分为三个时期，中山国的属县在当时也最多。李启文《西汉勃海郡初置领县考》[⑨]，认为西汉初期元朔三年前的勃海郡除了周振鹤指出的七县外，还有南皮县，而成平县也非自南皮县析出。杨馨远、黄建芳《论汉代参户故城地理位置——兼论东平舒县治位置》[⑩]一文，针对《中国历史地图集》中将勃海

① 温海清：《画境中州——金元之际华北行政建置考》，上海古籍出版社2012年版。
② 魏光奇：《官治与自治——20世纪上半期的中国县制》，商务印书馆2004年版。
③ 魏光奇：《有法与无法——清代的州县制度及其运作》，商务印书馆2010年版。
④ 路洪昌：《鲜虞中山国疆域变迁考》，《河北学刊》1983年第3期。
⑤ 陈伟：《晋南阳考》，《历史地理》第十八辑，上海人民出版社2002年版。
⑥ 后晓荣：《秦广阳郡置县考》，《首都师范大学学报（社会科学版）》2009年第4期。
⑦ 后晓荣：《秦代燕地五郡置县考》，《古代文明》2009年第2期。
⑧ 周振鹤：《与满城汉墓有关的历史地理问题》，《文物》1982年第8期。
⑨ 李启文：《西汉勃海郡初置领县考》，《历史地理》第十三辑，上海人民出版社1996年版。
⑩ 杨馨远、黄建芳：《论汉代参户故城地理位置——兼论东平舒县治位置》，《历史地理》第十九辑，上海人民出版社2003年版。

郡所属侯国参户城标于青县木门店的问题，通过对大城县的战国长城遗迹和出土文物的考察，认为大城县南的完城村才是汉代参户故城遗址所在，此外，作者认为汉代的东平舒县的治所并未迁移。于鹤年《河北省十六国时代郡县考略》[①]，论证了动乱纷争的十六国时代河北省的郡县领属问题。王德权《从“汉县”到“唐县”——三至八世纪河北县治体系变动的考察》[②]一文，探讨了河北地区汉县至唐县的垂直变动状况、汉唐间县治变动的过程与区域差异、汉唐县治的地理分布与变动趋势三个问题。作者指出，隋代在北齐调整的基础上，对这一区域县治的调整范围最广，影响也最为深远；且汉唐间县治迁移呈现出向低海拔移动的趋势，这与地域开发的过程有关系；而县治的调整不仅包括向边陲地带的拓展，也包含主体地域内部体系的进一步重整，因此总体的变化趋势即是县治分布的合理化过程。他的《从“罢郡存州”到“改州为郡”——隋代河北政区调整个案研究》[③]，将隋代河北地区政区的变动分为开皇初、开皇中及大业三个时期，考察了置、废县的过程；认为开皇十六年（596）本区域新置的58个县对当地士族势力有一定的打击；而县均户数越高，置县率与户数率的差距就越大，反之则越低；大业年间所废32县主要考量的是行政优先原则，其中又以县治相距远近为标准之一，均距六十里是一个重要参考数据。文中如隋唐河北地区里程示意图、河北县治平均距离统计表等均可借鉴。耿虎《试论唐代河北道政区的几个问题》[④]一文指出，唐代河北道先后共置州68个，置县248个。河北道各州的领县，根据其设置情况，大体可以分为三类：一、相沿入唐的隋旧县；二、恢复设置的历史上省废的县；三、新置之县。作者列表举出唐初河北道权置州县地区分布状况，唐初政区整顿中河北道部分县属州状况变化等。最后又总结了河北道州县变迁的三点规律：山川形便和历史传统是政区调整中遵循的重要原则；特殊的政治军事时局对政区的影响；地区开发程度、经济发展状况是影响政区稳定性的重要原因。对于唐县的研究还有张之《唐鄚县两治所考附：隋鄚县两治所》[⑤]，具体考证了隋、唐鄚县的治所问题。其他的州县研究有彭文峰《后晋真定府行唐县改为永昌县的具体时间》[⑥]，指出后晋将行唐县改为永昌县的时间是后晋天福七年（942），而不是新《行唐县志》记载的天福元年（936）。李辉在其硕士学位论文《北宋河北高阳关路研究》[⑦]中，对于北宋时期高阳关路的沿革进行了梳理。有关辽代的南京道研究，有冯永谦《辽史地理志考补——中京道、南京道、西京道失载之州军》[⑧]，该

① 于鹤年：《河北省十六国时代郡县考略》，《女师学院期刊》第1卷第1期，1933年1月。
② 王德权：《从“汉县”到“唐县”——三至八世纪河北县治体系变动的考察》，《唐研究》卷五，北京大学出版社1999年版。
③ 王德权：《从“罢郡存州”到“改州为郡”——隋代河北政区调整个案研究》，《国立台湾师范大学历史学报》第26期，1998年6月。
④ 耿虎：《试论唐代河北道政区的几个问题》，《厦门大学学报（哲学社会科学版）》2002年第3期。
⑤ 张之：《唐鄚县两治所考附：隋鄚县两治所》，《文物春秋》1996年第2期。
⑥ 彭文峰：《后晋真定府行唐县改为永昌县的具体时间》，《中国历史地理论丛》2008年第2期。
⑦ 李辉：《北宋河北高阳关路研究》，山东大学2010年硕士学位论文。
⑧ 冯永谦：《辽史地理志考补——中京道、南京道、西京道失载之州军》，《北方文物》1998年第3期。

文考证了《辽史·地理志》中失载的南京道的平塞军（今河北易县南）。李治安《元中书省直辖“腹里”政区考略》[①]一文，在他的著作《元代华北地区研究——兼论汉人的华夷观念》中被原样收入。孔明丽的博士学位论文《元代中书省政区职能研究》[②]，对于元代中书省所辖地域内各路、州、县的沿革也有爬梳分析。关于民国时期的政区问题，可以参考的成果有李铁虎等研究共产党领导的各革命根据地的文章[③]。傅林祥在《抗战时期日伪河北省政区变迁》[④]一文中，考证了日伪河北省政权的省、道、县三级建置，其中第六部分“县与设治局”厘清了县的建置与县的驻地迁移。

具体的县市沿革研究方面，有尹钧科《论北京历代建置沿革的特点》[⑤]一文。该文认为，西周时期诸侯国蓟的都城古蓟城始终是华北平原北端的主要行政中心，并且自辽以后地位不断上升以至发展为全国的政治中心。历史上北京两县附郭的时间最长，自辽以后，蓟北县（辽为析津县，金为大兴县，今为大兴区）和幽都县（辽为宛平县）一直为附郭县，至1958年后逐渐扩展到今日的局面。历史建置分布不均，以宣武、房山、昌平、通州、顺义五区和密云、延庆二县较为复杂。作者列表举出了治所在今北京市界内的历代州郡县建置，以及历代所置州郡县在今区县内的分配。光绪末年建区是北京城内设区之始，而且区的变化较为复杂。此外，作者还论述了导致北京历代建置沿革特点的原因：优越的地理位置、长期作为行政中心和地域开发的不均衡性。此外，他主编的《北京建置沿革史》[⑥]，从上古三代时期的幽州写起，直至中华人民共和国成立后的北京地区，并附有建置沿革表，使人们对历代变化过程一目了然。关于北京地区古代的渔阳、范阳、蓟县地望问题，杨志玖在《关于渔阳、范阳、蓟县的方位问题——并论〈重修蓟县志〉的错误》[⑦]一文中，认为渔阳是指唐代的渔阳郡和渔阳县（今天津蓟州区），范阳是秦县，在今河北定兴县西南固城镇，今天的蓟州区秦时为无终县，民国初改为蓟县，最早的蓟县在今北京地区。作者最后指出：“在历史上，一个地区可以改换几个名称，同样，一个名称也可以被几个地区应用。静止地、孤立地认为一个地名始终指一个地区，是不符合地名变迁沿革的实际情况的。”历史上的同名异地和一地多名现象极多，在考证过程中需要十分谨慎。研究天津地区建置沿革的相关论文有韩嘉谷《天津平原的西汉县治和相关历史》[⑧]。作者通过考证天津

---

① 李治安：《元中书省直辖“腹里”政区考略》，《元史论丛》第十辑，中国广播电视出版社2005年版，第107—149页。

② 孔明丽：《元代中书省政区职能研究》，中国人民大学2009年博士学位论文。

③ 可以参考李铁虎《冀中革命根据地政区沿革述略》，《地名知识》1985年第5期；《冀南革命根据地区划沿革概述》，《地名知识》1985年第1期；《华北解放区行政区划沿革》，《北京档案史料》1988年第4期。还有田酉如《冀鲁豫根据地区划沿革概述》，《地名知识》1989年第3期等。

④ 傅林祥：《抗战时期日伪河北省政区变迁》，《历史地理》第二十九辑，上海人民出版社2014年版。

⑤ 尹钧科：《论北京历代建置沿革的特点》，《北京社会科学》1987年第4期。

⑥ 尹钧科主编：《北京建置沿革史》，人民出版社2008年版。

⑦ 杨志玖：《关于渔阳、范阳、蓟县的方位问题——并论〈重修蓟县志〉的错误》，《天津社会科学》1983年第2期。

⑧ 韩嘉谷：《天津平原的西汉县治和相关历史》，《天津社会科学》1983年第4期。

平原的西汉河流，论证了西汉时的泉州、雍奴、东平舒和章武县的地望问题，不失为一种考证古代县治的可资借鉴的手段。邢铁《新河县城的历史考察——华北平原古县城考察之一》[①]，首先梳理了新河县的县治沿革，认为滏阳河对新河县城的发展具有重要作用，并深入到县城内部考察了县的具体规划情况。程龙《井陉县治的变迁及其军事意义》[②]，分析了历代战争对井陉县治迁移的影响，并指出井陉驿路是县治迁移的轴线。金紫恒《河间行政沿革简史》[③]，考证了河间的历代建置沿革问题。

以上是目前学界对京津冀地区行政区划研究的主要成果。总体来看，京津冀政区研究的具体成果比较分散，需要查阅大量的古代典籍和近人、今人的校勘补遗。另一方面，对于北京、天津等重点地区的历史沿革研究较多，而其他地区的成果较少。

（二）渐入佳境：从先秦初置到汉魏北朝调整

1.行政区划的初置与网格化分布

今京津冀地区的行政区划初置于春秋战国时期。春秋时期的晋国开始在太行山东麓设置郡县，进入战国后，燕、赵、中山、齐国等均在河北地区有过行政建置。晋国置县最主要的方式，是以周王室所封之地置县。晋文公二年（前635），以赵衰之谏“求霸莫如入王尊周。周晋同姓，晋不先入王，后秦入之，毋以令于天下。方今尊王，晋之资也”[④]，抢在秦国之先护送周襄王回洛邑。周襄王遂赐晋“河内、阳樊之地”。此地在属于周王畿之前，曾先属郑国，但并未属于过晋国。晋遂在文公三年（前634），置州、温、阳樊等六县。同时得到的还应有周王室所置原县。周所置县皆为当时经济发达、军事重要之地[⑤]。晋以所得他国之地置县者还有顿丘。顿丘原为卫邑，后属晋，至晋定公三十一年（前481），方“城顿丘”。

晋国另一置县模式则是以他国公卿为“大夫”置县。晋景公十一年（《左传》成公二年，前589），楚申公巫臣奔晋，“晋人使为邢大夫”；晋平公十五年（《左传》襄公三十年，前543），郑“羽颉出奔晋，为任大夫”。以他国公卿为大夫置县，首先摆脱了以晋公卿置县的采邑性质，变为真正意义上的“县”；另外他国公卿在此地既无个人势力，更便于国君控制。

晋所置邯郸，先为卫邑，后属晋，《史记·赵世家》：“明年（晋定公十五年，前497）

① 邢铁：《新河县城的历史考察——华北平原古县城考察之一》，《河北学刊》1998年第3期。
② 程龙：《井陉县治的变迁及其军事意义》，《历史地理》第十七辑，上海人民出版社2001年版。
③ 金紫恒：《河间行政沿革简史》，《地名知识》1982年第4期。
④ 《史记》卷三十九《晋世家》，第1663页。
⑤ 赵翼《陔余丛考》卷十六《郡县》：“置县本自周始，盖系王畿千里内之制，而未及于侯国。”

春，简子谓邯郸大夫午曰：‘归我卫士五百家，吾将置之晋阳’。”则邯郸之设，最迟不过晋定公十五年。据出土的晋耸肩尖足空首布“甘丹”（即邯郸）标识可知，邯郸在春秋末期已有一定发展，之后赵才会以邯郸为都城。总结河北地区在春秋时期的置县，可以看出置县主要在晋国新得之地上，晋国本土主要在今山西省，故而本书不加讨论。对于置县官吏，以他国公卿为大夫便于控制新置各县，而城市发展也是置县的考虑因素之一。

战国时期七雄征伐加剧，今河北地区由三家分晋之后的赵、魏、韩和齐、燕、中山分辖。各国在互相攻伐时，经常以取自他国之地置县。除了灭国置县外，一般史籍中有“县××”“城××”“×令”“×丞”也可作为置县标志。《国语·齐语》记载齐国制度，以三十家为邑，十邑为卒，十卒为乡，三乡为县，十县为属。齐国共有五属，即有五十县。这与商鞅变法时秦国“并诸小乡聚，集为大县，县一令”的制度设计基本相似，都是集乡聚为县的自下而上置县模式。但战国时期，河北地区上的齐县并不多，而数量最多的赵县与秦县仍是灭国后自上而下的置县模式。在各诸侯国由“灭国置县”向“集乡聚为县”的转化中，河北地区各县的直接设置原因仍是“灭国置县”。同时，也需要指出，灭国置县并不排斥聚集乡聚置县，在灭国之后所选的设县地点必然是较大的乡聚所在。

在《燕国地方行政称“都”考》一文中，后晓荣认为燕国的地方行政称为“都”①。该文多以古玺、官印、封泥等实物进行考证，证据应当确凿可信。而在《中国行政区划通史·总论先秦卷》中，李晓杰却认为“都”不应当作为政区理解。该书又以燕置上谷、渔阳、右北平、辽西、辽东五郡，判断令支、渔阳、无终等县在燕国后期也已有所置。恰巧，后晓荣文章中没有“令支都”“无终都”等出土实物。由此，关于燕国的地方行政制度，目前学界尚有争论。

就地域分布来看，春秋战国的设县分布最密集的地区是黄河自山陕峡谷流出后的地域。这一地带包含“禹贡大河”的黄河两岸，人口稠密，距周王畿、魏都较近，且为兵家重地（如秦占野王割断韩国与上党联系引发了长平之战）。另一设县较多地域是太行山东麓的山前平原地区，其地域范围北起燕都蓟，中经燕下都、中山国都，南至赵都邯郸。这一地带自古至今皆为河北地区的重要交通走廊，因此人口、经济要远强于东部沿海地区，春秋战国在沿海地域几乎没有设县也说明了这一点。人口众多、经济发展、交通要道才有军事征战，才有设县必要。而秦在一统之后则继续沿这一地域分置新县。

近年来后晓荣致力于秦县考订，他考证秦县的方法主要是利用新近出土的秦封泥、官印等考古实物，而这也成为推动秦县考古的主要动力②。秦代河北地区各郡中，平均每三县就有近两县是秦新置之县，其新置县在每个郡都有分布，说明秦县有了较为普遍的地域分

① 后晓荣：《燕国地方行政称“都”考》，《首都师范大学学报（社会科学版）》2012年第6期。

② 然而并不是所有秦县都已被出土封泥囊括，后晓荣又采用与《汉书·地理志》比对的方法来判断秦县，也仍不能保证包含所有秦县，如贝丘与重丘县。

布，标题中的“网格化”即是此意。在新置县中，超过10县的秦郡为恒山郡与河内郡，说明此二郡延续了春秋战国大量置县的趋势。邯郸郡、广阳郡、巨鹿郡、河间郡新置县数均在5县之上。济北郡与河间郡在东周时期为齐北燕南疆域，此二郡连同清河郡均为沿海平原地区，春秋战国设县较少，但在秦都出现了明显地增置县的过程。秦在统一过程中，对征讨所得地域皆置郡县，这是秦在短短几十年间所置县比春秋战国总数还要多一倍的根本原因。

2. 两汉时期县与侯国的双重变奏

两汉时期的河北作为“山东”的重点地域，行政区划的调整是除了设县之外还设有大量侯国，部分旧县也有改为侯国的设置情况。西汉初年，河北地区为燕国、赵国所辖，汉武帝“推恩令”施行后，王国越分越小，随之侯国大量涌现。河北地区县与侯国的角色调整与互换延续至东汉末年。

以地域范围而言，增置县（侯国）数目在15个以上的郡国有巨鹿郡（23）、涿郡（22）、平原郡（21）、勃海郡（20）、广平国（17）及魏郡（15）。这与先秦置县的重点地域——太行山东麓山前平原，秦代置县的新增地域——滨海平原基本一致。造成这种局面的另一原因是西汉的王子侯国多由原王国析出，多就近分入相邻汉郡，如涿郡所领王子侯国多由相邻的中山国、广阳国、河间国析置。但也有王子侯国从原王国析出后远置他郡者，如勃海郡领有与其相隔涿郡的中山王子侯国，平原郡也领有城阳国析出的王子侯国。据陈苏镇研究，将侯国远封他郡是受削弱王国势力而采取的“易侯邑”政策影响[①]。

西汉的基层政区组织为乡、亭等机构，由乡、亭等置县（侯国）可以被认为是延续了前代“集乡聚为县”的模式。《汉书·公孙弘传》记载时任丞相的公孙弘受封情况为“其以高成之平津乡户六百五十，封丞相弘为平津侯”。又如刘备先祖刘贞，为中山靖王之子，《三国志·蜀书·先主传》对刘贞分封记为“胜子贞，元狩六年封涿县陆城亭侯，坐酎金失侯，因家焉”，也可说明，陆城原为涿县下的亭里组织。

在《史记》《汉书》各封侯表中，最后一栏的书写方式除了郡之外，还有县。如翕侯国在汉景帝中三年至武帝元光四年及武帝元朔二年至六年两度为侯国，表最后一栏注“内黄”，内黄时属魏郡。又如荣关侯国，最后一栏注“茌平”。对于所注县名是否意为该侯国由此县析置或废入此县的问题，马孟龙在其《西汉侯国地理》一书中已有所阐明。他认为这种写作方式既不是“析置”也不是“并入”，而是班昭所注西汉侯国在东汉时的地望。就其举例分析来看，确有道理，因此本文对汉表的书写方式不再阐述。由此，除了明确记载的侯国（如平津、陆城），河北地区大部分侯国是如何析置尚有待考察。

不过，有的侯国也可以明确判断由侯国到乡再置县的进程，曲周侯国便是此例。汉高

① 陈苏镇：《汉文帝“易侯邑”及“令列侯之国”考辨》，《历史研究》2005年第5期。

帝六年封功臣郦商为曲周侯，至汉景帝中二年其子欲娶平原君为夫人，有罪，国除。至此，曲周结束了作为功臣侯国的历史，然《汉书·地理志》却言“曲周，武帝建元四年置”。周振鹤在其《西汉政区地理》一书中，对于曲周置县时间也无异议。如此，曲周自汉景帝中二年（前148）至汉武帝建元四年（前137），这十二年间，曲周既非侯国，也非县，则其只可能是乡、亭等基层组织。至此，曲周的沿革是先为侯国，后国除为乡，武帝时又以乡置县。两汉升乡等基层组织为县的过程承袭了秦“集乡聚为县”的传统，与北宋、金以镇升为县基本一致。两汉废县为乡与宋金废县为镇亦如是。

从功臣侯国的设置时段来看，河北地区西汉的功臣侯国多置于汉高帝至汉武帝时期，这与西汉初期的政治形势有关。汉高帝时所有功臣侯国均封本人也是其特点。吕后、文景时期对功臣的册封则延及功臣子孙，如信都封张敖前妇子张侈；新市、山阳皆以王悍、张尚不随赵王、楚王参加“七国之乱”而封此二人之子。此外，汉景帝中三年“匈奴王二人率其徒来降，皆封为列侯”。据《正义》，共封七侯。“《纪》言二人者是匈奴二王为首降。”匈奴降汉所封侯国中，有五侯国属涿郡。涿郡在汉景帝时距北方边境不远，分封于此也在情理之中。汉武帝时武力开边，在功臣侯国设置上也有反映：因北击匈奴有功封侯者5人；南征南越封侯1人；匈奴昆邪王、相国降汉封2侯国；朝鲜相国降汉也封1侯国。至武帝末年，朝局不稳，又有卫太子谋反，因此而封国者有4人。

西汉一代，河北地区的王子侯国分封始于汉文帝，至汉武帝时开始大规模展开，这与中央、地方的关系密不可分。西汉初期为解决王国尾大不掉的问题采取了多种措施，至“推恩令”一出，把蚕食王国疆土的手段具体到王子侯国的分封上来。关于西汉一朝王子侯国的分封，先有周振鹤《西汉政区地理》，后有马孟龙的《西汉侯国地理》，台湾则有王恢《汉王国与侯国之演变》，研究已颇为深入。

西汉时期郡、国角色互换频繁，如广川郡在广川郡与信都国之间转换达九次。因此，西汉始封侯国所属郡国与《汉书·地理志》郡国名目多有差异。若将旧县初封为侯国时所属郡名目加以考订，可知汉高帝时，河北地区各郡中仅有河内一郡为朝廷所有。其余各郡或是尚未析置（如涿郡、勃海郡、魏郡），或是作为王国支郡（如梁国有支郡东郡，燕国有广阳郡等六郡，赵国三支郡邯郸、巨鹿、常山）。汉高帝以旧县所置侯国在这些郡中都有分布。但高帝时以旧县或新置侯国分布在各王国支郡中，其意并不是削弱王国加强集权。铲除异姓王是高帝既定方针，不须蚕食王国疆土，直接废除其国即可。这一点也是汉高帝时分封与景武之后分封的不同点。

新置王子侯国有析出后远置他郡者，故汉表有赵王子还封之事，这一点也已为周振鹤所说明。下面将以河北地区侯国变迁为视角简要分析西汉分封制度的历史演变。在汉初大封异姓王侯时，也有不少功臣侯国的分封。据陈苏镇考证，汉初侯国在隶属关系上并不完全属于汉郡，而是分属于各自的王国或汉郡管辖[①]。具体到河北地区，功臣侯国多属王国各自支郡管辖。刘邦在铲除异姓王国的同时，对功臣侯国基本采取了宽容政策，是由于侯国与王国实力不可同日而语所致。随着同姓王国的分封，王子侯国开始出现。与其后王子侯国的命运不同，在汉文帝时期王子侯国多进封为诸侯王，如汉文帝四年五月封齐悼惠王子刘贤为武城侯，汉文帝十六年进封为菑川王。在汉文帝时，王国势力仍较大，朝廷将侯国转封为诸侯王，带有明显的削弱原王国势力的用意。这对于削弱原王国实力是一种剧烈且影响较大的政策。汉文帝时期侯国演变的另一特点是"易侯邑"或侯国徙封现象。将侯国远置，则是削弱王国的另一举措。两者相辅相成，共同构成了汉文帝时期"东方政策"的重要组成部分。此时，朝廷既要削弱诸侯王的力量，同时又要避免内战，但汉景帝时期晁错的建议仍激起了"七国之乱"。叛乱平定后，诸侯国实际上已无对抗中央的实力，此后汉景帝在削弱王国势力时，新封侯国大部分都不在王国境内。汉武帝元朔二年推恩令一出，"即使王国属县封为侯邑，也要改属汉郡，王国不辖侯国成为定制"[②]。即便《汉书·地理志》记载的西汉末年，郡国角色经常互换，河北地区各侯国仍多属汉郡。元鼎五年的酎金夺侯事件，既不仅限于王子侯国，也不限于汉武帝所封侯国。实际上，据马孟龙研究，汉初封侯是酎金夺侯的重点打击对象[③]。汉武帝时期的侯国体系可以总结为：在削夺前期侯国的同时，因战事、分封诸侯王子等原因，形成了新的诸侯国体系。在汉武帝之后，再无此类大规模夺侯事件，其原因在于王国经过历次削弱已与汉郡无异，其影响则在于武帝时期的侯国体系被继承并发展。汉武帝之后的河北地区，侯国虽也屡有置废，但基本仍循武帝时的功臣、王子、外戚三种类型的侯国分封体系。这一体系基本延续至汉末，直至新莽时，列侯或因反抗王莽统治，或随王莽败亡而国绝，才出现第二次侯国罢废高峰。对于西汉侯国的罢废，延续至东汉初年，但原因已与西汉不同，这将在下文展开分析。总体来看，侯国的分封与罢废、远置与徙封，都受西汉分封政策的影响，而这又因中央与地方关系引起。

东汉河北地区侯国设置据所见文献尚不及西汉侯国总数的四分之一。造成东汉侯国数量大幅减少的原因与朝廷政策有关。西汉"推恩令"等政策使得王国疆域愈划愈小，故光武帝建武十三年（37）才有省并河间国、真定国、广阳国、中山国之举，赵国也由原王国降为公国。后各王国虽渐次恢复，但仍不可与西汉初期王国相比，与西汉末年也不同。各王国已难以对中央集权形成强有力的挑战，朝廷却可借分封王国强化控制地方的力量。即便有削减王国领县的诏令，但之后也进行了相应补偿。又如延熹八年（165），原勃海王皇弟悝"谋为不道"，汉桓帝将其封置于瘿陶一县，名为瘿陶王，这种对于王国的容忍态度

① 陈苏镇：《汉初侯国隶属关系考》，《文史》2005年第1辑。
② 陈苏镇：《汉文帝"易侯邑"及"令列侯之国"考辨》，《历史研究》2005年第5期。
③ 马孟龙：《西汉侯国地理》，上海古籍出版社2013年版，第261页。

是西汉在河北地区所没有的。

东汉侯国数量远不及西汉的另一点原因，隐藏在《后汉书·张纯传》中。张纯先人张安世为张汤子，封富平侯。张纯任职宫中宿卫，后又屯田南阳。于东汉开国有功的他也许曾上书请求复封西汉侯爵，被有司奏劾，认为“列侯非宗室不宜复国”[①]，但光武帝仍以张纯劳苦功高更封武始侯。此“列侯非宗室不宜复国”不失为针对西汉末年存续的大量功臣、王子侯国企图恢复旧制的“挡箭牌”。各侯国如无特殊情况或皇帝金口复赐，难以重温前朝旧梦。

东汉侯国与西汉相比，最大的不同点是东汉所有侯国都是旧县改置，没有因封国增加一个政区。东汉对公主食邑的规定是“汉制，皇女皆封县公主，仪服同列侯……其皇女封公主者，所生之子袭母封为列侯，皆传国于后。”[②]公主食邑在传于子后也可作为外戚侯国。从西汉、东汉各类型侯国的数量与比例来看，西汉作为侯国主体的王子侯国下降到了次要地位，而功臣侯国却占有主要地位。王子侯国的下降与前述东汉对诸侯国的宽容政策有密切关系。朝廷既不愿瓜分豆剖各王国封域，也明显减少了王子侯国的分封。东汉河北地区的王子侯国或由原王国降为侯国，如真定侯国与乐成侯国；或因王国之请分封侯国，如“永建五年，父开上书，愿分蠡吾县以封翼，顺帝从之”[③]。

3.河北南部行政中心的崛起

《三国志·魏书·武帝纪》记载：

> （建安）十七年春正月，公（曹操）还邺。天子命公赞拜不名，入朝不趋，剑履上殿，如萧何故事……割河内之荡阴、朝歌、林虑，东郡之卫国、顿丘、东武阳、发干，钜鹿之瘿陶、曲周、南和，广平之任城，赵之襄国、邯郸、易阳以益魏郡。[④]

建安十七年即公元212年，此时曹操虽经赤壁之败，仍稳定控制了北方地区。为表彰曹操功德，汉献帝将原辖15县之魏郡增益为30县[⑤]。此时魏郡已辖30县，是河北地区辖县数目最多的郡，故在次年“冬十月，分魏郡为东、西部，置都尉”[⑥]，将魏郡一分为三。魏郡邺城作为曹操晚年的常驻地，是曹魏龙兴之地，增益魏郡实为汉室讨好曹操的政策。曹魏建立之后，定都洛阳，魏郡角色向普通郡转换，故黄初二年“以魏郡东部为阳平郡，西

① 《后汉书》卷三十五《张纯传》，第1193页。
② 《后汉书》卷十《皇后纪下附皇女纪》，第457页。
③ 《后汉书》卷五十五《河间孝王开传》，第1809页。
④ 陈寿：《三国志·魏书·武帝纪》，第36页。
⑤ 按：《武帝纪》中“广平之任城”，据李晓杰考证，当为“广平、任”二县。
⑥ 《三国志·魏书·武帝纪》，第42页。

部为广平郡”[①]，正式将魏郡拆分为三郡。此时，魏郡领11县，阳平郡领7县，广平郡领12县。曹魏黄初年间，又在广平郡南部置肥乡、临水二县。以地望判断，肥乡县治今肥乡西南，漳水左岸；临水县治今磁县，南临滏水。

代曹魏而立的西晋，又在魏郡中部增置长乐、安阳二县。历北魏、东魏、北齐三朝，先后在东汉末年增益后的魏郡的范围内，增置八县。说明伴随着邺城作为郡县制施行以来，河北地区的第一个区域性政治中心，其所在的魏郡（东魏改为魏尹，北齐改为清都尹）领县也在不断增置。北齐被北周灭后，又将此地复为魏郡，并长时期作为河北地区区域性政治中心（唐为魏州大都督府，北宋为北京大名府）。魏郡及其附近的中心地位直至金统一北方才告终结，代之而起的南京道（中都路）在辽、金时期也有大量置县举措。由此可以看到，政治中心所在地对周边县增置的显著影响。

十六国时期河北地区迭遭兵燹，先后由后赵、前燕、前秦、后燕、北魏五政权占有，其间为前秦统一时间甚短。政区的变化却不如政权更迭频繁。据现有史料来看，仅有后赵石虎将西晋所改的临漳复为邺，以为都城。

北魏在河北地区的增置县始于侨置之朝鲜县。在可考年代的北魏置县中，最早始于孝文帝太和元年，其时分新城南部置清苑，约在此前后又分置乐乡、永宁两县，使得今清苑及相邻地域内，容纳了清苑、乐乡、永宁、新城、扶舆五县，为其后的改革留下了伏笔。就其设置地域来看，主要分布在中南部各郡。在曹魏时期已经增置的魏郡在邺城成为都城前，附郭仅有邺一县。随着东魏天平初定都邺城，增置临漳县，使其拥有双附郭县，而魏尹也成为河北地区最早拥有双附郭县的统县政区。北齐代东魏后，又增置成安作为附郭县，使清都尹成为河北地区唯一领有三附郭县的统县政区。

北周灭北齐后，为清除旧都影响，采用了改名、移治等措施，这将在相关章节展开。之后，北周又在原魏郡范围内增置了莘亭（相州魏郡）、洹水（相州魏郡）、滏阳（相州成安郡）、灵泉（相州林虑郡）四县。

北朝增置县的另一特点是将原有县一分为二后，县名前冠以“东、西、南、北”方位以示区别。如北魏分章武县置西章武。需要指出的是，这种分县及命名方式不同于秦汉时期的上曲阳与下曲阳等县的命名。秦汉时期县名加方位是因为有重名现象，加上方位后以便区别。而北魏在分县之前并没有两个章武。通过其罢废年代也可看出，这种简单的分县模式并不适合县的长远发展（西章武、北修武、西聊、西经在北齐天保年间并县中俱废。西汉之上曲阳后改为今曲阳县，下曲阳后改为鼓城，为晋州附郭县，明初方废）。北魏的这种置县模式，在其后仅有元初分无棣置东无棣、西无棣一例。

太武帝拓跋焘在位期间，是北魏统一北方的时期。当时，北魏北御柔然，西讨吐谷

① 《三国志·魏书·文帝纪》，第77页。

浑，东北则收复辽西。据《魏书·世祖太武帝纪》所记，延和元年，辽东及朝鲜各郡内附幽州。朝廷遂于北平郡肥如县安置朝鲜民并侨置朝鲜县，由此拉开了北朝河北地区侨置郡县的序幕。

北魏、东魏的一处郡县侨置之地为“英雄城”，英雄城之由来，据《元和郡县图志》所记为：

后魏孝武帝永熙二年，以韩瓒为营州刺史，行达此城，值卢曹构逆，就置南营州，以瓒为刺史。所部三千余人，并雄武冠时，因号英雄城。[①]

英雄城之地望在今保定市徐水区遂城镇。孝昌年间，太和中分恒州所置东燕州已陷，遂在军都城侨置昌平郡并万年、昌平二县，又在英雄城侨置三郡五县。北魏、东魏侨置郡县的原因有二：孝昌之后朝局崩坏与地方割据反叛，致使朝廷失去对部分郡县的管辖；流民内附行为。这种州—郡—县三层行政体系均治一城，不辖实土，必然出现“十羊九牧”之弊病，而这也成为北齐、隋初省并郡县的主要改革对象。

4.行政区划的省并与裁撤

在两汉所省并诸县中，大部分都为西汉置县（侯国）。在两汉大量省并后，恢复者寥寥，说明了西汉河北地区政区的滥置情况。以两汉魏晋自省并至复置的时间跨度来看，东汉初所省并之县在汉末又多有复置，显示了光武帝建武年间省并政区的过程中有一定的矫枉过正倾向。而东汉其他时期所省并之县复置时间一般较晚，甚至有房山、柏乡二县在隋开皇十六年（596）才恢复建置。这一方面说明了隋代有恢复前代旧县的特点，另一方面也说明了相较于东汉初所省并各县，这些县的省并在当时已较为合理。曹魏西晋所省各县在其后不久也多有复置的情况，且这一时期县的省并复置多集中在阳平、广平二郡，显示了魏晋时期河北地区政区调整重点仍集中在旧魏郡（曹魏黄初二年拆分之前的魏郡）所辖地域。

北魏河北地区政区省并的时间，多集中在北魏太武帝拓跋焘的太平真君年间（440—451），这是北魏在河北地区逐渐稳固其统治的时期。“（太平真君）四年春正月己巳，征西将军皮豹子等大破刘义隆将于乐乡，擒其将王奂之、王长卿等，强玄明、辛伯奋弃下辨遁走，追斩之，尽虏其众。庚午，行幸中山。二月丙子，车驾至于恒山之阳，诏有司刊石勒铭。”[②]乐乡在北魏之前未曾出现，因此颇疑置于此时或稍前。北魏所置乐乡县属高阳郡，位于今河北地区的中部地区，这也说明在太平真君初年北魏与刘宋的战线集中在此地附

① 李吉甫：《元和郡县图志》卷十八《河北道三》，中华书局1983年版，第517页。
② 魏收：《魏书》卷四《太武帝纪》，第96页。

近。此后，北魏将军皮豹子等率军南下，在当年十一月，又“追破刘义隆将于浊水”[①]，即今浊漳水，表明战线已南移至河北地区南部。在此之后，刘宋北伐再也没有涉足河北。

北魏在逐渐占有河北的过程中，也采取了迁民实土的政策，如太平真君六年十一月，“南略淮泗以北，徙青徐之民以实河北”；又如“（七年春正月）永昌王仁至高平，擒刘义隆将王章，略金乡、方与，迁其民五千家于河北。高凉王那至济南东平陵，迁其民六千余家于河北”等。对于西晋末年以来，饱受战乱影响的河北有积极的恢复作用。在移民实河北的同时，也将河北之民迁移至京师（平城），如“（八年春正月）徙定州丁零三千家于京师”[②]。以上便是河北地区在太平真君年间省并县的历史背景。通过分析以上背景，可知：①太平真君年间是河北地区开始结束战乱，恢复发展的时期；②太平真君年间河北地区经过战乱之苦，人口已有减少。历代设县的目的之一是理民，没有民户可管，县自然没有存在的必要性。因此，稳定统治河北地区的北魏会在这一时期有省并县的举措。

太平真君年间河北地区所省各县多复置于北魏孝文帝太和（477—499）、北魏宣武帝景明（500—504）年间。经过四五十年的发展，河北地区人口经济再度恢复，人口也渐次增加，因此各县才能得以复置。

东魏各县俱省并于天平初年，当时孝敬帝才从洛阳北迁至邺城，即有省并“皇畿”[③]内各县之举。在北齐所省各县中，其省并时间虽不能完全认定为天保七年（556），但大部分县还是应当在该年省并。北齐省并各县在后代的复置情况为：良乡一县复置于东魏武平七年（576），获嘉、武阳二县复置于北周，其他各县均在隋开皇年间复置，而复置时间又集中在开皇三年、开皇六年和开皇十六年三个年份。相较于北齐废县，各省并又复置之县多为两汉及以前所置，北齐废县的重点除了侨置县外，便是北魏、东魏所置诸县。

（三）稳中有变：隋唐时期的政区设置与更名

1. 隋初对前代旧县的改置

隋代国祚虽短，却因开皇三年（583）“罢天下诸郡”与大业三年（607）“改州为郡”的激烈地行政体制改革与州、县的置废等政区调整，得到了学界较多的关注。[④]通过对河北地区政区的沿革再度进行查考，笔者发现以往研究多关注隋代一朝新置州、县与其罢废情

① 《魏书》卷四《太武帝纪》，第96页。

② 《魏书》卷四《太武帝纪》，第100页。

③ 《魏书》卷十二《孝敬帝纪》，第298页。

④ 比较突出的是王德权的论文《从“罢郡存州”到“改州为郡”——隋代河北政区调整个案研究》。其文以河北地区为例，较为全面地勾勒了杨隋政权在开皇三年、六年、十六年及大业初年州县的增置、罢废与改隶情况，运用计算县治里程等方法分析了开皇十六年州、县关系失衡及大业初年废县时以相距六十里作为重要参考标准废县的合理性，将隋代河北地区政区研究向前推进了重要一步。

况，但隋代各州、郡中均有因袭前代之县，在开皇年间增置县的过程中也复置了部分前代（主要是北齐）所省并之县，另有一些县则在大业初年省并州、县的过程中随着开皇年间新设州、县一同罢废不存。

隋代虽然政区改革频仍，但仍有相当多的前代旧县保存了下来。如以《隋书·地理志》所载大业五年各郡领县数为基数，河北各郡中因袭前代旧县占该郡领县一半及一半以上之郡有[①]：渤海郡、信都郡、清河郡、魏郡、河内郡、襄国郡、武安郡、恒山郡、河间郡、涿郡及上谷郡。各郡领县中因袭前代县率较高者为武安郡（87%）、襄国郡（86%）、魏郡（82%）、涿郡（78%）、河间郡（77%）。因袭前代旧县率较高之郡多分布于太行山东麓及河北地区北部地区。

首先分析位于太行山东麓中南部地区的恒山郡、赵郡、襄国郡、武安郡、魏郡五郡。此五郡领县中，若以因袭前代之县加上隋代复置前代废县来看各郡的领县情况是：恒山郡在所领八县中有六县为前代之县，赵郡有九县，襄国郡仍为六县，武安郡有七县，魏郡有十县。与因袭前代县数相比，除襄国郡不变外，其余四郡又有所提升。而此五郡在隋代的新置与废县情形为：恒山郡新置三县（信义为隋末义宁元年新置），废六县（四县为开皇十六年新置之县）；赵郡新置四县（新安、宜丰二县置于隋末），废五县（四县新置于开皇十六年）；襄国郡新置二县，废三县（一县为新置）；武安郡新置一县，废四县（二县为开皇年间新置）；魏郡新置一县，废二县（均为开皇时期新置之县）。隋代此五郡领县变动较为频仍，共废县数为二十，其中废前代旧县仅有七例，占全部废县数的三分之一，也可印证开皇十六年增置州、县导致的“州县统辖关系的失调”[②]是大业时期的改革方向，而且说明了隋代太行山东麓的行政建置是建立在前代较为合理的行政布局之上。反观地处河北地区东、北部的渤海、河间、上谷、涿郡四郡。开皇十六年渤海郡增置五县，其中二县废于大业初年，三县延续到唐代；河间郡开皇十六年分置三县，一县于大业初年罢废；位置更靠北的上谷郡和涿郡不仅旧县得到了相当程度地因袭，隋代于此二郡更无废县之举，则可看出由于辖境较广及人户相对于中、南部地区稀少，河北地区东部、北部的政区大规模调整尚有待李唐等后世王朝的整顿更置。

由新置县与复置旧县的前后变化可以看出：开皇前期（以六年为例）县增置的主要方式是复置前代废县，而开皇后期（以十六年为例）新置县则成为政区增设的主要途径，也可看出文帝时期增设政区存在着先重复置、后重新置的演进过程。同时，隋代新设之县的废县率是废前代旧县的两倍，也可从另一角度反映前代旧县在隋代政区变动频仍的大背景下与开皇年间新置之县截然不同的命运。

① 各县因袭不改者包括改名情况，此处不计领县中仅有部分县邑位于河北地区之郡。

② 王德权：《从“罢郡存州”到“改州为郡”——隋代河北政区调整个案研究》，《国立台湾师范大学历史学报》第26期，1998年6月，第83页。

2.隋代置县的复古与创新

杨坚在开皇元年，即下诏“易周氏官仪，依汉、魏之旧。”[①]采用汉魏旧制的不仅是“官仪”，体现在县的设置上，隋代也有复古行为：表现之一是以古城作为汉县县名；另一点则是为了保存旧县名而增置新县。北魏太和十八年将顿丘废入汲郡后，景明中以“余民在畿外者”[②]新置顿丘县，仍属顿丘郡。隋代置新县用旧名的原因不再是废旧县，而是将已有之县改名后，再以旧县名置新县。

隋代河北地区的这种情况共有四例，分别是：

（1）开皇元年更范阳为遒县，更置范阳。原遒县在北周被废，为保留遒县县名，范阳遂有更名、新置的行为。旧遒县与新置范阳县治今涞水县，原范阳县与更置遒县治今易县东南伏图城。

（2）开皇六年更贝丘为清阳，新置贝丘县。原清阳县在东汉被废，治今清河县东南；原贝丘县与清阳治今临清市东南，贝丘治今临清市东。

（3）开皇十六年又将贝丘改为清平，新置贝丘，贝丘为分清渊县置，治所当在旧县之南。

（4）开皇十八年改永宁为清苑后，另置永宁。永宁治今保定市，永宁为分鄚县置，治所当在旧县之东；清苑废于北齐。

通过梳理开皇年间隋为存旧县而增置新县，可见文帝为保存旧县名甚至有两次设县之举，为保留清阳新置贝丘，贝丘改名后为保留贝丘再置贝丘县。隋代所设“新”县更多体现在大业年间与义宁元年。

大业七年为便利征辽交通，朝廷于河北平原北部新置丰利、通泽二县。既然设县原因为交通便利，当时河北平原最为便利的交通除了自然河流外，便是已经开通的永济渠。故而丰利置于“河口”[③]，通泽县名中也有一“泽”字，表现了这一时期设县滨临河渠的特点。但在设县原因中，较少考虑民户多寡也注定了此二县不会长期延续。

义宁元年（617），李渊虽已掌控朝政，其统辖范围还仅为关内、河东一带。河北平原为高开道等农民军及罗艺等割据。当时，占领恒山郡的是魏刀儿，占领渔阳郡的是高开道。义宁元年信义、渔阳之设，实出于农民军割据势力。魏刀儿占地不广，故由析置恒山郡置九门郡，同时复置新市，新置信义，连同九门三县属九门郡。无终在隋末为渔阳郡治，高开道将其移治今玉田县后，又置渔阳作为附郭县。当割据势力渐次被唐军平定后，过于密集的新县便没有了存在的必要。

---

① 魏徵等：《隋书》卷一《高祖纪》，第13页。

② 《魏书》卷一百六上《地形志上》，第2460页。

③ 乐史：《太平寰宇记》卷六十七《河北道十六》，中华书局2007年版，第1367页。

3.隋末唐初河北政区的调整

自大业九年杨玄感起兵作乱后，隋炀帝逐渐失去了对全国政局的掌控，天下豪雄并起，逐鹿中原。河北地区先后有窦建德、宇文化及、刘黑闼等多支割据势力，史称这一带“诸郡无复完者，唯涿郡独全”①。李渊成为义宁元年实际上的政权操纵者，故隋末义宁元年在政区方面的调整多为唐初所继承。义宁元年河北地区政区调整的主要情况为：复置恒山郡，又分置井陉、房山、九门三郡，故规模不及大业九年省并前之恒山郡，仅领真定、石邑、行唐、滋阳四县。另义宁元年复置了部分大业初年省并之县，有赵郡柏肆县及恒山郡鹿泉、新市、蒲吾、苇泽四县。义宁元年新置了三县，赵郡之新丰、宜安二县及渔阳郡之渔阳县。其中赵郡的新置与复置之县及恒山郡的复置之县均为对其后设郡的准备措施（义宁元年所设之钜鹿郡即领柏肆、新丰、宜安三县；九门郡即领新市一县；房山郡即领蒲吾一县；井陉郡即领苇泽一县）。这些郡、县在武德初年的存在也说明了义宁元年的郡、县增置被李唐王朝所承袭。

窦建德在隋末唐初的混乱局面下迅速占领了河北地区的部分州县，这在《旧唐书·地理志》及《元和郡县志》所载各州沿革中可窥端倪。武德元年窦建德占领之州有恒州、廉州，次年则有卫州、魏州、黎州、洺州、沧州。至武德四年窦建德平，各州才开始处于唐王朝统辖之下。除州郡之外，一些县在隋末唐初的动乱中被省并。如定州深泽县在“隋末陷贼，武德四年，复立县”②。对于割据势力占领下的州郡，唐王室在攻略城池时，也注重招降纳叛，对归附之州县官吏予以任用，并相应设置了一些州、县。在武德初年河北地区所增设的各州中，明言因处纳归降所设之州有平州③。武德初期增置的各州有因袭隋末义宁元年增设诸郡者，如唐初在隋大业初年恒山郡所领范围内，各州分布情况是：恒州为隋义宁元年复置之恒山郡；廉州为武德元年改义宁元年所置之钜鹿郡而来；九门郡置于义宁元年，武德元年改为观州；燕州置于义宁元年；置于义宁元年之井陉郡在武德元年改为井州；置于义宁元年之房山郡在武德元年改为岳州，各州均为因袭义宁元年或新置或复置之州、郡。武德初期增置之州还包括新置之州，如隋大业之襄国郡，在唐初分为六州，各州领县情况为：由襄国郡改置之邢州仅领龙冈、青山二县；温州置于武德元年，领沙河一县；和州置于武德元年，领南和一县；起州置于武德元年，领钜鹿、白起二县；封州置于武德元年，领平乡一县；东龙州置于武德元年，领柏仁一县。在隋代一郡的范围内分布有唐初六州，且四州仅领一县，两州各领二县，可谓唐初州级政区零散破碎之典型代表。

武德年间河北地区新置各州中有六州各仅领一县。关于这六州的设置情况，史籍多未明言。《旧唐书·地理志》在开篇序言中云：“自隋季丧乱，群盗初附，权置州郡，倍于开皇、

① 《隋书》卷七十三《郭绚传》，第1684页。
② 刘昫等：《旧唐书》卷三十九《地理志二》，第1512页。
③ 欧阳修：《新唐书》卷三十九《地理志三》，第1006页。

大业之间，贞观元年，悉令并省。”[1]因太行山东麓各州郡人口较多，其地位也较河北地区东、北部地区更为重要，故而成为窦建德等势力与唐廷在河北地区的主要争夺地区，而对于归附的州、县官吏委以州刺史等职，对于稳定河北地区局势，争取其他地区归附都有相当大的积极意义。只是《旧唐书·地理志》指出的贞观元年为唐初大规模的并省州、县的高峰。

领一县之州的特殊性在于，虽然仅辖一县之地，理论上却有州级和县级两套行政系统运作，这种行政机构的高度重叠也决定了各州的短暂寿命。六州均废于武德中期，可说明各州设置的权宜性与暂时性。对于这一特殊情形的处理，隋、唐采取的是废州存县，县改隶他州的方法，元、明二代则多为省县入州等措施。

唐初新置之县多废于武德中期，而此时正是唐复置前代旧县的高潮时期，这类县的被废年代以武德后期至贞观年间为主，其中一个明显的年份为贞观元年。据《唐会要》云："贞观元年三月十日，并省州县。”[2]武德初年新置权宜之县多于武德中期省并，武德中期复置前代旧县又多于武德后期及贞观初年省并。而不论复县还是废县，分布相对集中的州又多位于太行山东麓的中、南部地区，也再次说明了这一地区较河北地区东部、北部地区县之更置更为频繁的情况。

4.武周时代政区名称的改置

经过武德、贞观二朝的大规模置废，河北政区分布趋于稳定，直到武则天以女主临天下，其称帝后又给这一地区的政区带来了第二次明显变化。与唐初本区的政区调整主要为置废不同，武周时代的政区调整主要为县名的更改与恢复。武氏自与高宗同被尊为“二圣”始，逐渐掌握了朝政实权，中宗、睿宗即位后更是临朝称制，至天授元年登基，其准备过程不可谓不久。又武则天退位后，中宗朝针对武周时期更置的州、县又进行了再度更改。这两种趋势在本书中姑且名之为政区命名的“去李唐化”和“去武周化”。为对武周时代的政区调整进行较为全面的阐述与评价，对武周时代断自唐中宗继高宗位之嗣圣元年，止于中宗复位遇鸩之景龙四年。

武曌御则天门登极建国号为周时，虽重复了和平朝代更替经历的一般过程如制造祥瑞、群臣劝进等，并以弥勒佛下生脱胎女身等制造舆论根据，乃至以“天授”为年号象征武周代李唐的顺乎天意，但唐王朝自建立至其时毕竟已有七十余年，在中央与地方不仅有大量李唐皇族支裔，更有大批功臣勋旧均为皇室支持者。武则天虽通过各种手段以稳固其“天授”政权，但唐王朝对这个新帝国的影响仍体现在各个方面。单就县之命名来看，不

① 《旧唐书》卷三十八《地理志一》，第1384页。《资治通鉴》卷一百九十二，唐太宗贞观元年，第6033页：“初，隋末丧乱，豪杰并起，拥众据地，自相雄长；唐兴，相帅来归，上皇为之劏置州县以宠禄之，由是州县之数，倍于开皇、大业之间。上以民少吏多，思革其弊；二月，命大加并省，因山川形便，分为十道……”。

② 王溥：《唐会要》卷七十，中华书局1955年版，第1231页。

管是因袭前代县名中有“唐”字者（如行唐、高唐），还是唐朝对县名更改后有“唐”字者（如唐昌），此一“唐”字无疑是初践帝祚的武氏自己不愿也极不愿他人看到提起的，但在地方州县的日常办公及朝廷诏令中，这些带有“唐”字的地名屡屡出现又是不可避免的。在对地名进行“去李唐化”的过程中，武则天采取的是改易地名，去“唐”字而换以“武”字的方法。其改名类型体现在河北地区上者主要有以下三种：

（1）对因袭前代之县名中有“唐”字者进行更改：行唐于长寿二年改为章武。[①]

（2）对前代废县中有“武”字者加以复置：魏州武阳县于贞观十七年省入临黄、莘二县，永昌元年复置，改为武圣县。

（3）对新置之县直接带以“武”字命名：如意元年分瀛州河间县置武昌县[②]，又分幽州安次县置武隆县[③]。

这些更改或新增有“武”字之县名对大周帝国来说带来的更多还是心理作用，当张柬之等发动兵变拥立太子显复位，复国号为“唐”后，因政治好恶更改县名的短命性便显现出来。上述五县中有四县在中宗甫承大统之神龙元年即恢复旧名或重新命名，武隆县也在睿宗景云元年[④]改为会昌县。李唐复国后对县名的“去武周化”更改行为，与武周“去李唐化”一样，反映的都是政治形势对政区命名的影响。

武周时代也是北部边疆持续动荡的时代，虽然高宗朝西灭西突厥，东平百济、高句丽，使帝国疆域臻于极盛，但随后突厥重新复国，契丹也兵起营州，侵扰河北，由此影响到政区设置与命名问题（图2–1）。

万岁通天元年，“夏，五月，壬子，营州契丹松漠都督李尽忠、归诚州刺史孙万荣举兵反，攻陷营州。”[⑤]契丹的叛乱直至第二年九月才彻底平定，营州不复为中央所有，直至圣历二年，才侨置于蓟州渔阳县。[⑥]

此后，契丹铁骑在河北地区肆意践踏，遍及河北道檀州、冀州、营州、幽州、定州、赵州等地，各地也不同程度的组织了抵抗，与“陷冀州”“屠赵州”不同，定州的抵抗较为有效，如定州属县“北平县改为徇忠县，义丰县改为立节县，二县并神功元年十月改，至神龙元年二月五日各复本名。”[⑦]其原因如《旧唐书》所言，“契丹攻之不下”。[⑧]

① 并非所有前代旧县名有“唐”字者在武周时代都有改名情况，目前没有史料证明定州之唐昌与唐县有过改名行为。

② 《新唐书》卷三十九《地理志三》，第1018页，作武兴。《旧唐书》卷三十九《地理志二》，第1515页；《唐会要》卷七十一，第1261页，均作武昌。

③ 《唐会要》卷七十，第1261页，作武崇，因系清乾隆年间武英殿聚珍版刻本而避乾隆年号讳改。据（清）周广业《经史避名汇考》卷十六，北京图书馆出版社1999年版，第970页，避讳年号始于唐玄宗开元年间。

④ 《唐会要》卷七十，第1261页，误作景云三年。按，景云并无三年。

⑤ 司马光：《资治通鉴》卷二百七，则天后万岁通天元年五月壬子，中华书局1956年版，第6505页。

⑥ 《新唐书》卷三十九《地理志三》，第1023页。

⑦ 《唐会要》卷七十一，第1264页。

⑧ 按：《旧唐书》卷三十九《地理志二》，第1511页，言此二县改名的时间在“万岁通天二年”，此时契丹叛乱尚未结束，万岁通天二年九月叛乱平定后，改元神功，因此“神功元年十月”较为可信，故从《唐会要》。

圣历元年，突厥可汗默啜以“我可汗女当嫁天子儿，武氏小姓，门户不敌，罔冒为昏”为由叛乱时，直言“我为此起兵，欲取河北耳”。[①]于是，尚未从战乱中恢复过来的河北地区，再次陷入了战争的漩涡。战乱起自河北道北部妫州等地，波及河东道蔚州与河北道定州、赵州等地。在进犯定、赵等州时，突厥军队经过了幽州和易州。这从幽州的良乡县在“圣历元年闰腊月二十九日改为固节县，神龙元年二月复为良乡县”[②]和易州遒县在“圣历二年，契丹入寇，固守得全，因改名全忠县”[③]可以知晓。将没有被少数民族政权攻下的城池改名有示褒奖之意，也可看出当时的民族关系与形势。除此而外，武则天时期更改县名者还有载初元年改恒州之真定县为中山县（神龙元年复为真定县），万岁通天元年[④]改定州毋极县为无极县，万岁通天二年改平州临榆县为石城县，“取旧名”[⑤]。

5.唐代中后期的政区设置

盛唐河北政区的调整，主要有天宝元年的更改县名与这一时期的析置州县。更改县名已有专文研究[⑥]，对盛唐的研究主要关注睿宗、玄宗朝的新置州县情况。新增州县之举起于唐睿宗复位次年之景云二年，是年分瀛州地置鄚州（开元十三年又以“鄚”“鄭”二字相近改为莫州），原瀛州之鄚（开元十三年改为莫）、清苑、文安、任丘、唐兴五县改隶新州，开元十年[⑦]又复置北齐废县长丰隶鄚州，鄚州的析置使得瀛州一州独大的局面开始被打破。瀛州分置鄚州的情况可以从户口增长的角度看：《旧唐书·地理志》载瀛州“旧户”35650，口164000，此为贞观十三年大簿情况；至天宝年间户98018，口663171，而莫州天宝领户53493，口339972。且此时瀛州尚辖有贞观十七年省并之深州安平、饶阳、鹿城三县，若再计此三县而至天宝年间瀛州仍自为一州的话，则在统县数量（领十三县）将成为河北地区规模最大的州。[⑧]先天二年复置深州后，又新置陆泽县为深州附郭县，这样瀛州便被一分为三。三州在先天二年的领县情况是瀛州领七县（河间、高阳、平舒、束城、景城、博野、乐寿），深州领六县（陆泽、饶阳、鹿城、下博、安平、武强），鄚州领五县（鄚、清苑、文安、任丘、唐兴）。瀛州的分置使各州领县数与地域规模更为均衡。

开元后期至天宝年间河北政区的调整重点又转向北部的幽州与易州。开元二十三年分易州易县新置五回县，同时新置板城、楼亭二县（天宝以后二县废），易州新置三县都位

① 《资治通鉴》卷二百六，则天后圣历元年八月，第6531页。
② 《唐会要》卷七十一，第1261页。
③ 《旧唐书》卷三十九《地理志二》，第1512页。按：“契丹入寇”之说不合史实，当为突厥进犯时期。
④ 《元和郡县图志》卷十八，第513页；《太平寰宇记》卷六十，第1238页；《唐会要》卷七十，第1265页，均作元年。而《旧唐书》卷三十九《地理志二》，第1512页；《新唐书》卷三十九《地理志三》，第1015页，均作二年。
⑤ 《旧唐书》卷三十九《地理志二》，第1520页。
⑥ 参阅华林甫《中国历代更改重复地名及其现实意义》，《历史研究》2000年第4期，第49至第52页。
⑦ 《旧唐书》卷三十九《地理志二》，第1515页，作开元十九年。《新唐书》卷三十九《地理志三》，第1018页；《唐会要》卷七十，第1261页；《太平寰宇记》卷六十六，第1349页，俱作开元十年。
⑧ 若景云二年未分置鄚州且先天二年也未复置深州，先天二年瀛州领有十三县为河北地区辖县最多之州，其次则为恒州（辖11县）；相州（辖10县）；魏州、贝州、沧州（均辖9县）等。

于其西北部丘陵山区地带，显示了当地的社会开发进程。天宝元年又分幽州蓟县复置了广平县。

此外，开元时期政区的治所屡次迁移对部分州级政区也产生了深远影响。开元十三年魏州元城县移治州城，成为与贵乡同样的魏州附郭县，自此魏州开始领有双附郭县，后历代县治虽有迁移，明代也曾取消元城附郭地位，但清代又复为双附郭县，直至民国初年。开元二十二年贝州清阳县也移治州城，与清河县同为附郭县，只是在咸通元年清河县移治才重新变为单一附郭县。

“渔阳鼙鼓动地来，惊破霓裳羽衣曲。”河北三镇的叛乱打破了玄宗朝后期的帝国幻梦，“稻米流脂粟米白”也变为了“国破山河在，城春草木深”。对倚为东北长城的安禄山起兵反叛，玄宗深感震惊，而为了表示对“安禄山”三字的鄙弃，将县名中有此三字者进行更改，具体到河北，有恒州鹿泉县改为获鹿县，房山县改为平山县，深州鹿城县改属束鹿县三例。既然暂时无法擒获此“禄”，只好束获彼“鹿”了。据陈垣《史讳举例》，唐肃宗至德元载至二载改郡、县中之名有“安”字者共有三十五例[①]，然河北地区带有“安”字之县却未有一县更名[②]。究其原因，当至德二载唐军收复长安、洛阳之地时，河北之地仍处于叛军占领之下，故唐肃宗只得在其控制下之地域将带有“安”字之地名更改。

历时八年的“安史之乱”将强盛的唐王朝推向了中、晚期，在河北地区的卢龙、成德、魏博“河朔三镇”割据程度最强，朝廷既不能予以有效统辖，对其地行政建置的调整也难以像初唐或盛唐那样大规模地有效展开，但在近一个半世纪的时期内，政区的更置也未尝中断，且时有置州、废州之举。具体而言，主要有以下几种类型：

（1）新置州县。大历三年分恒州地置泜州，领行唐、灵寿、恒阳三县，但随后又于大历九年省入恒州。大历四年析幽州地新置涿州，领范阳、固安、归义三县，并以同年复置之新昌县隶属涿州（大和六年又析新昌置新城县隶涿州）。大历七年新置清丰县，作为复置澶州之属县。建中二年以寄治幽州蓟县之燕州降为幽都县，与蓟县同治幽州城内。幽州自此成为河北地区第三个拥有双附郭县之州，这也为历代所承袭。唐代以“草市”“店”为新县治所，显示了平原地带社会经济的发展，这种趋势也被其后的宋、金等朝所继承。唐末景福二年又析置定州无极、深泽二县新置祁州。

（2）复置旧州县。永泰元年复由洺州析置贞观元年省并之磁州，领滏阳、邯郸、武安三县，并于同年复置于武德六年省并之洺水（改为昭义）属磁州。大历七年复分魏州置贞观元年所废之澶州，领顿丘、临黄二县，并复置观城县、新置清丰县以属之。贞元二年分

① 陈垣：《史讳举例》，中华书局2004年版，第29至30页。据华林甫《中国地名学源流》第153页研究，陈垣列举不全，实际更名之郡、县共有三十九例。

② 唐肃宗至德年间河北地区带有“安”字之县有：广平郡之武安县；邺郡之安阳、成安二县；文安郡之文安县；饶阳郡之安平县；博陵郡之安喜县；景城郡之饶安县；平原郡之安德、安陵二县；范阳郡之安次、固安二县。

沧州之南部置景州（隋废景州在沧州北部，与此无涉），领弓高、东光、临津三县，长庆元年省州，次年复置景州，领弓高、东光、临津、南皮、景城五县，七年之后大和四年又废景州，至唐末景福元年三置景州，领弓高、东光、安陵三县①。唐末诸州的新置与复置看似杂乱无章却有因可循。析置新州之幽、定、沧、镇、洺诸州，在唐末“河朔三镇”中，卢龙、成德二镇治所即位于幽、镇二州，此二州析置新州年代为大历初年，其时平叛未久，三镇尚未为“肘腋之患”，对二州的分治可以相对削弱各镇力量。

（3）县邑更名。唐末河北地区县之更名主要为避讳更名。元和十五年甫继位之穆宗名恒，由是恒州更为镇州，定州恒阳县更为曲阳县。至唐末天祐二年、三年，掌握唐廷实权的朱温以避其父朱诚讳，将县名中有“城”“成”者尽行修改。②

（四）各自为政：五代宋辽军与民混杂的政区

1.军事对峙下政区体系的各自发展

公元907年，朱温篡唐，大一统的历史时期再次被五代十国的割据纷争所取代。与此同时，唐中后期发展起来的契丹逐渐兴盛，通过帮助石敬瑭立后晋得到了中央王朝北部的十六州，使得河北地区分裂为五代（北宋）和契丹（辽）两个政权所统辖。后周世宗显德年间曾有北伐之举，但不果而终。其后宋太宗也有北伐之役，也以失败告终。宋辽边境的东段基本稳定在白沟河一线，直至北部女真族崛起，河北地区才再度统一于金朝之下。

契丹对河北北部边州的经略，早在建国初期便已开展。天赞二年（后唐同光元年）契丹攻取河北地区东北部之平、营二州，后又兵锋直抵定州，但战线过长，且又远隔幽、涿诸州，于是掳民北归，至平、营二州界时，以定州“俘户”分平州置滦州，又以定州降民于营州新置广宁县，以定州望都县民于平州新置望都县，以定州安喜县民于平州新置安喜县。安喜、望都二县为以其民侨置新地，但原定州之安喜、望都二县犹存。至辽太宗时得石敬瑭赂州，其中幽、涿、蓟、瀛、莫、蔚六州位于本书所研究之地域范围内。太宗会同九年又取易州，辽世宗时新置滦州义丰县，河北地区北部之平、营、幽、涿、蓟、瀛、莫诸州遂为辽占有。

后周世宗对契丹用兵，收复了瀛、莫、易三州之地，并在与辽对峙的前线设置了雄、霸二州。对于尚未易手的涿、幽二州也念念不忘，分别在雄州侨置了涿州亦有之归义县，在霸州侨置了幽州亦有之永清县，又于雄州置易州之容城县，但后废。

宋太宗灭北汉后，乘胜进取幽燕之地，涿、蓟等州望风而降，志在必得的宋军却在幽

① 《旧唐书》卷三十九《地理志二》，第1508页云：“管东光、安陵三县”；《太平寰宇记》卷六十五，第1388页同。据《寰宇记》校勘记“据本书上下文，此‘东光’上盖脱‘弓高’二字，才合三县之数”增补。

② 但镇州之鼓城县，据迄今所见史料，未有更名记载。

州城外高梁河遭遇大败，不得不退守后周世宗北伐后的边境线。这条以拒马河为主体的边境线只是在其西北部凸出一易州之地。雍熙三年（辽统和四年）北宋三路北伐的再次失利也使得易州再度落入辽手。于是宋取守势，使宋、辽边境线稳定在白沟河一线，在其后的“澶渊之盟”中得到双方的正式承认。

有鉴于北宋初期与辽的边境形势，宋廷将唐、五代之“军”大加发展，在与辽接壤的河北之地广建诸军，以增强边地防御力量。宋辽边境地区所建诸军有：建隆元年所建承天军、保塞军，太平兴国六年所建之平戎军、破虏军、静戎军、威虏军[①]、平塞军，太平兴国七年所建之乾宁军，雍熙四年所建之宁边军与淳化三年所建之顺安军。除边境诸军外，还有因“地要不成州，而当津会者则为军”[②]所建之永静军与安利军。其中不领县之军有信安军、保定军、承天军与北平军四军，领一县之军有乾宁军、天威军、保塞军、安肃军、永宁军、广信军、顺安军、平塞军与保顺军九军。

不领县之军，其置均为寨、关、镇建军。信安军以霸州淤口寨置，保定军以莫州[③]文安县西北新镇置，北平军以定州北平寨置，承天军以娘子关置。各军治地均为军事险要之地，显示了诸军设置的“军垒”色彩。再观各军的延续情况，承天军与北平军后被罢废，保定军与信安军在金大定七年废军为保定及信安县。各军除罢废不存外即废军为县，反映了军垒设置偏重军事色彩的性质及以统辖近乎一县之军废为民事政区县的后续性。

领一县之军或为以县置军隶于州者，此类有以井陉县置天威军，以清苑县置保塞军，以博野县置宁边军，以遂城县置威虏军；或为先置军后置附郭县，此类有以遂城县宥戎镇建安肃军，并析遂城县三乡置静戎县隶军，以易州南太保村建平塞军，次年又置平塞县隶军；或为置军后以他县改隶新军，此类有以唐兴寨建顺安军并瀛州高阳县改隶顺安军。领一县之军其后续情况也可相应分为以军升州者，北宋时保塞军改为保州，乾宁军改为清州，天威、顺安、广信、安肃、永宁五军也在金代悉数改州；废军不存者，平塞军后续情况不载，当随易州于端拱二年陷于辽后罢废。以军改州或废军为县显示的都是“军”作为军事型政区的不稳定性及其向普通政区州、县转化的必然性。

2. 北宋中期河北县的省并与复置

北宋时期河北政区的调整还有中期的县省并过程，而与此相关的则是仁宗、神宗两朝的变法改革——“庆历新政”与王安石变法。省并县意味着裁减地方官员，而缩减行政开

---

① 脱脱等：《宋史》卷八十六《地理志二》，中华书局点校本，第2130页，作威勇军。按：据《太平寰宇记》卷六十八，第1381页，当是忌“虏”字之讳改。

② 高承：《事物纪原》卷七《州郡方域部·镇》，中华书局1989年版，第358页。

③ 《宋史》卷八十六《地理志二》，第2126页，作涿州。《太平寰宇记》卷六十八，第1386页，作莫州。《元丰九域志》卷二，第76页，作涿州。按：文安县时属莫州，当从《太平寰宇记》。

支也是两次变法的考虑因素之一。[①]因此，北宋中期的县省并在北宋的行政区划更置中令人颇为瞩目。此以时间为序，分析北宋平河北地区省并县情况，北宋中期包括仁宗、英宗、神宗三朝。

北宋中期河北地区省并各县中，大部分均为神宗朝废县。神宗时期又以熙宁五年和熙宁六年共省县三十一例为最多。此时正是王安石新法次第颁布实行的时期。据沈括《梦溪笔谈》云："熙宁中，废并天下州县，迄八年，凡废州、军、监三十一，废县一百二十七"[②]，其中河北地区熙宁元年至八年所废之县即有三十七例，超过了全国废县的四分之一，其比例之高相当明显。若以政区激烈省并后尚未全面复置的熙宁七年为断，北宋各府州领县情况为：大名府领元城、莘、内黄、成安、魏、馆陶、临清、夏津、清平、冠氏、宗城十一县；澶州领濮阳、观城、临河、清丰、卫南、朝城、南乐七县；沧州领清池、无棣、盐山、乐陵、南皮五县；冀州领信都、蓨、南宫、衡水四县；瀛州领河间、乐寿二县；博州领聊城、高唐、堂邑、博平四县；棣州领厌次、商河、阳信三县；莫州领任丘一县；雄州领容城、归信二县；霸州领文安、大城二县；永静军领东光、将陵二县；清州不领县；信安军不领县；保定军不领县；真定府领真定、槀城、栾城、元氏、获鹿、平山、行唐七县；邢州领龙冈、沙河、内丘、南和、钜鹿五县；浚州领黎阳一县；洺州领永年、肥乡、平恩、鸡泽四县；深州领静安、束鹿、安平、饶阳、武强五县；磁州领滏阳、邯郸、武安三县；祁州领蒲阴、鼓城二县；赵州领平棘、宁晋、临城、高邑四县；保州领保塞一县；安肃军领安肃一县；永宁军领博野一县；广信军领遂城一县；顺安军不领县。

在神宗朝省并政区的过程中，部分州级政区所领之县省并幅度很大，如莫州宋初领四县，熙宁七年仅领一县；德州宋初领六县，熙宁七年仅领二县；冀州宋初领八县，至此仅领四县；瀛州、怀州宋初各领四县，至熙宁七年均各领二县。但在神宗初年并县的过程中，值得注意的一点是，在仁宗朝省并后又复置之县并不在熙宁省县之列。[③]前朝省县其后既因各种原因得以复置，神宗初期虽有大规模省县之举，也必须考虑此类政区再废可能引发的各种后果而不得不对其慎重处理。由此也可看到政区调整中对前朝、前代之县的承袭性。

3.宋辽河北边境的州县设置

后周显德六年（959），志在收复燕云的周世宗北伐，取得三州三关之地。《旧五代史·世宗纪》云："关南平，凡得州三，县十七"。鉴于瓦桥关、益津关的重要性，周世宗升瓦

① 李焘：《续资治通鉴长编》卷四百七，中华书局1995年版，第9908页："熙宁、元丰之间，并废州县甚多，其大要欲以省官吏、宽力役也。"

② 沈括：《梦溪笔谈》，胡道静校注《梦溪笔谈校证》卷十二，上海出版公司1956年版，第223条，第447至460页。

③ 然而这种情况是否在北宋全境适用尚待考察，此仅以河北地区为例说明。

桥关为雄州，益津关为霸州[①]。二州定名“雄”“霸”二字有震慑辽朝的意味。雄州治瓦桥关即今雄县治，霸州治益津关即今霸州市治，“雄”作为政区专名开始出现在该地域。

雄州虽以关为州，也领有附郭县及属县。据《新五代史·职方考》，雄州治所为归义县，属县为原属易州的容城县。归义县在唐末属拒马河北岸的涿州，虽然后周北伐后的行政建置维持在南岸的雄州、霸州一线，后周先锋军也曾占领幽州的固安县。对于河对岸的幽州，后周在其控制区的拒马河南重新设置部分县，如新设的霸州附郭县永清县，雄州归义县的设置也当如此。在后周设置雄州、霸州后，以后周而言，有侨置于拒马河南的归义、永清二县；从辽代来看，仍然有自唐延续下来的归义、永清二县。拒马河南北两岸开始出现同名异地之县。

北宋初年，于辽边境仍延续了后周的雄州、霸州地域。据《元丰九域志》，建隆四年（963）曾复置容城县，雄州复领有二县。宋太宗端拱二年（辽圣宗统和七年，989）辽军攻克易州，北宋南退至今徐水、满城一线。《辽史》在归义与容城县条下最后都有类似的记述，“户民皆居巨马河南，侨治涿州新城县”。拒马河北岸的归义与容城虽然是旧县，然而户口都在河对岸的北宋一方。虽是旧县，没有户口这一设县的必要根基，两县不得不侨治涿州新城县，使得新城县城共有三个县治。

与辽代缺失户口侨治他县不同，北宋的容城与归义（或归信）虽然占有相对更多的户口，县城却在辽朝一方。《太平寰宇记》中的“仍移归义并易州之容城二县于城中”即是北宋两座县城移治的明确记载。在宋辽分治的历史时期，拒马河南北的两组同名县没有一个县与唐代的县完全一致。辽县虽有旧县之名，却无一县之实，不得已侨治他县；宋县虽有一县之实，却无旧县根基，不得已侨置他处。唐代的容城与归义两县至此分化成宋辽均有的四个县级政区。

北宋宣和四年（1122），金将郭药师携攻辽所得涿州与易州归顺北宋，使北宋短暂地囊括了原拒马河两岸的雄安地区。北宋尚未对原属辽的归义与容城进行更改，便遭遇靖康之变而亡国，整个河北平原再度混一于金代统治之下。

辽在建国之初，借后梁无力收复河北，而卢龙、义武节度又征伐不止的机会，先后占有平州、蓟州两地。神册元年（916）又进兵幽州。天赞二年（923）四月“命尧骨攻幽州”，不克，又转而“抵镇州”“拔曲阳”“下北平”，至五月方还师。镇州原为恒州，曲阳、北平皆为定州属县。辽军回师后，以望都、安喜二县所掳民户在平州侨置望都、安喜二县，又以定州掳民置广宁县。这种置县是以主动掳掠人口置县，而另一置县模式则是被动迁移人口置县。辽圣宗时期，以平定东京道大延琳之乱，迁渤海民户置海州及海阳县；迁归州民户置迁州及迁民县。辽以迁移人口置县在后代的存废主要基于县名与县治的选择，这一工

① 薛居正：《旧五代史》卷一百一十九《周书十·世宗纪六》，中华书局点校本，第1581页。

作也由金代完成。

（五）别开生面：首都为重心的新型政区格局

1. 金代划一政区管理的实践

金代完颜氏在稳定占领河北后，面对的是一个因长期军事对峙产生的州军林立、辖境犬牙交错的局面。在宋、辽边境的北宋一侧，有不辖县的信安、保定二军，辖一县的安肃、永宁、广信、顺安四军及由军改州之保、清二州。当这一地区再度稳定于同一政权的统辖之下时，以“军”为名的军事色彩开始向以“州、县”为名的民事色彩过渡。对原边地诸军的更置金代主要采取两种方式：一是对不领县之军降为县，大定七年以保定军降为保定县隶雄州，以信安军降为信安县隶霸州。二是对领一县之军悉数改州，天会七年改顺安军为南安州，改广信军为南遂州，改安肃军为徐州，改永宁军为南宁州，天德三年又对各州名称进行了更改[①]。将领一县之军改州与不领县之军降县的时间段比较不难发现，改军为州时间在金刚刚确立对河北地区统治权的初年，而废军为县的时间却在金稳定发展的中期。

对于辽初侨置于平州界之安喜、望都二县及“民居在巨马河南，侨置新城”[②]之容城、归义（北宋之归义县后避太宗讳改为归信县）二县，在宋、辽的长期对峙中分属不同民族政权，不仅没有废此存彼之需要，而且还由于它们毗邻宋、辽界河白沟河，更显得有宣示其政权正统性的政治意义。在河北地区“混一”于完颜金之后，旧县与侨县的重名不管远隔数州还是以河为界，都亟待新政权的更置以便于管理。金代对此重名四县的更改先后有序，辽之容城县于金初天会三年改为安城县，以别于宋之容城县（辽之归义县与宋之归信县已经有别）。但一河之隔导致县治相距过近的弊端非更易县名所能解决，至皇统二年，此前更名的安城县与辽之归义县各自废入原北宋之容城、归信二县。辽以定州的县名在平州侨置安喜、望都二县，由于平州地广人稀，没有县治相距里程的顾虑，对其更改也延后至金中期的大定七年，以平州之望都改为海山，安喜更为迁安。对于宋、辽重名四县的更改，金代采取的原则是以宋县为标准更改辽县。实行这一原则的原因在于，不管是辽迁定州“俘户”以定州县名命名之安喜、望都，还是为宣示各自政权“正闰”之容城、归义（归信），四县之本原均在辽一侧，为辽承袭唐县而来，宋不过是存其名而已。金代采取的这种以现实为依据的态度，反映了政区命名的因袭性及侨置新县取其旧名的暂时性。

这种以县名表示政权合法性的行为，并非仅为辽所有。后周显德六年周世宗置霸州

① 天德三年改南安州为安州，改南遂州为遂州，改徐州为安肃州，改南宁州为蠡州。

② 脱脱等：《辽史》卷四十《地理志四》，中华书局2016年点校修订本，第566页。

时，也曾于其北界侨置隔白沟河相去不远、时属幽州之永清县。这一侨县为宋初所继承，至仁宗景祐元年方废入文安县。与容城、归义（归信）二县相比，这一侨县存在的时间仅有七十五年，其所废之仁宗初期距宋辽“澶渊之盟”仅二十余年。

2.海陵王迁都对政区设置的影响

金熙宗时期已经通过和议，迫使南宋承认了其对黄河流域中下游的统治权，但其都城尚位于离中原汉地遥远的上京会宁府。对汉地的统治，尚有赖行台尚书省，既不能保持稳定，对金廷中央集权也形成威胁，弑堂兄而代之的完颜亮通过迁都燕京解决了这一问题。贞元元年（1153）定都中都，不仅是北京历史上开始稳定地成为都城的起始年代，迁都前后对其附近州县的建置也有一定影响，现以《金史·地理志》所载中都路各府州为对象加以分析。

金之中都路主体为辽之南京道，在探讨金代情况之前，需要对辽代在此地区因袭唐代州郡的基础上所作调整加以论述。辽之燕京析津府为唐幽州，辽在将唐幽州双附郭县蓟与幽都更为析津与宛平外，还新置了玉河、都市、香河、漷阴四县，使唐幽州之八县变为辽析津府所领十二县，还在其所占之涿州、易州侨置了归义、容城二县，又废易州之五回县，并分平州置滦州，新置义丰、安喜、望都三县，营州也新置一广宁县。总体而言，辽南京道各府州在唐代各州基础上，新置了十县，罢废了一县。至金初皇统二年又废掉了其侨置之容城、归义二县，并废都市县、玉河县，截至皇统二年，各府州尚存辽析置之五县。辽代及金初与唐朝相比，河北地区北部诸县分布呈稳定增长态势。唐代旧县及辽新置之五县是金迁都前这一地区的县总体分布情况，海陵迁都后之中都路政区调整即以此为基础开展。在海陵王尚未迁都之天德三年，针对析津府统县过多的情况已经有所调整：由析津府析置通州，以原属析津府之潞县及原属蓟州之三河县改隶新州。也许是海陵王迁都后忙于“撼摇霹雳震山河”而无暇顾及政区设置，终其一朝除在将析津府改为大兴府时顺带将析津县改为大兴县外，再无政区更置情况。中都路各县的主要调整，发生于其后继位的金世宗大定时期。

前文表明，隋唐时期河北地区政区调整的重点，集中在太行山东麓中、南部各州郡中。对于河北地区北部之县的更置，只是到了唐代中、后期才较为明显。隋末动乱中，河北地区“诸郡无复完者，唯涿郡独全”[①]一语，主要是为了说明隋末涿郡通守郭绚有较强的弹压地方民变的能力，从侧面也反映了这一带人户较太行山东麓地区稀少，社会经济也欠发展。然而到了辽代，这种情况已有所改观。辽析津府所新置香河县之设立，便是因为“辽于新仓置榷盐院，居民聚集，因分武清、三河、潞三县户置”[②]。居民聚集，经济发展，

① 《隋书》卷七十三《郭绚传》，第1684页。
② 《辽史》卷四十《地理志四》，第563页。

才有了析置新县的必要性。另一方面，隋唐时期中原王朝在河北地区的北界稳定地处于燕山一线，紧依其脚下的诸州郡在定都长安、洛阳的统治者眼中无疑为边地。相对于各州郡之领县调整等民事，频繁的战事使统治者更关心沿边州郡的军事防御。但先后崛起于东北地区的契丹与女真，则不会受中原王朝统治这一地区旧有思路的束缚。相反，这些州郡的户口与金帛被他们视为珍贵的财富，辽迁定州民户与金将燕山府路之钱帛子女尽掳北归即为其证明。辽以其地为南京道尚能体现与此地区相去不远的北宋边地对峙的军事色彩，至海陵王贞元迁都则完全以此地为统治中心来统驭各方。河北地区北部的户口日繁、社会发展及不同民族政权对这一地区的不同态度，都是其在辽金时代政区变动日繁的重要原因。

金世宗对中都路之县增置，始于大定七年。是年将北宋不领县之保定军与顺安军降为县，从而完成了对北宋诸军的调整。大定十二年析大兴府香河县置宝坻县，隶府。此后县的析置在停顿了十五年之后，于大定二十七年再度开展，是年析蓟州玉田、石城置永济（大安元年改为丰润），又析渔阳、三河置黎溪（泰和六年更为平峪），隶州。次年析安州高阳县置葛城县，又将安州治所由高阳徙往葛城；析保州清苑县西北塔院村置满城县，隶州。大定二十九年析涿州地置万宁县“以奉山陵”[①]（明昌二年更为奉先），又析平州地复置抚宁县，析义丰、马城新置乐亭县隶滦州，又新置益津县作为霸州附郭县。至金章宗泰和四年析容城、葛城地置渥城县，金代中都路的政区增置才宣告结束。

金代中、后期中都路共增置十二县，分布在除通州、易州外的其余各府、州，析置范围更为广泛。但与宋辽时期这一带之县分布相比，仍可看出其析置自有侧重。原北宋之雄州、霸州各领二县，通过降军为县及析置新县，雄州领三县，霸州则统四县。安州原为宋之顺安军，领高阳一县，经过置县后达到领有三县的规模。保州原领清苑一县，析置满城县后也统辖二县（泰和四年至贞祐二年遂州短暂省并期间，其遂城县也一度改隶保州）。在统辖地域窄狭且各州犬牙交错的中都路南部地区设立之县，占了中都路全部置县的一半，表明这里是增县过程中所偏重的地域。至于中、北部各府、州，因统辖地域较广，析置新县不及南部引人注目。

3. 金代中都路的设县典型——宝坻县

金代以镇升县中，最有典型特征的是以新仓镇置宝坻县。《长芦盐法志·附编援证》附录了一通碑文，名为《新仓镇改宝坻县记》，为金代刘晞颜所撰。此通碑文为我们了解新仓设镇与宝坻建县提供了宝贵的原始史料，今以此碑记分析设县过程。

据《读史方舆纪要》，新仓原为盐仓，置于后唐。在《新仓镇改宝坻县记》中，详细说明了设置盐仓的过程：

① 脱脱等：《金史》卷二十四《地理志上》，中华书局点校本，第575页。

同光中，以赵德钧镇其地。十余年间，兴利除害，人共赖之。遂因芦台卤地置盐……相其地高阜平阔，因置榷盐院谓之新仓，以贮其盐，流衍于民间。因其盐曰榷盐，复开渠运漕盐，货贸于瀛、莫间，上、下资其利。

长芦盐区开发较早，据相关研究，西周至春秋时期已有盐业开发 。“榷盐”制度始于汉武帝“盐铁官营”，之后历代承袭并损益。后唐同光中所置榷盐院即为政府收取盐税的重要机构。由该碑记可知，新仓早期用途是存放“榷盐”，而后开渠转运各地，使朝廷获利。幽云等州入辽后，新仓迎来了新的发展：

因置新仓镇，广榷盐以补用度。尔后居民稍聚，渐成井市，遂于武清北鄙孙村度地之宜，分武清、漷县、三河之民置香河县，仍以新仓镇属焉。

辽对新仓的重视，出于对食盐的需要。得到该地之前，辽人的主要食盐供应地为渤海。新仓产盐既多，距辽南京等经济发达、人口稠密地区也较近，因而先将新仓升为镇，大规模榷盐以增加收入。随着盐业贸易的展开，人户聚集，经济发展，于是有香河县之设。香河县设立的原因，就在于新仓镇盐业的发展。由辽入金后，新仓榷盐“二百年间，绵绵不绝，每岁所出利源源不竭，以补国用。”而金人刘晞颜认为新仓“不列县治，殆为失称”的原因主要有二：（1）新仓镇盐业课税甚多，但管理榷盐的官员多为散官，管理不甚稳定。金世宗认识到了问题，并已设置固定官职管理。（2）新仓镇既有海运之利，又有漕运之便，到金世宗大定年间已人口聚集，经济富庶。

新仓镇设县的契机在大定十一年冬，是年金世宗巡幸新仓镇后，“谓侍臣：‘此新仓镇人烟繁庶，可改为县。’”第二年，设置新县划定的地域为“析香河县东偏乡闾万五千家为县。”《新仓镇改宝坻县记》在设县后，又叙述了分县为四乡、课盐税等内容。从宝坻县的设立过程来看，以经济重镇置县，首先该镇要有经济价值（不管是有经济资源还是位于交通要冲，都有经济价值），其后民户才会聚集。此时国家开始设置机构、任命官员进行管理，在经历了临时性或非正式性的管理之后，才出现“县”这一正式的行政建置。以经济价值而非政治政策（如西汉侯国、北朝侨县等）设县，更符合县的本质——理民征税，因而其设置后会更稳定。

4.金元政区的省并与复置

宋、辽、金、蒙古对河北地区的争夺，对州、县的设置有明显的影响。在宋辽时期主要是北宋一侧诸军的设置，在金初及金末也因为军事斗争的需要，设置了一些如隋末唐初领一县之府、州、军。

在金攻取辽燕京析津府的天辅六年（北宋宣和四年），金并未按“海上之盟”的约定，将燕云之地予宋。几经交涉，北宋才从金手中得到了燕山一府与涿、易、檀、顺、景、蓟六州。北宋与金的国界线，此时以蓟州与平、滦二州为界。宋占领下的蓟州玉田县和辽占领下的滦州石城县，位于这条界线的最前端。宋、金为加强边地军事力量，遂于此二县分别设立经州及青州。虽然金复取燕山府路，因政权对峙而设立的带有明显军事色彩的二州，仍旧保留了近二十年。

在金章宗统治晚期，蒙古国势力迅猛发展，草原铁骑迅速越过金朝界壕，对北部府、州展开摧枯拉朽的攻势。宣宗“贞祐南迁”后，河北地区统治权再度迅速易手，但尚有部分县没有被迅速攻克，金廷于是便在这些县重设府州以对抗蒙古军队。贞祐及兴定年间新置各州均位于太行山麓东侧地区，崎岖的地形是其可以延缓草原骑兵攻势的地利。此外，金末又以原北宋信安军之地域，设镇安府以抗蒙古。在所设各府、州中，完州与镇安府原为北宋旧军。由此可见，金末领一县之府、州，其设立也受到了北宋旧军的影响。金代延续了北宋把某些县废为镇的做法，如将平安废为镇入曲周、迁民废为镇入海阳等。

元代河北地区虽与山东、山西同属中书省“腹里”，但山东、山西分别由山东东西道宣慰司与河东山西道宣慰司统辖，河北地区则略去这一机构完全受中书省直领。其政区调整的最显著特点，是因授予蒙古贵族投下食邑而产生的穿插于各路、州之间的飞地。关于各飞地情形及其产生原因，《中国行政区划通史·元代卷》[①]及《元代华北地区研究》[②]二书已有论述。

在元世祖至元二年，朝廷强制省并了不足下县户口人数之县[③]。李治安认为，“此举比较符合连年战乱后户口锐减等实际情况，便于消除‘十羊九牧’之弊”[④]。不可否认，元世祖至元初年的并县确实有精简地方吏员的作用，但若以废县之后续情况来看，只有永平路之海山县彻底罢废，其余诸县均在省并的当年或不久之后再度复置。这些政区旋省旋复、历时短暂，在减少地方官吏方面的实际作用有限。至元二年所省诸县中，仅有广宗一县为蒙哥汗五年新置，其余均为前代旧县。对因袭旧县的撤废与再度复置表明，虽然县作为基层政区，其设置的根本目的在于管理民户与征调赋役，但一县领户多寡毕竟不是其置废的唯一标准，县治相距里程及县境幅员范围等因素也会对其因革产生重要影响。

5. 元代的废县存州和以县升州

元代河北各路所领府、州中，六个州的附郭县有所省并，所占比例不大。此六州在元初的领县情形为：蠡州领一县；莫州各领二县；易州领三县；霸州、滦州、冀州各领

① 李治安、薛磊：《中国行政区划通史·元代卷》，复旦大学出版社2009年版。

② 李治安等：《元代华北地区研究——兼论汉人的华夷观念》，南开大学出版社2008年版。

③ 据《元史》卷六《世祖纪三》，第107页：“（至元二年闰五月）诏：‘诸路州府，若自古名郡，户数繁庶，且当冲要者，不须改并。其户不满千者，可并则并之。各投下者，并入所隶州城。其散府州郡户少者，不须更设录事司及司候司。附郭县止令州府官兼领。括诸路未占籍户任差职者以闻。’”又第109页云：“十二月己巳，省并州县凡二百二十余所。”

④ 参见《中国行政区划通史·元代卷》第323页及《元代华北地区研究》第60页。

四县（图2-2）。因各州领县有所差异，元廷对其附郭县政策也有所不同。最早省并的霸州附郭益津县，仅在省并二年后即复置。易州附郭易县虽云“元初废县存州”[①]，即以至元元年计，也不过两年后即复置。它如滦州附郭义丰县省并次年即复置，而蠡州附郭博野县在省并二十八年后才再度复置，且其复置后并不属蠡州而隶保定路。对于莫州，元廷则采取另一种方法。至元二年莫州附郭县莫亭与任丘同省入州，其后复置。与领县相对较多之州附郭县省后随即复置的情况不同，元初对领一、二县之州的附郭县及其属县的政策更为明确和坚定。元代对统县政区的附郭县政策尚在探索中，而这种探索对其后的明王朝产生了重大影响，明初即开始大规模罢废诸州附郭县。

除了省并政区外，元初还以部分县升置为州级政区。与唐代和金代设领一县之州不同的是，元在以县升州的过程中，并未保留其县作为附郭县，而是废县升州，州、县作为两级行政机构出现了水火不容的情况。据对《元史·地理志》等史料的查考，元代以县升州共有七十七例，若以秦岭、淮河为南北分界线，北方以县升州十七例，南方则多达六十例。南方以县升州的年代多在元成宗元贞元年，是年“诏江南诸县户四万以上等第升州”[②]。北方诸县则非因户口增殖升州，而是多受投下食邑、皇帝“潜邸”等因素影响。[③]南方以县升州的经济背景与北方以县升州的政治因素，是为元代以县升州的两种类型。此外，遂州、安肃州、完州与顺州也在元初完成了废县存州的过程。《明史·地理志》记载，元代末年还有部分县被省并，分别为真定路涉县、磁州滏阳与武安二县、威州洺水县。洺水县作为威州附郭县，元末至正年间废入威州。由此可知，针对附郭县的治理在元末尚有行动。武安县于磁州复置时被一同复置。在相当于一县的行政范围内，唐初和金代有两层行政系统，到元代则减少了县这一行政层级，改以不辖县之州亲理民事。这种州的存在虽有益于精简地方机构，却降低了“州”在行政区划层级中的地位，连同元代的附郭县政策，成为明朝初年亟待解决的政区隶属关系的两大问题。

（六）承前启后：明清政区系统的改置与创设

1.明初州县的角色调整

元代河北地区各州附郭县有所省并者共有十四州，其中罢废而不再复置者有顺州、遂州、安肃州、完州、威州、磁州六州，不及全部州数的四分之一。明初则将因袭前代旧州之附郭县全部废入各州，其后也没有发生像元代一样附郭县废而又置的情况。

在将元代遗留下的各州附郭县问题解决后，尚待处理的便是元代不领县之州的问题。

① 宋濂等：《元史》卷五十八《地理志一》，中华书局点校本，第1355页。

② 房璐：《新昌州官题名记》，载（同治）《瑞州府志》卷十八《艺文志》。

③ 各县升州情况及原因在《中国行政区划通史·元代卷》中已有详细描述。

关于此制的弊端，上节已有分析。其实，元代遗留下的这两个问题的实质，都是在一县的行政规模内应当设立何种层级的行政机构加以管理。元代通过设州以别于一般之县，明初对其政策则是：

> 时廷议以各地州治有连辖数县，有不辖县而亲隶民事者，于体未善。诏从其议，于是凡州之不辖县治而改为县者六十有五。①

不辖县之州改县的时间多在洪武初年，而领县之州降县的时间多为洪武中期。对于不领县之州，其统辖之地仅当一县之规模，其“亲隶民事”之弊不仅在“于体未善”，更重要的是以州之行政机构施加于县之行政区域内所带来的行政资源浪费、民户负担加重的弊病。改州为县保证了“州”作为统县政区有别于县的合理性，另一方面也减轻了地方百姓的负担。

各州改县之后，虽然实际行政范围、行政中心等并未发生变化，但以“州”“县”之名别之，由州降县即是废州为县。洪武初年，在将各州改县、州级政区数量减少的同时，却也新置了若干县。新置诸县中，除由遂州所降之遂县于洪武八年二月省入安肃县外②，其余均存于明世，并隶属于府级政区，反映了明廷对这些县之重视。

元代河北地区因授予蒙古贵族投下食邑产生了为数众多的“飞地”，洪武初年即对这一不合理现象大加整理：元属真定路之涉县，于洪武元年十一月复置后，又在次年四月改隶彰德府磁州；元属广平路威州之井陉县，于洪武二年改隶真定府；元属河间路之临邑县，于洪武元年改隶济南府；元属东昌路之丘县，明初隶东昌府（明之东昌府范围远大于元之东昌路），后又于弘治二年改隶临清州；元属曹州之禹城县，于洪武初年改隶济南府；元属濮州之馆陶、临清二县，于洪武初年改隶东昌府；元属德州之清平县，于洪武元年改隶恩州，二年七月改隶高唐州，三年三月省，寻复置隶东昌府；元属德州之齐河县，于洪武二年七月改属济南府；元属大名路之清河县，于洪武六年九月改属广平府。明初对元代“飞地”的调整，采取务实的就近改隶原则，从而使行政区域的边界更为合理。

值得注意的是明初在对县的隶属关系进行调整时，部分县由于一仍元旧，遂产生了“府内飞地”现象。《中国历史地图集》第七册的明代图组，并未将各府内部府之直辖县与各属州领县分开，使得这一现象不易被察觉。今举一明显例证说明。明河间府直领之宁津县，距府治河间县较远，位于河间府属地之南缘，与其相邻之县有吴桥、东光、南皮、盐山、庆云五县。其中吴桥、东光二县隶河间府属州景州，南皮、盐山、庆云三县则隶河间

① 《明太祖实录》卷三十七，洪武元年十二月丙戌。

② 遂县与安肃县均由北宋初期与辽对峙之军演变而来，后改为州，至明初降县，相距不过二十余里。其所以长期存在，在北宋为军事斗争影响，至金、元又改为州，至明初降县而产生的县治相距过近弊病才使遂县罢废不存。

府属州沧州。宁津县在金代属观州，元宪宗二年属济南路，元世祖至元二年又属河间路，其作为河间府的直辖县至明代亦不改。由是，偏居于府西北隅之府治，便领有相隔属州沧州、景州之宁津县。这一情况，直至清雍正二年降景州为散州、罢领县才得以解决。

2.洪武时期诸县的省并与复置

明洪武初年在废各州附郭县及降州为县时，还对部分县进行了省并与复置。在所省并的十四县中，山东部分之县多省并于洪武三年三月，隶北平布政司的县时间则稍晚于此。山东地区在朱元璋尚未建立明朝前便已占领（河北地区诸府、州，唯济南府建于吴元年），因此对其领县的调整也较其他地区为早。各县均在省并不久后再度复置，间隔时间最长之河间府兴济县也不过十余年。可见，洪武初期这次省县，无论在省并规模及后续效果上，均无法与隋大业初年废县、唐初期罢县及北宋中期省并政区相比。由此显示，历代省并政区的高峰在隋、唐、宋三朝，元、明二代在省并县的绝对数量及相对比重上都不及前三代，而其省并后复置之县的规模却呈稳定增长至于全部复置之态势。

以明代河北地区各县的省并时间来看，洪武年间各县的省并过程，大体趋势是随着时间延伸，逐渐向北推移，这与洪武年间的北伐形势有关。在明建立之前的吴元年（1367），朱元璋的军队已基本占领山东。此后不久，明军由山东、河南两路进入今河北地区。范县、观城、朝城等县位于这一地域内，因此最先省并。由各县的“寻复置”可说明，洪武初年的这次省并不符合该地的政区分布。此后，自洪武六年至洪武十年，是河北各县的集中省并时期，而集中复置的时间主要是在洪武十三年一月。以《明实录》观之，洪武十三年十一月，是废除相权、划中书省为六部后的一次全面制度整顿时期。首先，“庚子，重定王国、社稷、山川、坛制”[①]。随后在庚戌日，又对全国政区进行调整。最后，癸丑日，重定功臣等级封爵。对全国政区的调整，包括升州为府、升县为州、复置旧县三部分。

3.清代直隶政区隶属关系的调整

明清时期河北地区政区的置废，主要是由朝廷废附郭县、降州为县、属州降散州等政策引起。清代中期以前，有八十五属州变为不辖县之散州从而相当于县，超过了全部属州数量的一半。[②]

河北地区各属州除遵化升为直隶州外，其余均在乾隆八年前降为散州，这也符合“属州降级的过程应该在乾隆年间已经结束”[③]的判断，各属州领县基本上直属原属州所属之府，由此带来的影响便是各府直领县的增加。以全部属州裁入本府之顺天府为例，明末顺天府直领仅七县，至乾隆八年最后一属州蓟州降为散州时，顺天府所领政区已经有二十二个（包括十七县和五散州），为明末顺天府领县的三倍。他如保定府明末直领八县，清末直

① 《明太祖实录》卷一百三十四，洪武十三年十一月庚子。

② 参阅华林甫《清前期“属州”考》，《清代政治与国家认同》，社会科学文献出版社2012年版，第199页。

③ 参阅华林甫《清前期“属州”考》，第200页。

领十六县，也是直辖政区增加明显之府级政区。清代的属州政策一方面通过升为直隶州缩小了各府规模，另一方面则通过降为散州增加了各府直辖之政区。

清代河北地区政区调整的重点之一，是政区的隶属关系。产生这种局面的原因在于：原明代之属州至清中期前或升为直隶州、府，或降为不辖县之散州，引起原属州之县变更隶属关系；此外还有各种原因导致的政区跨府乃至跨省调整。王德权《从“罢郡存州”到“改州为郡”——隋代河北政区调整个案研究》一文认为，古代政区及其变动主要问题有二，第一点便是“政区建置过程中‘行政考量’与‘社会经济考量’的关联，除了各级政区本身的解析外，一级政区与基层政区（县）的行政统辖关系及其构成的社会经济背景，也是值得注意的课题”①。

雍正三年六月，朝廷一纸针对县改隶调整的诏令，触发了直隶、河南二省的省界调整：

> 又谕：直隶大名府属之滑县、浚县、内黄县，为河南漕运所经。地虽接壤，而属则隔省，闻多有呼应不灵之处，以致河南粮船年年迟误。且大名府所属计一州十县，彰德府所属只一州六县，卫辉府所属只六县。若以滑、浚、内黄三县分隶彰德、卫辉，则多寡既均，而于运道得专责成，亦有裨益。着九卿速议具奏。寻议：浚、滑为古汲郡地，内黄为唐相州地，本均属河南省。请以浚、滑二县隶卫辉府，内黄县隶彰德府，运道、粮艘咸资裨益。从之。②

大名府之滑、浚、内黄三县改隶就近之河南彰德、卫辉二府的原因，据诏书言，一为三县位于河南漕粮转运必经之途卫河沿岸，因地域隔省而“呼应不灵”，一为均衡三府领县的规模。细品诏书字里行间之意，最为清廷关心的还是河南漕粮的转运便利问题。据李文治等研究，由山东临清州至直隶天津府之漕运主要依赖卫河，而这一运道也是漕粮向京师运输的关键地段之一。③

直隶三县划归河南次年，又有磁州由彰德府改隶广平府之事。《清史稿·地理志》云：“雍正初，怡贤亲王以滏河故，奏割河南彰德之磁州来隶。”④《清世宗实录》详记其事：

> 九卿议复：怡亲王允祥疏言，滏阳河发源河南磁州，州民拦河筑坝，致直属邯郸、永年诸县争水，讦讼事关两省，文移动经岁月。请将磁州改属广平府，滏阳一河

① 王德权：《从“罢郡存州”到“改州为郡”——隋代河北政区调整个案研究》，第44页。
② 《清世宗实录》卷三十三，雍正三年六月丙戌。
③ 李文治、江太新：《清代漕运》，社会科学文献出版社2008年版，第200页。
④ 赵尔巽等：《清史稿》卷五十四《地理志一》，中华书局点校本，第1905页。

全归直隶统辖。[1]

“东周欲为稻，西周不下水”，因水权争夺产生的各项纠纷在华北地区较为普遍。地处滏阳河源之磁州原辖涉、武陟二县，因与处于中游之永年、邯郸二县夺滏阳河水而划属广平府时，其所辖二县仍属河南，磁州遂由属州降为不辖县之散州。

关于广昌县由山西大同府蔚州改隶易州直隶州，乾隆二十五年所修的《广昌县志》，记录了时任直隶总督李卫请求广昌县划归直隶的奏折：

《县归直隶易州都司属督镖紫荆关路节制泰宁镇兼辖钦定万年巩固章程书》：北直总督臣李卫。钦惟易州泰宁，陕天平峪，乾坤毓秀，川岳钟灵，恭建万年吉地。臣于七月初一日敬诣瞻仰，细度山水形势，龙蟠凤舞，源远流长，左右回环，皆系天造地设。前后拱卫，实如玉笏金城。自广昌分为三枝，由插箭岭高起南来，从浮屠峪盘旋东转，悉皆起伏连绵，有关风水发脉。臣职守封圻保护，是所专司随逐一履勘。伏睹万年吉地，来龙左右两枝多系直隶所辖，同属一省保护绵密。惟广昌至紫荆关易州延长一百九十里，昔为中枝龙身正脉，转系直晋两省接界分管。且浮屠峪之东又有山西广昌县之草桥店等七村庄更在内垣近障之中，紧贴龙脉尤当敬谨保护。今两省各属，未免彼此牵制呼应不灵。且广昌一邑南连唐县、北接蔚州蔚县、东通易州，三而环绕俱系插入直隶地方，从前亦系直隶武职防守。又自县治至晋省府属之大同三百六十里，至山西省城七百余里，较之至直隶省保定府止三百一十里，至易州交界止三十五里，由县到州城共一百九十里，其为远近相去径庭。臣经由广昌地方经乡民纷纷具呈请就近改归直隶。是会元气于天垣，合龙脉于地轴，顺民情于人和，一举而三善备，则广昌一邑断宜改归直隶之便也。[2]

细读此折，可以看出李卫请将广昌划属直隶的三点理由：其一，隐藏于“风水”“龙脉”之说背后的地理位置原因，广昌一县北、东、南三面俱为直隶地界；其二，县治相距里程，广昌县距易州近而据大同府远；其三，当地士民有改归直隶的意愿。元代涉县划归真定路与清雍正十一年广昌改属易州直隶州，使直隶与山西省界的中、南段至此定型。在奏折的后半部分，谈到了广昌县划属直隶后对山西省的补偿问题，可见清代政区改隶所引

① 《清世宗实录》卷四十三，雍正四年四月丁亥。
② ［清乾隆二十五年］《广昌县志》卷一《舆地志·沿革》。

发的省界调整之复杂性。[①]

4.清代县的罢废及后续影响

清代直隶废县仅有漷县、兴济、新安三县。清代废县的最大特点是，废县在并入后，仍保留一定程度的独立性。

兴济县于顺治十六年八月废为镇入青县，在废县不久的康熙十二年刻本《青县志》凡例中，对于废兴济县在书中的体例安排为：

> 兴济既归并，不得自为一编。凡应纂事例，因类附入合二为一，乃不失国家裁并之意，而每条必贯以兴济归并，非惟缕析便览，亦且不没其名。[②]

康熙《青县志》虽不以兴济单独成编，却在户口、地丁方面均提出“兴济”之名。甚至在康熙十年，即兴济县已废十二年之后的清查新增地丁中，仍将青县、兴济分开叙述。如果说康熙《青县志》刻板出书时，兴济县废入青县为时不长，那么，乾隆《通州志》各卷名目仍带有漷县遗留，便是需要深思的问题了。

漷县废入通州，与兴济县同废于顺治十六年八月。至乾隆四十八年《通州志》成书出版时已过百年有余，该志“凡例”对漷县的认识是：

> 旧志漷县事迹俱属附载。夫漷并于州设有州佐，非附也。惟未裁以前名宦传及职官科贡表，仍以附字别之。
>
> 旧志漷县事迹出明漷令艾公旧志。兹于卷端录漷志旧序，志所自也。[③]

在处理废县地位方面，乾隆《通州志》与康熙《青县志》的相同点是都保留了废县之前的一些情况。如《通州志》凡例所说，在该书卷六《官师》、卷七《科举》中，附有“漷邑未裁以前职官表”“漷邑未裁以前名宦传”“漷邑未裁以前文武科第及贡监表”等，记述了并县之前的漷县科举、职官情况。在《通州志》卷四《赋役·户口》中，直接将通、漷二州县合并为“通漷城乡烟户”“通漷男妇各口”。与《青县志》的不同点在于凡例中的“夫

① ［清乾隆二十五年］《广昌县志》卷一《舆地志·沿革》：“至就晋省而谕，或以地方人民有关课额，则普天之下，皆为王土，移于晋而增于直同为国家钱粮，原无盈亏之别。若欲彼此易换，则两省接壤州县非咽喉要隘之区，即系隔越山关界限无可调。惟查张家口同知所管口外纳粮地亩沿边七百余里，包裹晋省大同之外，离归化城八十里，方住田土肥美如同内地，每年丰收接续开垦，钱粮日见增益。此处在张家口同知所辖未免道路遥远，不无鞭长难及之势，而于晋省则为必需之区。现在镇臣李如栢奏请添设卫所，前据口北道白石而称即系此一带地方。若可以分归山西就近管辖，恭候命下之日彼此差员划定交界，一转移间两省均属有裨。愚昧之见，是否可采。臣谨恭折具奏请旨伏乞圣鉴钦定遵行。谨奏。”

② ［康熙］《青县志·凡例》。

③ ［乾隆］《通州志·凡例》。

漷并于州设有州佐，非附也”这句话。撰修者站在通州的立场上，指出漷县废入通州，并非作为通州附属，通州将州佐设在旧漷县治，表明漷县已作为通州一部分融入通州。由于明代河北地区废县多是由罢废属州附郭县而来，而元代及以前又较少有史料涉及这方面内容（《析津志辑佚》残存的多是州、县建置山川等内容），对于废县的认识还有待进一步研究。

清代最晚罢废的新安县，于道光十二年六月裁撤入安州，但在后人看来是“明合实分”[①]，形成这种认识的原因可从《清宣宗实录》中加以探究。据《清宣宗实录》记载，这次裁撤是“从总督琦善请也”，所裁撤职官除“新安县知县、管河县丞”外，还有“天津府海防同知”“广平府通判”“故城县郑家口巡检”等佐贰官员[②]。以直隶总督琦善所请，说明是以省的上层官方名义报送朝廷。琦善在提出裁撤新安知县时，是否有过调查不得而知，但民意反弹却很强烈。在新安县废入安州不久后，新安县“武举辛来熊、生员高玉衡先后同乡民千余人，赴保定府暨总督衙门具呈”，请求复设新安知县。新安县民甚至情愿出粮三千石，代替朝廷支付官员俸禄，但结果却是“均未准理”[③]。随后，“新安县民马金宝、杨溥来京呈诉”，进京告御状，并提出了要求复县的原因：

> 新安县为九河下游，堤长亘百余里，必须专员就近照料，以资保卫。今新安县知县员缺裁汰，归并安州知州及州判兼管，离堤较远。设遇河水涨发，照料难周。百姓纳粮往返，至七八十里不等，盗贼争讼，无专员弹压。[④]

新安县治即今安新县治，安州治即今安新县安州镇。两治所在今天地图上的直线距离为12公里左右，县治相距确实较近，这应当是废新安县的考虑因素之一。当时新安县主要辖有今安新县东、北部地域；安州主要辖有今安新县西、南部地域，且安州地域较新安为广，这在一定程度上影响了新安废入安州而非安州废入新安的决策。在撤销新安知县、县丞后，由安州知州及州判管理新安事务，距安州州治较远的新安地域内百姓纳粮不便，且盗贼争起。然而这些俱非新安县要求复县的主要原因，其根本原因在于治河不便。

新安县治东面即为西淀中最大湖泊——白洋淀，新安与安州为西淀湖泊主要分布地域；且南有潴龙河、西有府河、雹河等流入，向来易发洪灾。清自康熙三十七年逐渐恢复旧有堤堰，并新修河堤，至乾隆年间河堤基本完善，成为“千里长堤”的重要组成部分。仅新安县境内就有河堤段：①自安州来，沿府河南缘入新安，止于太平闸之安州北堤。②

① 高俊杰主编：《安新县志》，新华出版社2000年版，第80页。

② 《清宣宗实录》卷二百一十三，道光十二年六月甲申。

③ 《清宣宗实录》卷二百二十八，道光十二年十二月庚申。

④ 《清宣宗实录》卷二百三十一，道光十三年二月壬子。

起于太平闸，绕行白洋淀西岸，止于端村之新安南堤。③自安州来，沿潴龙河绕行白洋淀止于端村之安州东堤。④自山西村绕行杂淀，止于新安县城北之长城堤。⑤自新安县城北起，绕行烧车淀北缘，又入雄县之新安东堤。⑥绕行殷家淀北部之殷家淀堤[①]。由此，新安县境内各河堤首尾相连，形成了完整的河防体系。新安县地理位置重要，河防任务又重，百姓才有复县之请。道光帝在谕令最后要求穆彰阿“查勘明确，据实具奏”[②]。

次年二月，穆彰阿赴新安县实地考察后所上的奏折，使复县风波出现“反转”态势，今将前后情形比对如下：

（1）新安县武举辛来熊、生员高玉衡要求复县，其原因是：“因新安向有拨运差务，该生等家充船户，例应承当。今裁县归州，欲量求减免，是以赴总督衙门递呈，委无别故。”由申诉复县的“公利”，转变为减轻自身负担的“私利”。

（2）新安县民千人到省、府请愿一事，“该民人等原呈所称乡民千余人赴诉不理一节，竟属不符”。

（3）原申诉百姓纳粮“至七八十里不等”一节，“该尚书亲赴新安县一带查看界址，该处极远之张庄等村庄至安州城，较之至新安城，止远二十里”。

（4）原申诉新安知县及管河县丞撤销后，治河由安州管理不便一节，“河堤本非知县专管。既经移驻州判，即与旧设之县丞专管无异。裁并安州，亦与旧设之知县协防无异。原呈所称州判离堤较远一节，更属不符”。

（5）原申诉县民要求复县一事，“新安四乡士民陆金台等二百人，联名具呈。佥称裁县归州以来，旧有差徭，悉加轻减；远近乡村，无不乐便。现闻仍欲复设县缺，阖邑士民，实非所愿”[③]。

穆彰阿实际上将新安县复县请求的各条原因全部驳倒，把复县的请求定性为小部分县民为了自身利益的主张，而废县经过半年之后已得到县民的认可支持。由朝廷委员查勘，仍是自上而下的视角，不管县废与否，不会牵扯到查勘官员本身的利益。至于新安县武举辛来熊、生员高玉衡及县民马金宝、杨溥不管以何种原因要求复县，都是其自身利益受到影响的体现。在处理地方行政区划问题时，既要便于处理各种政务，同时又要照顾地方利益，其间“度”的把握在新安复县风潮中得到了明显体现。这起事件的最终结果是，道光帝依据穆彰阿的调查得出结论，驳回了新安复县的请求：“民皆乐业，官无冗员，国计民生，两有裨益。所有该民人呈请复设知县之处，著无庸议。”[④]新安废县不久，道光二十六年抄本《安州志》对安州、新安关系的认识是：

① 各段河堤名称及起止据乾隆《新安县志》卷一《堤堰》、光绪《保定府志》卷二十《堤闸》等整理。

②《清宣宗实录》卷二百二十八，道光十二年十二月庚申。

③《清宣宗实录》卷二百三十一，道光十三年二月甲寅。

④《清宣宗实录》卷二百三十一，道光十三年二月甲寅。

> 自道光十二年奉旨裁汰新安归并安州。将知县、县丞、典史、教谕、训导尽行撤回归部。另选以安州州判移驻新安，总管河道堤工并弹压地方街道；以安州训导移驻新安为安州乡学。所有入学、出贡、补廪人数仍依旧额。至于赋役、讼狱俱归知州办理。将来两志或分或合尚不能定，今且先就州志纂修之①。

由此凡例可知，原新安知县的职责实际上被一分为三，管河与治理地方由安州州判执掌，实际上管理原新安县的日常事务。而赋役、断狱收归安州知州管理，显示出新安废入安州，不再成为一县的特色。在废县后，原有学额、支出照旧，体现了新安作为安州"县中之县"的特点，后人也以此判断两县"明合实分"。凡例最后一句证明，不仅后人看到了这一点，当时人对安州、新安合并后的前景也不能判断，这都是新安在废入安州后保留独立性的反映。

民国二年，安州因《临时大总统公布划一现行各县地方行政官厅组织令》改为安县，次年与新安县合并为安新县，且以旧新安县治为新县治所，两县纷争至此才告终结。

5.清代直隶北部行政区划的创设

清代在摈弃了长城军事防御功能的同时，将行政区划向今坝上地区拓展，形成了宣化、承德诸府与口北三厅等行政单位，与内蒙古诸部族杂居而处（图2-3）。今依据政区设置时间与分布地域分别予以概述。

宣化府为京师之屏障，战略地位极其重要。"南屏京师，后控沙漠，左扼居庸之险，右拥云中之固，弹压上游，居然都会。"②于地理上来说，宣化府因地处顺天府与大西北、内蒙古高原的交通要冲，属蒙古高原和华北平原的过渡地带。且盆地四周山川环抱，群峰突兀，地势极为险要，历来为兵家所争，至今此地仍有首都的北大门之称。

宣化府在明代为万全都司及延庆、保安二州地③。清顺治初因明制为宣府巡抚④和宣府镇，分别领有延庆、保安二直隶州和宣府前、宣府左、宣府右、万全左、万全右、龙门、怀来、怀安、开平、永宁、蔚州、延庆、保安诸卫⑤，康熙七年，裁撤万全都司⑥。三十二年

---

① 道光二十六年抄本《安州志·凡例》，收于《中国地方志集成·河北府县志辑》第34册。

② 顾祖禹：《读史方舆纪要》卷十八《直隶九》，中华书局1955年版，第778页。

③ 张廷玉等：《明史》卷四十一《地理志二》，中华书局点校本，第902页。

④ 张廷玉等：《清朝文献通考》卷二百六十九《舆地考一》，商务印书馆，1936年。考七二六四—考七二六五："（顺治元年）设宣府巡抚驻宣府镇，以直隶延庆、保安二州属之"。昆冈、李鸿章：《清会典事例》（光绪朝）第一册卷二十三《吏部七·官制》。北京：中华书局，1991年据光绪二十五年石印本影印，第290页："（顺治初年）设宣府巡抚一人，驻宣府镇"。

⑤ 于成龙修，郭棻纂：康熙《畿辅通志》卷二《建置沿革》，据康熙二十二年刻本影印，《中国地方志集成·省志辑·河北》第1—2辑，凤凰出版社2010年版，第112—117页。穆彰阿、潘锡恩等纂修：《嘉庆重修一统志》卷三十八《宣化府一·建置沿革》第550页："宣德五年置万全都指挥使司，领宣府左、右、前三卫，及万全左、右，隆庆左、右，怀安、永宁、保安、怀来、龙门、开平、蔚州共一十四卫，云州、水宁等七所，城堡三十有三，其延庆、保安二州则直隶京师"。《清国史·地理志》第27页："国初因明制曰宣府镇，领宣府前卫及万全左右、龙门、怀来、怀安、开平、永宁、蔚州、保安等十卫，并以直隶京师之延庆、保安二州属之。"

⑥ ［康熙］《畿辅通志》卷二《建置沿革》，第112页。

改宣府镇为宣化府[①]，裁诸卫而改置为宣化、赤城、万全、龙门、怀来、怀安、蔚、西宁八县[②]，又降保安、延庆二直隶州为散州，并入宣化府。雍正六年，将山西蔚州划属宣化府。乾隆二十二年，省蔚县并入蔚州[③]。

清代承德府"外连沙漠控制蒙古诸部落，内以拱卫神京"，战略位置较为重要。因避暑山庄之故，政治地位显赫，有"塞外京都"之称。在地理上，承德地处内蒙古高原与华北平原的过渡地带，属温带大陆性季风气候。

承德府清初为蒙古族游牧地，尚未有行政建置。雍正元年，置热河同知厅，十年置八沟同知厅，十一年于热河建直隶承德州。[④]乾隆元年置四旗通判厅，五年置塔子沟通判厅，又设热河道驻承德州；七年罢承德州改置通判，移治热河西南之喀喇河屯；三十九年置乌兰哈达、三座塔二通判厅；四十三年升热河厅为府[⑤]，并改八沟厅为平泉州、喀喇河屯厅为滦平县，四旗厅为丰宁县，塔子沟厅为建昌县，乌兰哈达厅为赤峰县。光绪二年置围场厅，三十年升朝阳县为朝阳府并割建昌县属之，三十一年围场厅改属直隶省辖，三十二年升为直隶厅，三十四年升赤峰县为赤峰直隶州。宣统元年，分府属及丰宁县置隆化县。[⑥]

朝阳府为清末新设之府，原为承德府下朝阳县。光绪二十九年，升朝阳县为朝阳府，以建昌、建平、朝阳三县属之；三十一年，新设阜新县来属；三十四年，新设绥东县来属。至宣统三年时，朝阳府下辖朝阳、建昌、建平、阜新、绥东五县。

赤峰州由赤峰县升置，原为承德府辖。光绪三十四年，升赤峰县为赤峰州，同时新设开鲁、林西二县来属。即赤峰州除辖其本州外，辖开鲁、林西二县。

清代口北三厅指隶属口北道，位于长城以北、蒙古高原以南的张家口厅、多伦诺尔厅、独石口厅。三厅虽并称，然建置时间不一，且设置原因也不尽相同。张家口厅，雍正二年设张家口理事同知，光绪七年改为抚民同知。独石口厅，雍正十二年设理事同知，光绪七年改为抚民同知。多伦诺尔厅，雍正十年设理事同知，光绪七年改为抚民同知。

6.清代的直隶省与顺天府

明代北直隶在清顺治元年改为直隶省时，为首之府便是顺天府（图2-4）。顺天府虽名义上归属直隶省管辖，然因其衙署位于北京城内，与直隶省常出现若即若离的微妙关系。清代对北京内外城的管理体制是以步军统领衙门管理内城，采用八旗驻防形式管理；以五城察院管理外城。因此，对北京内外城的管理，直隶省乃至顺天府实际上常属于从

① 《清朝文献通考》卷二百六十九《舆地考一》，考七二六五："（康熙）三十二年，改宣府镇为宣化府。"《清会典事例》（光绪朝）第一册卷二十三《吏部七·官制》，第290页："康熙三十二年，改宣府镇为宣化府。"

② 《清圣祖实录》卷一百五十八，康熙三十二年二月癸未。

③ 《嘉庆重修一统志》卷三十八《宣化府一·建置沿革》，第551页。

④ 《钦定热河志》卷五十五《建置沿革一》，第2107页。

⑤ 《清朝文献通考》卷二百七十《舆地二》，考七二七一。

⑥ 《钦定热河志》卷五十五《建置沿革一》，第2107页。

属配合的地位。翻阅清廷上谕，常见“著步军统领、五城御史、顺天府、直隶总督一体办理”等字词，就说明了这一点。近来，已有研究注意到了清代直隶省与顺天府的关系问题，并将人事任命与行政关系结合起来分析。在李鸿章成为直隶总督后，三口通商大臣撤销，直隶总督总管直隶本省与北洋事务，权力进一步膨胀。此时的顺天府尹与步军统领常处于配合地位。值得注意的是，这种因人事任命带来的权力此消彼长，常常是因直隶总督更迭而起，而非顺天府尹更换所致。这说明在清代直隶省权力体系中，因驻地在京城的顺天府已获得了相当的地方治理权力，直隶省仅仅在强权人物出现时才能收回权力。

驻地在京城内的除了顺天府衙门，还有顺天府的双附郭县——宛平与大兴。二县曾在民国元年要求脱离顺天府管辖，回归直隶省管理。这是今天看来不可思议的逆城市化现象，可从另一侧面说明直隶省与顺天府的关系。

《元史·地理志》中对宛、大二县县治的描述为“宛平，赤。与大兴分治郭下”①。《元史·百官志》中，大兴与宛平分治大都丽正门东、西。据今人考证，元代宛、大二县县治均在大都城关厢地区，而非在大都城内。两县地域以大都城南大门丽正门为界，西属宛平，东属大兴。据《宛署杂记》，明代宛平县署在“北安门之西”，今人考证为什刹海西南地安门西大街，表明其已移治顺天府城内，移治的时间在洪武三年②。同时，大兴县也由今琉璃厂南，移治今交道口南大街大兴胡同。由明至清，二县县治均未发生改变。民国二年，宛平县移治拱极城（今宛平城）。此次移治的背景，是民国元年宛平、大兴二县议事会、参事会向国会请愿，请求由顺天府脱离改属直隶之事。作为顺天府的双附郭县，“在专制时代，两县县署设在京师，兼管京师地方”。自清末以来，北京划定城属区后，宛、大二县的施政范围被排除出京城：“北京四面围城皆属京管，或一二十里，或二三十里不等，其外之地始属大、宛。大兴则管三百余村，宛平则管七百余村。”③二县的县治却仍在城内，治所与地域的分离使其角色定位发生了变化，民众对其认识由“尚有可言”到“县令在京，只供各上级官厅之奔走趋役，其与民事反不能问”。造成这种局面的原因，是宛、大二县官员品秩与在京其他高官的差异。他们成为京官的附属，从京城来看，是有了可靠的“办事员”；而从二县来看，父母官供他人驱使，本县事务反不及管理，自然会有不满。顺直咨议局成立后，二县的请求屡经波折，终致“克复之局已定，人民无不窃喜”。二县前景虽光明，但很快又黯淡下去，遮挡这一前景的是《顺天官制草案》“仍将大宛两县纳入北京”。果不其然，消息一出，“小民奔走哭号”④。请愿书提出的四点“不可解”的理由显示，民国元年除大、宛二县以外的原顺天府二十二州县均已改属，仅余此双附郭县仍属顺天

① 《元史》卷五十八《地理志一》，第1348页。

② 京山：《宛平县和拱极城》，《北京档案》1987年第1期。

③ 《顺天府宛平县、大兴县议事会、参事会请愿书》，《北洋政府档案·国会》，第94页。

④ 《顺天府宛平县、大兴县议事会、参事会请愿书》，《北洋政府档案·国会》，第95页。

府。宛、大二县虽治京城内，却无权管理京城内司法等诸事务，需要二县县令管理的一千余村镇距离县治又过远。针对当时有将二县一千余村并入临近州县的说法，请愿书认为这不仅会给其他州县增加负担，二县并入后，原县令在京城的地位会更加尴尬等等。如同置县、复县有民意因素影响一样，此次请愿由宛、大二县地方士绅等组成的议事会、参事会提出，反映的自然是二县的利益诉求，客观上确实有其合理性。一县县令游离于本县县境外，平时处理的多是上级委派的任务，以大兴、宛平来看，确实治理不便。然而，其所以能被京城控制，是因为这种安排更符合京城的利益。虽然划区后，司法、监察等事务已由京城职官管理，有两个品秩低的官员分担京城的日常事务，自然能减轻京城官吏的负担。所以，在《顺天官制草案》中，京城才会仍然舍不得宛、大二县，尽管二县民意汹涌。经此次请愿，宛平县赢得了短暂的移治机会——民国二年移出城外，但旋即在次年又迁回城内旧治。民国十七年，北京改为北平后，宛平县重新移治拱极城，直至七七事变发生。与宛平县相比，大兴县治的依附性更强，直至1935年才移治大红门。民国初年宛、大二县争取划归直隶及移治的过程，从一个侧面反映出北京城对周边地域的辐射影响力，以及在此过程中的优越地位。

梳理京津冀地区行政区划自先秦至清代的演变历程，可知其演变的线索有以下几点：

（1）地理环境对行政区划的形成与演变有重要影响。河北地区的行政区划最早出现在太行山东麓的山前平原地区，因地势较高不易受水灾侵扰，又处在太行山前大道的中心线上，这一地区开发较早。河北地区行政区划的设置方向大体是由山前平原向山区和低洼地带推进，由中西部向东部和北部推进。地势的阻隔迟滞了人口迁移，因此山区行政区划出现较晚。同时，低洼地带雨季易形成洪水，大规模的地域开发也只是到了唐宋治理水系后才得以实现。

（2）行政中心建置对行政区划的影响。历史时期的河北地区，先后涌现了两个行政中心，分别是以邯郸及周边为主的“邯郸—邺城—大名”和以北京为主的“幽州—大都—北京”。确立为局部性或全国性都城后，人口会向行政中心迁移，这在中国历史上是常见的迁移方向。因此，中央有必要设置行政区划管理日益涌入的人口。不过，通过对南、北两个行政中心增置政区的考察，却能发现政区的增置仅围绕在距离行政中心不远的范围内，单一行政中心的确定并不足以影响广大地域。有学者认为，河北平原上小县林立与北京长期作为首都有关系。但从历史上来看，这种观点站不住脚。

（3）京津冀地区在中国行政区划历程中的共性与个性。京津冀地区几乎参与了我国行政区划演变过程中的所有重大事件，从西汉侯国设置，到东汉初期侯国省并；从南北朝州县滥置，到隋唐时期的调整；从北宋中期的合并政区，到明代的改州为县；每次调整，都有河北地区的身影。同时，因长期处于边境地区，京津冀北部又有北方地区曾出现过的北宋军、监与明代卫所。清代顺天府与直隶省微妙的行政关系，直接影响了民国以来河北地区的政区体系。都城对河北地区的影响力与辐射力日益增长，最终形成了今天北京、天津、河北三地分立的局面。

【附录2】置县存废下的博弈与妥协

——以清代以来魏县、大名、元城三县行政关系为例

行政区划的调整，本质上属于一定政治经济背景下的有关各方围绕行政关系进行的利益博弈与妥协。古今州县级政区的置废析并，是国家决策在地方行政中的具体体现。这样的调整虽然没有涉及最高级别的行政区划单元的变动，但对深入理解京津冀之间政区设置与辖境伸缩的政治经济背景，具有值得重视的参考借鉴作用。兹将李诚《置县存废下的博弈与妥协——以清代以来魏县、大名、元城三县行政关系为例》一文（《中国地方志》2018年第2期）附录如下备考。

魏州及其后的大名府历史上曾长期作为河北平原南部的行政中心，北宋时还曾为“北京”。以河北平原置县的历程来看，在行政中心附近的各县，其沿革变迁一般较其他地域更为频繁。魏县、贵乡（大名）、元城三县的行政关系演变可称为这一特点的诠释范例。如从三县的沿革各项要素来看，设置、罢废、省并、复置、改名、治所迁移各种情形都有体现。本文拟要探讨的是清代以来三县的置废之争及由此体现的各种势力在“县”这一角力场上的博弈、妥协与平衡。

1.乾隆年间并县及其影响

清初承袭明制，大名府附郭仅有元城一县，魏县治今县治，大名县治南乐镇（今旧治乡）。三县之中，魏县偏西，元城偏东，大名位于两者之间，三县的这种局面维持了一百余年。乾隆二十二年，漳河水发，先后淹没魏县县城与大名县城。两县的存废去留遂成为三县行政关系的焦点。民国《大名县志》引《野纪便览》，描绘了水淹二县后，时任直隶总督方观承的查勘灾情情形。在查勘灾情、兴修水利时，由各省督抚、布按等高级官员查验地方是清代通行的惯例，这些大员更多的是代表省与朝廷的利益。在查勘魏县灾情时，百姓因蒙受水患，基于自身利益既乞求朝廷减免租赋，又希望得到赈济，因而“凡引方所验者，皆洼下之区，舟楫通行之所”。[①]在魏县百姓的利益认同内，只是魏县受灾，朝廷应当有所表示，而不会有魏县应该罢废的认识。但一片泽国的景象却给了方观承完全不同的认识：“方公视其地，已成泽国，不可再居，议迁治仕望集而未果”。仕望集在魏县县城之南，基本处于魏县的中心位置，且不曾被漳河决口影响，否则不会移治该处。不过，县城

① ［民国］《大名县志》卷三十《杂俎》，1934年铅印本，第19页。

移治有一过程，在其“未果”之际，大名县城又被水所毁，改变了方观承之前的想法，也偏离了魏县百姓请求蠲免赈济的本意。漳河在乾隆二十二年五月底六月初又冲毁大名县城，“城市为沼，治无定所，方公因欲取两县而并之”。[①]在决定大名、元城合并时，需要解决的两个问题是：两县合并以谁为主，以谁为次？两县县治均已被水冲毁，新县治选在何处？

方观承实际是将两个问题合并解决，而考虑的首要因素是治理便利：“建署于郡城内西南隅，因天雄书院而广之，以仍大名之号。故谓大名为本邑，魏县为新并”。选取有一定基础的天雄书院作为新县治，与另建县治相比无疑会减少建筑成本。因天雄书院在府城内，以此作为县治，表明与元城县同为附郭县。在县名的选择上，新县治在大名东端，以魏县为名不合，故以大名为县名，由是出现“本邑”与“新并”的称谓。在魏县、大名合并前，“三县密迩郡城，犬牙相错”，这次合并对县界也做了整理：“因将大名县原管二百二十五村，拨与元城十三村；魏县原管三百三十七村，拨与元城三十一村，以便统辖。大名所剩二百一十二村，与魏县所剩三百零六村合为一县”。[②]此次县界调整中，魏县并入元城县的31村名目可考，其地域位于魏县的东北角。大名划归元城的13村为“旧管之府东关、北关、三里店”[③]等。由此可知，大名县在划归元城县村庄前，已辖有府城外部分村庄，而这些村庄又在府城的东关、北关。大名县移驻府城后，管辖的是府城西、南两方向的村庄。在移治前的大名县领有这些村庄，只有一种可能——飞地。[④]在这次县界调整中，“所有府城内街道关厢，划半分管”，[⑤]表明此次也是一次整理“寄庄地”的行为。清初三县县界与并县后的大名与元城县界示意图见图2-5。

在魏县、大名县城被淹的次年，乾隆二十三年六月，直隶总督方观承奏请“魏县裁汰，归并大名、元城管辖”，魏县并入二县的过程实际完成。在此过程中，大名县官民有何反应不得而知，魏县百姓本以蠲免赈济为目的而带领方观承查勘，却落得并县下场，自然对此决策不满。方观承提出裁减原魏县官员，“至魏县教谕、训导、典史亦裁。所支官俸役食，亦宜裁存报部”。同时又对魏县进行了一定“补偿”：“魏县县丞准驻扎旧治，改为大名县管理漳河县丞……至学额量为改拨之处，应如该督所请。于魏县原额文童十八名、武童十五名内，各拨二名，归入元邑取进，其剩额另编乡学字样考取。并将大名训导一员，专管乡学事务。”[⑥]

魏县保留了原来的县丞建置，治所仍为魏县旧治，并将其改名为大名县管理漳河县

① ［民国］《大名县志》卷三十《杂俎》，第19页。
② ［民国］《大名县志》卷三十《杂俎》，第19页。
③ ［乾隆］《大名县志》卷一《图说一·疆域》，清乾隆五十四年刻本，第9页。
④ 按：魏、大、元三县飞地在民国二十八年复县运动中也有体现：“一县之中，而有按寄庄地征收之例”。
⑤ ［乾隆］《大名县志》卷一《图说一·疆域》，第9页。
⑥ 《清高宗实录》卷五百六十五，乾隆二十三年六月甲戌。

丞。加上“管理漳河”四字的原因在于，原大名县治已有大名县丞的建置。魏县并入大名后，除因划归元城31村，减少两名外，其余并未直接划归大名，而是将其编为乡学，统一录取，同时设大名训导专管乡学。大名县由并县所得，多是“现存谷拨归大名，作为常平额贮”[①]之类。这就实际上在新合并的大名县境内，实际保留了原魏县的大部分职能，因而其“明合实分”特色也体现得更为明显。魏县并入大名后，新县治在大名县的东端，这对主体地域在县境西部的旧魏县民众来说，纳税服役词讼等均距离较远。此外，原魏县与大名辖境相差悬殊。从两县原辖各村数目上看，魏县原辖337村，大名原辖225村，魏县是大名县的近1.5倍；以地域看，在民国三年三县合并后，魏县占新大名县的近三分之一，原大名县“仅有全县地五分之一耳”。[②]在并县三十余年后修的《大名县志》中，明确了前述大名“本邑”与魏县“新并”的认识，[③]并在“赋役”等卷目下明确将大名分为“本邑”与“新并”两部分。魏县并入大名后，虽有“大名管理漳河县丞”处理原魏县的部分事务，但县城被水淹后，“居民尽移居城外”，县城并未恢复，且漳河水势汹涌，民国年间“城中地面，较之乾隆时似高丈许”。伴随原魏县县城荒废的还有地方治安的崩坏，咸丰年间“东匪西窜，乡学单公倡团练，议修寨”。[④]与并县前相比，魏县民众距离新县治过远带来的各种后果，无疑都会增加其复县的要求，这一要求至清末地方自治兴起后变得越发强烈。[⑤]

2. 民国三年并县风潮

晚清倡议的省并附郭县在民国肇建后得以实现，民国元年以大名县并入大名府，次年因袁世凯颁布的划一令，大名府又降为大名县。在大名县并而复置的过程中，魏县的复县运动也再度高涨，与之相对的却是元城县附郭地位的日益衰微。乾隆二十三年大名移治府城后，关于两县附郭地位的主次，曾规定“首大名，次元城”。[⑥]元城虽较大名附郭时间更早，附郭时段亦长，但大名因与府同名，自附郭后遂以“首邑”相称。民国初年大名府、县关系升降也为三县行政关系调整创造了条件。[⑦]内务部遂要求直隶省“斟酌地方实情，查复决定”。[⑧]直隶省在勘察后，提出的方案为“迁元并大及迁大治魏”。以名称来看，“迁元并大”是以元城县并入大名县，“迁大治魏”是将大名县移治原魏县。两个方案的表面得益者是大名县，因为其又可纳入元城县辖境；实际得益更多的恐是原魏县，因魏县治在荒

① 《清高宗实录》卷五百六十五，乾隆二十三年六月甲戌。

② 陈铁卿：《纪魏县元城与大名合并经过及其复县运动》，《河北月刊》1933年第1卷第2期，第3页。

③ ［乾隆］《大名县志》卷首《凡例》：“新并县后大名为本邑，魏县为新并，于事有不可混同者，书以别之，他不复分。”第1页。

④ 陈铁卿：《纪魏县元城与大名合并经过及其复县运动》，《河北月刊》1933年第1卷第2期，第2—3页。

⑤ ［民国］《大名县志》卷一《沿革》附“民国三年大元归并办法”：“前清之季，倡议归并同城首邑。四五年来，大、元、魏士绅各结党团，主并、主迁、主复旧，纷争不已”，第5页。

⑥ ［乾隆］《大名县志》卷一《图说一·疆域》引“并县部议”，第9页。

⑦ 内务部：《直隶省大、元两县合并为大名县暨毋庸规复魏县呈文并批》：“一年以来，迭据大、元两县士绅呈请，文电交驰，意见歧出，争执逾年，莫衷一是。”《政府公报分类汇编》1915年第24期，第84页。

⑧ 《直隶省大、元两县合并为大名县暨毋庸规复魏县呈文并批》，《政府公报分类汇编》，1915年第24期，第84页。

废一百余年后可成为新大名县的治所，原魏县百姓可减轻纳税及匪患之苦，只是魏县名称仍未恢复。“元城自入民国后，渐至名存实亡，县政由大名兼理，已渐呈合并趋势”，成为这两个方案的利益牺牲者。元城之所以在民国初年逐渐沦为大名县附属，是受两点因素共同影响：一是乾隆并县后“首大名，次元城”的局面经过了百余年的发展，两县强弱之别已有了一定基础；二是大名由府改县以后，“遂即府署为县署焉”。大名县治由府城内天雄书院移治原大名府衙门内，代表其实际上已成原府城内地位最高的县治，元城县遂不得不附属于大名。直隶省提出的这两个方案在其后又有进一步发展，甚至“刊发魏县印信，交大名保管”，[①]在省内决策中实际出现了恢复魏县的行为。在魏县规复指日可待时，中央内务部一纸批文使这次复县运动戛然而止。

内务部在《直隶省大、元两县合并为大名县暨毋庸规复魏县呈文并批》中指出直隶省提出的各办法“一时均难解决，迁移建筑一切经费，实在为难”，以财政拮据为由，要求“将大、元合并一县，采大名府旧称以正区域”，随即将指令下发直隶省。直隶省提出的办法与内务部基本一致，并认为“似此变通，虽区域不无稍广，而按之行政，各方面尚无窒碍，办理亦较易为力”，至于“规复魏县前案，自当准其作罢，庶免再起纷争”。[②]民国三年魏县的复县运动至此终止，以元城并入大名，成立地域涵盖原魏县、大名、元城的新大名县结束。原魏县通过直隶省提出的“迁大治魏”乃至“规复魏县”的议案均被内务部以“亦无财力”予以压制。

在新的大名县成立后，采用新区制，原大名县为中区，其下为三小区；原魏县为西区，其下为五小区；原元城县为东区，其下亦有五小区，三区共计十三小区。[③]以地域组成来看，“东区最大，几占全县之半；西区次之；中区最小，仅有全县地点五分之一耳”。民国十八年，“省令大县不得过十区，于是将三大区中各裁去一小区，成为十区”。魏县自乾隆二十三年并入大名、元城以来，“实际上一切县务……仍均系各自为政，毫不牵混”，[④]长期保留了在新县境内的独立性，一旦时机合适，还会再度出现复县的诉求。

3. 民国二十年复县运动

民国三年新大名县成立后，东、中、西三区“名为一县，其实田赋、学警各要政，各办各区，各花各款，不相混合”[⑤]，但并非一切都是各区自办，如“警费出自亩捐等项，宜不分畛域，汇总收支。薪饷……向有参差，现已酌中，改归一律”[⑥]。不过，这种努力弥合各区差异，统于一县的做法却导致了适得其反的后果。三区内部权利与义务分配不平衡带

① ［民国］《大名县志》卷一《沿革》附“民国三年大元归并办法”，第8—9页。
② 《直隶省大、元两县合并为大名县暨毋庸规复魏县呈文并批》，《政府公报分类汇编》1915年第24期，第84—85页。
③ ［民国］《大名县志》卷四《自治·新区制》，第24—25页。
④ 陈铁卿：《纪魏县元城与大名合并经过及其复县运动》，《河北月刊》1933年第1卷第2期，第3页。
⑤ ［民国］《大名县志》卷首《序》，第5页。
⑥ ［民国］《大名县志》卷一《沿革》，第5页。

来的矛盾激化，及当时南京国民政府推行的县自治政策，将复县运动推向了新的高潮。

民国二十年六月，大名县西区士绅刘萝弼再次发起魏县复县运动，东区士绅亦“呈元、魏均请与大名分治事”。[①]总体来看，两县的复县诉求是“魏县发起于先，元城继之于后。呈电交来，并各推代表进省面陈，各呈所述理由，大致相同”。[②]在陈铁卿的文章与民国《大名县志》中，都摘录了魏县复县呈文。[③]在此呈文中，魏县先列举并县前的人口状况与地域规模，[④]而后历数“合县之不便有四，而分治之利有五”。其中，并县不便有因大名县地域过于辽阔，魏县西部的村镇距离县治过远，而在盗匪稽捕、诉讼听断上有所不便。三县合并后，新大名县努力弥合各区界限的警政、财政归一也成为了原魏县攻击的重点。三区在享受“学警额数”等权利时“各欲其多”；承担“摊认款项”等义务时，又“各欲其少”。作为人多、地广、负担重的旧魏县来说，不免于有害贻魏县，利归大名之感。而如果分治后，既合乎当时的地方自治政策，也可激发本地乡民兴办学警的积极性，因此主张先设立民国时期的置县预备机构——设治局，并进而提出“所有建筑一切经费，由魏民按银均摊，以敷应用”。此外，魏县乡民还对乾隆年间划拨给元城县的31村“数典不忘”，[⑤]要求重新划归魏县。

与民国初年的复县请求相比，此次魏县提出的诉求包含了各个层面与角度，可谓准备充分：以魏县自身看，减轻在大名县中承担过多的义务，同时恢复乡民的地域认识，兴办各种事业；以省内方案看，如能分治，其所有经费都出自魏县自身，有利于消除省内增加财政负担的疑虑；以中央决策看，魏县的分治也符合当时的县自治政策。

在接到魏县、元城复县呈文后，河北省政府要求民政、财政二厅加以核查后回复。两个月后，“民、财两厅会同呈复”，却“历述分治困难情形”有五，其主要依据是在咨询大名县时任县长刘运鸿后得出的认识：“三县合治已久。一旦骤欲变更旧制，头绪繁重”。早在同年四月三日，刘运鸿即在大名县中山俱乐部召开全体大会，商讨分治理由，“结果一致主张分治”，刘运鸿本人表面上也认为分治理由“足征民意”，且“均不无可探之处”。即使从大名县来看，分治也有一定的合理性，但刘运鸿是大名县长，大名又是并县的实际受益方，自然不会轻易舍去原魏县、元城的财税与人口。于是，刘运鸿提出分治后的地域划分问题，如果以旧县境为准，便会延续旧大名与元城的“腹部狭细，杈枒斜长，而且犬牙交错互有出入”[⑥]的问题；如新划县界亦与中央整理行政区域的政策不合。而且三县分治

① [民国]《大名县志》卷一《沿革》附“复县运动”，第11页。

② 陈铁卿：《纪魏县元城与大名合并经过及其复县运动》，《河北月刊》1933年第1卷第2期，第3页。

③ 按：以刊印时间来看，陈铁卿的文章发表于1933年的《河北月刊》，民国《大名县志》刊印于1934年。

④ 陈铁卿：《纪魏县元城与大名合并经过及其复县运动》：“魏县昔当分立时代，号称中缺，人口约二十五万以上，面积辽阔，南北宽五六十里不等，东西袤长九十余里，足与元城抗衡，而视大名本邑且大一倍。”《河北月刊》1933年第1卷第2期，第3页。

⑤ 陈铁卿：《纪魏县元城与大名合并经过及其复县运动》，《河北月刊》1933年第1卷第2期，第4—5页。

⑥ 陈铁卿：《纪魏县元城与大名合并经过及其复县运动》，《河北月刊》1933年第1卷第2期，第7页。

后的县治选择、财政划拨等方面均有困难，因此不主张分治。河北省民、财两厅在采纳刘运鸿的意见后，又将复县纷争的“皮球”踢回各区。[①]在明知三区不可能商讨出彼此满意的解决方案时，省方仍采取如此的“和稀泥”方式，既表明了其在处理三县分治问题上的无奈，也反映出魏县、元城在提出分治时有一定的合理性，这一点已为陈铁卿点明。[②]

既然征询地方无法得到完善的解决办法，河北省政府只能在八月十六日上呈北平政务委员会裁决。在认可河北省提出的分治五点困难后，又指出分治“既于中央整理办法不合，又与现在国难情形不符，本应暂从缓议”，但“兹为体念该县人士请求之殷，姑准由该政府按照民、财两厅议覆各点，转饬该县详审计议，如能筹有妥善办法，再行呈候核夺”。[③]北平政务委员会的指令虽有体念魏县、元城的措辞，但在“姑准”之前已有从长计议的定调，实际上已将两县分治的大门关闭。领会这一指示的河北省政府与大名县政府随即采取了“降温”措施。十一月刘运鸿自大名县长去任后，程庭恒继任县长，在其召集绅民会议时，舆论由“民人对于分县事宜无不欢声如雷”转变为“民人对于分县事宜无不恨视如仇”。[④]社会舆论的一边倒来源于中区赵锡光与“西区六十七乡乡长及连圪村士民郭弼亮函呈攻击分治，并有人反对魏县筑城于大路固村者”。中区为旧大名县境，西区又有反对魏县另建县城。反对分治的呼声虽不算高，但在县长报送河北省的呈文中已可改变结局，加之有北平政务委员会的指令“撑腰”，程庭恒遂以国难当头及县境水患为由，呈请河北省政府终止魏县、元城分治一案。魏县的分治最终再次失败，元城县随即也偃旗息鼓。今天的魏县是民国二十九年，共产党领导的敌后抗日根据地大名县政府分大名县而设，其设置背景与抗日形势有关。当时也曾短暂地分置元城县，但随即与山东朝城县合并为元朝县。其后元朝县废，元城县地域仍旧回属大名县。日伪大名县政府及后来的国民党大名县政府均未有分县的行为，仍以大名县为一地。

关于魏县的第二次复县运动，刚刚历经此事的陈铁卿在其文章中分析得很深入。河北省政府提出的“大、元、魏三县，合则俱合，分则俱分”，在陈铁卿看来，“俱分既不可能，惟有俱合耳”；“二县分治，容有商量之余地；若三县分治，则为事实所牵，无由实现”。[⑤]陈氏所说的“二县分治”所指为魏县与大名的分治。在分析魏县与元城的复县过程后，便可发现，这句话是很中肯的评价。单以魏县的复县诉求而论，可谓准备充分，其提出的理

① 陈铁卿：《纪魏县元城与大名合并经过及其复县运动》：“似不如先由地方人士协商妥筹：如何另划政区，俾较整齐。划拨之后，如何使行政上水乳交融，不生扞格。征收粮赋，如何避免分歧。地方及省方财政，如何不受影响。至于设治地点，究以何处为宜。建设各项款项，又如何筹措。凡此种种，各该地方人士均筹有妥善办法，然后呈报候核，似较顺利。”《河北月刊》1933年第1卷第2期，第8页。

② 陈铁卿：《纪魏县元城与大名合并经过及其复县运动》：“呈中所举各点，多难解决。惟前三问题，似为元城分治所独有。魏县区域比较整齐，民财两厅呈中已言之矣。”《河北月刊》1933年第1卷第2期，第8页。

③ 陈铁卿：《纪魏县元城与大名合并经过及其复县运动》，《河北月刊》，1933年第1卷第2期，第8页。

④ 陈铁卿：《纪魏县元城与大名合并经过及其复县运动》，《河北月刊》，1933年第1卷第2期，第8页。

⑤ 陈铁卿：《纪魏县元城与大名合并经过及其复县运动》，《河北月刊》，1933年第1卷第2期，第8页。

由完善，善后措施也得当，能避免加重财政支出的疑虑，也没有强求将魏县县治定为原治所。但在元城县加入“队伍”后，原本有很大程度实现可能的复县运动陡然变得复杂和棘手。以旧县县治来看，元城县治已被大名占有；以县界而言，元城与大名犬牙交错。这两点都决定元城与大名的分治必会困难重重，牵扯相关的村镇、乡民利益也过多。旧元城县虽在大名县中地域最广，但与魏县相比，复县的实力与意愿均较弱。因此，在此次复县中，才会将自己与魏县捆绑在一起。魏县的复县要求已有史料印证，元城县虽然与魏县“大致相同”，也自然有其不同点。这些旧魏县已有的地域与县治优势自然是不同点的重要构成。这样，原本魏县复县不存在或不突出的问题，因元城县的捆绑加入，变成了两县的都存在的困难。这些困难阻碍了魏县的第二次复县运动，但当元城不存在后，复县的阻隔既已消失，旧魏县又长期与大名“各自为政”，再度复县并延续至今便是顺理成章的了。

4.结语

纵观清代及民国魏县、大名、元城三县的行政关系变化，乃至历史时期河北平原各县的演变历程，可以看出在县的置废、省并、复置，乃至治所迁移决策中，不同行政层级与群体如何进行博弈与平衡。以县而论，被并入的县，其长官自然会因乌纱帽的失去而不满；旧县的民众，或因词讼纳税距离过远，或因地方治安鞭长莫及，一般也会对并县有所疑虑。由魏县被省并可看出，地方乡民的诉求初衷往往不是县的存废，而是蠲免赋税与得到赈恤。纳入旧县的县，如果治所不发生迁移，其长官管理的地域与人口都会扩展，本县的实力也会增长。但并县后，新县需要处理的不仅是地域与人口，还有旧县的县治。县治作为一县行政中心，自设县起便开始有该县乡民的地域认同感。废县后的县治处理，不同时期有不同方式。以河北平原来看，宋金时期的废县，其县治一般改为镇；明清时期废县后，其县治则多设县辖的佐杂僚署，如县丞、通判等管理。但这也为该县保留一定的独立性预留了伏笔。但在请求复县的呼声中，对旧县的地方认同感往往不是主要动力。请求复县的主要动力，于原县的管理者来看，自然有可能恢复乌纱帽的利益驱使。地方乡民请求复县的原因则较为复杂，通常是为了自身的利益方便，这又多由在新县内，自身利益受损导致。如魏县之所以有长期强烈的复县意愿，一方面是在并县之初，设置的大名管理漳河县丞及钱粮分治等给了旧魏县境内很强的独立性，出现明合实分的局面；一方面是旧魏县百姓在经过更远的距离输纳钱粮后，大名县多将其用在县城及周边地域的行政管理上，这种“付出多，收益少”的不平衡心理始终伴随着魏县的复县运动。

民众诉求虽能对县的置废过程有很大甚至决定性影响，但做出决策的还是中央政府。“县”的建立目的，便是中央能够通过机构设置将权力直达征税理民的基层。因此从县制出现以来，对其做出置、废决定的终审权便一直为中央所有（汉末军阀与唐后期藩镇等割据势力不在此列）。然而自行政体系出现三级制以来，中央政府掌控事务的全局性与地方各县具体置废的个别性矛盾便一直存在。为解决这一矛盾，同时获得对县的存废影响较为客观的认识，明清以来中央政府多借助高层政区或督抚等高层官员查勘地方实情，通过其回奏、呈文等做出最终决定。对于县的存废，国家的主要利益是地方的赋税与稳定。一旦触及这两点，国家甚至可能改变最终决策的初衷，采纳地方意见。高层官员一般起着上传下达的枢纽作用。在其实地调查的过程中，多由地方官员乃至乡民陪同引导。乡民因各自利益等因素，引导的路线或反映的问题不同，会明显影响高层官员据此得出的“实情”或“民意”。官员依据这些情况向中央的回馈，是中央获得地方认识的重要来源。中央决策自然也不排除“一刀切”等原因影响，但地方舆论越到后期越能明显影响高层官员的认识与中央的最终决策。

县级官员或县下百姓是地方民意的主要来源，影响其支持或反对县的存废更多地还是出于自身利益考量。如魏县在二次复县运动中，曾拟定以西区大路固村西红庙附近为新县治的地点。西区为旧魏县地域，如以地域认同感而论，西区百姓自当拥护这一决定。然而实际情形是，西区乡长与百姓都反对建立县治，其主要原因自然是县城建立时加重当地负担。这一点恰为大名县用来反驳分治的理由之一。从县下乡民、到县令县长、高层官员乃至中央决策层，对县的存废都以各自的利益为出发点。这也使得“县”成为各方利益的角力场，当各方利益平衡时，县便能稳定存在；一旦某一方或某几方利益因县的存废受损，便会因利益诉求与其他方面产生博弈，直至寻找到各方利益都能接受的平衡点。这样，在“发掘政区变革中隐藏于官方叙事之下底层民众的声音”[①]之外，更可分析并判断影响行政区划演变中各种利益的角力与妥协。

① 胡恒：《关于清代县的裁撤的考察——以山西四县为中心》，《清史研究》2011年第2期。

第三章

四方会极：地缘关系的主导力量

北京在历史上长期作为国家政治中心的特殊性，决定了它在京津冀地缘关系中的主导地位。三者之间逐步形成了首都北京作为政治统领、商港天津后发崛起为交通经贸重镇、河北（直隶）长期作为京津腹地却在经济社会等领域与之脱节的格局，当代推进区域一体化协同发展有望改变这种状况。在元、明、清三个统一的朝代，全国水陆交通系统的中心是北京（大都），各类物资运输的终点以这座最大消费城市为主要指向。正如古人所云："四方会极，厥惟京师。"[①]国家首都北京在区域城市群体中无疑具有独一无二的地位，清末以来尤其是1949年之后的政区系统调整，最终结果也是北京、天津两直辖市逐步实现了辖境的显著拓展。

（一）奔向国都：大运河系统与海上航线

历史上的北京之所以被誉为"万古帝王之都"，除了"左环沧海，右拥太行，南襟河济，北枕居庸"的山川形胜之外，"会通漕运便利，天津又通海运"是具有决定性意义的另一个地理因素[②]。漕运就是借助水上航道运输以粮食为主的大量物资，人口高度聚集的国都，不论是汉唐时期的长安、洛阳还是宋代的开封、杭州，包括长江边上的六朝古都南京，都要通过漕运保障粮食等物资供应。在天然河道未及之处，往往动用国家力量开凿运河以沟通联系，缩短产粮区与消费地之间的运输里程。北京处在粮食产量普遍不高的北方，金中都时代已经为了保障"漕运通济"而把潞县提升为通州，元大都与明清北京更是极度仰仗南方产粮区的供应，形成了海运与河运相结合的漕运制度，由此沟通了南方经济重心区域与北方政治中心城市的密切联系。元代以海运为主、河运为辅，船队自直沽（天津）上岸，转由运河抵达大都。明代海运削弱，河运地位上升，二者渐趋旗鼓相当。清代海运的地位日益下降，直至南北大运河成为供应国都漕粮的经济生命线。不论漕运的主要途径如何变化，天津作为漕运重镇的地位一直非常稳固，这是北京与天津在元明清时期相互关系的常态。

国都与军事重镇通常是开凿运河、保障漕运的支撑点和目的地，大运河早期的历史大多与军事相关。鲁哀公九年（前486）秋，吴王夫差为了运送北上攻打齐国的军队，命人

① 于敏中等：《日下旧闻考》卷三十七《京城总记》，北京古籍出版社1985年版，第577页。
② 孙承泽：《天府广记》卷一《形胜》，北京古籍出版社1984年版，第6—7页。

在扬州西北修建邗城，城下开凿运河，这就是《左传》所载“吴城邗，沟通江、淮”[①]。这条运河以起点邗城为名，称作“邗沟”。这是京杭大运河的开端，迄今已有两千五百年之久。东汉末年曹操为平定辽东，开凿平虏渠和泉州渠[②]，以短程渠道沟通天然河流，北京地区才有了真正意义上的运河。曹军的运粮船得以自黄河北岸沿着漳水、清河、滹沱河向东北行进，再通过潞河、鲍丘水进抵幽州，为后来的隋唐大运河打下了初步基础。隋文帝开皇四年（584）开凿广通渠，由国都长安连接军事重镇潼关[③]。隋炀帝动辄使用百万民力开渠，使后人最容易把大运河与他联系在一起。大业元年（605）开凿从洛阳到清江（今江苏淮安）、长约1000公里的通济渠，沟通了黄河与淮河。大业四年（608）开凿永济渠，从洛阳经山东临清至河北涿郡（今北京西南），长度也近1000公里。大业六年（610）开凿江苏镇江至浙江杭州、长约400公里的江南运河[④]。经过这样一番开拓，以东京洛阳为中心的河网运输系统日趋完善，东西向为主的天然河道与连接它们的运河，大致呈现出“之”字形的分布格局，洛阳与杭州之间全长1700多公里的河道可以直接通行船舶。继之而起的唐朝，全面继承了隋代的运河系统。

金中都毕竟只是北半个中国的首都，漕粮的来源地最多也只能延伸到淮河以北，因此不具备在全国范围内调整运河系统的历史条件。进入大一统的元朝之后，漕运的终端已由位居“天下之中”的洛阳转到偏于东北一隅的大都。这样，为了节省运力、提高效率、少走弯路，就需要把隋唐时代“之”字形的运河走势“截弯取直”，不再像从前那样绕道河南，而是直接从淮北穿过山东进入华北平原，最后到达通州。至元二十六年（1289）在山东境内开凿会通河之后[⑤]，杭州与通州之间的水路全线贯通，从而奠定了“京杭大运河”沟通海河、黄河、淮河、长江、钱塘江五大水系的地理格局，历经明清两朝而延续至今。明代成化末年的丘濬，对此予以高度评价：“运东南粟以实京师，在汉、唐、宋皆然。然汉、唐都关中，宋都汴梁，所漕之河，皆因天地自然之势。中间虽或少假人力，然多因其势而微用人为以济之，非若会通一河，前代所未有，而元人始创为之，非有所因也。”[⑥]元代对大运河的改造，奠定了运河系统最终分布格局的自然地理基础（图3–1）。

运河系统从之字形到截弯取直的过程表明，肇始于春秋时期的古代运河系统，经过隋唐时期的重大发展，元代以后找到了它的最终汇流之地——大都。按照郭守敬的精巧构想，至元二十九年（1292）春开工、次年秋天告成的通惠河，从昌平白浮泉一带引水接济漕运，由大都文明门至通州，沿河修建11组24座水闸以调节水位、形成梯级航道。在当

---

① 《左传·鲁哀公九年》，上海古籍出版社1983年影印《黄侃手批白文十三经》本，第469页。

② 《三国志》卷一《魏书·武帝纪》，第28页。

③ 《隋书》卷二十四《食货志》，第684页。

④ 《隋书》卷二十四《食货志》，第686—687页。

⑤ 《元史》卷十五《世祖本纪十二》，第324页。

⑥ 丘濬：《大学衍义补》卷三十四《治国平天下之要·制国用·漕挽之宜（下）》，京华出版社1999年版，第314页。

时世界最先进的水利技术支撑下，江南漕船可以直接驶入大都城内，积水潭上呈现出“舳舻蔽水”的繁盛局面[①]。到明代初期，按照民间治水专家白英的绝妙设计，在运河海拔最高的山东济宁南旺镇建造分水闸[②]。大汶河及沿途所汇诸泉之水由此南北分流，“南流接徐、沛者十之四，北流达临清者十之六”[③]。这个“四六开”的分水方案，民间约略比喻为“七分朝天子、三分下江南”，成功消除了运河沿线地势高低起伏造成的行船阻隔。

元朝经由海上通道把江南漕粮运往大都的航线，在逐渐探索中经历了三次重大变化（图3-2）。其一，至元十九年（1282）罗璧、朱清、张瑄三人初行海运，自刘家港聚集各路海船，从崇明岛北部绕行，经由通州海门县（今江苏海门东）出海北上，沿黄海西岸的万里长滩，经盐城、海宁（今江苏海州）、密州（今山东诸城）、胶州（今山东胶州）沿海，再经灵山洋（今山东青岛西南灵山湾），向东北至成山（今山东威海）绕过山东半岛。至此，耗时已达一月之久。最后沿渤海湾西岸北至界河口（今天津以东海河口），西入界河至直沽，再向北至杨村码头。从上海崇明岛至天津杨村，航路长达一万三千余里。其二，至元二十九年（1292）朱清、张瑄建议，先循旧途自刘家港开船，经撑脚沙、沙咀、三洋沙子等地，绕行崇明岛以北，向北过万里长滩后，东北至大洋深处，经过一昼夜至青水洋（今黄海西部），三昼夜过黑水洋（今黄海东部），即可望见山东境内的沿津岛大山（今文登东南斥山集）。再经成山（今威海）、刘家岛（今刘公岛）、芝罘岛、沙门岛（今长岛西），绕过山东半岛。从沙门岛脱离海岸奔向大洋，经过莱州大洋（今莱州湾）抵达界河口。如果风信顺利，航程仅需半个月时间。其三，至元三十年（1293），为了避开浅滩、减少航路迂曲，千户殷明略奉命开创海上新航线。他率船队从刘家港入海，绕过崇明岛北部三沙等地直驶黑水洋，再经成山、刘家岛、沙门岛，东北渡莱州大洋至界河口，再自界河至直沽、杨村[④]。这条海道此后成为元朝海运的固定路线，“当舟行风信有时，自浙西至京师，不过旬日而已，视前二道为最便云。然风涛不测，粮船漂溺者无岁无之，间亦有船坏而弃其米者。”[⑤]尽管如此，海运耗费的人力物力远远少于河运，元代的漕运也始终以海运为主。

北京（大都）在元、明、清三朝成为天下一统的大国京师，聚集了比汉唐幽州或金中都时代更多的人口，对江南财赋的依赖程度明显加重。海陆两种漕运方式各有利弊：陆上的运河行船比较安全，但需要持续不断地投入巨量的人力物力，用以疏浚泥沙淤积的河道并设法解决水源不足的问题；海上航运可以减少相应的惊人耗费，却时刻面临着狂风巨浪的严重威胁。元代供应大都的漕粮以海运为主，河运虽然只是其辅助途径，但朝廷对运河

① 《元史》卷一百六十四《郭守敬传》，第3852页。
② 《明史》卷八十五《河渠志三》，第2080页。
③ 《明史》卷一百三十五《宋礼传》，第4204页。
④ 危素：《元海运志》，广文书局1972年版，第115—118页。
⑤ 《元史》卷九十三《食货志一》，第2364—2366页。

系统堪称大手笔的“截弯取直”以及大都内外的运道整治和粮仓建设，却使元代成为运河史上极具开创意义的时代。明清北京的漕运系统是对元代既定格局的继承和改造，从河运为主、海运为辅渐变为基本废止海运，大运河作为国都经济命脉的地位被日益强化。

自元朝中期到明清两朝，每年有三四百万石漕粮从南方运抵北京（大都），明正统年间达到五百万石的规模，其中四成存储在京城、六成存储在通州的仓场内。“通仓”与“京仓”是由多座仓库组成的储粮基地，元代有千斯仓、万斯仓等著名粮仓。明清时期京城的海运仓、百万仓、禄米仓、南新仓，集中分布在尽量接近通州漕运码头的朝阳门、东直门以内。它们与通州的大运西仓、南仓、中仓、东仓，大多是在元代基础上改建而成。漕运畅通对于维系首都经济命脉与社会稳定的巨大作用，在运道淤塞或遭逢战乱的非常时期体现得尤其充分。在以海运为主的元代，至正八年（1348）方国珍“入海为乱，劫掠漕运粮”[①]，十四年（1354）四月“拥船一千三百余艘，仍据海道，阻绝粮运”[②]，大都随之发生粮荒。二十三年（1363）九月，张士诚向朝廷请求赐予王爵，遭到拒绝后不再向大都输送粮食[③]。海运终止五年之后，元朝政权即宣告结束。在主要以大运河为漕运依托的明朝，成化六年（1470）六月北京地区发生严重水灾，城内居民饥饿无着，四方流民大量涌入。九月得到奏报：“京城比来米价腾踊，民艰于食，乞丐盈路。询其所由，盖因漕运军士途中糜费粮米，至京则籴买以足其数，遂使米价日增而民食愈缺。”[④]针对这种状况，朝廷多次将官仓储备粮投入市场平抑物价[⑤]，严刑禁止奸贪之徒高价转卖牟利[⑥]，并且放归国子监部分生员[⑦]，逐出数以万计的云游僧人，借以减少京城人口对粮米的消耗[⑧]，并把赈灾不力的顺天府尹等降职停俸[⑨]。元代以后“京师百司庶府，卫士编氓，仰哺于漕粮”[⑩]，诸如此类的例证史不绝书。

大运河在经济上对北京的支撑作用，还在于它是各类物料的水运通道。宏伟的宫殿与城墙需要大量木材、砖瓦，除了在北京周边就近解决之外，大多数来自南方或运河沿线各省。明永乐六年（1408）六月，户部尚书夏原吉奉命从南京回到北京，沿着运河巡视军民运木烧砖的情形，以保障营建北京的工程需求[⑪]。耗费巨量人力物力从四川、云南、湖广

① 《元史》卷一百四十三《泰不华传》，第3424页。
② 《元史》卷四十三《顺帝本纪六》，第914页。
③ 《元史》卷四十六《顺帝本纪九》，第965页。
④ 《明宪宗实录》卷八十三，成化六年九月辛卯。
⑤ 《明宪宗实录》卷八十三，成化六年九月己亥。
⑥ 《明宪宗实录》卷八十四，成化六年十月戊申。
⑦ 《明宪宗实录》卷八十四，成化六年十月辛酉。
⑧ 《明宪宗实录》卷八十六，成化六年十二月庚午。
⑨ 《明宪宗实录》卷八十六，成化六年十二月癸亥。
⑩ 《天府广记》卷十四《仓场》，第170页。
⑪ 《明太宗实录》卷八十，永乐六年六月丁亥。

等地采伐的楠木等珍贵木材，首先要利用原始森林区的河道漂流出山，再辗转经由大运河运到北京存放备用。崇文门外和广渠门外的神木厂，通州的竹木局和皇木厂，都是储放皇家木料之地。江苏苏州制作的金砖、山东临清烧造的砖瓦等宫殿建材，也都是通过大运河抵达北京。朝廷甚至规定，来往于运河之上的粮船必须捎带一定数量的砖瓦。万历二年（1574），山东临清按计划应当烧制城砖100万块，朝臣建议其中30万块改在土壤条件相似的天津武清生产，临清所出的70万块“照旧粮船带运”[①]，可见这种做法早已成为惯例。万历十二年（1584）改建慈宁宫时缺少苏州砖料，诏令从速制造、送往京城[②]。诸如此类的史实证明：大运河这条沟通南北的“黄金水道”，为北京近千年来崛起为全国首都提供了交通运输的地理依托；有了这条物流通达的水运航线，自元代以来才能迅速调集举国资源营造出梁思成先生高度赞誉的“都市计划的无比杰作”[③]。

大运河的兴衰无疑是影响中国历史进程的关键环节之一，由此造就的地域文化在空间上展现为一条纵贯南北的“运河文化带”。就自然要素而言，地貌、气候、水文条件制约下的运河主干及其整个流域，是两千多年来人类进行文化创造的空间舞台；从人文主题考察，开凿或改造运河的主要活动、代表人物、水利技术、管理制度、各类遗迹、地方习俗、精神形态等，则是构成“运河文化”的基本方面。北京从北方军事中心到全国首都的演变过程，对一座城市与一条运河的关系做出了生动的诠释，尽管“北京段”处在全国整个“运河文化带”的最北端，却在“运河文化”形成发展的历史大剧中谱写了自然与人文交相辉映的华彩乐章。

大运河对于北京的政治、经济、文化意义，决定了它作为古都文脉的历史地位。运河开凿尤其是元代截弯取直之后，南北往来更加高效通畅，偏处国家陆地版图东北隅的首都由此增强了政令通达、控御全国的能力，有利于维护多民族国家的政治统一。作为首都须臾不可阻塞的经济命脉，大运河承载的江南漕粮和其他物资，是城市居民与戍边将士的衣食之源。漕运兴盛带动了城市发展，元代的积水潭沿岸出现了以南北交融为特色的商业街市和文化景象，是大都最繁华的城市区域。通州作为明清时期的漕运终点与南北物资交流枢纽，历来被视为经济活跃的典型。民谚云：“一京二卫三通州，赶不上获鹿旱码头。”[④]近代正太铁路修建之前，直隶获鹿县是扼守“晋陕通衢”的商品集散地。这句极力夸赞本地的风土谚，却也反映了通州在国人心目中的社会地位。京城内外留下的水道、码头、漕船、仓场、闸坝、官署、城镇、祠庙等，都是运河文化的物质载体。大运河在五大水系之间架起了一座文化沟通的桥梁，借助于人员往还、书籍流通、信息传播，全国各地的戏

① 《明神宗实录》卷二十八，万历二年八月甲午。
② 《明神宗实录》卷一百四十六，万历十二年二月辛酉。
③ 梁思成：《北京——都市计划的无比杰作》，《梁思成文集》（四），中国建筑工业出版社1986年版，第51页。
④ 武占坤主编：《中华风土谚志》，中国经济出版社1997年版，第116页。

曲、曲艺、文学、艺术、美食、园林，与漕运有关的花会、庙会、河灯、舞龙、高跷、号子、民谣、习俗、信仰等荟萃于首善之区，京师文化也由此向四面八方辐射，经过相互吸收、彼此借鉴，积淀为既兼容并蓄又引领潮流的文化形态。以大运河为标志的“运河文化带”蕴含着极为丰富的物质或非物质的文化遗产，有待我们继续发掘、研究和传承。

（二）引领风气：铁路建设终成全国表率

历史上的北京很早就是陆上交通的区域中心，上升为国都之后则强化了控御全国的交通道路系统建设，有关论著已对此做了比较系统的说明[①]。晚清时期西方近代工业和科学技术陆续传入中国，修建铁路不仅能够获得巨大的经济利益，同时还具有深刻的政治意义。西方国家极力推销其技术并着手具体实施，中国方面起初抱着以排斥为主的主观意识，后来发展到部分官员积极接受和建言推动，最终使修筑铁路变为决策者的共识而获得较大发展，交通方式与交通工具由此实现了重大变革，这大致是清末铁路建设的三个阶段。

晚清作为外来新生事物的铁路与火车在中国登陆，最早是在北京城外进行的一次试验。“同治四年（1865）七月，英人杜兰德，以小铁路一条，长可里许，敷于京师永宁门外平地，以小汽车驶其上，迅疾如飞。京师人诧所未闻，骇为妖物，举国若狂，几致大变。旋经步军统领衙门饬令拆卸，群疑始息。此事更在淞沪行车以前，可为铁路输入吾国之权舆。”[②]这里的“永宁门”显系“永定门”之误，铁路上的“小汽车”应即蒸汽驱动的小火车。这次试验虽然是铁路输入中国的开端，却因为时人“骇为妖物”而最终拆除。中国第一条真正意义上的铁路，是同治五年（1866）英国怡和洋行在上海修建的淞沪窄轨铁路。清政府并未同意这项工程，光绪二年（1876）竣工后遂禁止其运营，经过谈判以28.5万两白银的代价将其购回，次年拆毁后运往台湾，沉入打狗港中。比较合理的另一说是，拆下的铁轨和火车在光绪九年（1883）又从台湾运回上海，送往北方用于修筑开平铁路。总理衙门的档案记载：“铁道轮车一事，始议立时，朝野上下，强半有异议。其中有畏事者，有为身价计者，有谓虽造亦属无用者，有谓危险堪虞者，有谓无利可图者。”[③]由此可见，当时不论官员还是百姓，对于铁路与火车的隔膜相当严重。

我国自行修建铁路的开端，是唐山至胥各庄之间的“唐胥铁路”，长十八里。光绪三年（1877），直隶总督李鸿章创设开平煤矿公司。经过与朝中保守势力的论争，光绪七年（1881）五月十三日动工修建铁路。六月五日（1881年6月30日）开始在我国实行的“标准轨距”，是开平矿务局工程师、负责督修这条铁路的英国人金达（C.W.Kinder）确定的四

① 参见人民出版社2012年版《北京交通史》等。

② 李岳瑞：《春冰室野乘》卷下《铁路输入中国之始》，《丛书集成续编》第26册，上海书店出版社1994年版。

③ 宓汝成编：《中国近代铁路史资料》引《清总理衙门档案》，中华书局1963年版，第16页。

英尺八英寸半。八年（1882），金达利用开矿机器中的旧废锅炉，改造了一辆能够牵引百余吨的小机车，以此代替最初作为驱动力的驴和马，这是我国驶行机车铁路的开端。十二年（1886），唐胥铁路延长至芦台，十三年通车[①]。

天津、唐山等地的铁路事业不断取得进展，大势所趋之下的北京被动地迈开了修建铁路的步伐。光绪六年（1880），台湾巡抚刘铭传上疏，论述修建铁路对保障国家安全、富国强兵、发展经济的重要作用。十三年（1887），李鸿章将七里长的铁轨从水路运到通州，然后再进北京，准备“将来分设外火器营，试演捷速，当共讶其灵便，风气或自此开也”[②]。朝廷接受他的建议，在皇城内铺设了总长1510.4米的窄轨铁路，通称“西苑铁路”或“紫光阁铁路”。十四年十一月初六（1888年12月8日）的翁同龢日记称：“合肥（李鸿章）以六火轮车进呈，五进上（光绪帝），一送邸（醇亲王），今日呈皇太后御览。今紫光阁铁路已成，未知可试否也。是为权舆，记之。”[③]李鸿章意在使慈禧太后亲眼看到火车的快捷，对铁路建设予以支持。“人情蹈常习，故舍实务虚已成痼疾，诚误国计。若非圣母主持于上，殿下提倡其间，鸿章何敢破群议而勉力为之。”[④]尽管因为担心蒸汽机车轰鸣破坏皇城风水，小火车改由四名太监用绳索拉拽前进，此举实际上已取得了预期效果。光绪十三年（1887）醇亲王奕譞建议：“请将开平至阎庄商办铁路，南接大沽北岸八十余里，先行接造，再由大沽至天津百余里，逐渐兴修。津沽铁路告成，续办开平迤北至山海关。”[⑤]第二年，津沽铁路即告完成，由天津经塘沽、芦台至阎庄，长175里，与此前建成的阎庄至唐山80里长的铁路相接，共长255里，这就是当代京哈线的天津至唐山一段。

作为全国政治中心的首都北京一旦拉开铁路建设的帷幕，立即成为舞台的主角与多条铁路交会的中心。光绪十六年（1890），将唐山—胥各庄—古冶的铁路向北延伸，二十年（1894）陆续修到山海关，天津至山海关分别建造的几段铁路也连成一体，称“关内铁路”。二十四年（1898），向英国借款赶修山海关以外的铁路，二十九年（1903）修至新民府（今辽宁新民市）。次年爆发日俄战争，日本修筑了自奉天至新民的窄轨铁路，称“新奉铁路”。此后，津卢、津沽、关内、关外、新奉等铁路联为一体，称为“京奉铁路”。京奉铁路自正阳门东车站开始，出东便门，向西南奔向丰台。再转东南，至杨村渡北运河以达天津。随后东折出山海关，最后到达沈阳。全长2246里，是沟通北京与东北的重要交通干道。1929年春，奉天省改称辽宁，北京也已改名北平，这条铁路始称“北宁铁路”。光绪二十六年（1900）庚子之变以后，正阳桥东西两侧的车站取代马家堡成为火车

① 铁道部交通史编纂委员会：《交通史路政编》第1册11—12页。

② 李鸿章：《综论饷源并山东热河各矿》，《李文忠公全书》“海军函稿”3卷6页。清光绪间金陵刊本。

③ 翁同龢：《翁文恭公日记》光绪戊子十一月初六，《续修四库全书》572册，上海古籍出版社2002年版。

④ 李鸿章：《综论饷源并山东热河各矿》，《李文忠公全书》“海军函稿”3卷6页。

⑤《清史稿》卷一百四十九《交通志一》，第4429页。

总站（图3–3）。

甲午（光绪二十年，1894）战争的失败，激发了我国抢修铁路的紧迫感。这一年向英国借款修建天津至卢沟桥的“津卢路”，开创了向外国借债修路的先例，光绪二十二年（1896）通车。二十三年（1897），津卢路自丰台延长至北京永定门外的马家堡，北京真正有了现代意义上的铁路和火车，马家堡也成为北京最早的火车总站。同年，张之洞、盛宣怀等利用向比利时的借款，开工修建卢沟桥至湖北汉口的“卢汉铁路”。二十四年（1898），卢沟桥至保定段的“卢保路”完工。二十六年（1900）冬，保定以南各段陆续告竣，卢保路北段从永定门续修至正阳门前。三十一年（1905）再次向比利时借款，在完成郑州黄河大桥工程之后，卢汉铁路全线通车，并改名“京汉铁路”。京汉铁路自正阳门西站出发，从西便门向南折，经卢沟桥向南纵贯直隶、河南、湖北三省，抵达华中重镇汉口，长达1315公里，这就是今天京广铁路由北京至武汉的路段。京汉铁路作为国都与中原联系的纽带，是沟通海河、黄河、淮河、长江四大流域的南北交通大动脉。与京奉铁路一起，初步确立了北京作为全国铁路交通中心的地位。

从北京通往西北地区，则有京绥铁路，分为京张铁路、张绥铁路两段。南起北京丰台、经八达岭隧道至张家口的京张铁路，是我国在资金、设计、施工等方面完全独立自主的伟大创举。设计者詹天佑，是国人引以为豪的卓越的铁路工程专家。光绪二十九年（1903）九月已有“商人合力报效，拟建造京张铁路”①，三十一年（1905）四月直隶总督袁世凯等奏：“筹设京张铁路，工巨款繁。酌议提拨关内外铁路余利，每年提银一百万两。从速动工，四年可成。此路即作为中国筹款自造之路，不用洋工程司经理。俟将全路工程测勘完竣，绘具图说，另行核办。”②同年九月施工，宣统元年（1909）八月邮传部奏：“京张铁路全路告成，计长三百五十七里，连岔道计长四百四十九里。此路为我国铁路北干之起点。道员詹天佑总司工程，经营缔造。其会办以及各段工程师暨执事各员，均属异常出力。拟请优给奖叙，以昭激劝。”③此后，张家口至绥远（内蒙古呼和浩特新城）的“张绥铁路”几经周折，1921年终于抵达绥远。这段铁路与京张铁路合在一起，称“京绥铁路”，共长609公里，1923年延伸到包头，称“京包铁路”，京张铁路成为它的首段。

沟通北京、天津与我国东部沿海地区的津浦铁路，光绪三十四年（1908）开工，以山东南境的韩庄运河为界，南北两段分别向英国和德国贷款修建，宣统三年（1911）冬在韩庄接轨，民国元年（1912）通车。这条铁路贯通了海河、黄河、淮河、长江下游流域各省区，元明清三代一直作为国都经济生命线的南北大运河随之失去往日辉煌，交通地位一落千丈。

---

① 《清德宗实录》卷五百二十一，光绪二十九年九月乙巳。

② 《清德宗实录》卷五百四十四，光绪三十一年四月壬子。

③ 《宣统政纪》卷十九，宣统元年八月戊子。

京奉、京汉、津浦、京张等铁路干线在晚清至民初相继建成，使北京的陆路交通实现了远超前代的巨大进步，奠定了北京作为全国最大铁路交通枢纽的格局（图3–4）。经过现当代的进一步发展，北京早已成为全国的交通中心，在京津冀地区当然更是处在独占鳌头的地位。此外，开始于晚清的近代化航空、电报、电话，最早在我国登陆的地点也不是北京，而是东部沿海商业最发达的上海或天津等地。但是，与铁路在北京地区的发展过程相似，这些舶来品起初也是遇到保守势力的阻挠，惟其一旦在首都得到认可就迅速成为全国的中心和表率，致使其他地区纷纷效法，继而又推动了新事物在北京的进一步提升和完善，类似情形已有论著专门说明[①]。这些都充分体现了全国政治中心对于社会发展特有的引领功能。

（三）国都需求：周边发展的决定性因素

北京既有面向全国的政治、经济、军事、文化的强大辐射力，也需要周边乃至更遥远的区域在上述方面予以保障和呼应。作为全国水陆交通的中心，元明清时期的运河是从南方获得漕粮支撑京师需要的经济大动脉，苏州的金砖、临清的砖瓦、云贵川广的珍贵木材，通过水路运到北京。陆路交通网则是伸向全国、控御海内的坚强臂膀，晚清铁路网形成之后尤其如此。在京津冀范围内，周边地区更是因为北京的需要决定了它们在一定阶段的功能定位，对区域或城市的发展轨迹产生了重大影响（图3–5）。

天津对于北京的作用，主要体现在交通、经济、军事、政治、文化等方面。在交通和经济方面，天津扼守着大运河与海上航运的咽喉，是南来漕粮运输的必经之路，同时也是北京面向海洋的最近出海口。在军事上，天津是北京东南的海上门户。外敌只要突破这道防线，沿途基本上就无险可守。晚清北京遭受英法联军与八国联军的侵略，无不从天津大沽炮台等要塞失利开始。在政治上，由于与北京近在咫尺，相互往来与信息传播比较便利，天津在清代出现的大片外国租借区域，到民国时期成了军阀战败、政客下野以后的待机而动之地。一旦政局有变，这些蛰伏在天津的寓公纷纷北上，或东山再起挥师进京，或重执权柄纵横捭阖，一部民国史充斥着太多这样的故事。在文化上，九河下梢、五方杂处的天津以平民化为主要特色，与长期作为帝都的北京具有迥然不同的风格。不过，彼此邻近的地理关系有利于人员交流与文化融合，仅就晚清与民国时期的京剧、相声等艺术而言，出身北京的演员有许多在天津享有大名，京韵大鼓等京味艺术在天津得到发扬光大。京剧等戏剧的演员若想在北京舞台上大放异彩，首先需要在天津这个水旱码头红起来。不经过见多识广、内行众多的天津观众这块试金石的考验，很难得到北京观众的认可与追

① 参见人民出版社2012年版《北京交通史》等。

捧，当然也不会得到上海、武汉等艺术重镇的重金邀约。上述各个方面的发展，我们将在后续章节予以详细讨论。

保定在很长时期内是直隶（河北）的政治中心，河北省会仓促迁往石家庄只是1968年2月的事情，此前则有若干年在天津，也曾短期迁到北平。这样，在京津冀之间的政治联系中，河北一方的代表通常就是保定。在经济上，“京津保”相互支撑的格局，至少在清代与民国时期直至保定失去省会地位之前都得以维持。在军事上，保定与国家首都北京、海上门户天津互为掎角之势。首都周边的直隶地区，尤其是重要的关口、府州一向被视为“畿辅重地”，保定即为其中之一。明嘉靖年间屠侨为保定知府，时人有“保定畿辅重地，非屠御史不可”之谓[①]。清康熙年间给户部的谕令，亦称“直隶畿辅重地，天下根本”[②]。作为直隶省治，保定与京津之间形成了天然的密切关联，只是当代在某些方面相对有所松懈。

张家口、宣化以及山西大同，与保定等地的重要城池和关口一起，构成了明代拱卫北京的军事防御体系，堪称国都的西北门户。时人比喻说：“宣府、大同，藩篱也；居庸、紫荆，门户也；顺天、正定、保定等府州县，堂室也。藩篱密，斯门户固；门户固，斯堂室安。”[③]除了军事意义之外，张家口还具有独特的经济地位。《读史方舆纪要》称：“张家口堡……堡周四里，其灭虏台等处，为最冲口。外有狮子屯一带，诸部落驻牧处也。堡为互市之所，关防最密。”[④]这里在明代与塞外蒙古诸部为邻，是以“互市”形式维持双方关系的交通要道和商品集散地。来自江南的茶叶等大宗商品也从张家口运往库伦（今蒙古国乌兰巴托），这就是国际贸易史上著名的张库大道，这条商道继而从库伦延伸到俄罗斯的恰克图。马克思写于1870年的《资本论》第二卷《资本的流通过程》的四个手稿之二，其第一章提到了这条贸易通道。他指出：当时经陆路运到恰克图出售的茶叶，首先是从福建等地沿着长江运到上海。“在这里把茶叶再装上更大的船只，这些船只除其他货载外，装载1500箱茶叶。这些船只离开上海，沿着海岸航行到天津，在天气好的时候，大约要15天才能到达。在天津，又把茶叶装在较小的约能载200箱的船上。它们沿白河经过10天到达离北京约22俄里的通县。从那里茶叶继续由陆路用骆驼和牛车运抵边防要塞长城边上的张家口（或口外）——距离约252俄里——再从那里经过草原，或沙漠、大戈壁，越过1282俄里到达恰克图。”[⑤]在这个过程中，张家口就成了沟通长城以南与外蒙古、俄罗斯的经济贸易的中转集散地。

遵化位于北京以东大约125公里，地方志称“群川绕其东南，重山阻其西北，于京师

---

① 吕本：《荣禄大夫太子太保都察院左都御史赠少保谥简肃东洲屠公侨墓志铭》，焦竑编《国朝献征录》卷五十四，《四库全书存目丛书》本。

② 《清圣祖实录》卷一百二十七，康熙二十五年九月己丑。

③ 《日下旧闻考》卷一百五十二《边障》引《渔石集》，第2430页。《四库全书存目丛书》本唐龙《渔石集》无此语。

④ 《读史方舆纪要》卷十八《直隶九》，第786页。

⑤ 《马克思恩格斯全集》第50卷《资本流通的过程》，人民出版社2016年版，第82页。

有臂指之势”[①]。明代蒋一葵记载：“遵化古滦川，汉以前俱属无终国之域。唐天宝初，始于其地置马监铁冶，居民稍聚。因置县，以遵化名。”[②]唐代在此设置管理炼铁的机构，是因为发现了储量比较可观的铁矿，并且可以就近利用当地丰富的森林烧制木炭作为冶炼的燃料。从此，遵化就成了供应唐代幽州直至明代北京之需的冶铁基地。此地置县，当在五代后唐时期。元代在遵化县砂坡谷（今遵化市西北11公里沙坡峪村）设置冶铁厂，到明代永乐年间一仍其旧，后来迁到松棚峪（今遵化东北12公里松棚营、小厂一带），正统三年（1438）又迁到白冶庄（今遵化东南24公里铁厂村）[③]。炼铁厂几次搬家不是因为原址的铁矿资源匮乏，沙坡峪附近直至当代仍然有铁矿在开采。左右这个过程的主导因素，是铁厂周边用来烧炭的林木相继被砍光，不得不从县城西北迁到东北、接着再转到东南。正德年间工部指出：“彼时林木茂盛，柴炭易办。经今建置一百余年，山厂树木砍伐尽绝，以致今柴炭价贵”[④]。万历九年（1581）三月，冶铁厂终因产品所值远不如由此耗费的人力物力，在蓟辽督抚梁梦龙等大员建议下宣告废弃[⑤]。尽管森林砍伐后难以恢复旧时景观，但沙坡峪西南约22公里、遵化以西约27公里的凤台山一带并未受到多少影响。自清世祖（顺治帝）开始，这里成为皇家陵区，通称清东陵，先后安葬了包括顺治、康熙、乾隆、咸丰、同治诸帝在内的161位皇室人物，凤台山也因此改称昌瑞山。到清东陵祭拜是皇家的重大事务，由此使北京与遵化的联系变得更加紧密。两地之间的道路上升为更高规格的“御路”，交通条件自然得到改善。正是由于境内有清东陵的缘故，康熙十五年（1676）将原属蓟州的遵化县提升为遵化州，改由治所在北京的顺天府管辖。乾隆八年（1743）进一步升为直隶州，隶属直隶布政使司，下辖遵化县以及原属永平府的丰润县和玉田县。在1913年废州为县之前，一直享受着清东陵带来的福泽。

易县在今北京西南约120公里，明清时期称易州，是北京所需木柴和木炭的主要产地。在保障京城能源供应方面，易州的作用之大远非它处可比，而且从明朝一直延续到清末，由此与北京保持着更加密切的关联。明代永乐年间营建北京以后，木柴、木炭、煤炭的消耗与开发规模都超过了元代。宫廷常用的木炭是白炭或坚实白炭，造价昂贵的红箩炭专供御用。万历年间的太监刘若愚记载：“凡宫中所用红箩炭者，皆易州一带山中硬木烧成，运至红箩厂，按尺寸锯截，编小圆荆筐，用红土刷筐而盛之，故名曰红箩炭也。每根长尺许，圆径二三寸不等，气暖而耐久，灰白而不爆。”[⑥]今北京北海西侧的大红罗厂街，就是历史上存放红箩炭的场所。为了保障宫廷与各级行政机构的柴炭需求，宣

① 《嘉庆重修一统志》卷四十五《遵化州一》，商务印书馆1934年《四部丛刊续编》本。

② 蒋一葵：《长安客话》卷九《畿辅杂记》“遵化县”条，北京古籍出版社1994年版，第111页。

③ 申时行等：《大明会典》卷一百九十四《工部十四·冶课》，明万历年间刻本。

④ 《天府广记》卷二十一《工部·铁厂》，第287—288页。

⑤ 《明神宗实录》卷一百一十，万历九年三月甲戌。

⑥ 刘若愚：《酌中志》卷十六《内府衙门职掌》“惜薪司”条，北京古籍出版社1994年版，第106页。

德四年（1429）“始设易州山厂，专官管理。景泰间移于平山，又移于满城，天顺初仍移于易州”①。山厂来回迁移的平山、满城和易州，都处在今河北境内的太行山区。下达给山厂的烧炭指标每年都在增长，天顺八年（1464）为430余万斤，成化元年至三年（1465—1467）相继增至650、1180、1740余万斤，以后各年又陆续有所调整。嘉靖二年（1523）奏准，皇帝及各宫合用柴炭各20万斤，由山厂拨夫采运。惜薪司每年供应各宫及内官内使人员木柴2456万余斤，木炭608万斤，荆条2万斤②。官府的征收指标与虚报的运输损耗时常上涨，实际上缴的数量远不止于此。数以千计的民夫来自山东、山西以及京师的顺天、保定、真定三府，后军都督府所属各卫也承担着相应的差役。柴炭的生产不仅使百姓的负担日益加重，而且造成了巨大的环境破坏。弘治时人指出：“民之执兹役者，岁亿万计。车马辏集，财货山积，亦云盛矣。然昔以此州林木蓊郁，便于烧采，今则数百里内山皆濯然。举八府五州数十县之财力屯聚于兹，而岁供犹或不足。民之膏脂日已告竭，在易尤甚。”③设立山场仅仅四五十年，易州数百里内的森林就变成了荒山秃岭。万历十三年（1585），“时山厂设于易州，而数百里外林麓都尽”④，从郁郁葱葱变为童山濯濯的命运依然如故。到清代，煤炭在能源中所占的比例显著增大，伐木砍柴的范围可以向北越出长城，内廷采办的红箩炭已由明代的一千余万斤降为顺治初年的八十万斤，但直到康熙五十六年（1717）仍在“令煤炭监督于易州地方采办供应”⑤。仅冀州（治今河北冀州）一地，每年就需派出“易州山场斫柴夫一千一百五名”⑥，那里显然还是宫廷木柴和木炭的供应地。与遵化的清东陵相对应，易州境内有与之相辅相成的清西陵，因而也与北京在能源之外增加了政治与伦理的纽带。清世宗（雍正帝）脱离了子随父葬的传统，在易州太平峪之下开辟了另一处皇家陵区，相继葬有雍正、嘉庆、道光、光绪诸帝在内的70多位皇室人物，太平峪也因此改称永宁山。由于祭拜清西陵的需要，北京至易州的交通状况也有所改善。

承德、围场与北京之间的关联，基本上是顺应清代宫廷需要的结果。狩猎骑射是早已化作游牧民族文化基因的生活方式，清朝建都北京之后，虽然承袭了元代的飞放泊暨明代的南海子，但南苑却不能满足以皇帝为首的统治者延续旧有生活传统的需要，他们也期望借此训练武备、保持满洲长于骑射的雄风，于是着手另外开拓围猎与避暑之地。这样的地方既不能因为距离北京太远而导致长途奔波，同时要求狩猎场具备广阔的原始森林和丰富的动物资源，作为皇帝夏季行宫的所在又必须风景优美、气候凉爽。对照这样的条件，燕山腹地及其以北的蒙古各部牧场就是理想的选择。清代建立的木兰围场范围广阔，“在承

① 《大明会典》卷二百五《工部二十五·柴炭》。
② 《大明会典》卷二百五《工部二十五·柴炭》。
③ 戴铣：［弘治］《易州志》卷三《山厂》，《天一阁藏明代方志选刊》本，上海古籍出版社1981年版。
④ 《明神宗实录》卷一百六十九，万历十三年十二月丁卯。
⑤ 《大清会典事例》卷九百五十一《工部·薪炭》，清光绪间刻本，第7页。
⑥ 王树楠：《冀县志》卷十五《起运表》，1929年铅印本，第18页。

德府北境外，蒙古各部落之中。周一千三百余里，东西三百余里，南北二百余里”。康熙帝“秋巡塞外，举蒐狩猎之典。因喀喇沁、敖汉、翁牛特诸旗，敬献牧场，遂开灵囿”。乾隆、嘉庆朝延续了一般在八月行围肄武的传统，即所谓“木兰秋狝”。行围时吹起模仿鹿鸣的木哨吸引鹿群，叫做“哨鹿”，满语称之为“木兰”，四周插上柳条栅栏即“柳条边”作为界限的狩猎区因此叫做“木兰围场”①（图3-6）。这一带是北京联系东北、西北的重要区域，木兰秋狝以及在此期间举行的各种政治活动，具有笼络和震慑蒙古各部的作用。清人认为：“上每岁行狝，非特使旗兵肄武习劳，实以驾驭诸蒙古，使之畏威怀德，弭首帖伏而不敢生心也。”②晚清时期国家衰微、局势动荡，嘉庆二十五年（1820）七月预备举行的木兰秋狝，以皇帝尚未到达围场却在承德避暑山庄病故而中辍。道光四年（1824）谕令内阁：鉴于直隶歉收、青黄不接，“今岁秋狝木兰，允宜遵循成宪，肄武绥藩。然不可不审度时事，量为展缓。所有今岁热河，亦著停止。”③事实上，由此间接宣告了木兰秋狝制度的终结。同治年间，围场地区已有数千亩土地开垦为农田。今天的河北围场县设立于1912年，是清代木兰围场的核心部分。

承德处于燕山腹地，是从北京向东北到围场的必经之地。这座城市兴起的根本原因，就在于清代建立了避暑山庄。武烈河西岸有一处温泉叫做“热河泉”，潴水成湖，风景秀美。康熙四十二年（1703）皇帝北上木兰围场，途经热河泉下游的屯田村落热河上营，决定在此修建行宫；四十七年（1708）初具规模，定名“避暑山庄”。山庄的建设持续推进，到乾隆五十五年（1790）才全部竣工。几代帝王夏季在此处理政务，接受少数民族首领与外国使节的朝觐，尤其是团结蒙古各部以巩固北部边疆，并且“使之防备朔方”即17世纪中叶以来屡屡侵扰北部边疆的沙俄。避暑山庄由此成为北京之外的另一个政治活动中心，既是加强与国内各民族联系的枢纽，也是开展国际外交活动的重要场所。在避暑山庄外围，康熙至乾隆年间陆续修建了著名的“外八庙”（现存7座）以及另外三座寺庙（现已废毁），合称“外十一庙”，是清代前期中国统一多民族国家巩固和发展的历史见证。康熙帝曾留下太子在北京处理国政，但康乾时期一般选择可以信任的亲王担任“留京王大臣”，接受皇帝的指令处理政务，各部的部分官员也跟随皇帝到承德办公。乾隆二年（1737）二月“谕总理事务王大臣：……此番留京王大臣甚少，果亲王著仍留总理事务处”④，可见留京王大臣不止一人。所有奏折由留京王大臣派人送到避暑山庄，由此保持着北京与承德之间政治联系的畅通。随着城市的发展，以热河上营为治所的行政区域几度升格，地名也随之发生变迁。就其大者而言，雍正元年（1723）设立热河厅，十一年（1733）改置承德州，

① 《嘉庆重修一统志》卷四十二《承德府一》。

② 赵翼：《檐曝杂记》卷一《蒙古诈马戏》，中华书局1982年版，第13页。

③ 《清宣宗实录》卷六十四，道光四年正月壬申。

④ 《清高宗实录》卷三十六，乾隆二年二月己巳。

这是“承德”之名的缘起。乾隆四十三年（1778）升为承德府，嘉庆十五年（1810）又设热河都统署。1929—1956年，承德是热河省的省会。承德之所以在当代以旅游城市闻名遐迩，主要得益于避暑山庄的建立，它也因此在清代与北京形成了密切的政治关联。

（四）京津崛起：晚近对河北辖境的“蚕食”

地缘政治学试图以人类活动的“位置”与彼此之间包括人、物质、观念等因素在内的“联系”为主，分析地理环境与政治过程之间的互动关系和结果。一定区域、一定阶段的地缘政治结构，就是一个由多层次的等级制度组成的不断演进的体系。与此类似，京津冀地缘关系的发展变化，表现为执政者运用国家权力调整行政区划系统，进而使地理位置相邻的行政区域的数量及其彼此关系处于一个动态过程之中。以近千年来的情况而言，就是由最初的京（京师，政治中心城市）与冀（直隶，国都周边区域）之间的“双边关系”，到清代天津崛起之后演变为京、津、冀之间的“三角关系”。

在京津冀地缘关系中，长期作为政治中心的北京是处于主导地位的一方。金中都、元大都、明清北京的城市范围仅限于城墙之内，至多扩展到城门附近的关厢地区。畿辅地区形成了以国都为治所的路府下辖若干州县的行政区划格局，国都只是一个“点”状的“城”而不是像路或府那样统辖若干州县的“片”状区域。金代以中都城为治所的中都路虽然是国家一级政区，但并不比同处当代京津冀范围内的河北东路、河北西路、大名府路、北京路、西京路特殊。治所在国都的元代大都路是中书省所辖诸路之一，明代顺天府是“京师八府”之一，清代顺天府也是直隶省诸府之一，它们都是省级之下的二级政区。这样，自然不会出现最高级别的行政区域既相互交错又彼此分隔的问题。天津的崛起明显滞后于北京，此地扼守着漕运咽喉与海河出口，元代是河间路之下的海津镇，明永乐三年（1405）设天津三卫；清雍正三年（1725）改置天津州，九年（1731）升为天津府，治所在天津县（今天津市）；晚清时期崛起为华北最大的商港，咸丰十年十二月（1861年1月）设三口通商大臣，同治九年（1870）以后，直隶总督兼北洋通商大臣大多驻在天津，冬季才回到保定；进入民国，天津继续作为直隶（河北）省会。

1928年国民政府迁都南京，是各种政治军事势力相互角力的结果，这一年也是京、津、冀“三角关系”真正形成的标志性年份。清末开始模仿西方城市自治而推行市制，北京进行了成立京都市政公所作为“城市自治团体”的探索。1928年国都南迁后，直隶省改为河北省，在北京设置直属于行政院的北平特别市，在天津县城区设立直属于行政院的天津特别市。从这个时刻开始，北平、天津两个特别市与周边围绕它们的河北省，形成了地域相接、级别同等、互不统辖的关系。每个行政区域的执政者，都以维护和扩大己方的权力和利益为最高追求，“三足鼎立”的政区格局带来了涉及多方事务的“三角关系”，形成了新的地缘政治结构体系。1930年两个特别市降为河北省辖的普通市，天津1935年再度升为院辖市，其后又有升降变动。在这样的政治背景下，北平也曾在短期内做过河北省会，而天津与保定则是河北省会多次轮换的城市。到1968年，由于党政系统与保定驻军之间的矛盾不可调和，河北省会最终南迁石家庄。如果从清初的直隶总督驻地算起，河北（直隶）省会迄今已历经大名（1661）→保定（1669）→天津（1870）→北平（1928，10）→天津（1930，10）→保定（1935，6）→北平（1945，11）→保定（1946，7）→北平（1947，11）→保定（1949，8）→天津（1958，4）→保定（1966，5）→石家庄（1968，2）这一连串变动[①]（图3-7），频繁程度在全国绝无仅有，这也是京津冀之间地缘政治关系的典型表现。

清末《城镇乡自治章程》颁布后相继推行城乡分治与市制，京都市政公所时期被相当于清代顺天府的京兆地方所环绕的北京，就是城市近代化的初步试验区域。民国初年宛平、大兴二县要求脱离顺天府，反映了两县与北京“分家”的决心。北洋政府时期，京兆地方的划定虽较清代顺天府的范围有所收缩，宛平、大兴二县却仍控制在京兆尹手中。南京国民政府北伐初定，借由地方自治的兴起，宛、大二县再次发出移治的呼声。1928年6月北平特别市成立后，原属京兆地方的大兴、宛平、通县、良乡、昌平、顺义、安次等县，也随着京兆地方的取消改属河北省。北平先为特别市，两年后一度降为河北省辖市，不久恢复为行政院辖市，但它所能掌控的地域重新回到了清代的营汛、“城属”一线。其辖区以原京都市政公所及警察总监旧辖城郊区域为限，东至大黄庄，西至三家店，北至立水桥，南至西红门，内外城与四郊面积只有706.93平方公里，其中城区约占10％，郊区约占90％。

北平的城市近代化需要获得更多的土地、水源、能源、交通、旅游资源，因为市域面积有限，与城市关系密切的许多基础设施均在市域之外。例如，自来水源地在孙河镇，发电厂在石景山，交通枢纽在丰台，煤的主要供给地在门头沟，它们或在大兴，或属宛平，由此多少阻碍了北平城市管理和建设的发展。但是，北平市的拓展就意味着河北省所辖区域的萎缩，在各种利益冲突与社会舆论的压力下，即将失去土地的一方自然不会轻易妥协。因此，北平市政府1928年8月提出“拟以旧城郊区域为基础，西、南、北三部酌量展拓”的方案，试图将宛平县门头沟、卢沟桥、丰台，大兴县南苑、黄村、孙河，通县马驹桥，昌平大小汤山等地划入北平市（图3-8）。

北平市拓展市域的划界方案提出后，大兴、宛平两县民众上书强烈反对本县被割裂：“是仅为北平市计，而未计及全县人民情况、财产之负担、地面之大小、县知事之能否为治也。”1928年9月10日，北平市长何其巩将最终拟定的《北平特别市政府拟划市区域说

① 根据河北省地名办公室编《河北政区沿革志》（河北科学技术出版社，1985）等整理。

明书》及其所划入主要市镇的说明，一并呈送国民政府。内务部致函北平市政府，强调“应依照宁沪成案，先由省市政府协商，并由内政部派员会同划定”，决定派员会同河北省与北平市共同勘界。河北省政府决定于10月27日派员前往北平市政府商洽划界问题，实际上当然要持反对态度。北平市与河北省的划界争端，主要集中在大兴县北部的孙河镇与宛平县永定河东岸的模式口等六村。勘界计划即将启动时，大兴县由县党务委员会联合各行政与民间团体，发表反对划界的意见书，宛平县政府也顺势对六村村民表示支持。1928年11月，宛平县模式口等六村代表李瑞泉等，将题为《呈为胪陈插花村庄人民困苦恳请划归县属以一事权而苏民困事》的呈文，上交中央政治委员会北平临时分会。模式口六村的归属，是清末开始遗留的问题。六村原属宛平，清代六村北半部划归营汛管辖。民国成立后，营汛辖区改由城郊管辖，以至六村长期南北分裂。从模式口等六村代表至国民政府行政院，都参与到了此次争议中，争夺对象不过是阜青路以北八百余户、三千余人的六个村落的行政归属权。地方的反对、省府的拖延、行政院的模棱两可，再加上北平市长易人以及从特别市降为普通市等因素的影响，使这一问题迁延日久。争执持续到1932年，北平市同意将模式口等村改属宛平县，但市域拓展计划也只得暂时搁浅[①]。北平市域界线的划定，反映了城市发展受到的空间局限。因北平市要求扩界引发的模式口等六村要求归属宛平，体现的则是行政区域调整过程中的地方利益。原本强势的“市”面对中央、省、县、村的多重压力，不得不放弃诉求，已被蚕食的“县”则赢得了一时的话语权。在城市化进程驶上快车道的今天，民国时期脱离、抵触城市化的行为看似不可思议，却不失为历史长河中的特殊片段。

抗日战争胜利后，1946年2月28日，经过充实修订的《北平市新市界草案》继续被河北省政府否定[②]。尽管北平也曾做过河北省会，方案本身也不失为一份符合近代化潮流的城市规划，但“以北平为中国之首都”或“以北平为文化城，同时仍可建都”、“都市计划须具有弹性，以备建都时发展之余地”的设计思想[③]，不免在心理认同及利益关系上与河北省“离心离德”，再加上北平方面只取自身需要的精华而把残破的乡村留给对方，双方的差距与分歧自然难以弥合。

到1949年以后，政治、经济日益得到强化的京津两直辖市，终于在中央政府的强力支持下，通过对毗邻的河北“有计划地蚕食”实现了土地扩张。自1950年10月到1958年10月，北京市分7次划入了河北省昌平、宛平、房山、良乡、通县、大兴、顺义、平谷、密云、怀柔、延庆的部分直至全部，其辖境也从1928至1949年初的大约707平方公里扩大为16410平方公里并一直延续到今天。

① 《1928—1936年北平行政区域边界勘划史料》，《北京档案史料》1999年第3期22—32页。
② 尹钧科：《北京历代建置沿革》，北京出版社1984年版，第177页。
③ 北平市工务局：《北平市都市计划设计资料第一集》，1947年8月编印，第53页。

1928年在天津县城区设置天津特别市，市政当局从商业发展着眼，提出将天津县及宁河、宝坻、静海、沧县的一部分划归天津市，“俟必要时，再行呈请变更或扩大之”[①]。但是，即使是废除天津县这样一个最基本的要求，也因为“市县界限事关双方损益，从1928年到1936年，市县划界始终是当局最棘手的难题。其间争议激烈，枝节横生”。持反对意见的天津县各界代表乘车赴北平请愿，村民们也曾悄悄拆毁市县界碑[②]。1949年，北京与天津成为中央直辖市。1958—1966年天津是河北省辖的省会，到1967年1月又恢复直辖市的地位。至此，北京、天津与河北三足鼎立的局面最终形成，它们之间在政治、经济、文化等方面的协调与矛盾，成为京津冀地缘关系的基本内容。天津市自1950年到1979年，除了省辖期间与唐山、沧州、天津专区之间的多次内部调整之外，作为直辖市期间先后划入了河北省宁河、天津、静海、蓟县、宝坻、武清、遵化县的部分乃至全部，形成今天的辖区范围[③]。

1953年从河北省划入天津县，是天津市辖境扩展的重要开端，集中反映了政治、经济等因素对于行政区划调整的巨大作用。天津市成为中央直辖市之初，天津县仍是河北省天津专区的省属县。到1952年，天津市区的建筑用地已基本用尽，而郊区面积甚小，致使“建筑地带无可扩张”。为此，1952年12月24日，时任天津市长黄敬向河北省政府提出“可否将天津县划归津市领导”的要求。在我们查到的档案中，天津市提出的理由有六:（1）全市人均占地减少，“而津市人口仍年增加，即以今年统计，已增加十一万余人（包括塘、大二万余）”。天津市管辖的塘沽、大沽有天津县相隔，成为一块飞地。（2）“津市原市中心区建筑已极度拥挤，而市区内的地势又大都低洼，不能做建筑用地。”由于市区扩展与地理条件所限，不得不在市区之外开辟新的土地来源。（3）“津市四周皆为天津县辖境，大部地区为津市发展之预备地带，这些地区的规划和管理必须和市区一并考虑”。（4）“目前津市之工厂、商店及居民已有很多地带与天津县辖境交错……而由于行政管理之不统一，在市政建设、交通管理、工人居住、市民教育、税收、治安维持及其他一切工作上都有统一之必要。”（5）（6）两条也在说天津市包含在天津县内所带来的种种不便。次年三月，华北人民政府在转交该请求时，“提议将你省所属天津县划归该市建制”[④]。天津县最终于1953年5月并入天津市，划分为天津市东、西、南、北四郊区。其后，京津两市拓展的幅度远远超过了民国年间的设想，除了城市发展的客观要求之外，中央政府从“派员会商”到“主持推进”的角色转换发挥了决定性作用。

① 梁思成、张锐:《天津特别市物质建设方案》，《梁思成全集》第1卷，中国建筑工业出版社2001年版，第19页。
② 何德骞:《天津县治议迁咸水沽》，《今晚报》2013年5月28日。
③ 史为乐:《中华人民共和国政区沿革（1949—2002）》，人民出版社2006年版，第7—11页；尹钧科:《北京历代建置沿革》，北京出版社1984年版，第189—192页。
④《天津县归津市建制》，1953年2月27日。河北省档案馆藏《河北省人民政府档案》，全宗号907，案卷号135。

以地理视角分析国际关系动态过程的地缘政治学，注意到排斥力（即离心力）和吸引力（即向心力）对地缘政治格局的重要作用。不论是物质的、经济的还是社会的、政治的离心力——比如历史走向与文化差异，领土扩张和边界争端，缺乏重要的贸易联系等——往往导致一定范围内的地缘政治在冲突、排斥中呈现分裂状态。国家或地区之间的文化认同与经济互补等，则是吸引它们在交流与融合中连接在一起的纽带。就京、津、冀三地的相互关系而言，这种排斥力与向心力的表现形式，主要体现在京津两市对“领土扩张”的持续追求，河北省则在努力排斥这种扩张要求的过程中度过了民国时代，但到1949年之后终于抵挡不住中央政府的行政权威，不得不接受京津两市对本省“固有领土”的逐步“蚕食”。

当代世界地缘政治版图上存在的“破碎地带”，被定义为“一个被内部冲突撕裂的地区，其分裂程度随外部重要大国竭力想对这一地区施加影响的干预行为而增加。……这类区域经常被各种内战和邻国的干预行为弄得四分五裂”[①]。与此差相仿佛的是，处于强势地位的京津两市对相邻地区的“蚕食”，客观上就是对原本完整的河北省政区系统的“撕裂”，只是造成这种局面的动因不是外部大国或邻国的干预和内战，而是出自两市需求与中央决策的合力推动。这个过程最突出的结果就是，当蓟县、宝坻、武清划归天津市，通县、平谷划归北京市之后，三河、大厂、香河三县的左邻右舍相继离去，它们就成了河北省在京津之间“孤悬省外”的“飞地”，也就是行政区划图上相当扎眼的“破碎地带”（图3–9）。

由此一来，京津冀之间的地缘关系就呈现出一种独特的结构：京津“掏空”了河北的心脏地带，因而在总体上被河北包围；又因为这种“掏空”并不彻底，两市同时又对河北的局部地区形成“反包围”。河北之所以能够留住这片飞地，除了本省的努力争取之外，更是当年京津两市以城市带动区域发展的能力有限、尚不急于请求中央政府进一步扩大各自的辖境所致。一旦两个直辖市的经济水平显著提升、急需更多土地资源以拓展城市空间，曾经被“嫌弃”的三县势必成为各方力求揽入的“香饽饽”。时至今日，伴随着北京通州“城市副中心”建设的强力推进，这个时刻正在大踏步地到来。

[附录3]清代京津冀之缘聚与缘散

清代是京津冀地缘关系发展进程中的关键阶段，区域内的主要城市都与北京建立了比以往更加密切的联系。自清末开始，旧时代的国家职官制度与行政区划系统发生巨大变革，它们之间在这个意义上的“缘分”随之松懈乃至完结。兹将赵雅丽《清代京津冀之缘聚与缘散》一文（《北京史学》2019年春季刊）稍加节录，附载如下，以见其梗概。

① 《地缘政治学：国际关系的地理学》，第6页。

当代意义上的“京津冀”，范围包括北京市、天津市以及河北省的保定、唐山、廊坊、石家庄、秦皇岛、张家口、承德、沧州、邯郸、邢台、衡水等11个地级市。这些城市和地区特别是保定、天津、承德，在清代基本属于直隶省范围，地缘相接、人缘相亲，地域一体、文化一脉，彼此间有着难解之缘。主要表现在：由顺天府尹与直隶总督等多元行政体制共同构成了京畿社会治理力量；由运河漕运、盐运税收等连结着北京与天津乃至全国的经济命脉；由御道、行宫等将皇家文化、政治中心从京师向直隶地区的辐射与延展，使得承德避暑山庄成为第二个行政与政治“副中心”；由遵化东陵与易州西陵的遥相对应，将紫禁城内帝后嫔妃们的最后归宿及国祚绵延、子孙不息的愿望承接开来。它们将京津冀连结为紧密的一体，并且伴随清朝国势的由盛而衰经历了一个缘聚与缘散的过程。

1.顺天府尹与直隶总督：京畿社会治理的多元力量

有关研究在考察京津冀地区近千年建置沿革与城市发展历史后指出，帝都时代的北京与周边地区始终在“一体化”的行政区划系统中运转。[①]从此视角出发，可以更好地审视直隶总督与顺天府尹在环拱京师和肃清京畿方面的职责与作用。

（1）直隶总督：“环拱京师”、治理畿辅之重责

“直隶”，顾名思义，指的是直接隶属于京师的周边府、州、县等区域。元代，属于中书省直辖地区，称为“腹里”。明成化八年，分设顺天、保定二巡抚，分辖顺天、永平、真定、保定、顺德、广平、大名、河间府，合称“京师八府”。清初定鼎京师，改北直隶为直隶省，在明代“京师八府”外，新设承德府、口北三厅，辖保定、真定、顺德、广平、大名、河间、永平、顺天、天津、宣化等府，涵盖今北京、天津与河北大部，远及山东、河南部分地区。

顺康时期，直隶地区满汉民族矛盾和经济社会问题异常突出，清廷在直隶地区设巡抚、总督，辖区经常变动且裁撤、归并频繁。雍正初年，局面有所改变。雍正二年十月，特授直隶总督加兵部尚书衔。乾隆十四年，令直隶总督兼管直隶河道防汛与治理事务；二十五年，直隶总督成为朝廷常设的八大总督之一；二十八年，授命直督方观承兼管直隶省巡抚事，独掌直隶境内所有军政大事。直到清末，直隶省不设巡抚，督抚一体，直隶总督成为环拱京师的直隶省的最高行政长官，地位、权力、影响远非其他总督可比。

第一次鸦片战争后，直隶总督责权扩大，并在洋务自强运动中扮演着更加重要的角色。咸丰三年，长芦盐场的盐政划归直隶总督直辖。同治九年，裁撤三口通商大臣，将天津、营口和烟台三个口岸的通商事务划归直隶总督管理，并授予北洋通商大臣一衔。自此，直隶总督兼巡抚事，兼北洋通商大臣，掌管天津、北京、河北大部、河南小部和山东小部地区的军务、民政、粮饷、河道、盐政、洋务、通商事务，成为疆臣之首。同治九年

① 孙冬虎：《“京津冀一体化”的历史考察》，《北京社会科学》2014年第12期。

直隶总督自保定移驻天津后，便有把直隶行政中心一分为二之嫌。为此，朝廷在同年十月即照准另设津海关道之职，分担直隶总督在中外交涉及税务方面的工作[①]。由此阻止了在保定另设直隶巡抚之议，总督也可有足够的时间来料理省内政务。

直隶地区环拱京师，总督又集地方司法、行政、军事、监察、教化等权于一身，职权至大，责任至重，其人选自然是清廷绝对信任的重臣。从雍正二年至宣统三年的187年中，共有99任、74人，其中实授38人，署理30人，护理6人。雍正年间担任直督者以科道正途出身的汉人居多，非科道出身者只有李卫。他从雍正十年七月至乾隆三年十月卒于任上，总督直隶五年零十一个月，治理河道、办理赈务，整顿营伍、惩处贪劣，发展文教、教化百姓、加强治安，始终实心任事，更兼清正廉洁、不徇私情，将直隶总督职责发挥到极致。

乾隆朝任直隶总督者仍以汉人居多，其中方观承最为著名。自乾隆十四年七月以浙江巡抚迁任直隶总督，至乾隆三十三年八月病免，两任直督达十八年零九个月。他在直隶推广植棉、治理河患，广设义仓、兴修水利，鼓励农桑、建设文化，政绩斐然，史称"能吏"，是乾隆年间的"五督臣"之一。

至道光、咸丰朝，直隶总督人选多来自满蒙八旗，包括长龄、松筠、蒋攸铦、那彦成、琦善、穆彰阿、讷尔经额、桂良、瑞麟、庆祺、恒福、文煜等，只有颜检、谭廷襄两位汉人。这种显著变化，折射出清朝国势由盛而衰的态势。

同光年间，直隶总督人选虽然延续了倚重满人的传统，但是，随着太平天国起义与鸦片战争的爆发，两江总督曾国藩、湖广总督李鸿章的湘淮系势力开始承担治理畿辅重地之责。李鸿章三任直隶总督，历时长达28年之久，他几乎参与了晚清所有对外交涉事务，其兼差远超本职，深得清廷信任和倚重。例如，光绪元年至四年，一场"大祲奇灾"席卷了山西、河南、陕西、直隶、山东五省，史称"丁戊奇荒"。灾荒期间，李鸿章统辖畿辅，极力赈灾。但是，旱灾已连续三年，朝廷倾天下之力，亦几于无救。光绪四年初，旱灾、瘟疫、蝗灾、水灾不断，又发生了星变、地震。饥馑、死亡、盗匪、天变再加吏治腐败，致使社会上讹言盛行，京城疯传"五月有灾"。两位太后久处深宫，深感不安，拟调李鸿章率兵卫戍京城，却引发了更大的不安和流言。五月初五，翰林院侍讲张佩纶上了一份名为《修德持静以靖浮言》的奏折[②]，认为目前流言虽多倒也无事，如果真把直隶总督军队调入京城护卫，民间定会猜测是发生了"天变"，人心会更加浮动、恐慌，甚至激出变乱，反倒使无事变为有事。张佩纶的建议被采纳，这个过程从侧面折射出世人对于直隶总督"环拱京师"及周边治安职责的深刻认知。

---

① 《清穆宗实录》卷二百九十三，同治九年十月庚申。

② 《清德宗实录》卷七十三，光绪四年五月庚申。

咸丰初年太平军起义后，清廷被迫下放权力给督抚，允许他们延请幕友协助处理军政事务。其后六十余年间，先后出现曾国藩、李鸿章、张之洞、袁世凯四大幕府，其中有三人担任直隶总督。由于直隶省是督抚一体，曾国藩、李鸿章幕府人员作为总督的智囊与助手，在京师及周边社会治理中发挥了重要作用。最后一位直隶总督袁世凯在督直的七年间（1901—1907），借筹办新政之机，在直隶采取了一系列举措，委派其幕府中的候补官员、亲信幕僚管理众多新设机构，直隶总督署日益膨胀。光绪三十二年，清廷颁布《外省官制通则》，直隶总督署机构人员被确定下来，逐渐向新型官僚嬗变。随之而来的是，直隶省与京师的“环拱”关系渐行渐弱。

（2）顺天府：首都圈内的“特别行政区”

清代顺天府属于直隶，管理京师附近州县治安与政务。作为京府，俨然是一个“特别行政区”。同治十二年闰六月初六日，李鸿章致信沈葆桢时吐露，他身为直隶总督，实际管辖的行政空间却并非直隶全省：“其实有两京兆分管二十四州县，热河都统分管承德府，直省何曾仅止一督。”[①]此话并非虚言。

顺天府设置之初，仅辖宛平、大兴两县。康熙十五年，将昌平、良乡等十九个州县划归顺天府管辖；二十七年，置东、西、南、北四路同知。到乾隆八年，领通州、蓟州、涿州、霸州、昌平五州，大兴、宛平、良乡、房山、三河、武清、宝坻、宁河、香河、保定、文安、大城、固安、永清、东安、顺义、怀柔、密云、平谷十九县。其中，大兴、宛平为京县，大致以北京城的中轴线为界，城东部及郊区属大兴，城西部及郊区属宛平。

顺天府职掌京师附近州县治安与政务，备受清廷重视。府尹须由皇帝钦选，品级与奉天府府尹相同，正三品，用银印。在京师社会治理体系中，顺天府与步军统领衙门、五城御史负责京师地面的治安。但是，京师内城有中央各部院衙门、皇室贵族、八旗官兵，外城则有三教九流各色人等，旗民杂处，纠纷讼案繁多，一个正三品的顺天府尹想要管控京师地面，在实际操作上困难重重。有鉴于此，雍正元年增设顺天府兼领府尹事大臣一人，选派汉大学士、六部尚书、侍郎或亲王兼任。乾隆十四年始，又派一位钦差大臣兼管府尹事务，简称“兼尹”，多由部院尚书、侍郎兼任，为正一品大员。至此，顺天府并设府尹与兼尹，其官品已与直隶总督不相上下。

顺天府尹和直隶总督间，行政权力与空间格局互有区分与重叠。在行政空间关系上，京师城垣内地区，由顺天府管辖，直隶总督无权过问。城垣外地区由直隶总督衙门和顺天府衙门双重管辖，仅在遇有重大事务时，才会与直隶总督“会衔办理”。顺天府所领二十四县同时在直隶总督辖区内，各州县地方事务要分别上报顺天府及直隶总督查核。而在钱谷刑名、考核与委署地方官方面，顺天府尹只有对顺天府治中、通判、经历和直属大

① 李鸿章：《复沈中丞》，《李鸿章全集》第30册，安徽教育出版社2008年版，第547页。

兴、宛平两京县官员的京察考核权，直隶总督多是形式上的会稿。顺天府所属其他各州县官员考核及与直隶各属官员的相互升调，则由直隶总督会同府尹题奏，实权在总督手中。

这种关系，在嘉庆十八年发生了深刻的转变。是年九月，天理教的部分起事者攻入紫禁城，朝野震惊。十一月，嘉庆帝批准了新制定的《顺天府属州县官考察升调例》，将顺天府尹对下属的人事权，由大兴、宛平两京县扩展到顺天府所辖全境，二十四州县的正印官和佐杂各官考核调补均由顺天府尹主稿、直隶总督会稿。只有当顺天府区域内挑不出合适官员时，府尹才会咨行总督从其他地区挑选官员进行调补。这种权力主次的调整，将直隶总督和顺天府尹在京畿社会治理体系中的责权关系重新定义并固定下来。

2.避暑山庄：清代北京的“副中心”

清代前期，诸帝出巡频繁。康熙帝和乾隆帝的足迹遍布京畿，北到蒙古，西到秦晋，南到江浙，东到辽沈及豫鲁大地。出巡目的或避暑，或行围，或谒陵，或礼佛，或祭祀，或巡视。为确保出巡路上正常休息，御道沿线兴修建了很多用途不一、规模各异的行宫，京津冀地区也是如此。

诸多出巡路线中，北巡路线尤为重要。清初入主中原，出于本民族的游牧射猎习俗，又因为边疆战事频繁，致使清帝频频北巡。康熙帝为了训练军队，抚绥蒙古等族上层人士，实行围班制度。康熙二十年建木兰围场，以加强对蒙古地方的管理，巩固北部边防。此后，几乎每年秋季，康熙和乾隆二帝都要亲率王公大臣、后宫妃嫔、皇族子孙及八旗甲士等数万人，前往围场举行秋狝大典。从京师至木兰围场陆续修筑了300多公里的北巡御道和33处行宫。以古北口为界，从京师至古北口段有13座行宫，俗称“口内行宫”；从古北口外到木兰围场沿途分南北两路，计有行宫20座，俗称“口外行宫”。

各处行宫最大者，非避暑山庄莫属。康熙四十二年始建，初名热河行宫；五十年，宫殿区完工，题额“避暑山庄”；五十二年，开拓湖区、筑洲岛、修堤岸，营建宫殿、亭树和宫墙，山庄初具规模。乾隆六年始，又增建宫殿与多处园林建筑。至乾隆五十五年，全部工程竣工，耗时87年。行宫里的宫殿区建筑，与紫禁城的金碧辉煌迥异。在山庄东面、北面山麓，仿照西藏、新疆、蒙古喇嘛教寺庙形式，建成金碧辉煌、宏伟壮观的寺庙群。其中，殊像寺、普陀宗乘之庙等8座喇嘛庙，与京师的32座喇嘛庙遥相呼应，又在古北口外，俗称为“外八庙”。这个俗称，反映了世人对承德与京师密切关系的广泛认知。

从木兰围场建成至嘉庆二十五年的140年间，几代清帝举行秋狝大典有105次之多。沿途行宫的修建、维护与管理，需要大量的人力物力，从中折射出清朝的国势盛衰。京津冀地区的行宫多在康熙、乾隆年间修建，皇帝频繁北巡塞外，开辟木兰围场，在承德修建行宫、外八庙，在此避暑、理政、秋狝、礼佛，接受蒙古王公和藏传佛教领袖的朝觐，避暑山庄及周围寺庙发挥了“合内外之心，成巩固之业”的政治功用，成为清廷怀柔蒙古王公、安定北部边疆、捍卫国家统一的又一处政治中心，一个“副首都”、“副中心”。

为确保这个“副中心”的稳定运行，清廷采取了制度化的严格管理。康熙四十二年，设热河行宫总管一员，从满洲八旗中选任，衙署在热河南营子，掌管山庄内的一切事务、外八庙的常规事务、行宫与山庄周围的八处皇家仓廒、驻防、贮藏冰块等。乾隆六年，将口外自巴克什至张三营的行宫交给热河总管管理；二十一年，因所管处所繁多，增加热河副总管一员，一正一副，成为定例。此外，乾隆三十五年前，每年还要从京城选派骁骑校一人、副内管领一人前往热河值年。

嘉庆朝的木兰秋狝在勉力维持，道光年间遂告停止。特别是鸦片战争爆发后，国策重点已转向抵抗来自西方的压力，避暑山庄作为皇家山庄的特殊功用渐渐衰落，管理日益松懈，守卫人员被大量裁减。到那彦成任直隶总督时，索性将所有热河地区事务交予热河都统管辖。至此，热河地区“以军府之制兼行省之规，与直隶督臣分疆而治”①。名义上属于直隶省，实为另一个行政与权力中心。咸丰年间，内忧外患迭起。1860年英法联军攻入北京，咸丰帝逃到山庄避难，一年后病逝于此。而同治、光绪二帝再未到过热河，避暑山庄“岁修之款”亦遭裁减。光绪三十年八月，裁撤热河正、副总管，由热河都统接管各处行宫事务及所属官兵。避暑山庄的管理从皇家转到地方，因为政治与边疆治理需要而建立起来的北京“副中心”地位亦不复存在。

3. 天津：“襟带渤海、屏蔽京师”的一大都会

天津地跨海河两岸，毗邻北京，同被河北省环绕，是北京通往东北与东南地区的交通咽喉和航运港口。明永乐二年十一月，设天津卫、天津左卫、天津右卫，三卫驻兵一万六千余人，以此拱卫即将建立的京师；四年，又命工部尚书黄福在天津建造城垣。设卫筑城后的天津，因地处京师门户，世人别称“津门”。弘治六年，修整天津城垣，在四座城门上建造门楼，门额分别以拱北、镇东、安西、定南为名，突出显示了天津城的军事功能。

清朝发祥于东北并与蒙古联姻修好，天津城的主要功能转变为保障直隶地区的社会治安。顺治元年，设蓟州镇、宣府镇、正定镇、通州镇、天津镇、山海关镇等处总兵，其中两处在天津。五月，以明天津副将娄光先为总兵官镇守天津。六月，设天津总督一员，令骆养性“总督天津等处军务”②。一切布控稳当，九月，顺治帝顺利入关。随后的十月，即裁撤天津总督，设天津巡抚，管辖天津卫以及从保定巡抚治下划归的河间府。六年五月，又裁撤天津巡抚，所领河间府归顺天巡抚管辖。从顺治九年始，相继对天津各卫所进行合并与裁革，至顺治十六年，仅留天津卫和梁城所。十八年四月，定天津镇总兵官一人，驻扎天津府，兼辖驻守天津城内的天津城守营。如此，原天津地区各卫所的军士，除部分转

---

① 《热河改建行省之大会议》，《申报》1910年5月25日第5版。

② 《清世祖实录》卷五，顺治元年六月己未。

化为新建的绿营兵，更多的成了从事屯田的屯丁、从事漕运的运丁，名为军，实为民，职责转变为看护运河、缉捕盗贼、维护治安及守卫行宫、园寝等各项差役。

天津城军事功能的弱化，既是清廷的主观意图使然，也是对城市经济功能的顺应。康熙十三年，天津总兵赵良栋重修天津城池，重题四门匾额为东连沧海、西引太行、南达江淮、北拱神京，折射出天津城市功能的转变。至康熙二十九年，天津镇总兵官仅辖河间、通州二协各营，但天津城的地位却不断上升。雍正三年三月，裁革天津卫，设立天津州。九月，天津州升为直隶州。四年二月，经怡亲王允祥奏请，天津兵备道改为河道，专司河务，并就近管理南运河、臧家桥以下的子牙河、苑家口以东的淀河等处水利，并与天津总兵官、天津巡盐御史共同负责天津地方社会治安。七年，设天津河道总督。九年二月，经署直隶总督唐执玉奏请，天津直隶州升为天津府，治所在天津县（今天津市），辖一州六县。清廷对天津在驻防、河道、税关方面的功能调整，使天津成为京师与朝廷经济命脉之“门户”。

天津依河海而生，因漕运而兴，水路发达，形成了河海相济的漕运通道。从金朝开始，三岔河口一带成为漕粮运输的水陆码头。元明清时期，京师宫廷、百官及军队所需大量粮食及各类物资从南方漕运至天津，再由此转运京师。作为贸易港口和水陆交通枢纽，史称天津“地当九河要津，路通七省舟车。九洲万国贡赋之艘，仕宦出入、商旅往来之帆楫，莫不栖泊于其境。江淮赋税由此达，燕赵渔盐由此给。地当河海之冲，为畿辅之门户，俨然一大都会也”①。

盐税历来是国家财政的重要来源之一，盐关则是征收盐税的部门。清初袭用明长芦盐区旧名，设长芦巡盐御史，执掌巡按长芦盐课察院公署。初设在京城，巡盐御史每岁督查巡视直隶、河南、山东盐务时，以天津户部饷司衙门为御史巡舍。康熙八年，将长芦巡盐御史公署移驻三岔口西北岸，天津遂成盐务总汇之地。此后，一年一度的巡盐御史出巡改从天津启程，与出巡仪式同时进行的还有盐坨春季开坨仪式。昔日盛景被镇江画家江萱绘成《潞河督运图卷》（现藏中国国家博物馆），将天津城曾经拥有的辉煌记忆及其与北京的经济关系保存了下来。

钞关是政府的重要财税部门，清沿明制，保留京杭运河沿线七大钞关，天津河西务钞关即其一。康熙四年七月，天津钞关由河西务移驻天津，由户部主理，天津道兼理，负责征收水陆出入货物税银。钞关坐落在天津老城厢北门外、南运河北岸，俗称北大关。康熙五十五年，北大关处建成一座由木船连缀而成的可开闭的浮桥，民间称钞关浮桥或北大关浮桥，过往船主须停船登岸完税。雍正十一年，直隶总督李卫奏准，将户部属下的天津钞关移归盐政鄂礼管理。乾隆元年，天津关税务正式交与长芦巡盐御史管理，此后成为

① 李鸿章等：《畿辅通志》卷六十八《舆地二十三》，清光绪十年刻本。

定制。

咸丰十年（1860）《北京条约》签订后，天津被辟为“三口通商”城市之一。列国在海河两岸瓜分地盘，依河筑埠、整治河道，沟通河海运输，海轮经海河可直达市区。河港和海港并存，涉外事务陡增。恭亲王奕訢等奏请在京师设立总理各国事务衙门，在上海、天津设南北洋通商大臣，裁撤长芦盐政巡盐御史，由新设三口通商大臣管理涉外政商事务，并兼管盐政及其旧管关税，盐院公署改为三口通商大臣衙门，长芦盐政崇厚改授为首任三口通商大臣①。

同治九年五月间，天津发生震惊中外的教案。三口通商大臣崇厚奉派赴法国道歉，总署大臣毛昶熙、成林先后署理通商大臣。毛昶熙调查教案发生的根源后认为，三口通商大臣脱离本省督抚而设专职，有“绥靖地方之责”，但无“统辖文武之权”，更无权调动地方官吏。如此，地方官往往阳奉阴违、貌合神离，坐观成败而不肯协助。直隶总督远在百里之外的保定，事情突发后，无法迅即与之协商。毛昶熙奏请撤销三口通商大臣，改由直隶总督兼任②。这个建议被采纳后，直隶总督从此兼理所有洋务、通商、海防等事务。新任直督李鸿章又奏请在旧有天津道外另设津海关道，专管洋务和津海新关、津海常关税务。新设津海关道兼钞关公署，俗称新关。因征收华洋轮船货税，又称洋关。原户部、工部的税收关口，合并成为“常关”。光绪四年，海关总税务司由英籍人赫德主持。光绪二十七年七月，《辛丑条约》签订，大量常关税被列入赔款之内，朝廷倚仗的天津海运及河运的税收被釜底抽薪。

自同治九年至光绪二十一年，李鸿章基本连续地担任直隶总督兼北洋通商大臣长达25年，管理天津、营口和烟台三个口岸的通商事宜，此后成为定例。每年自仲春通航开始长驻天津行馆，以巡盐御史衙门为直隶总督行署。十月冰冻封河，轮船停行，没有往来交涉事件，则返回保定直隶总督府办公。由此，保定和天津俨然成为“首都圈”外围直隶地区的两个政治中枢和行政中心。光绪二十六年，义和团运动兴起，八国联军联合出兵，大沽炮台失守，天津城破，十多个省加入了“东南互保”。九月，李鸿章自上海返津，十月一日再度就任直隶总督兼北洋大臣，负责与各国谈判。此后，随着清末新政与市制的推行，“津门”和“神京”之间的关系渐行渐远。

4.东陵与西陵：承载瓜瓞绵绵的祈愿

清代从顺治帝入关定鼎北京，历经十朝二百六十七年，建立了东西两大皇家陵墓群。东陵在河北省遵化昌瑞山下，西陵在河北省易县永宁山下。两大陵区的形成，经过了慎重考量与权变：东陵在京师东部偏北约125公里，西陵在京师西部偏南约120余公里。以京

① 《清文宗实录》卷三百三十七，咸丰十年十二月己巳。

② 《清穆宗实录》卷二百九十三，同治九年十月庚申。

师为中心点，东陵西陵建筑群宛若两翼，也是“首都圈”不可分割的组成部分。作为生活在紫禁城内的帝、后、嫔妃的最后归宿之所，两处帝陵建筑群与京城遥相呼应、似成一线，又如一对羽翼，承载着瓜瓞绵绵、生生不息的祈愿。

清东陵、西陵两组陵寝建筑，整体布局体现了礼制的要求，祭祀制度逐步完备定型。从康熙至光绪八帝，拜谒东陵125次，西陵的泰陵仅乾隆年间就有40次祭典。康熙二年始建孝陵时仅派八旗总管看守，陵园外围也只有副将带领绿营兵巡逻保护。随着陵寝增多，保护和管理职责加重；三年，孝陵主体工程竣工，设立东陵承办事务衙门，由东陵守护大臣、总管内务府大臣主持；十五年，因孝陵和景陵建在遵化而升县为州。雍正元年，康熙帝入葬景陵，皇帝派二位宗室成员代替自己护陵，另有大学士一员、尚书二员、侍郎二员、领侍卫内大臣一员、总管内务府大臣一员、副都统二员、散秩大臣二员、侍卫四十八员长期驻守。东陵的最高长官称为东陵守护大臣，分驻马兰峪东府和西府。看护皇陵的绿营改协为镇，由副将改为总兵官，陵寝事务由守护大臣和马兰关总兵共同主持。西陵从雍正八年建泰陵后，始设各级管理机构，与东陵基本相同。乾隆年间，先后将易州和遵化州升为直隶州，易州下辖广昌、涞水县，遵化州下辖玉田、丰润县。遵化和易州因为遥相对应的两组皇陵，与北京建立了绵绵不绝的难解之缘。帝王陵寝的营建规模、建筑规制、用料和质量等，折射出清代由盛而衰的过程，清末东西陵的管理维修日益艰难，清亡后更是盗案频发，地面建筑被肆意破坏。两大陵寝护卫管理的废弛，标志着京冀两地由此形成的文化纽带已经松散。

光绪三十一年，清廷宣布实行“预备立宪”，各省筹设谘议局，直隶总督袁世凯在天津设置自治局。三十三年，民政部下令京师先行试办自治。三十四年，清政府颁布《九年预备立宪逐年筹备事宜清单》，对实施地方自治做出规划。是年底，颁布《城镇乡地方自治章程》和《城镇乡地方自治选举章程》，北京则颁布了《京师地方自治章程》及配套的《京师地方自治选举章程》，从法律上明确京师自治机构的权利与责任，强化了城市的独立管理权。1912 年，顺天府改为京兆地方，直属于中央政府。1913 年直隶省各府州统一废改为县。至此，京津冀地区尽管地缘仍然相接、人缘依旧相亲，但其所属的行政区域已非一体，此前数百年在这个意义上形成的不解之缘，亦随之淡化乃至消解。

第四章

财货川流：地缘关系的经济血脉

司马迁《史记》引《周书》说："农不出则乏其食，工不出则乏其事，商不出则三宝绝，虞不出则财匮少。财匮少而山泽不辟矣，此四者，民所衣食之原也。"农民生产粮食，工匠制造器物，商人流通财货，虞人开发山泽，是关系国计民生的根本所在。从商业经济方面着眼，更是"财币欲其行如流水"①。历史时期的京津冀三地的经济关系，经历了以北京为单一中心的财货流通格局，到不同城市及区域之间的市场贸易往来的重要转变，这也是促进区域社会发展及往来的重要条件。以不同区域的生产、运输、商贸乃至人口流动为基础，多种多样的经济因素就像人体周身的血脉，贯通了京津冀地缘关系的物质支撑渠道。在农业方面，明清时期大规模的水利营田政策得到全面试验和推广，是区域农业发展的重要内容。元明清以来，北京作为政治中心的特殊地位，使区域内部形成了长期以行政制约为主导的区域关系。伴随着区域经济的发展及地区商品流通的扩大，天津、张家口等中心市场崛起，区域关系逐步迈入初步的市场化体系中，在内部形成了强度不一的市场关联。张家口中蒙贸易中心的形成，晚清以来天津开埠并逐渐成为华北地区最大的国际贸易港口城市，使京津冀在区域内部经济关联之外又形成了一条与国际市场往来的双向贸易通道。总之，历史时期京津冀区域，基于各自不同的资源特色而进行的经济往来十分频繁，不仅构建了通畅的内部交换系统，同时也形成了发达的外部市场通道。以商品流通扩大及市场经济一体化趋势为特征的经济关系，构成了历史时期京津冀地缘关系的重要内容。

（一）务尽地力：明清时期的营田水利工程

京津冀地区东临渤海、西靠太行山，地形包括坝上高原、冀北山地、冀西北山间盆地、冀西山地、海河平原等地形区，北京、天津两市辖区被河北省环绕。处在暖温带大陆性季风气候区，降水、日照以及土壤条件都比较适宜农业生产。海河、运河、滦河三大水系以及众多小型的湖泊水淀，为此提供了丰富水源。明清以来在整个区域大规模实施的营田水利政策，是以保障北京这座都城的粮食需求为中心，以行政手段统一调度的农业生产计划，无疑也是区域地缘关系的一项重要内容。

京畿地区的水利营田工程可追述到元代，翰林学士虞集在泰定年间提出，"京师之东，濒海数千里，北极辽海，南滨青齐，萑苇之场也。海潮日至，淤为沃壤"，应效法浙

① 《史记》卷一百二十九《货殖列传》，第3255、3256页。

人“筑堤捍水为田”[①]。至正十二年（1352），因海运不通，丞相脱脱再次提议修整京畿水利，“京畿近地水利，召募江南人耕种，岁可得粟麦百万余石，不烦海运而京师足食”[②]。十三年（1353），脱脱领大司农事，“西至西山，东至迁民镇，南至保定、河间，北至檀、顺州，皆引水利，立法佃种，岁乃大稔”[③]。

明清时期定都北京，粮食仍需转漕东南。不过，如遇南方灾歉或者运道梗阻，漕粮不能如期到京，这样的情况屡有发生。因此，为了减少对于漕粮的依赖并稳定政局，朝臣多次提议在京畿地区种植水稻，以就近解决粮食供给。万历三年（1575），工科给事中徐贞明倡议兴修水利并发展农业。他认为，面对“近废可耕之地，远资难继之饷”的弊端，如果京师粮食只是仰给江南，难免有将朝中重事“系于一河”之患。十三年（1585），徐贞明奉命督办京畿水利垦田，提出了一系列奖励措施：“郡县有司以垦田勤惰为殿最”，并且“召募南人，给衣食农具，俾以一教一，能垦田百亩以上，即为世业”，“垦荒无力者贷以谷，秋成还官，旱潦则免”等[④]。徐氏督理垦田极为用心，至次年（1586）二月，永平开垦田亩3.9万余亩，密云、平谷、三河、蓟州、遵化、丰润、玉田等地也发展迅速。

明代的水利营田尤以天津成效显著。万历二十年（1592）至二十五年（1597），倭寇屡次侵犯朝鲜。为了援朝抗倭，明朝计划就地解决天津屯兵给养，继续开发水利营田。至万历二十九年（1601），巡抚汪应蛟在天津白塘和葛沽一带垦田5000余亩，其中稻田占十分之四，旱田占十分之六。当年秋收，共收稻谷6000余石，杂粮四五千石[⑤]。基于天津农垦的成功，汪应蛟建议在直隶全区仿效南方水田之法，广兴水利营田，以“得田数万顷，岁益谷千万石，畿内从此饶裕”[⑥]。此后在天津经理屯垦事宜者，还有陈燮、左光斗、董应举和李继贞等人，其中以左光斗和董应举二人业绩最为突出。天启元年（1621）左光斗经营天津屯务，垦田4000亩；董应举经理天津、山海关屯务，组织天津、葛沽一带2000兵丁从事屯垦，购置民田12万亩，开垦荒地6万余亩，并安置辽东流民1.3万户在顺天、永平、河间及保定等府进行屯垦。即使在明朝末年，天津屯垦仍旧如火如荼，“白塘、葛沽数十里间，田大熟”[⑦]。除官办屯务之外，以徐光启为代表的私人水利营田在明代也卓有成效。徐光启认为漕运耗费民力，“东南生之，西北漕之，费水二而得谷一”，主张大力开发北方水利，“欲身试屯田法”，以“兴西北水利”。[⑧]

① 《元史》卷一百八十一《虞集传》，第4177页。
② 《元史》卷四十二《顺帝本纪五》，第903页。
③ 《元史》卷一百三十八《脱脱传》，第3346页。
④ 《明史》卷二百二十三《徐贞明传》，第5884—5885页。
⑤ 汪应蛟：《海滨屯田疏》，《畿辅河道水利丛书·畿辅水利辑览》本，第374—376页。
⑥ 《明史》卷二百四十一《汪应蛟传》，第6266页。
⑦ 《明史》卷二百四十八《李继贞传》，第6427页。
⑧ 徐光启：《漕河议》，陈子龙编《明经世文编》卷四百九十一《徐文定公集四》，中华书局1962年影印版，第5426页。

明代北京周边地区的水稻种植也已相当广泛。这里水源丰富，水稻种植历史悠久。东汉建武初年，渔阳郡太守张堪在狐奴山（今顺义区牛栏山附近）下屯种，引白河水溉田，“开稻田八千余顷”，因其“劝民耕种，以致殷富，百姓歌曰：‘桑无附枝，麦穗两岐；张君为政，乐不可支’”。①明代京畿地区水利营田渐有规模，万历年间邹元标称：“三十年前，都人不知稻草何物，今所在皆稻，种水田利也。”②如，房山区“有石窝稻，色白粒粗，味极香美”③。徐贞明《潞水客谈》也记载：“西山大石窝所收米最称嘉美。”④北京城西北的海淀地区水源丰沛，“沈洒种稻，厥田上上”⑤（按：“沈”通“沉”）。万寿寺附近“俱稻田”⑥。西山地区的瓮山“临西湖，水田棋布，人人农家，家具农器，年年务农，一如东南”⑦。万历中期西湖水田众多，蒋一葵《长安客话》记载：西湖“近为南人兴水田之利，尽决诸洼，筑堤列塍。……竹篱傍水，家鹜睡波，宛然江南风气，而长波茫白似少减矣”⑧。北京城北亦有大量水田，“德胜门东，水田数百亩”⑨，这里是内官监地，“南人于此艺水田，粳秔分塍，夏日桔槔声不减江南”⑩。龙华寺“寺门稻田千顷”，江南游子“数来过，闻稻香”以解乡愁⑪。北京城南右安门外十里草桥，“方十里，皆泉也”⑫，“众水所归，种水田者资以为利”⑬。

清朝仿效明代，从康熙年间开始便在京畿地区兴修水利，试行营田之策。康熙三十七年（1698）命河督王新命修畿辅水利，次年又命直隶巡抚李光地查勘漳河及滹沱河故道，酌情疏通修治。次年，康熙帝南巡，御史刘珩上奏：“永平、真定近河地，应令引水入田耕种。”不过，康熙皇帝认为：“水田之利，不可太骤。若克期齐举，必致难行。惟于兴作之后，百姓知其有益，自然鼓励效法，事必有成。”⑭实际上康熙帝对于北方种植水稻并不陌生，他曾在丰泽园试种一类优良稻米：“丰泽园有水田数区，每岁布玉田谷种，至九月方刈获登场。圣主一日幸园中，时方六月下旬，谷穗方颖，忽见一科高出众稻之上，实已坚好。因命收藏其种，待来年验其成熟早否。明岁六月时，此种果先熟，从此生生不已，岁取千百。每年内膳所进，皆此米也。其米色微红而粒长，气香而味腴，以其生自苑田，

① 《后汉书》卷三十一《张堪传》，第1100页。
② 《明史》卷二百四十四《左光斗传》，第6329页。
③ 徐昌祚：《燕山丛录》，《中国农学遗产选集·稻》上编，农业出版社1958年版，第118页。
④ 《日下旧闻考》卷一百四十九《物产》，第2372页。
⑤ 《天府广记》卷三十七《名迹》，第575页。
⑥ 《日下旧闻考》卷九十八《郊坰》，第1635页。
⑦ 刘侗、于奕正：《帝京景物略》卷七《西山下·瓮山》，上海古籍出版社2001年版，第446—447页。
⑧ 《长安客话》卷三《郊坰杂记》，第51页。
⑨ 《帝京景物略》卷一《城北内外·三圣庵》，第49页。
⑩ 《日下旧闻考》卷五十四《城市》，第882页。
⑪ 《帝京景物略》卷一《城北内外·龙华寺》，第60页。
⑫ 《帝京景物略》卷三《城南内外·草桥》，第175页。
⑬ 《日下旧闻考》卷九十《郊坰》，第1531页。
⑭ 《清史稿》卷一百二十九《河渠志·直省水利》，第3824页。

故名‘御稻米’。”[①]康熙四十二年（1703），直隶总督蓝理奏请在天津“将沿海弃地尽行开垦”，第二年朝廷回复：“天津附近荒弃地亩，开垦一万亩以为水田。俟有成效时，除八旗马厂、旗民地亩外，将沿海所有荒弃地亩，该抚会同文武官员，尽行查明，交于地方官开垦以为水田。种此地时，行令各省巡抚，将闽粤、江南等处水耕之人，出示招来，情愿者安插天津等处，计口授田，给予牛种，限年起科。”[②]四十三年（1704）蓝理再次上疏建议在直隶等地开垦水田：“直隶沿海旷地，丰润、宝坻、天津等处洼地，可仿南方开为水田栽稻，一二年后，渐成肥沃。臣愿召募闽中农民二百余人开垦一万余亩，倘可施行，召募江南等处无业之民，安插天津，给与牛粮，将沿海弃地尽行开垦。”[③]对此，康熙帝仍有迟疑，他认为“北方水土之性迥异南方。当时水大，以为可种水田，不知骤涨之水，其涸甚易。观琉璃河、莽牛河、易河之水，入夏皆涸可知。”此后仍有大臣不时上奏此事，才命“蓝理于天津试开水田，俟冬后踏勘”[④]。天津城南洼地较多，在此营治水田一百五十顷，很快便呈现出新的面貌。“雨后新凉，水田漠漠，时有‘小江南’之号，士人谓之‘蓝田’。”[⑤]不过，在蓝理离津后，这些水田逐渐废弃。雍正三年（1725），直隶地区遭水，“命怡亲王允祥、大学士朱轼相度修治。因疏请浚治卫河、淀池、子牙、永定诸河，更于京东之滦、蓟，京南之文、霸，设营田专官，经画疆理。召募老农，谋导耕种”[⑥]。因北人不习水稻种植技术，雍正帝从江浙等地选派了三十名熟悉水田耕种技术的人到直隶地区担任教习，水田耕种所需农具特命江浙等地工匠打制。为鼓励直隶地区种植水稻，谕令“小民力不能办者，动支正项代为经理，田熟岁纳十分之一，以补库帑，足额而止；其有力之家，率先遵奉者，圩田一顷以上，分别旌赏，违者督责不贷；有能出资代人营治者，民则优旌，官则议叙，仍照库帑例，岁收十分之一，归还原本”[⑦]。雍正年间水利营田收效显著，京畿地区计有 14 个州县奏报首种水稻。据统计，自雍正五年（1727）至七年（1729），直隶地区共开垦水田六千多顷，“岁以屡丰，穗秸积于场圃，粳稻溢于市廛”[⑧]。

雍正五年（1727）分设京东、京西、京南、京北四局，“愿耕水田者，皆给以农本”。其中京东局所辖平谷县，置闸疏渠，引泃河及山泉溉田，当年即开稻田六顷十一亩五分，其中官田五顷三十五亩，民田七十六亩五分。雍正九年（1731），又将旱田三顷五十亩改成水田。京西局所辖宛平县，于卢沟桥西之修家庄、三家店等处引浑河溉田，雍正六年

① 赵慎畛：《榆巢杂识》上卷《丰泽园水田》，中华书局2001年版，第88页。
② 雍正《大清会典》卷二十七《户部五·田土二》。
③ 《清圣祖实录》卷一百二十八，康熙四十三年十二月乙酉。
④ 《清史稿》卷一百二十九《河渠志四·直省水利》，第3824—3825页。
⑤ 《津门保甲图说》，《天津通志·旧志点校卷（中）》本，南开大学出版社2001年版，第438页。
⑥ 《清史稿》卷一百二十九《河渠志四·直省水利》，第3825页。
⑦ 《清经世文编》卷一百七《工政十三·直隶水利上》。
⑧ 吴邦庆：《水利营田图说》，《畿辅河道水利丛书》本，第224页。

(1728)共开稻田十六顷。房山县则引玉塘泉和挟活河、拒马河诸水，“开渠置闸，随取而足，十余里塍禾相望”。当年即开水田二十三顷十五亩四分，其中官田二十顷四十二亩六分，民田二顷七十二亩八分。当年又于县治西南的良家庄、长沟村，开稻田三顷三十九亩，其中官田二顷八十九亩，民田四十亩[①]。昆明湖以东的海淀地区，因水源重开，“水田日辟矣”[②]。长春园东门外的大石桥以北地区“新开水田，畦畛弥望”[③]。乾隆年间右安门外有凉水河，“其河旁稻田数十顷，既垦既辟，益资灌溉之利”[④]。

清代雍正年间，天津府所属地区的静海、武清等县，营治稻田已达六百二十三顷八十七亩，所产稻子或一茎三穗，或一茎双穗，常有丰收之年，“群黎共沾乐利矣”[⑤]。三河县有井一眼，每日可以灌田二百亩；县北另有一井，“其水翻涌如沸，旁有池井入注，入池为之满”。城北十五里有灵水，“随地涌泉涓涓不息，蜿蜒与泇河合，附近居民恒藉以灌园，所产蔬菜较他处鲜美”，本处有稻田数百顷，“当不让顺义之东西府也”[⑥]。宁河“邑近海，水咸，故旱种米，有红、白二色”。宁河等县所属塌河淀、军粮城等处靠近海河，当时有大臣提议若引水灌溉，可开稻田千余顷，“岁可收稻米十数万石，于北地仓储，近畿民食均有裨益”[⑦]。咸丰九年(1859)，僧格林沁督兵大沽海口，“复兴水利营田四千余亩”；同治二年(1863)，兵部侍郎、三口通商大臣崇厚“修复僧亲王前垦水田，添开水沟，并新开稻地一千余亩”[⑧]。同治五年(1866)崇厚继续营田，新开稻地五百余顷。光绪元年(1875)直隶总督李鸿章令提督周盛传开垦稻田，至光绪七年(1881)共开垦水田六万余亩，加上民营水田，共十三万六千余亩。沧州沿河带也有植稻，史载“葛沽出香稻，又今屯营稻田均获丰收，亦可见土之宜道矣”[⑨]。

水利营田工程在河北地区亦有显著成效。雍正四年(1726)初设水利营田府时，霸州营田20顷左右，大城百姓开水田20顷，文安则有204余顷。遵化州是植稻大区，仅粳稻就有东方稻、双芒稻、虎皮稻数种，糯稻又有旱糯、白糯、黄糯几种。乾隆年间山西道御史柴潮生言：“现今玉田、丰润秔稻油油”[⑩]，“谓润泽丰美，邑之得名非虚也”，“城东之天官寺、牛鹿山、铁城坎以及沿河沮洳之处，或疏泉或引河，可种稻田数百亩，多至千余

① [光绪]《顺天府志》卷四十八《河渠志十三·水利》。
② 《日下旧闻考》卷八十四《国朝苑囿》，第1392页。
③ 《日下旧闻考》卷九十九《郊坰》，第1653页。
④ 《日下旧闻考》卷一百一十《京畿》，第1834页。
⑤ [乾隆]《天津府志》卷五《风俗物产志》，《天津通志·旧志点校卷(上)》本，南开大学出版社1999年版，第139页。
⑥ [民国]《三河县新志》卷五《经制志·赋役篇》。
⑦ 《清穆宗实录》卷一百五十八，同治四年十月丙辰。
⑧ [同治]《续天津县志》卷七《河渠·附水利营田》，《天津通志·旧志点校卷(中)》本，南开大学出版社2001年版，第314页。
⑨ [光绪]《重修天津府志》卷二十六《舆地八·风俗物产》，《天津通志·旧志点校卷(上)》本，南开大学出版社1999年版，第1028页。
⑩ 《皇朝经世文编》卷一百八《工政十四·直隶水利中·京东水利情形疏》。

亩”①。乾隆年间丰润县内“宣各庄以下至今稻田数百顷，村农以此多至饶裕”②。其种类，“稻之黏者可为酒，邑呼为江米，稉俗作糯”。这里亦种植旱稻，“秈稻也，稻之不黏者，宜旱种”③。玉田“粳稻与他处无异”，城东北二十里有泉出石罅间，西南流十里合孟家泉入白龙港，“灌稻田百有余顷”④。

正定府内阜平、新乐、灵寿、正定、平山、井陉等地皆种植水稻。正定地区水源丰沛，滹沱河位于正定县西二十里；正定县西北三十里有大鸣泉，旁边又有小鸣泉，迤南为雕桥泉，皆有泉水。还有白雀泉、河西泉、石城双井等，均可用以农田灌溉。顺治年间新乐县知县林华皖撰《河渠纪》，提及境内“杨柳依依，稻田稷稷，水车之声轰然，乐其乐而利其利矣”，一派江南景象⑤。康熙年间平山县的沕沕水“自山泉流出，浇田数顷，居民利之”，温泉水“流出长温，近泉地不产草，可浇田数十亩”⑥。雍正六年到七年（1728—1729），井陉境内共计营田四十七顷二十亩。藁城西北七十五里有牧道沟，“其水四时不涸，土人藉以艺稻，每遇秋成，遍地苍绿可掬”⑦。

保定府水利营田卓有成效。雍正五年至七年（1727—1729），新安县大澱淀、宋家庄、太平庄、刘家庄、赵家庄，共营稻田五百五十九顷六十六亩。雍正五年，安肃县治东南梨园等处，官方开垦稻田共四十一顷余，民人自开稻田二十六顷有余。雍正六年，县治西北白塔铺、古庄头、高林庄等处，营治稻田二十六顷多，农民自营稻田七十八亩⑧。满城县土产稻有黄须者、乌须者，有秔稻、旱稻，米微红，“又有糯稻”等类，此外县东奇村西北约四里处有一亩泉，“泉水涌出，其阔一亩”，“其处泉滃然四出，奇村一带皆稻田”。康河“清流如带，沿河稻田鳞错，桃杏成林”；葫芦河“清流漪漪可溉田，村东稻畦甚多，味尤芗美，池塘遍栽莲藕、荸荠、蒲苇，获利亦丰”；奇村“西北地多沮洳，居民至今尚开畦种稻”⑨。保定府属“安州垒头村、新安县之马家寨一带近淀洼地，土脉亦云宜稻。已于淀水落后，将安州淀头闸、新邑端村东西二闸，开放积水。俟洼水内外相平，酌看其潴存之深浅盈绌，亦仿照霸州暂种稻田事宜办理”。⑩望都“滨河一带，多属稻田，产稻冠诸属纳贡备”⑪。“有秔，有糯，北方地平，惟泽土宜种，类甚多”。⑫

① 《怡亲王疏钞》，《畿辅河道水利丛书》，第200页。
② 《皇朝经世文编》卷一百八《工政十四·直隶水利中·京东水利情形疏》。
③ ［光绪］《丰润县志》卷九《物产》。
④ ［乾隆］《玉田县志》卷三《赋役志·物产》、卷一《舆地志·山川》。
⑤ ［同治］《新乐县志》卷五《艺文》。
⑥ ［康熙］《平山县志》卷四《山水·陂泽》。
⑦ ［光绪］《藁城县志》卷一《疆域》。
⑧ 吴邦庆：《水利营田图说》，《畿辅河道水利丛书》本。
⑨ ［乾隆］《满城县志》卷二《形胜志》、卷三《土产志》。
⑩ 《皇朝经世文编》卷一百八《工政十四·直隶水利中》。
⑪ ［光绪］《望都县乡土图说·望都县》。
⑫ ［光绪］《保定府志》卷二十七《户政略五·物产》。

广平府磁州境内有滏河，“引其流以溉田，旧有南、北、中三渠”，中渠开凿于明代洪武年间，南北两渠则开于万历年间，“溉稻田二百余顷”①。磁州东、西二闸“稻田尤多”，有竹枝词记载：“上渠流水下渠收，东闸开沟西闸流，处处黄云堆稻把，十分水是十分秋。”②广平县“稻有秔有糯，北方以为佳品。北方地平，惟泽土宜旱稻”③。永年濒临滏河，“十三村皆种稻田”④。

顺德府城东南八里有百泉，“周环三里许，水从地涌，泉流甚旺，灌溉邢台稻田一百二十余顷，南和稻田八十余顷”。⑤邢台县稻米有红口、芒稻、糯稻三种，“昔年邢邑稻田不下万顷”。雍正年间共营田一百二十九顷一十三亩八分。至光绪年间，水田多集中在邢台东南地区，所产稻粒“小而糙”⑥。任县临近大陆泽，雍正年间由怡贤亲王督导水利兴修，“水患既除，水利亦兴，邢家湾南边家庄北，引流种稻，营田数百顷”⑦。

宣化府的宣化、保安、怀来也出产水稻，分为黏和不黏两种，黏者为糯，用来酿酒；不粘者为秔为粳，以供日常食用。《宣化县新志》记载，宣化城东七十里有水泉村，“清水者良，浇洋河浊水者味浓厚，销张垣及各县”。⑧保安州“稻有二种，黏者为糯，不黏者为粳，为秔粳。秔即稻米。本境稻产甲于宣郡，因桑乾水质肥沃，大田土脉滋润，故稻米之味美而甘。考稻产始于明时，州牧稽公巅教民于沿河隙地淤泥种稻，颇能获利，及门渠引水后农民愈知其利益，故至今东乡区水田轮流种稻，亦可称为大宗”⑨。承德府“稻，名类甚多，不离粳、糯二种。……今热河境内，山田多种之”⑩。

此外，赵州府隆平县“邢家湾南、边家庄北引流种稻营田数百顷”⑪，南门外有“南畦稻熟”，为赵州八景之一⑫。冀州府南宫县，利用低地积水种稻。顺德府南和县南立村、河头郭等处，“共营稻田一十一顷九十八亩八分，农民自营稻田六十一顷二十四亩二分”；又有民人“自营稻田七顷八十九亩八分一厘”；乾隆五年（1740）修补水闸，“共灌稻田八十五顷五十五亩九分，灌地七百七十八顷”⑬。永平府的昌黎、抚宁、滦州皆种植稻米。滦州有

① ［同治］《磁州续志》卷六《磁境水田原始记》。
② 张筱：《渠上竹枝》，《中华竹枝词全编》，北京出版社2007年版，第419页。
③ ［民国］《广平县志》卷五《物产志》。
④ ［光绪］《广平府志》卷十八《舆地略·物产》。
⑤ 《续行水金鉴》卷八十五《运河水》，《万有文库》第2集，商务印书馆1936年版，第1937页。
⑥ ［光绪］《邢台县志》卷一《舆地·物产》。
⑦ 陈仪：《直隶河渠志》，《畿辅河道水利丛书》本，第29—30页。
⑧ ［民国］《宣化县新志》卷四《物产志·植物类》。
⑨ ［民国］《保安州乡土志·植物·黍谷》，第26页。
⑩ ［道光］《承德府志》卷二十九《物产》。
⑪ ［光绪］《畿辅通志》卷八十三《河渠略九·治河说二》。
⑫ ［康熙］《赵州志》卷三《物产》。
⑬ ［乾隆］《南和县志》卷二《地理上·水利营田》。

小龙湾，“在州西十五里，人多于此种稻”。[①]定州北十里铺即清水河村，“明季知州胡震亨捐三百金置稻田，岁入米一十九石三斗”。易州涞水县的村庄设有稻米市，此处有地名称为稻子沟，因“引拒马河之流为稻地也，故名”，县内石亭新庄村亦有土产稻种于水田者[②]。

（二）安土重迁：传统农业社会的人口流动

人是社会的第一生产力，传统农业社会的青壮年劳动力尤其如此。由于土地、宗族、经济形态与生产方式的制约，古代人民不论身处城市还是乡村，对祖祖辈辈生活的地方怀着浓厚的情感，普遍养成了安土重迁的思想。除非遇到不可抗拒的因素，通常不会主动背井离乡迁移他处。在京津冀地区的历史上，频繁发生的严重战乱与自然灾害，是区域人口外迁的主要驱动因素。朝廷充实国都及其周边人口，则是内聚迁移的决定性力量。人口迁移涉及社会许多方面的交流、冲突与融合，也是促使不同区域之间形成地缘关系的纽带。

1.与战争相伴的早期人口迁移

历史时期的人口迁徙，大多与战争破坏、都城改置相伴而生。商朝建立之后，都城有过多次迁徙，其中祖乙将都城迁于邢，为今河北邢台市。周朝受封王族中，召公之子即封于燕，其后燕国迁都于蓟城，位于今北京西南。公元前226年，秦军攻入燕都，燕王喜逃到辽东，燕地人口随之流出。秦朝定都咸阳之后，为充实都城人口，“徙天下富豪于咸阳十二万户”。[③]

两汉时期的连年战乱，给京津冀地区人口造成了极大破坏。汉灵帝时，蔡邕上疏称：“幽冀旧壤，铠马所出，比年兵饥，渐至空耗。今者百姓虚县，万里萧条。”[④]中平年间，刘虞治理下的幽州地区成为众多流民迁入之地：“旧幽部应接荒外，资费甚广，岁常割青、冀赋调二亿有余，以给足之。时处处断绝，委输不至，而虞务存宽政，劝督农植，开上谷胡市之利，通渔阳盐铁之饶，民悦年登，谷石三十。青、徐士庶避黄巾之难归虞者百余万口，皆收视温恤，为安立生业，流民皆忘其迁徙。”[⑤]东汉建安年间北方战乱频仍，造成大量人口逃徙。“三郡乌丸承天下乱，破幽州，略有汉民合十余万户”，这些流民大多被安置在河北北部及辽宁地区。[⑥]曹操击败袁绍之后，“时幽、冀吏人奔乌桓者十余万户”。[⑦]曹操

① ［光绪］《畿辅通志》卷六十一《舆地略十六·山川五》。
② ［光绪］《畿辅通志》卷六十六《舆地略二十一·山川十》。
③ 《史记》卷六《秦始皇本纪》，第239页。
④ 《后汉书》卷六十下《蔡邕传》，第1990页。
⑤ 《后汉书》卷七十三《刘虞传》，第2354页。
⑥ 《三国志》卷一《魏书·武帝纪》，第28页。
⑦ 《后汉书》卷九十《乌桓列传》，第2984页。

以邺城为基地，大量迁移人口，包括李典部曲三千余户。[①]从建安十一年（206）至十八年（213），前后迁移匈奴数万人至邺城一带。[②]

在战乱频仍的十六国时期，后燕占据幽州，建节将军徐岩“驱掠四千余人北走幽州”，并“乘胜入蓟，掠千余户而去”。[③]北魏攻克龙城，“徙营丘、成周、辽东、乐浪、带方、玄菟六郡民三万家于幽州”。[④]到隋唐时期，伴随着众多蕃州的侨置，奚、契丹、靺鞨、室韦、突厥等少数民族人口大量移居幽州地区。[⑤]但在安史之乱过后，华北平原再度从人口迁入区变为人口迁出区，“自燕以下十七州，皆东北蕃降胡散诸处幽州、营州界内，以州名羁縻之，无所役属。安禄山之乱，一切驱之为寇，遂扰中原。至德之后，入据河朔，其部落之名无存者”。[⑥]

唐末五代时期，契丹势力日渐强盛，京津冀一带成为契丹掳掠人口的主要地区。唐天复三年（903）十月，阿保机“引军略至蓟北，俘获以还”；天祐二年（905）十月“拨数州，尽徙其民以归”。[⑦]“是时，刘守光暴虐，幽、涿之人多亡如契丹。阿保机乘间入塞，攻陷城邑，俘其人民，依唐州县置城以居之”。[⑧]随着幽冀地区人口大量北流，至五代末期，辽上京地区“宦者、翰林、伎术、角抵、秀才、僧尼、道士等，皆中国人，而并、汾、幽、蓟之人尤多。”[⑨]后梁乾化二年（912），阿保机“亲征幽州，东西旌旗相望，亘数百里。所经郡县，望风皆下，俘获甚众，振旅而还”；契丹神册元年（916）十一月，攻蔚、新、武、妫、儒五州，“俘获不可胜纪”[⑩]。六年（921）出兵“下古北口”，“分兵略檀、顺、安远、三河、良乡、望都、潞、满城、遂城等十余城，俘其民徙内地”；十二月“徙檀、顺民于东平、沈州”。天赞元年（922）二月“复徇幽、蓟地”；三年正月“遣兵略地燕南”，五月“徙蓟州民实辽州地”[⑪]。

从幽冀地区内部来看，河北地区人口成为契丹主要掳掠对象，北宋田况说：“河朔之民，数被其毒，驱掠善良入国中，分诸路落，鞭笞陵辱，酷不可闻。汉民每被分时，父母妻子各随虏骑而去，号哭之声，震动天地，见者为之变色，闻者无不伤心焉。”[⑫]宋琪记载：“自巴坚时至于今日，河朔户口掳掠甚多，并在锦帐、平卢，亦迩柳城。辽海编户数十万，

① 《三国志》卷十八《魏书·李典传》，第534页。
② 《三国志》卷十五《魏书·梁习传》，第469页。
③ 房玄龄等：《晋书》卷一百二十三《慕容垂载记》，中华书局点校本，第3086页。
④ 《魏书》卷四上《世祖纪上》，第81页。
⑤ 高寿仙：《北京人口史》，中国人民大学出版社2014年版，第128页。
⑥ 《旧唐书》卷三十九《地理志》，第1527页。
⑦ 《辽史》卷一《太祖本纪上》，第2页。
⑧ 《新唐书》卷七十二《四夷附录》，第886页。
⑨ 叶隆礼：《契丹国志》卷二十五《胡峤陷北记》，上海古籍出版社1985年版，第238页。
⑩ 《辽史》卷三十四《兵卫志上》，第450页。
⑪ 《辽史》卷二《太祖本纪下》，第19—20页。
⑫ 田况：《儒林公议》，《文渊阁四库全书》，台湾商务印书馆1986年影印本，第1036册，第51页。

耕垦千余里。”[①]此后，阿保机“掠定州，破行唐，尽驱其民，北至檀州，择旷土居之，凡置十寨，仍名行唐县。”[②]会同七年（944）辽兵攻打贝州，“徙所俘户于内地”[③]。

辽设南京后，燕京地区又多次迁入人口。统和七年（989）正月，“宋鸡壁砦守将郭荣率众来降，诏屯南京”；又攻破易州，“迁易州军民于燕京”；同年二月，“诏鸡壁砦民二百户徙居檀、顺、蓟三州”[④]；十五年（997）“诏山前后未纳税户，并于密云、燕乐两县占田置业入税”[⑤]。另外，辽代幽冀地区人口也有区域内流动及因灾出塞的情况。北周广顺元年（951），幽州地区发生严重饥馑，大量移民迁徙到沧州境内；二年（952）十月“沧州奏：自十月已前，蕃归汉户万九千八百户。是时，北境饥馑，人民转徙，襁负而归中土者，散居河北州县，凡数十万口”[⑥]；至“冬十月，辽瀛、莫、幽州大水，流民入塞者数十万口，本国亦不之禁。周诏所在赈给存处之，中国民被掠得归者什五六”[⑦]。辽朝末年，金军攻入燕云地区，“燕人危惧，将老幼南来近边逃避”，大量燕地人口迁入南边的北宋境内。[⑧]

2. 人口外迁与内聚的交替出现

金朝政权建立后，天辅四年（1120）攻占辽上京。六年（1122）十二月，完颜阿骨打统率的女真军队攻克辽南京。次年四月，“命习古乃、婆卢火监护长胜军，及燕京豪族工匠，由松亭关徙之内地”[⑨]。在攻克燕蓟之后，金曾与北宋约定：“燕地人民，尽归南朝；契丹、奚、渤海等人民，皆属金国。”[⑩]但金人将燕山府交还宋朝前，“根括燕山府所管州县百五十贯已上家业者，得三万余户，尽数起发，合境不胜残扰”[⑪]。汉民被迫北迁，“由松亭关去燕中”[⑫]，至此“凡燕之金帛、子女、职官、民户，为金人席卷而东。宋朝捐岁币数百万，所得者空城而已”。金朝还从燕京地区掳掠了众多妇女北上，“时国主自入燕后，所掳中原士大夫之家姝姬丽色，光美娟秀，凡二三千人，北归齐国，酣歌宴乐，惟知声色之娱”[⑬]。天会三年（1125）金朝举兵南下攻宋，郭药师投降，燕山府复归金朝。金军北撤时掳

① 《宋史》卷二百六十四《宋琪传》，第9125页。
② 《辽史》卷四十《地理志四·南京道》，第565页。
③ 《辽史》卷四《太宗本纪下》，第58页。
④ 《辽史》卷十二《圣宗本纪三》，第143页。
⑤ 《辽史》卷五十九《食货志上》，第1028页。
⑥ 《旧五代史》卷一百一十二《周书·太祖纪三》，第1485页。
⑦ 《契丹国志》卷五《穆宗天顺皇帝》，第51页。
⑧ 徐松辑：《宋会要辑稿》第186册《兵二九》之六，中华书局1957年版，第7295页。
⑨ 《金史》卷二《太祖本纪》，第41页。
⑩ 徐梦莘编：《三朝北盟会编》卷十六《政宣上帙十六》引《北征纪实》，上海古籍出版社1987年版，第114页。
⑪ 《三朝北盟会编》卷十五《政宣上帙十五》引《茅斋自叙》，第109页。
⑫ 《三朝北盟会编》卷十六《政宣上帙十六》引《北征纪实》，第114页。
⑬ 宇文懋昭：《大金国志》卷二《太祖纪年下》，《大金国志校证》本，中华书局1986年版，第30页。

掠众多人口,“天会时掠致宋国男妇不下二十万”[①]。“男女北迁者五百人为一队，虏以数十骑驱之，如驱羊豕。京师人不能徒走远涉，稍不前即敲杀，遗骸蔽野。”[②]因此,“畿辅所破郡县，尽皆驱虏北行，何啻千万。比到燕山，无论贵贱壮弱，路途之遥，饥饿之困，死者枕藉，骨肉遍野。壮强者仅至燕山，各便生养。有力者营生铺肆，无力者喝货挟托，老者乞丐于市，南人以类各相嫁娶。燕山有市卖人，凡军兵虏得南人，视人立价卖之。此本朝人陷虏，于此可见也。”[③]能够幸存下来的俘虏，大多被安置在燕京地区。天会六年(1128)“迁洛阳、襄阳、颍昌、汝、郑、均、房、唐、邓、陈、蔡之民于河北”[④]，把从北宋地区掠夺的人口安置在幽冀区域内。金朝还曾迁徙回鹘人至燕地:“有入居秦川为熟户者，女真破陕，悉徙之燕山。”[⑤]将大量猛安谋克户迁徙到燕地，是金朝移民的另一项重要内容。天会十一年(1133)“起女真国土人散居汉地”，这是因为，“女真，一部族耳。后既广汉地，恐人见其虚实，遂尽起本国之土人，棋布星列，散居四方。令下之日，比屋连村，屯结而起”[⑥]，以此加强对于中原汉地的控制。皇统五年(1145)移民到此组成屯田军,“凡屯田之所，自燕山之南、怀陇之北皆有之，多至六万人，皆筑垒于村落间”[⑦]。因虑“中国怀二三之意”，皇统九年八月“徙辽阳、勃海之民于燕南”[⑧]。贞元元年(1153)海陵王迁都燕京，并改称中都。《金史·兵志》载:“贞元迁都，遂徙上京路太祖、辽王宗幹、秦王宗翰之猛安，并为合扎猛安，及右谏议乌里补猛安，太师勖、宗正宗敏之族，处之中都。”[⑨]“贞元初，起上京诸猛安于中都、山东等路安置。”[⑩]太师勖同年“与宗室俱迁中都”[⑪]。除猛安谋克外，海陵王采纳了主持营建燕京的张浩的建议，“凡四方之民欲居中都者，给复十年，以实京城”[⑫]。大定二年(1162)正月，调“咸平、济州军二万入屯京师”[⑬],“诏徙女直猛安谋克于中都，给以近郊官地”[⑭]。由此估算，金人先后迁入中都地区的猛安谋克户、官吏及四方民户“累计约4万户，30万人”[⑮]。直至金朝末年战乱兴起，燕地人口再度锐减。大安三

① 确庵、耐庵编:《靖康稗史》卷六《呻吟语》引《燕人麈》,《靖康稗史笺证》本，中华书局1988年版，第199页。
② 《三朝北盟会编》卷九十九《靖康中帙七十四》引《汴都记》，第729页。
③ 《三朝北盟会编》卷九十八《靖康中帙七十三》引《燕云录》，第725页。
④ 《金史》卷三《太宗本纪》，第58页。
⑤ 洪皓:《松漠纪闻》，吉林文史出版社1986年版，第15页。
⑥ 《大金国志》卷八《太宗纪年六》，第126页。
⑦ 《大金国志》卷十二《熙宗纪年四》，第173页。
⑧ 《金史》卷四《熙宗本纪》，第86页。
⑨ 《金史》卷四十四《兵志》，第993页。
⑩ 《金史》卷八十三《纳合椿年传》，第1872页。
⑪ 《金史》卷六十六《勖传》，第1560页。
⑫ 《金史》卷八十三《张浩传》，第1863页。
⑬ 《金史》卷六《世宗本纪上》，第125页。
⑭ 《金史》卷八十三《张汝弼传》，第1869页。
⑮ 韩光辉:《北京历史人口地理》，北京大学出版社1996年版，第242页。

年（1211）以后因“京师乏粮，军民饿死者十四五”[①]。贞祐二年（1214）五月，金宣宗决意迁都南京，中都地区大量人口流失。他们到达涿州后，地方官所献“顿食”（短暂停宿的膳食）“凡二千舆”即二千车，渡黄河时需要“办沿河船凡四千艘”[②]，由此可见随都城南迁人口之多。迁都之后为了“裒兵徒，徙豪民，以实南京”[③]，“听民南渡”并“所至加存恤”[④]，导致“河北军户徙河南者几百万口”[⑤]，“河北失业之民侨居河南、陕西，盖不可以数计”，最后“百司用度，三军调发，一人耕之，百人食之”[⑥]。金朝结束时中都人口大约只有不足30万人，离散迁移等造成的人口耗减却高达130万人以上。[⑦]

元朝定都燕京后，再次开启了本地区人口大量迁入的历史。营建元大都之前已经“迁居民以实之”[⑧]，同时迁徙工匠准备工程建设，“金人南徙，国朝迁诸州工人实燕京”。[⑨]为加强都城的防守，中统元年（1260）五月，“征诸路兵三万驻燕京近地”；二年十月“修燕京旧城。命平章政事赵璧、左三部尚书怯烈门率蒙古、汉军驻燕京近郊、太行一带……又选锐卒三千付史枢管领，于燕京近郊屯驻”[⑩]；三年正月“命江汉大都督史权、亳州万户张弘彦将兵八千赴燕”[⑪]。至元八年（1271）二月“发中都、真定、顺天、河间、平滦民二万八千余人筑宫城”[⑫]；十四年正月“命阿术选锐军万人赴阙”[⑬]；十六年四月“选南军精锐者二万人充侍卫军，并发其家赴京师”，五月“徙丁子峪所驻侍卫军万人，屯田昌平”[⑭]；二十年九月，“徙旧城市肆、局院、税务皆入大都，减税征四十分之一”[⑮]；二十二年正月“徙屯卫辉新附军六千家，廪之京师，以完仓廪。……徙江南乐工八百家于京师”[⑯]，同年二月壬戌，“诏旧城居民之迁京城者，以赀高及居职者为先，仍定制以地八亩为一分；其或地过八亩及力不能作室者，皆不得冒据，听民作室”[⑰]。成宗元贞二年（1296）十一月，“以洪泽、芍陂屯田军万人修大都城”[⑱]。武宗至大元年（1308），“命江南行省万户府，选汉军之精锐者一万

① 《大金国志》卷二十四《宣宗纪年上》，第325页。
② 《大金国志》卷二十四《宣宗纪年上》，第332页。
③ 《金史》卷一百五《张翰传》，第2323页。
④ 《金史》卷十四《宣宗本纪上》，第306、309页。
⑤ 《金史》卷一百七《高汝砺传》，第2355页。
⑥ 《金史》卷一百二《田琢传》，第2250页。
⑦ 《北京历史人口地理》，第246页。
⑧ 《日下旧闻考》卷三十八《京城总纪》引《元一统志》，第597页。
⑨ 刘因：《静修先生文集》卷十七《洛水李君墓表》，商务印书馆《四部丛刊初编》本。
⑩ 《元史》卷四《世祖本纪一》，第66、75页。
⑪ 《元史》卷五《世祖本纪二》，第81页。
⑫ 《元史》卷七《世祖本纪四》，第133页。
⑬ 《元史》卷九《世祖本纪六》，第187页。
⑭ 《元史》卷十《世祖本纪七》，第211、212页。
⑮ 《元史》卷十二《世祖本纪九》，第257页。
⑯ 《元史》卷十三《世祖本纪十》，第271、272页。
⑰ 《元史》卷十三《世祖本纪十》，第274页。
⑱ 《元史》卷十九《成宗本纪二》，第407页。

人，为东宫卫兵，立卫率府”[①]。据估算，至元元年至十八年期间（1264—1281），迁入大都的各类人户在16万户左右。[②]

3.内聚为主的明清人口迁移

元末明初的连年战争，给地区人口带来了极大破坏。《大明会典》记载：“国初兵荒之后，民无定居，耕稼尽废，粮饷匮乏。”[③]太行山东的北平、河南、山东等地“多是无人之地”[④]。洪武元年（1368）闰七月，徐达率师北伐，“徇取河北州县。时兵革连年，道路皆榛塞，人烟断绝”[⑤]。洪武元年（1368）九月，为大都平定昭告天下：“故官及军民人等，近因大军克取之际，仓惶失措，生离父母妻子，逃遁他所。”[⑥]洪武四年（1371）三月，“徙山后民万七千户屯北平”[⑦]，其具体数量及迁徙原因，徐达的奏书记载甚详：“山后顺宁等州之民，密迩虏境，虽已招集来归，未见安土乐生，恐其久而离散。已令都指挥使潘静、左傅高显，徙顺宁、宜兴州沿边之民，皆入北平州县屯戍……计户万七千二百七十四，口九万三千八百七十八。”[⑧]同年六月，再次从山后迁徙民众，“徙北平山后之民三万五千八百户，一十九万七千二十七口，散处卫府，籍为军者为以粮，籍为民者给田以耕”。徐达“又以沙漠遗民三万二千八百六十户，屯田北平府管内之地。凡置屯二百五十四，开田一千三百四十三顷”[⑨]。五年（1372）七月，“革妫川、宜兴、兴、云四州，徙其民于北平附近州县屯田”[⑩]。前后几次移民数量即达85900余户。其中迁移沙漠遗民的安置情况如下（表4–1）：

表4-1 洪武四年北平各州县移民分布表

州县	屯数	户数	州县	屯数	户数
大兴	49	5745	漷州	9	1155
宛平	41	6166	武清	15	2031
良乡	23	2881	蓟州	10	1093
固安	37	4851	昌平	26	3811
通州	8	916	顺义	10	1370
三河	26	2831	合计	254	32850

注：根据表中每州县安置移民户数合计，总数为32850户，与文中所述32860户少10户。资料来源：《明太祖实录》卷六十六，洪武四年六月戊申。

① 《元史》卷九十九《兵志二》，第2528页。
② 《北京历史人口地理》，第253页。
③ 《大明会典》卷十八《户部五·屯田》。
④ 顾炎武：《日知录》卷十《开垦荒地》，《日知录集释》本，中华书局1936年版，第6页。
⑤ 《明太祖实录》卷三十三，洪武元年闰七月庚子。
⑥ 《明太祖实录》卷三十五，洪武元年九月戊寅。
⑦ 《明史》卷二《太祖本纪二》，第26页。
⑧ 《明太祖实录》卷六十二，洪武四年三月乙巳。
⑨ 《明太祖实录》卷六十六，洪武四年六月戊申。
⑩ 《明太祖实录》卷七十五，洪武五年七月戊辰。

针对明初河北等地的荒败境况，从山西迁徙大量人口到此垦种。洪武二十一年（1388），户部郎中刘九皋奏称："古者狭乡之民迁于宽乡，盖欲地不失利，民有恒业。今河北诸处，自兵后田多荒芜，居民鲜少。山东、西之民，自入国朝，生齿日繁，宜令分丁徙居宽闲之地，开种田亩，如此则国赋增而民生遂矣。"为此，朱元璋下令"迁山西泽、潞二州民之无田者，往彰德、真定、临清、归德、太康诸处闲旷之地"。[①]洪武三十五年（即建文四年，1402）八月，大量因战争逃亡的民人纷纷返回故土，"直隶淮安及北平、永平、河间诸郡，避兵流移复业者，凡七万一千三百余户"[②]。为鼓励民众回乡，命户部遣官"核实山西太原、平阳二府，泽、潞、辽、沁、汾五州，丁多田少及无田之家，分其丁口，以实北平各府州县。仍户给钞，使置牛具子种，五年后征其税"[③]。为充实地区人口，明朝还将部分军籍人口转为平民从事耕种，同年十二月，户部尚书掌北平布政司事郭资奏称："北平、保定、永平三府之民，初以垛集，充军随征。有功者已在爵赏中矣，其力弱守城者病亡，相继辄取，户丁补役。故民人衰耗，甚至户绝，田土荒芜。今宜令在伍者籍记其名，放还耕种，俟有警急，仍复征用。其幼小纪录者，乞削其军籍，俾应民差。"[④]

靖难之役使华北地区人口锐减，永乐元年（1403）十一月，明成祖称："北京兵燹以来，人民流亡，田地荒芜。"[⑤]永乐年间为迁都北京做准备，除征集大量工匠营建都城之外，继续从各地迁移人口以充实都城。永乐元年（1403），"令选浙江、江西、湖广、福建、四川、广东、广西、陕西、河南及直隶苏、松、常、镇、扬州、淮安、庐州、太平、宁国、安庆、徽州等府，无田粮并有田粮不及五石殷实大户充北京富户，附顺天府籍，优免差役五年"[⑥]。二年（1404）与三年（1405），均由山西迁徙大量人口，"徙山西太原、平阳、泽、潞、辽、沁、汾民一万户实北京"[⑦]。四年（1406）正月，"湖广、山西、山东等郡县吏李懋等二百十四人言愿为民北京。命户部给道里费遣之"[⑧]。原淮安盐城戴氏，是当时所迁移的富户之一。据1995年6月在通州高楼金村南出土的戴芳墓志记载："公讳芳，字世芳，姓戴氏。其先淮安盐城三都望族，以赀雄于乡。……永乐初，取天下富民实京师，公之父廷玉与焉，遂占籍顺天府宛平县，居德胜关里第。"[⑨]

除有计划的人口迁移之外，明初将罪囚转为民户迁移来京从事屯垦。洪武三十五年（1402），"自今凡人命十恶死罪、强盗伤人者，依律处决，其余死罪及流罪，令挈家赴北

① 《明太祖实录》卷一百九十三，洪武二十一年八月癸丑。
② 《明太宗实录》卷十一，洪武三十五年八月丁丑。
③ 《明太宗实录》卷十二，洪武三十五年九月乙未。
④ 《明太宗实录》卷十五，洪武三十五年十二月壬申。
⑤ 《明太宗实录》卷二十五，永乐元年十一月戊戌。
⑥ 《大明会典》卷十九《户部六·富户》。
⑦ 《明太宗实录》卷三十四，永乐二年九月丁卯；卷四十六，永乐三年九月丁巳。
⑧ 《明太宗实录》卷五十，永乐四年正月乙未。
⑨ 《明故戴处士（芳）墓志铭》，转引自《通州文物志》，文化艺术出版社2006年版，第203页。

平种田”[①]。永乐元年（1403）八月，“定罪囚北京为民种田例”。因“北京、永平、遵化等处壤地肥沃，人民稀少，今后有犯者，令于彼耕戍”，并为此制定了一系列安抚政策：“凡徒流罪，除乐工、灶匠拘役，老幼残疾收赎，其余有犯俱免杖。编成里甲，并妻子发北京、永平等府州县为民种田。定立年限，纳粮当差。杖罪除官吏不该罢职役者，及民单丁有田粮者，依律科断，余皆如之。若河南、山东、陕西、山西、江北、直隶府州县就彼发遣北京刑部；浙江、江西、广东、福建、湖广、四川及江南直隶府州县，除土官地方外，其余俱解户部定拨发遣。”此外，“命犯杖罪者，其牛具种子皆给直，五年后如民田例科差；徒流迁徙者不给直，三年后如民田例科差。徙流迁徙者，不给直，三年后如民田例科差。”[②]十一月，明成祖书谕世子：“故法司所论有罪之人曲乖宽宥，悉发北京境内屯种，意望数年之后，可以助给边储，省馈运之劳，且使有罪者亦得保全。”[③]此外，还有一些特殊的移民政策。永乐五年（1407）刑部尚书等言：“戍南边者多冒瘴疠死，其改发北京郡县种田，庶全活之。”[④]六年（1408），“凡军民子弟僮奴自削发冒为僧者，并其父兄送京师，发五台山输作，毕日就北京为民种田。及卢龙牧马寺主僧容留者，亦发北京为民种田”。[⑤]十一年（1413），下令“在外吏考满，照官员给由程限赴部。若托故迁延者问罪，妻子同发北京充军种田”[⑥]。十九年（1421），令“原籍有司覆审逃户。如户有税粮无人办纳，及无人听继军役者发回。其余准于所在官司收籍拨地耕种，纳粮当差。其后仍发回原籍，有不回者勒于北京为民种田”[⑦]。此外，永乐年间设上林苑监于京师，明代曾多次由外地移民到此。永乐五年（1407），“命户部徙山西之平阳、泽、潞，山东之登、莱等府州民五千户，隶上林苑监牧养栽种户，给路费钞一百锭，口粮二斗”[⑧]。此后，嘉靖年间也曾“取山西平阳、泽、潞之民充之，使番育树艺，以供上用品物”[⑨]。

清朝定鼎中原以后，仍将都城设在北京。据估算，清朝从关外所迁移的八旗兵丁及其家属约58万人，连同他们在战争中获得的奴仆，分布在北京地区的八旗人口将近100万人。清初移民高潮过后，又从各地调入满蒙兵丁8600余员，平定三藩后调入汉官与兵丁1.6万余名[⑩]。

清初满汉分治政策实施之后，将京城内城人口大量迁居外城。顺治五年（1648）十一

① 《明太宗实录》卷十二，洪武三十五年九月甲午。
② 《明太宗实录》卷二十二，永乐元年八月己巳。
③ 《明太宗实录》卷二十五，永乐元年十一月戊戌。
④ 《明太宗实录》卷七十二，永乐五年十月己丑。
⑤ 《明太宗实录》卷八十，永乐六年六月辛巳。
⑥ 《大明会典》卷十二《吏部十一·考核二》。
⑦ 《大明会典》卷十九《户口一·逃户》。
⑧ 《明太宗实录》卷六十七，永乐五年五月乙卯。
⑨ 《明世宗实录》卷十四，嘉靖元年五月丁未。
⑩ 《北京历史人口地理》，第273—274页。

月下令："北城及中、东、西三城居住官民商贾迁移南城。"[①]随着内城八旗数量越来越多，也有很多满人迁移外城。乾隆十八年（1753）六月谕旨称："八旗满洲官员，向来止许居住内城。间有年老退闲者，尚可于近京之田园祖茔地方就便居住。至南城外，乃汉大臣官员所居，并非满洲官员应居之地。近闻满洲官员内竟有移居南城外者，甚非所宜。著八旗都统严行饬禁，其现今居住者概令迁移入城。再著派御前大臣、侍卫即行前往，会同巡城御史，将现在南城外居住之满洲俱系何项人员，即行查明奏闻。"[②]七月，哈达哈等查明情况上奏，乾隆帝再次严厉申饬："居住正阳门等三门城外之满洲官员兵丁，竟至四百余家"，故下令"所有现在居住南城外闲散人等，著军机大臣会同步军统领酌量分别，除闲旷处所仍听其居住外，其余官员等并勒限令其陆续入城居住。嗣后八旗都统严行禁饬"[③]。同治三年（1864）七月，御史景霖等奏报："近来南城地面，颇有宗室觉罗隐匿姓名居住者，行踪诡秘，不安本分。及与民人口角争讼，始将真姓名说出以图挟制，司坊官传讯永不到案。"皇帝谕旨强调："外城地面向不准旗人居住，至宗室觉罗更不应在外城溷迹。"对此，"著宗人府、八旗严行饬禁，宗室觉罗人等概不准移居外城。如有先经移居者，即著查明，勒限迁回内城居住，毋任延玩。经此次饬禁之后，倘再有潜居外城、怙恶不悛者，即著该城御史等访查确实，奏明究办。"[④]八月，宗人府报告了从前处理此类事情的管理制度，"经此次明定章程之后，倘该宗室觉罗人等仍有未经报明城坊编入甲册，潜居外城滋事怙恶不悛者，一经各该城御史查拿送交宗人府，即著该衙门从严惩办，以肃禁令"[⑤]。同治十三年（1874）十一月，查处镶白旗宗室祥能（祥龄）在前门外大外廊营开设烟馆并纠聚多人肆闹一案。"著宗人府严饬宗室，遵照向例在内城居住。除在京城外茔地居住者仍从其旧外，不得寄居前三门外南城地面。并著五城御史会同营汛认真稽查，倘有匪徒假冒宗室藉势讹诈情事，即行拿究。"[⑥]

随着内城八旗生计无以为继，清廷开始实施将八旗子弟外出为民的政策。具体实施方式为，先将京城八旗汉军人员中"听从其便，俾得各自为谋……俱准其出旗为民"。[⑦]嘉庆十七年（1812）四月，"将在京闲散旗人陆续资送前往吉林，以闲旷地亩拨给管业。或自行耕种，或招佃取租，均足以资养赡"[⑧]。道光五年（1825）十月谕内阁："京旗户口前往双城堡屯田，现届道光六年移驻之期。经户部查明，愿往者共一百八十九户，较之道光四、五年倍形踊

① 《清世祖实录》卷四十一，顺治五年十一月辛未。
② 《清高宗实录》卷四百四十一，乾隆十八年六月壬子。
③ 《清高宗实录》卷四百四十二，乾隆十八年七月丁巳。
④ 《清穆宗实录》卷一百八，同治三年七月壬寅。
⑤ 《清穆宗实录》卷一百一十一，同治三年八月己巳。
⑥ 《清穆宗实录》卷三百七十三，同治十三年十一月乙卯。
⑦ 《清高宗实录》卷五百六，乾隆二十一年二月庚子。
⑧ 《清仁宗实录》卷二百五十六，嘉庆十七年四月甲辰。

跃，来年愿往者自必更多”[①]。今人估算，清代中期移出的京城八旗人口约有22万人[②]。

清末政局动荡，京城人口大量外流。咸丰三年（1853）太平军攻克金陵，北京城“人心惶惶，阖城钱铺于二月初同日关闭，京师已设防，任京职者纷纷告假出都”[③]。四年（1854）二月凤保等奏称：“自今春以来，京官之告假出都，富民之挈家外徙，总计不下三万家矣。各街巷十室九空，户口日减。即如北城，向来烟户最繁。臣等查上年北城司坊清册计户一万八千有奇，今甫及一年，北城现户仅八千有余。一城如此，五城可知。”[④] 十年（1860）八月英法联军焚掠圆明园等西郊园林，“内外城各铺户席卷而逃，钱当店被抢者数十家。各官眷出城者，更不胜数矣。是时，未关闭者止一西便门，拥挤纷纷，车马填塞，竟有候至终日不能出城者”[⑤]。北京城被攻占后，“两日来居人益狂奔四出，内城几空，外城亦十徙八九”[⑥]。光绪二十六年（1900）八国联军进攻北京，“满街由通州逃来难民，携男抱女纷纷不断”，“铺户无论生意大小，无一家不弃却货物、闭户潜逃。外省及四乡之人身背包裹而行，如潮水一般，俱由彰仪门而出”[⑦]。

京畿地区作为京城驻防重地，人口也有较大变动。一方面，清朝定都北京，京畿地区作为防务中心所在，迁移大量兵丁到此屯守。顺治七年（1650），派八旗兵防守京师附近之顺义、昌平、三河、滦县、良乡、固安、采育、东安等处，每处设满洲章京二、蒙古章京一，牛录兵四。[⑧] 与此同时，大量旗户迁移到北京地区之后，投充圈地政策的实施又迫使京郊人口流亡（表4–2）。

表4-2　顺治年间八旗圈占土地统计

单位：晌

地点	数量	地点	数量
顺义、怀柔、密云、平谷	60705	雄县、大城、新县	49115
容城、任丘	35051	河间府	201539
昌平、良乡、房山、易州	59860	安肃、满城	35900
完县、清苑	45100	通州、三河、蓟州、遵化	110228
霸州、新城、滦县、武清、东安、高阳、庆都、固安、安州、永清、沧州	192519	涿州、涞水、定兴、保定、文安、宝坻、香河、滦州、乐亭	102200

资料来源：曹树基《中国移民史》第六卷，福建人民出版社1997年版，第49页。

① 《清宣宗实录》卷九十，道光五年十月庚辰。

② 《北京历史人口地理》，第279页。

③ 《文忠公事略》卷二《自订年谱上》，文海出版社《近代中国史料丛刊》第22辑。

④ 太平天国历史博物馆编：《太平天国史料丛编简辑》第5册《凤保等奏陈都城军备未严民生日蹙折》，中华书局1962年版，第248页。

⑤ 齐思和等编：《第二次鸦片战争》第2册《庚申英夷入寇大变记略》，上海人民出版社1978年版，第52页。

⑥ 李慈铭：《越缦堂日记补》（咸丰十年九月初二日），商务印书馆1936年版。

⑦ 中国科学院历史研究所第三所编辑：《庚子记事》，科学出版社1959年版，第30—31页。

⑧ 《清世祖实录》卷四十七，顺治七年二月甲午。

顺治二年（1645）密云县遭遇奇荒，“相率匍匐他乡，将见人民希绝，城屋空虚矣”，“地多圈种，人效投充，以一切召买喂养之役，尽责之见在孑遗之民，所以相率逃徙，莫可禁遏也”[①]。怀柔县“自旗圈之后，所余民地无几”，至康熙六十年（1721）之前，“历年投充老故逃亡及优免供丁，共三千一百八十四丁”。“康熙六十年编审人丁共一千八百八十七丁”，其中还包括未被新丁顶补的“节年逃绝之丁”[②]。

（三）采办贡纳：围绕北京的区域资源调配

历史上的北京在元明清时期成为统一国家的都城，由此形成了以北京为中心的资源供给体系，尤以柴炭烧造、建筑材料开采以及地方时鲜的采办等为重点。这种依靠行政体系、带有强烈政治色彩而非市场行为的资源供给模式，保障了都城的正常运转，但同时对供应这些资源的地区环境造成了较大破坏。

1.河北易州等地的柴炭供应

柴炭是古代居民日常生活与取暖的重要能源。明代永乐年间北京城所需的柴炭，多在附近的“白羊口、黄花镇、红螺山等处”采办[③]。明代中后期以来则主要采于易州等地，宣德四年（1429），“始设易州山厂，专官管理。景泰间移于平山，又移于满城，天顺初仍移于易州”。正统七年（1442），“易州山场岁办柴炭已九千四百余万”[④]，比宣德年间规定的不足二千余万斤增加了四倍有余。嘉靖八年（1529），工部尚书刘麟奏请裁革易州柴炭厂委官，“专选部署官一员主之”[⑤]。万历十七年（1589），易州山厂工部主事张新言：“易厂所司专为柴炭而设，岁计柴价银三十余万两。”因为“红萝大炭乃御前所用”，“每岁该七十万斤本厂领价烧造。此炭非杂本可烧，止用三种：曰青信，曰白枣，曰牛筋，总谓之甲木，尊其名也。由柴荆六十里至金水口始有此木，则所谓炮架藩篱，正应禁者。山厂以供应为急，而边隘以边墙为重，不若就厂后种植。今有隙地九顷可种四万余株，得以经久”。[⑥]刘若愚对红箩炭做过详细描述：“凡宫中所用红箩炭者，皆易州一带山中硬木烧成。运至红箩厂，按尺寸锯截，编小圆荆筐，用红土刷筐而盛之，故名曰红箩炭也。每根长尺许，圆径二三寸不等，气暖而耐久，灰白而不爆”。[⑦]

① 故宫博物院明清档案部编：《清代档案史料丛编》第4辑《宋权题密云地圈人投孑遗之民相率逃徙情形本》，中华书局1979年版，第52页。
② ［康熙］《怀柔县新志》卷四《赋役》。
③ 《明史》卷七十二《职官志一》，第1763页。
④ 《明英宗实录》卷九十七，正统七年十月丙申。
⑤ 《明世宗实录》卷九十八，嘉靖八年二月庚午。
⑥ 《明神宗实录》卷二百一十三，万历十七年七月丙寅。
⑦ 《酌中志》卷十六《内府衙门职掌》，第106页。

红箩炭之外，“凡隆德等殿修建斋醮焚化之际，用杨木长柴；宫中膳房，用马口柴；内官关领，则片柴也。外有北厂、南厂、西厂、东厂、新西厂、新南厂等处，各有掌厂、签书、监工，贮收柴炭，以听关文。”①其中，惜薪司：每年供应各宫及内官内使人员，木柴2456万余斤，本色柴1812万斤，木炭608万斤，长炭55万斤，白炭543万斤，坚实白炭10万斤，荆条2万斤。光禄寺：每年供应木柴1285万余斤（遇闰加107万余斤），木柴近114万斤（遇闰加9万余斤）。礼仪房：木柴244万余斤，木柴17万余斤。银作局：木柴30万斤。御用监：木柴20万斤，木炭20万斤，白炭10万斤。御马监：木柴125万斤。织染局：木柴70万斤，木炭3万斤。翰林院：木炭1万斤。太常寺：干顺木柴15万余斤，木65900斤，燔柴2500斤。神乐观：木柴54万余斤。中书舍人写诰敕木炭1490斤，兵部誊黄木炭3000斤。太医院：木柴2400斤，木炭600斤。会同馆：木炭40万斤。西舍饭店：木柴25万余斤。坝上大马房：木柴91102斤。从总量来看，京城每年采办的柴炭数量为：天顺八年（1464）为430余万斤，成化元年（1465）增至650余万斤，二年再增至1180余万斤，三年更是增加到1740余万斤。嘉靖二年（1523）奏准，惜薪司每年供应各宫及内官、内使人员木柴24560294斤左右；本色柴1812万斤（其中杨木长柴5万斤和顺柴1807万斤由商人办纳）以及折色柴6440294斤左右②。此后在正德十二年（1517）及十六年（1521）又有过加增。采办柴炭主要供给光禄寺、礼仪房、银作局、御用监、御马监、织染局、翰林院、太常寺、神乐观等处。

此外，明代北京地区众多的军事戍卫人口，对于柴炭的需求亦十分庞大。顺天府属军卫需用柴炭数量，如表4-3所示：

表4-3 明代顺天府属军卫需用柴炭数量一览表

单位：斤

卫所	柴	炭	卫所	柴	炭
通州左卫	8808.8	9774.4	兴州前卫	43895.8	38210.11
通州右卫	14487.8	16070.12	宽河所	3561	4834.8
定边卫	19822.4	21986.6	忠义中卫	43333.8	54623.12
神武中卫	22364	24806	永平卫	38464.8	35828.4
兴州后卫	45152	40272	卢龙卫	43177.8	47952.12
遵化卫	29466.8	32995.4	抚宁卫	38627.12	35008.10
东胜右卫	44931.8	56084.12	东胜左卫	52500	43668
开平中卫	15205.12	16113.10	兴州右卫	41966.8	47058.12
山海卫	40888.8	42457			

资料来源：[万历]《大明会典》卷一百五十六《柴炭》。

① 《酌中志》卷十六《内府衙门职掌》，第107页。
② 《大明会典》卷二百五《工部二十五·柴炭》。

明代烧造柴炭之役十分繁重。弘治年间《易州志》记载："民之执兹役者，岁亿万计。车马辏集，财货山积，亦云盛矣。然昔以此州林木蓊郁，便于烧采，今则数百里内山皆濯然。举八府五州数十县之财力屯聚于兹，而岁供犹或不足。民之膏脂日已告竭，在易尤甚。"① 正统九年（1444）工部奏称："今岁大名、广平二府采柴炭夫过期未至，河间、永平、顺德三府役满者已逃二千二百人，尚在役者惟八百人。请罪大名、广平二府官吏，檄河间三府追督逃夫，且倩大兴、宛平夫千人供役以俟代者。"② 弘治九年（1496）奏准："今后各处造作派办务要照依原议，从实估计，不许多派。惟烧造琉璃纯用木柴，黑窑砖瓦用木柴三分、杂柴七分。其工程已完者，照例停免，不必再行追扰。"③

伴随着京城柴炭所需日增，烧造范围不断扩展。景泰元年（1450）实录记载："初，柴炭多于易州、沙谷等口山场采用。自宣德五年（1430）至今，取用已久。材木既尽，乃命移厂于真定府平山、灵寿等处采之。"④ 天顺元年（1457）工部左侍郎孙弘奏称："易州山场自宣德间开设……因岁久采取尽绝"，后徙于真定，但因"去京路远，官民输送甚艰"，请仍迁回易州。此后又迁至其他地区，如"奇峰等口山木，皆所以屏蔽边塞，不可动。止有沙峪东、马头二口树木蒙茂，不妨关隘，宜立山场。"⑤ 万历十三年（1585）十二月"裁惜薪司冗官，减大炭以斤计者一十五万"，缘由在于"时山厂设于易州，而数百里外林麓都尽"⑥。

因柴炭砍伐日趋紧张，京城周边地区则陆续弛禁。永乐二十二年（1424），鉴于"京师人众而采薪往往取给千数百里外，命工部弛西山樵柴之禁"。⑦ 宣德三年（1428）三月谕工部："自今止发军夫于白河、浑河上流中山采伐，顺流运至通州及芦沟桥积贮以供用，可少苏民力。"⑧ 景泰五年（1454），"西山工作处所缺少砖瓦"，请"于西湖景等处建立窑厂，仍将本湖周围及正阳等九门城壕野草供给烧造"，但因涉及战马草料被否。⑨ 成化七年（1471），"拨官军一万，赴西湖景、城壕等处采办芦薪，烧造砖瓦，以备修理之用"。⑩ 嘉靖六年（1527）七月，御使穆相上奏："居庸关官军杂处无樵苏之所，而白羊口镇旧有煤窑可爨，近已封闭，宜令得开取之。"⑪ 万历二十四年（1596）六月，"准将南海子周围枯

① ［弘治］《易州志》卷三《山厂》。
② 《明英宗实录》卷一百一十二，正统九年正月己丑。
③ 《大明会典》卷二百五《工部二十五·柴炭》。
④ 《明英宗实录》卷一百八十八，景泰元年正月丙辰。
⑤ 《明英宗实录》卷二百七十七，天顺元年四月戊申。
⑥ 《明神宗实录》卷一百六十九，万历十三年十二月丁卯。
⑦ 《明仁宗实录》卷二，永乐二十二年九月己亥。
⑧ 《明宣宗实录》卷四十，宣德三年三月癸巳。
⑨ 《明英宗实录》卷二百四十，景泰五年四月癸未。
⑩ 《明宪宗实录》卷九十五，成化七年九月己卯。
⑪ 《明世宗实录》卷七十八，嘉靖六年七月丁丑。

树采伐，送琉璃窑烧造”。[①]对此，《两宫鼎建记》载：“两窑用柴九千七百余万斤，约银一十四万六千余两。乃今财用匮乏，区画最难。查得先年修复殿堂，题准砍伐南海子树株抵用，合无仍照前议，咨行兵部。即将题准官军一万名，内除量拨大石窝二千名。该部差委都把等官，督押八千名赴海子，听该管内监。先将木材稠密枯倒等树刮皮号记，照号砍伐，远近酌量。每军日限三十斤至厂。每一月管厂主事会同科道验收。计至明年二月终，木将发生之时停止，候秋再伐。”[②]不过，北京周边山林砍伐日渐严重：“永乐、宣德、正统年间，边山树木无敢轻易砍伐，而胡虏亦不敢侵犯。自成化年来，在京风俗奢侈，官民之家争起第宅，木植价贵，所以大同、宣府规利之徒、官员之家专贩筏木，往往雇觅彼处军民，纠众入山，将应禁树木任意砍伐。中间镇守、分守等官，或徼福而起盖淫祠，或贻后而修造私宅，或修盖不急衙门，或馈送亲戚势要，动辄私役官军入山砍木，牛拖人拽，艰苦万状。其本处取用者，不知其几何；贩运来京者，一年之间，岂止百十余万？……即今伐之十去其六七，再待数十年，山林必为之一空矣。”[③]

2.北京西山地区的煤炭供应

北京西山地区拥有丰富的煤炭资源，早在元朝初年，为供给大都燃料而进行的煤炭开采已经十分普遍。中统三年（1262）设立养种园，“掌西山淘煤，羊山（今门头沟上苇甸一带）烧造黑白木炭，以供修建之用”。[④]至元二十四年（1287）置西山煤窑场，“领马安山（今门头沟潭柘寺东马鞍山）、大峪寺（今黑山、大峪村一带）石灰、煤窑办课”。[⑤]《永乐大典》本《顺天府志》显示，西山一带的采煤业在元代已有一定规模，宛平县“煤炭出城西七十里大峪山（今门头沟大峪一带），有黑煤洞三十余所，土人恒采取为业。……其用胜于然薪，人赖利焉。又西南五十里桃花沟（今房山大安山乡一带）有白煤十余里。水火炭出城西北二百里斋堂村（今门头沟斋堂），有炭窑一所”[⑥]。至正二年（1342）左右丞相上书请重开金口河，以便就地采掘西山煤炭：“京师人烟百万，薪刍担负不便。今西山有煤炭，若都城开池河上，受金口灌注，通舟楫往来，西山之煤可坐致于城中矣。”[⑦]《析津志》记载的开河原因是：“西山所出烧煤、木植、大灰等物，并递来江南诸物，海运至大都，好生得济有。”[⑧]元大都城内煤市兴盛，《析津志》称：“城中内外经纪之人，每至九月间买牛装车，往西山窑头载取煤炭，往来于此。新安及城下货卖，咸以驴马负荆筐入市，盖趁其时。冬

① 《明神宗实录》卷二百九十八，万历二十四年六月辛酉。
② 贺仲轼：《两宫鼎建记》卷下，《四库全书存目丛书》本。
③ 马文升：《为禁伐边山林木以资保障事疏》，《明经世文编》卷六十三《马端肃公奏疏二》，第528页。
④ 《元史》卷九十《百官志六》，第2282页。
⑤ 《元史》卷八十九《百官志五》，第2252页。
⑥ 《顺天府志》卷十一《宛平》，北京大学出版社1983年影印本，第295—296页。
⑦ 权衡：《庚申外史》卷上，《四库全书存目丛书》本，齐鲁书社1996年影印版。
⑧ 熊梦祥：《析津志》，《析津志辑佚》本，北京古籍出版社1983年版，第243—244页。

月，则冰坚水涸，车牛直抵窑前；及春则冰解，浑河水泛则难行矣。往年官设抽税，日发煤数百，往来如织。二三月后，以牛载草货卖。北山又有煤，不佳。都中人不取，故价廉。”①《马可波罗行纪》也记载：“契丹全境之中，有一种黑石，采自山中，如同脉络，燃烧与薪无异。其火候且较薪为优，盖若夜间燃火，次晨不息。其质优良，致使全境不燃他物。所产木材固多，然不燃烧。盖石之火力足，而其价亦贱于木也。”②

西山一直被视为关系到风水吉凶的京城重地，因此，明代对于西山开采有一个厉行禁止与有限弛禁的变化过程。正统元年（1436）十月，禁止京城外掘土治窑，“京城西北俱不得掘土，其东南许去城外五里”③。十一年（1446），监察御史蔡愈济奏：有诏禁京城外西北开窑取土，而太监贾亨、僧保，内官云保山、黄义，擅役军士于清河开窑。④成化十四年（1478），内官太监宿政奏称：“正统间有旨不许军民于西北凿石，今岁久，人不知禁，宜揭榜示众。”都察院覆奏：“西山形势，天造地设，环拱京师，千万载灵长之气，汇聚于此，政言宜从。命再犯者杖八十，依律拟罪如旧制。”⑤二十一年（1485），工部尚书刘昭奏称：“西山密迩京城，国家千万年风气攸系。屡奉旨禁约，不许开凿。近年军民人等往往投托内外势要，或开窑卖煤，或凿山取石，巡视者畏其声势，莫敢谁何。宜严加禁约，且差官勘视。如有开凿坑坎者，姑宥其罪，责令填平。或年久审无证佐，则量起火甲夫役填垫。敢有仍前不悛者，就将本犯枷项当地村市一月，发边卫充军。中间若有干碍应议，及内外官员一体奏闻。”对此，明宪宗回复称：“应禁山场累有榜例晓谕，不许凿石取煤，内外势要何得故违？都察院即出榜申明禁约，有犯者如奏处治。”⑥成化二十三年（1487），礼部右侍郎丘濬提出应用煤炭代替柴炭，如此则“今京城军民百万之家，皆以石煤代薪，除大官外，其惜薪司当给薪者，不过数千人之烟爨，无京民百分一，独不可用石煤乎？”⑦正德元年（1506）五月，仁和大长公主奏请“浑河大峪山煤窑四座榷利养赡”⑧，可见明朝对于西山开采煤炭的态度已经松弛。万历年间西山门头沟地区煤窑数量不断增加，但主要是民间开采。万历三十一年（1603），顺天府尹许弘纲上疏称：西山等地煤窑“官窑仅一二座，其余尽属民窑”⑨。同年，太监王朝建议征收京西煤窑税，“近京采煤岁可获银五千，乃率京营兵劫掠西山诸处。煤户汹汹，朝以沮挠闻。有旨逮治，皆入都城诉失业状。沈一贯等急请

① 《析津志》，《析津志辑佚》本，第209页。
② 冯承钧译：《马可波罗行纪》，上海书店出版社2001年版，第407—408页。
③ 《明英宗实录》卷二十三，正统元年十月庚辰。
④ 《明英宗实录》卷一百四十一，正统十一年五月甲午。
⑤ 《明宪宗实录》卷一百八十，成化十四年七月戊子。
⑥ 《明宪宗实录》卷二百六十三，成化二十一年三月己未。
⑦ 丘濬：《大学衍义补》卷一百五十《治国平天下之要·驭夷狄·守边固圉之略（上）》，第1303页。
⑧ 《明武宗实录》卷十三，正德元年五月癸未。
⑨ 《明神宗实录》卷三百八十一，万历三十一年二月癸巳。

罢朝，且拟敕谕抚按，未得命。”[①]天启二年（1622）大臣杨涟上书劾奏宦官魏忠贤二十四大罪，其中一条便是大肆开采西山煤矿：“良乡生员章士魁，坐争煤窑，托言开矿而致之死。假令盗长陵一抔土，何以处之？赵高鹿可为马，忠贤煤可为矿，大罪十五。”[②]总之，明代后期因周边森林柴炭资源渐趋紧张，使得西山煤炭之禁松弛。西山煤炭的大规模开采，使得当地居民也多业此。《日下旧闻考》引《长安可游记》称：“由门头村登山数里至潘阑庙，三里上天桥，从石门进，二里至孟家胡同，民皆市石炭为生。”[③]

一直到清朝，西山煤炭仍是京城仰仗的重要能源。康熙三十二年（1693）颁旨：“京城炊爨均赖西山之煤。将于公寺前山岭修平，于众甚属有益。著户、工二部差官将所需钱粮缺算具题。”[④]乾隆五年（1740）二月，文渊阁大学士赵国麟上奏：“敕下直省督抚，行令各地方官查勘，凡产煤之处，无关城池龙脉及古昔帝王圣贤陵墓，并无碍堤岸通衢处所，悉听民间自行开采，以供炊爨，照例完税。地方官严加稽查。”[⑤]西山采煤也越加普遍，直至引起环境问题。乾隆帝去京西碧云寺拜佛，见到寺中水池干涸，问其缘故。“僧言寺后开煤矿，引水别流。上怒，逮主其事者下刑部，则和珅奴也。诸曹惮和珅，不欲竟其狱，士棻复为定谳。上责和珅而诛其奴。”[⑥]十一年（1746）议准：“杨家坨、军庄在浑河以西，诸处煤窑甚多，在香山数十里之外，毫无关碍，仍照常听民开采。其过街塔、于公寺东西一带，现有煤窑为数无多，稽查尚易，且离香山外墙尚有数里，所有现在煤窑仍听开采，不必查禁。其废窑内如有情愿复开，亦应听民之便。此外附近过街塔，如天台山、谈玉村诸处，如有请开者，令先呈明该地方官，详报步军统领、顺天府，委官确勘，酌量办理。”[⑦]三十四年（1769），因“旧窑产煤本旺，凿沟隧，疏积水，淤去而煤畅；他处有可采，当以时招商。”[⑧]嘉庆六年（1801）据直隶总督姜晟奏报，近京西及房山、宛平二县境内，旧有煤窑778座，还在进行开采的煤窑仍有185座。[⑨]此后据光绪《顺天府志》记载，清末正在开采或清代曾经开采过的煤窑，宛平有99座，房山为16座。[⑩]源源不断的西山煤炭由骆驼运载着从阜成门进城，清代竹枝词载：“凿断山根煤块多，抛砖黑子手摩挲。柳条筐压峰高处，阔步摇铃摆骆驼。”[⑪]因此，从前阜成门的城门洞顶上刻着一朵梅花，也被称为“煤

① 《明史》卷二百三十七《田大益传》，第6173页。
② 《明史》卷二百二十四《杨涟传》，第6326页。
③ 《日下旧闻考》卷一百六《郊坰》，第1750页。
④ ［光绪］《大清会典事例》卷九百五十一《工部》。
⑤ 《清高宗实录》卷一百一十，乾隆五年二月丁丑。
⑥ 《清史稿》卷三百二十一《王士棻传》，第10786页。
⑦ ［光绪］《大清会典事例》卷一千三十九《都察院》。
⑧ 《清史稿》卷三百二十一《阎循琦传》，第10780页。
⑨ 中国人民大学清史所等编：《清代的矿业》，中华书局1983年版，第411—412页。
⑩ ［光绪］《顺天府志》卷五十七《经政志四·矿厂》。
⑪ 《燕台口号一百首》，雷梦水等编：《中华竹枝词》第1册，北京古籍出版社1997年版，第118页。

门”。随着中国近代机器工业的兴起，人们对煤炭的需求量猛增，于是出现了许多新兴煤矿和煤炭运输专用铁路。光绪二十年（1894）着手在京西建造铁路，以供运煤专用：“是岁定议造铁路，自卢沟至津，命燏棻充督办。寻授顺天府府尹，疏请展京西支路，首卢沟讫门头沟，便煤运。”①

3.建筑材料

元明时期营建都城时所需的部分物料，来自于北京周边地区。修建元大都时多次从西山等地凿石伐木，至元三年（1266）十二月“凿金口，导卢沟水以漕西山木石”②。另据《元史》记载：“至元十三年，雾灵山伐木官刘氏言，檀州大峪、锥山出铁矿，有司复视之，寻立四冶”。③十四年（1277）置凡山（在今河北涿鹿县东南六十里矾山镇）采木提举司，掌管采伐车辆等杂作木植等事。④元末《析津志》称：“世祖筑城已周，乃于文明门（今崇文门以北）外向东五里立苇场，收苇以蓑城。每岁收百万，以苇排编，自下砌上，恐致摧塌，累朝因之。至文宗有警，用谏者言，因废，此苇止供内厨之需，每岁役市民修补。”⑤

明北京都城营建工程浩大，石料大多来自京城周边的房山、昌平和怀柔等地。房山县大石窝产汉白玉石，“大石窝在县西南四十里黄龙山下，前产青白石，后产白玉石，小者数丈，大至数十丈，宫殿营建多采于此。”⑥昌平出产砂石，永乐帝营建北京，这里是工程所用石料的重要产地之一。昌平西北山区藏有丰富的矿产资源以及灰、沙石料，特别是花岗石、白云石、大理石、石英石等。其中，白虎涧位于昌平阳坊镇境内，这里出产的花岗石亦称“豆渣石”。明代工部在此设置机构专门负责石料采办事宜，“大石窝、白虎涧等处，各有提督，俱外差也”⑦。嘉靖二十三年（1544）夏“建造九庙，大柱石礫取诸西山。每石用骡二百头拽，二十五日至城”⑧。营建宫殿所需的琉璃瓦，均由北京琉璃厂烧造。所用石灰，“永乐以后，马鞍山、磁家务、周口、怀柔等处，各置灰厂，俱以武功三卫军夫采烧搬运赴京，修理内外公廨应用”⑨。

4.其他

地方时鲜的采供，也是明清时期北京与周边地区往来的重要内容。以天津为例，因临河靠海，多产鱼虾蟹蚌。明代正德皇帝多次派遣宦官前往天津收缴新鲜鱼虾，称之为“打鲜”。正德十三年（1518），巡按江西监察御史范辂上疏，弹劾御马监太监毕寘依附刘瑾作

① 《清史稿》卷四百四十二《胡燏棻传》，第12435页。
② 《元史》卷六《世祖本纪三》，第113页。
③ 《元史》卷五十《五行志一》，第1069页。
④ 《元史》卷九十《百官志六》，第2281页。
⑤ 《日下旧闻考》卷三十八《京城总纪》，第597页。
⑥ 《日下旧闻考》卷一百三十《京畿》，第2092页。
⑦ 《酌中志》卷十六《内府职掌·内官监》，第102页。
⑧ 《日下旧闻考》卷三十三《宫室》，第503页。
⑨ 《北京图书馆藏中国历代石刻拓片汇编》第56册，中州古籍出版社1990年版，第198页。

威作福，其中之一就是“先朋逆瑾，在天津打鲜，藉瑾声势吞噬无厌，往来徐扬之间，科敛民财，以数万计民，皆衔入骨髓”①。清初为防止郑成功从海上突袭，朝廷禁止渔民出海捕鱼。到康熙年间放开海禁后，天津海口共有渔船400多只，每年两季出海。这些海船捕捞的鱼类主要输往北京，渔船从海口运至北京要缴纳五道税：第一道税叫做黑土课米银，第二道税在海口，第三道税则是关钞，第四道税在通州马家桥，第五道税为崇文门税关。“每届冬季，崇文门进呈冬笋及冰鲜鱼。冬笋来自楚、皖，分年进京，楚笋当年，则入京在秋杪，皖笋当年，则入京必冬初也。冰鲜产于津沽，以总督署前玉带河所产者为上品，即银鱼也。”②《燕京岁时记》记载天津海货进京情况：三月，黄花鱼大量进京，“初次到京时，由崇文门监督照例呈进，否则为私货，虽有挟带而来者，不敢卖也”③。此外，天津周边亦有多种特产供应北京，如宝坻的大蒜、静海的甜萝卜、蓟县的栗子以及红果等，在丰收季节均作为贡品运往京城。

（四）聚粟致货：天津紧扼国都的经济命脉

十二世纪中叶金朝在今北京旧城区西南定都，作为其东南门户和天然出海口的天津，逐渐崛起为都城的粮食储运枢纽和经济辅助城市。明清时期，京津两地关系愈发密切，康熙《天津府志》称：“天津为卫，去神京二百余里，当南北往来之冲。京师岁食东南数百万之漕，悉道经于此。舟楫之所式临，商贾之所萃集。”④乾隆《天津府志》亦载：“津通舟楫之利，聚天下之粟，致天下之货以利京师。”⑤这座城市既是漕运枢纽与仓储重镇，也是华北地区的水陆商贸中心，紧紧扼住了国都的经济命脉。

1. 天津成为漕运枢纽与仓储重镇

天津位于河海交汇之处，早在金代就成了漕运的枢纽。金朝的河运漕粮每年多达170万石以上，元朝的海运数量高达300余万石。如此庞大的进京粮食，都需至直沽交卸。⑥《元史》记载，借地利之便，元朝直沽盐运司经常借向大都运盐之名，任意拦截商船，并向载运米粟的富商索贿，由此造成商船“狼顾不前，使京师百物涌贵”。⑦

明代永乐年间迁都北京，为满足京城巨大的粮食消费，沿用元朝的漕粮制度，从南方

① 《明武宗实录》卷一百五十九，正德十三年二月戊子。
② 徐珂：《清稗类钞》第1册《朝贡类·冬季进呈冬笋冰鲜》，中华书局1984年版，第410页。
③ 富察敦崇：《燕京岁时记》，北京古籍出版社1981年版，第61页。
④ ［民国］《新校天津卫志》卷首，康熙十三年山东按察司副使薛柱斗之序。
⑤ ［乾隆］《天津府志》卷三十五《艺文志·海门盐坨平浪元侯庙碑记》，第513页。
⑥ 孙德常、周祖常编：《天津近代经济史》，天津社会科学院出版社1990年版，第8页。
⑦ 《元史》卷九十七《食货志五》，第2487页。

运粮以给京师之需。“国家都北，而仰给于南，恃此运河以为命脉”。[①]永乐六年（1408），因北京军储不足，“以瑄充总兵，率舟师海运，岁米百万石”，并建百万仓于直沽尹儿湾城，由天津卫籍兵士万人驻守。[②]十三年（1415），停止海运漕粮，在湖广、江西造平底浅船三千艘，由河岁运三百万石米粮至京。[③]清朝定鼎中原仍建都北京，并沿袭明朝的漕运制度，每年由南方运输漕粮四百万石以给京师。天津作为运河段终点的前站，“北近京师，东连海岱，天下粮艘商舶鱼贯而进，殆无虚日”，[④]拥有非常重要的地位，“北拱神京，南控诸夏，东连沧海，西望太行，形胜甲于天下，盖畿辅一都会哉，其间轮蹄辐辏，舳舻扬帆，往来交错，尽昼夜而无止，天庾之挽运，蒸民之懋迁，道取诸此”。[⑤]

运京漕粮因各种原因经常在天津截留暂存。明宣德四年（1429），“因风浪坏船滞留在途，今天气已寒，乞于近河仓分收贮为便”，下令“已过武清者令于通州仓收，未至者于武清仓收”。[⑥]景泰六年（1455），因“沙湾河决，漕运不便”，将“三十六万余石寄放天津等三卫”。[⑦]天顺六年（1462）因漕船迟滞“运粮船尚有三四千在临清”，如果令其抵通交纳而回，“船既冻阻，必误下年运粮”，着令“除冻前到通州外，其余可到天津者，可到德州者，俱就彼收贮，以待下年带运”，如此则“船无冻阻，粮无亏欠”。[⑧]成化八年（1472），由于至十一月份“尚有未到者一百一十余万石”，下令“贮于天津等五处水次仓，以俟支运”。[⑨]正德六年（1511），“粮运未至者尚百六十余万”，“乘河未冻催督，前运贮通州、天津仓，后运贮临清、德州仓”。[⑩]

为存储南来漕粮，朝廷在天津设置了多座仓储。永乐二年（1404），“令于小直沽起盖芦囤二百八座，约收粮一十万四千石，河西务起盖仓囤一百六十间，约收粮一十四万五千石，转运北京”。[⑪]针对有粮食自海道运来，三年（1405）又命“平江伯陈于天津卫城北造露囤千四百所，储海运粮”。[⑫]十三年（1415）漕粮海运废止，因“罢海运，从里河运粮，令天津卫官建盖仓廒贮粮”。宣德间增置三仓，分隶于三卫，分别是：天津卫大运仓，共六廒，计三十间，包括官厅三间，门楼一座；天津左卫大盈仓，有九廒，计四十五间，官厅三间，土地祠一所，门楼一座；右卫广备仓，共有七廒，计三十五间，其中亦包括官厅

① 王在晋：《通漕类编》卷五《河渠·漕河总论》，《四库全书存目》史部275册，第368页。
② ［光绪］《天津府志》卷三十《经政四·海运》，第1081页。
③ 谷应泰：《明史纪事本末》卷二十四《河槽转运》，中华书局1977年版，第377页。
④ ［乾隆］《天津府志》卷三十八《艺文·天津卫旧志跋（明，吕盛）》，第555页。
⑤ ［同治］《续天津县志》卷二《形胜》，第285页。
⑥ 《明宣宗实录》卷五十九，宣德四年十一月戊申。
⑦ 《明英宗实录》卷二百五十，景泰六年二月丙申。
⑧ 《明英宗实录》卷四百四十五，天顺六年冬十月丁亥。
⑨ 《明宪宗实录》卷一百一十，成化八年十一月己亥。
⑩ 《明武宗实录》卷七十九，正德六年九月丁巳。
⑪ 《漕运通志》卷八《漕例略》，北京图书馆古籍珍本丛刊（56），第457页。
⑫ 《明太宗实录》卷四十四，永乐三年七月庚戌。

三间，关王庙一所，门楼一座，“命户部主事一员管理”。[①]《明神宗实录》明确记载：“命户部主事赵谦管天津仓。”[②]监管仓廒的户部分司“每三年差官监督收放，盖防奸伪之滋也，兹后岁一更官”。[③]《万历会计录》记载，万历十四年（1586）令“内外各仓场监督、收放粮草郎中主事等官，一年一代，回日备开数目缴部，仍将经行卷簿相接交割，若有亏折欺蔽，续差官员径自具奏”。[④]

明代对于仓廒之巡视兵丁及仓储防卫等事务，管理也十分严密。宣德三年（1428）下令：“凡设内外卫所仓每仓置一门，榜曰某卫仓；三间为一廒，廒置一门，榜曰某卫某字号廒。凡收支，非纳户及关粮之人不许入。每季差监察御使、户部属官、锦衣卫千百户各一员，往来巡察各仓门，以致仕武官各二员率老幼军丁十名看守，半年更代。仓外置冷铺，以军丁三名巡警在外仓，”。如仓廒发生偷盗行为必令严惩，“凡军民偷盗，官吏斗级通同者，正犯处斩，仍追所盗粮入官；全家发边远充军，给家产一半赏首告者。同盗能首者免本罪，亦给被首告家产一半充赏。其揽纳虚收及虚出通关者，罪同偷盗”。景泰三年（1452）对于仓场管理出台了多项措施，包括：革各仓场致仕武官守把门禁，止令办事官一员管理；各仓斗级、库子开写年甲、乡贯、住址，编造文册，候巡视官员点闸；各仓官攒、斗级人等，不许勒要纳户分例晒米地铺及关粮人抬斛等项钱物；各仓监收官员严督官攒、库斗人等修葺仓场，开通沟渠，其旷职坐视淹没粮草者，拿问追赔。[⑤]

明清时期天津地区的漕粮仓廒以北仓规模最大，“实关通省之积贮，其收放米石，经前总督李卫题定，照京通二仓例遵行”。[⑥]北仓主要存贮天津截留的漕粮，雍正三年（1725）因为“湖北、湖南之米截留二十万石，存贮天津”，故命“托时前往天津，会同莽鹄立、柯乔年详审地形，或另择高阜之处，或将旧基培垫，交与利瓦伊钧亲同当时经手之员，赔补修造，即著莽鹄立、柯乔年监督工程”。[⑦]此后“凡遇截留漕米，并奉天等处采买由海运津米，俱贮仓内”。[⑧]建造之初，北仓“除仓斗数名严谕其昼夜巡守外，业经牌行该管武清县，令其差役协守”，“但贮漕重地仓斗衙役均难信托，再佐贰各员虽奉檄委，然亦各有所司，久远专任似多未便”，于是“专设仓大使一员管理仓务，以专责守”，后经兵部右侍郎李绂题请，允准设立北仓大使一员。[⑨]北仓大使之下辖有门子、皂隶、斗级、仓夫等夫役，并且北仓大使及其下属夫役俱被给予俸银和工食银，北仓大使“俸银三十一两五钱二分；门

---

① ［康熙］《天津卫志》卷一《建置》，《天津通志·旧志点校卷（上）》，南开大学出版社1999年版，第21页。
② 《明神宗实录》卷五百二十八，万历四十三年正月己巳。
③ ［乾隆］《天津县志》卷二十《艺文·户部分司题名记》，《天津通志·旧志点校卷（中）》，南开大学出版社2001年版，第211页。
④ 张学颜：《万历会计录》卷三十六《仓场·沿革事例》，北京图书馆古籍珍本丛刊（53），第1149页。
⑤ 《古今图书集成·考工典》第六十一卷《仓廪部汇考二》。
⑥ ［乾隆］《天津县志》卷七《城池公署志·仓廒》，第73页。
⑦ 《清世宗实录》卷三十五，雍正三年八月辛卯。
⑧ 《清高宗实录》卷四百五十九，乾隆十九年三月下己卯。
⑨ 李绂：《穆堂别稿》卷三十一《请设天津北仓大使疏》，清乾隆十二年刻本。

子一名，工食银六两；皂隶二名，工食银十二两；斗级八名，工食银四十八两；仓夫二十名，工食银一百二十两”，俱从天津存留银内支给。[①]后来，因北仓所存漕米“非州县常平可比，天津县恐不足弹压”，因此奏请“嗣后责成天津道，率同该县管理”，被允准。[②]乾隆二十九年（1764），因令北仓大使兼西沽巡检，于是“裁仓夫四名，改设弓兵，添设攒典一名”。嘉庆六年（1801），北仓“失于修理，墙垣倒坏，廒座塌陷”，奉谕对其进行修整。[③]十三年（1808），在北仓截留南漕，于是“责成天津镇总兵本智，酌拨官兵，分派防守，昼夜巡逻，并于仓廒四角，俱添盖兵房数间，俾资栖止，如有偷窃情事，即行严拿惩办，该总兵亦当不时亲往查察”。[④]嘉庆年间，北仓廒仍旧为四十八座，但每座由原来的五间变成了十五间，“统计为七百二十间，抱厦四十八间，气楼四十座”。其修建后初由地方官经理，“迨至嘉庆十二年，始据芦商呈请捐修，只系揭瓦头停挑换木植，补砌墙垣，粘补渗漏，并未大修”。十五年（1810），盐政嵩年亲往查勘，修补完整，“酌量情形分为三年次第兴修，先修十八座，计二百七十间，于十六年春融冰泮，将廒内米石由仓场侍郎饬属赶运，腾廒修整。缓修三十座，计四百五十间，于十七、十八两年分修”。[⑤]

作为漕船转运的重要枢纽，明朝天津三卫额定拥有运船三十七只，配备正贴旗军七百四十余名，从事交卸转搬等工役，还拨派人丁一千五百余名，随时修浚河道、牵挽船只，保障漕粮顺利通过。[⑥]明代天津关多次对于漕粮剥运船只免税。《大明会典》载，弘治七年（1494）令“河西务收钞尾官及各处钞关，凡经过官民粮米剥船俱免纳钱钞”。[⑦]清代为能及时转运漕粮，就近雇觅民船剥运漕粮。此类船只过关均免课税，其历年免税情况请参见表4-4。但因收入微少，民船多疲敝。乾隆五十年（1785），因南漕到关较迟，而剥船早已预备，“守候日久，以致船户畏避不前，民船日渐稀少”。[⑧]

表4-4 清代乾隆年间天津关免漕粮剥船税额表

单位：两

年代	税额	年代	税额
乾隆14.5.18—15.5.17	1142	乾隆32.10.18—33.10.17	2578
乾隆15.5.18—16.5.17	2211	乾隆33.10.18—34.10.17	2558
乾隆16.5.18—17.4.17	2186	乾隆34.10.18—35.9.17	2654
乾隆17.4.18—18.4.17	1992	乾隆35.9.18—36.9.17	2522

① ［乾隆］《天津县志》卷十二《田赋志·存留银》，第115页。
② 《清高宗实录》卷四百五十九，乾隆十九年三月下己卯。
③ 《钦定户部漕运全书》卷五十四《修建仓廒》，《续修四库全书》第836册，第571—572页。
④ 《清仁宗实录》卷一百九十八，嘉庆十三年七月上己巳。
⑤ 《钦定户部漕运全书》卷五十四《修建仓廒》，《续修四库全书》第836册，第581—583。
⑥ 蒋曙：《兴革利弊疏·天津事宜》，《明经世文编》卷一百七十五《竹塘集》，第1780页。
⑦ 《大明会典》卷三百二十五《户部二十二》。
⑧ ［嘉庆］《长芦盐法志》卷十六《奏疏下》，第262页。

续表

年代	税额	年代	税额
乾隆19.4.18—20.3.17	1996	乾隆36.9.18—37.9.17	2543
乾隆20.3.18—21.3.17	2001	乾隆37.9.18—38.8.17	2513
乾隆21.3.18—22.2.17	1562	乾隆38.8.18—39.8.17	2533
乾隆22.2.18—23.2.17	2111	乾隆39.8.18—40.8.17	2514
乾隆23.2.18—24.2.17	2236	乾隆40.8.18—41.7.17	2421
乾隆24.2.18—25.1.17	2347	乾隆41.7.18—42.7.17	2550
乾隆25.1.18—26.1.17	2543	乾隆42.7.18—43.6.17	2129
乾隆26.1.18—27.1.17	1983	乾隆43.6.18—44.6.17	2082
乾隆27.1.18—27.12.17	2013	乾隆44.6.18—45.6.17	1864
乾隆27.12.18—28.12.17	2353	乾隆45.6.18—46.5.17	1835
乾隆28.12.18—29.12.17	2561	乾隆46.5.18—47.5.17	1179
乾隆29.12.18—30.11.17	2552	乾隆47.5.18—48.5.17	1124
乾隆30.11.18—31.11.17	2573	乾隆48.5.18—49.4.17	1242
乾隆31.11.18—32.10.17	2575	乾隆50.4.18—51.4.17	1179

资料来源：根据中国第一历史档案馆藏朱批财政类档案统计。

由表可见，乾隆年间天津关免征河西务剥料银数额自1100余两至2500余两不等。免征剥料银政策应自乾隆十五年（1750）为始，一直延续到清末。其数额多少随南来漕粮的数量和进一步转运北京的漕粮多少有关。

自明而始漕船允许携带一定数量的土宜沿途售卖。“舟行附载南省百货，若遇行走迅速，货物流通，商贾、居民咸资其利。”①清初载粮北上的漕船多达一万二千余只，乾嘉以后，每船可达一二千石，但“所装额米不过六百石，此外悉供运水手广载私货”。②“贸易土宜，利倍十一。”③档案记载统计，自乾隆三十七年至四十七年，11年间天津关共免河西务旗丁土宜税银32067两。④清代各年免税土宜数额请参见表4-5：

表4-5　清代乾隆年间天津关免过漕船土宜数额表

单位：两

时间	税额	时间	税额
乾隆36.9.18—37.9.17	6076	乾隆42.7.18—43.6.17	224
乾隆37.9.18—38.8.17	3818	乾隆43.6.18—44.6.17	89

① 《清朝续文献通考》卷七十五《国用·漕运》。

② 鄂尔泰：《改漕船修水利疏》，《清经世文编》卷四十七《户政二十二·漕运中》。

③ 《清朝通典》卷十一《食货·漕运》。

④ 根据中国第一历史档案馆藏关税奏折整理。

续表

时间	税额	时间	税额
乾隆38.8.18—39.8.17	5945	乾隆44.6.18—45.6.17	1667
乾隆39.8.18—40.8.17	3802	乾隆45.6.18—46.5.17	982
乾隆40.8.18—41.7.17	5802	乾隆46.5.18—47.5.17	550
乾隆41.7.18—42.7.17	3112		

资料来源：根据中国第一历史档案馆藏朱批奏折统计。

2.经由天津转运的各类商品

粮食之外，作为京师物资流动的大门和存储地之一，南来以及由海路运往北京的货物均需在天津转运之后再运往北京城销售。

清代每年由闽广商船所带的糖、纸张等，大多经由天津贩往北京售卖。档案记载："天津关税有闽广客贩杂货洋船一项，每年于夏秋之间乘风进口，船大货多，钱粮因而丰盛，故津关旺月每年俱在于六、七、八、九等月"洋船进口之时[①]。雍正元年（1723），至少有福建龙溪、晋江、同安等县的5只海船抵津贸易[②]。三年（1725），至少有7只闽船抵达天津[③]。七年（1729）六、七两月，有22只闽广商船"陆续抵关"[④]。九年（1731），有53只海船抵津[⑤]。十年（1732），共有45只海船抵津[⑥]。闽广海船所载商货以糖、瓷器、纸张、茶叶等为大宗。以雍正九年的53只海船为例，其中有45只载有糖货，共计34100余包（桶）；有10只载有瓷器，共计54万余件；12只载有纸张，23只载有茶叶；其他商货还有苏木、胡椒、干鲜果品、药材、海味等。随船北上的这些纸张多产自闽江上游的延平、邵武二府，在天津过关验货后由此转运北京。[⑦]

表4-6是这53只海船载运商品示例。

表4-6 雍正九年53只抵津海船运载商品示例

商品种类	商品品种数量	船只数	船籍
糖	白糖17033包，松糖16427包（篓），冰糖672桶	45只	福建晋江、同安、龙溪、莆田、闽县；浙江鄞县
瓷 器	粗瓷器：碗盘茶钟酒盅等512620件+5篓细瓷器：五簋碗、宫碗等28890件	10只	福建晋江、莆田、闽县

① 中国第一历史档案馆藏朱批奏折：乾隆八年闰四月二十九日三保奏折。

② 《雍正朝汉文朱批奏折汇编》第1册，第817—818页，雍正元年八月十一日直隶巡抚李维钧奏折。

③ 《雍正朝汉文朱批奏折汇编》第6册，第12、74、269页，雍正三年九月初一、九月初七、十月初三日直隶总督臣蔡珽奏折。

④ 《雍正朝汉文朱批奏折汇编》，第15册，第904页，雍正七年七月二十七日直隶总督唐执玉奏折；第16册，第324页，雍正七年八月初九日唐执玉奏折。

⑤ 《雍正朝汉文朱批奏折汇编》第21册，第611—618页，雍正九年十二月十五日直隶总督刘於义奏折。

⑥ 《雍正朝汉文朱批奏折汇编》，第23册，第570—572页，雍正十年十一月初十日直隶总督李卫奏折。

⑦ 许檀：《清代前期的沿海贸易与天津城市的崛起》。《城市史研究》第13—14辑，天津古籍出版社1997年版，第91页。

续表

商品种类	商品品种数量	船只数	船籍
纸张	48233篓 + 1205块	12只	福建闽县、莆田
茶叶	2108篓 +1594斤	23只	福建晋江、同安、龙溪、莆田、闽县
其他	苏木22800斤、胡椒71包，桔饼500余桶，乌梅、槟榔、元眼、桂圆、佛手等500余篓（桶、包），陈皮、桔皮、门冬、枳实、栀子、香附等260余袋（包），绍兴酒451坛、笋396篓、姜140桶，以及烟、花生、鱼翅、紫菜、海粉、红曲、白矾、生漆、松香、鱼鳔、鞭杆等	40只	福建晋江、同安、龙溪、莆田、闽县

资料来源：《雍正朝汉文朱批奏折汇编》第21册，雍正九年十二月十五日直隶总督刘於义奏折。

乾嘉年间，闽广海船来津数量有大幅度的增长。乾隆元年（1736）抵津海船78只，七年（1742）为90余只，八年（1743）为105只[①]；嘉庆四年（1799）"夏秋间闽粤海船来津贸易者"计有127只，嘉庆五年为182只[②]。闽广海船的数量多寡，直接影响到天津关税的盈绌。嘉庆初年的奏报称：天津关"税课向赖闽粤海船来津贸易为大宗，每年进口闽、粤各船均有一百数十只至一百只上下，通年比较方无短绌"；若闽粤海船来津数量减少，即致税收短少。[③]嘉庆四年（1799）"闽粤海船来津贸易者计有一百二十七只……是以钱粮旺盛"，该年共征收税银108123两；嘉庆五年（1800）"闽粤海船来津贸易者"共计182只，该年实征税银111716余两，比上届又多3500余两[④]。这两年是嘉庆朝征收关税最多的年份。嘉庆八年（1803）分到津闽广海船86只，实征税银97387两，与五年相比，少收银14300余两；九年（1804）分抵津闽广海船99只，征银100346两，比五年少收银11300余两[⑤]。

除海路商船之外，运河虽然主要走漕船，但也有部分商船装载货物北上到京售卖。档案记载："天津关惟赖南来货物船只及闽广海船载来糖斤等货，征收税料。"[⑥]以上所谓"南来货物船只"当指运河商船，包括"油船、茶船、杂货等项船只"[⑦]，以及"河南、山东豆麦船只"[⑧]。因此，从天津关的征收情况，也可以反观至此转运到北京的商货状况。乾隆七年（1742），虽因"江南偶被水灾，南来货物稀少"，但有大量河南、山东豆麦船只"北上

① 中国第一历史档案馆藏朱批奏折：乾隆元年八月初八日三保奏折；乾隆九年七月二十五日伊拉齐奏折。
② 中国第一历史档案馆藏朱批奏折：嘉庆四年十一月二十四日观豫折；嘉庆五年十一月初九日那苏图奏折。
③ 台湾藏档：嘉庆二年正月二十七日董椿奏折，该资料为邓亦兵先生提供。
④ 中国第一历史档案馆藏朱批奏折：嘉庆四年十一月二十四日观豫折；嘉庆五年十一月初九日那苏图奏折。
⑤ 中国第一历史档案馆藏朱批奏折：嘉庆八年九月二十一赛尚阿奏折；嘉庆九年九月十九日珠隆阿奏折。
⑥ 中国第一历史档案馆藏朱批奏折：乾隆三十一年十一月二十五日高诚奏折。
⑦ 中国第一历史档案馆藏朱批奏折：乾隆五十一年五月十二日征瑞奏折。
⑧ 中国第一历史档案馆藏朱批奏折：乾隆八年闰四月二十九日三保奏折。

来津，征收船料，钱粮尚觉较丰”[①]。二十八年（1763），“因南来货物多于往岁……是以所收盈余较常丰裕”。该年除正额盈余93700余两之外，还征收“额外盈余银”25176两零，总计征银121300余两[②]，首次突破12万两。五十年（1785）春季，因“运河水势浅阻，一切油船、茶船、杂粮、杂货等项船只尚未通行”，再加上“近地民船又因上年截留北仓存贮漕米悉受雇剥运，是以过关货船较少”。该年实征关税96916两零，比四十九年少收银11900余两[③]。五十一年（1786）、五十二年（1787），同样因运河“水势浅阻，一切油船、茶船、杂货等项船只未能及时流通，以致商贩稀少”，所征税银虽较五十年有所增加，但与四十九年（1784）相比仍分别减少7300和9700余两[④]。其中乾隆五十一年天津关奏折称，“伏查南省货物为京城民间日用所必需，而粮船所带，有江浙之货、有江广之货。江浙之布匹、丝线等物，尚有客商自行贩载，惟江西、湖广之竹、木、瓷器、纸、油等物，全赖粮船携带”。因上年河道浅阻，各帮船将货物中途起卸，计过津关者，十无二三。到本年江浙各帮及湖南三帮，俱经过津。查验各船，虽有货物，究不比往年之多。亦缘上年客货附搭无利，是以本年除旗丁土宜之外，揽载甚少。此时京师货物虽销为流通，仍恐未能充足。[⑤]咸丰年间，每年由闽广地区抵津商船不下二百余只，其中苏泰安等人每年自广东驾船贩运木植以及洋镜、洋钟等熟货来京售卖。商人抵津后，先在“户海两关照例纳税”，但因通永道关役乘机勒索，商货只可减价出售。[⑥]

值得注意的是，清代从闽广等地来津贸易商船数量，随直隶地区的丰歉状况而定。乾隆八年（1743）夏秋之间天津、河间等处雨泽稀少，米谷歉收，但津关所到闽船“更倍往昔”，以致“货物堆积难销”。[⑦]九年（1744），到关闽船三十余只，虽较往年闽船稀少，货物无多，但相较雍正时期亦属无绌。[⑧]三十六年（1771），“夏间河水涨发，直属村庄被水较多，货物难以销售”，当年闽广洋船少来六只，天津关税额比上年少收额外盈余二千七百余两。[⑨]道光年间，闽广船只开始捎带鸦片前来天津分售各处，“京城及直隶、河南、山陕数处烟土皆由天津兴贩而来，而天津之烟土则由洋船之夹带”。鸦片运至天津之后，其中又有部分转运到京城。当时有“潮义客店、大有客店、岭南栈房代为包办关税分销各货及鸦片烟土，并在洋货街开设之洋货铺，在针市街之洋货局亦代售销，大伙兴贩则由潮义、

① 中国第一历史档案馆藏朱批奏折：乾隆八年闰四月二十九日三保奏折。
② 中国第一历史档案馆藏朱批奏折：乾隆二十八年十二月二十二日高诚奏折。
③ 中国第一历史档案馆藏朱批奏折：乾隆五十年四月二十六日征瑞奏折。
④ 中国第一历史档案馆藏朱批奏折：乾隆五十一年五月十二日征瑞奏折；乾隆五十二年四月初四日穆腾额奏折；《宫中档乾隆朝奏折》第63辑，第812—813页。
⑤ 乾隆五十一年九月二十四日长芦盐政征瑞奏折，《宫中档乾隆朝奏折》第61辑，第604页。
⑥ 《筹办夷务始末补遗》，咸丰朝第1册，第218—220页。
⑦ 档案：乾隆十年五月十六日高斌奏折。
⑧ 档案：乾隆九年七月二十五日伊拉齐奏折。
⑨ 档案：乾隆三十六年十月十七日西宁奏折。

大有、岭南栈房三处经手。凡山陕等处商贾来津销货后，即转贩烟土回藉，京城有往贩土者，该铺户遣人包送”。[①]

为了保障京津两地经济往来，两地之间的通道也不断得以修整。乾隆帝《重修朝阳门石道碑文》记载：“直省漕艘估舶，帆樯数千里，经天津北上，至潞城而止，是为外河。引玉泉之水，由京师汇大通桥，东流以达于潞，用以转运者，是为内河。然外阔而内狭，故自太仓官廪兵糈暨廛市南北百货，或舍舟遵陆，径趋朝阳门。以舟缓而车便，南北之用有不同也。其间轮蹄络织，曳挽邪许，欢声彻昕夕不休，故常以四十里之道备水陆要冲。而旧制初未甃石，往往积涔成洼，经潦作泞，行者弗不便焉。”因对此道进行重修，工程始于乾隆二十二年（1757）十月，于二十五年（1760）七月落成。[②]乾隆十三年（1748）二月丙寅，钦差大学士高斌议奏“查天津西沽起，至桃花口止，原为自津通京大道。先后建筑叠道十余里，以次捍御，亦便行旅。尚有桃花寺迤北至桃花口一段未筑，今据那苏图议，请于此处加筑叠道三百丈，及加帮填补旧工，并补筑堤尾三丈，遵旨踏看，实属有益，应请兴工报闻。”[③]

（五）民生所系：粮食与食盐的商品化过程

自辽金以来，都城庞大的粮食消费需求以南运漕粮为主要供应方式。明清以来积水潭不再通行漕船，每年大量南来漕粮经过运河直达通州，由此形成了以通州为中心的粮食集散市场。这里不仅有漕粮，还有大量商人贩运来的商品粮。同时，食盐作为政府的专卖商品，它的流通对于国计民生关系重大。上述两类特殊物资的流通过程，带动了明清时期京津冀区域经济关系的重要转变。

1.京城粮食市场

明清时期的北京与周边地区，已经形成了紧密的粮食调配关系链。清代曾鼓励南运漕粮到京之后，如有剩米可由畿辅地方收买以备赈济之用，“旗丁多余米石，原欲卖与民间希图得价，若畿辅地方官出价收买，以备赈粜之用，似于公私两便。”[④]乾隆四年（1739），“因连年直隶歉收，米粮短少”，令“直督官买旗丁余米”，以供给“畿辅地方需米”。[⑤]如遇畿辅地方歉收，京城米价上涨，则鼓励“商人出口往来贩运，以资接济。”[⑥]同时，京城粮店也经常向周边地区购运粮食，嘉庆年间有广宁门内德成、德聚粮店，从“涿州成泰粮

① 《筹办夷务始末》，道光朝第2册，第576—577页。

② 《日下旧闻考》卷八十八《郊坰》，第1480页。

③ 《清高宗实录》卷三百八，乾隆十三年二月丙寅。

④ 《漕运则例纂》卷十六《通漕禁令·侵盗折乾》。

⑤ 《清高宗实录》卷九十九，乾隆四年八月甲午。

⑥ 《八旗通志》卷七十七《土田志十六》，《文津阁四库全书清史资料汇刊》史部第七八，商务印书馆2006年。

店”购买“麦子一百六十余石”用以售卖。[①]

紧密的粮食运销关系，使得周边地区一旦遭遇灾歉，则直接影响到京城的粮食价格。雍正元年（1723），因为“近几年直隶附近地方粮食歉收，京城米价较前上涨。”[②]乾隆十六年（1751）二月，由于京城东南一带受灾，导致京城“米价腾贵，民多赴京买食，致京师米价日昂”。[③]七月又因“秋雨数次，道途泥泞，四乡杂粮尚未运至”，京城粮价上涨；待天气转晴之后又有四乡杂粮运入，京城“米价大减，于未增以前无异。”[④]三十一年（1766），“大兴、宛平二县八月粮价各有增长”，经查明是因为“雄县白沟河、霸州苏家桥等处，有河间天津商民，因与德州临清一水可通，多在水次收买粟米转贩射利”，导致京城粮价时涨时落。[⑤]四十年（1775），“近日京师粮价较上年四、五月稍增”，是因为“昨秋天津、河间一带地方歉收所致。”[⑥]嘉庆七年（1802），“京城米价上年因直隶被有水灾一时增长”。[⑦]道光二年（1822），“因近京各州县被潦欠收”，导致北京“五城米价腾贵”；[⑧]四年（1824），“上年四乡薄收，现在京城米价增至一倍有余，民食不无拮据”[⑨]；十二年（1832），“京畿一带甚形亢旱，麦收欠薄”，导致京城粮价增昂。[⑩]

通州是京师门户，也是“漕粮交卸之区”[⑪]，漕船行驶到通州即是运河的终点，至此或就地存贮仓储，或改驳车船运至北京城。顺治六年（1649）巡仓御史称：“漕粮、杂粮起卸，原各有地，如通州东门外，天下漕粮毕集之所。”[⑫]清代还允许旗人将余米在此售卖，康熙年间即有八旗官兵“以所支之米不运至家，惟图微利，一时即行变卖”。[⑬]他们更多的是将剩米在此变卖，“向来旗丁余米，准在通州变卖以资日用”。[⑭]漕粮之外，还有大量商品粮运到通州地区售卖。最初为保障漕粮到京起卸便利，客贩粮船“俱在张家湾起卸，不许抵通”，并下令“粮店归于张家湾，其通门新盖铺店，听改别项生理”。此后又改为“每岁粮艘抵坝，民间贩卖杂粮船只不得拥挤停泊土、石二坝。至东门新开店房，仍令照旧贸

① 《军机处录副奏折》嘉庆十年六月初五日步军统领禄康等奏折，档案号03-2439-003。

② 雍正元年二月初九日西城巡城御史鄂齐善奏折，见第一历史档案馆译编《雍正朝满文朱批奏折全译》上册，黄山书社1998年版，第30页。

③ 《清高宗实录》卷三百八十三，乾隆十六年二月癸未。

④ 乾隆十六年七月二十三日舒赫德奏折，《宫中档乾隆朝奏折》第1辑，第231页。

⑤ 《清高宗实录》卷七百六十七，乾隆三十一年八月丙寅。

⑥ 《清高宗实录》卷九百八十二，乾隆四十年五月丁巳。

⑦ 中国第一历史档案馆藏录副奏折：嘉庆七年八月二十九日浙江道监察御史泰维岳奏折，档案号03-1841-033。

⑧ 《清宣宗实录》卷四十五，道光二年十一月庚寅。

⑨ 中国第一历史档案馆藏军机处录副奏折：道光四年三月初五日湖广道监察御史嵩山奏折，档案号03-3920-023。

⑩ 《清宣宗实录》卷二百一十四，道光十二年六月己亥。

⑪ 《漕运全书》卷六十三《京通粮储·支放粮米》。

⑫ 《漕运全书》卷十八《京通粮储·历年成案》。

⑬ 《清圣祖实录》卷二百一十一，康熙四十九年正月庚寅。

⑭ 《清高宗实录》卷一千五十五，乾隆四十三年四月丙午。

易，但粮到之日不得买卖粳、粟二米，以滋运官盗卖之弊”。[①]自康熙年间“允许民船行走”，不过得要避让漕船。[②]乾隆年间，通州地区的民间粮食贸易便已十分兴盛，“通州地方为水陆总汇之区，凡山东、河南及直隶之大名、天津，江南之徐州等处，出产麦石，各处商人每年自二月开河以后，陆续装运来通，数至五六十万不等。该州东关有永茂、永成、福聚、涌源四大堆房，每石无论停贮久暂，得价一分，租给商人堆贮，陆续卖给京城及通州本地铺户。当年消售大半，至次年新麦运到，则将上年之麦，全行粜完，从无堆积，此历年兴贩消售之成规也。”乾隆四十二年（1777），“商人张圣如等二百二十余家，自各处贩运麦五十三万九千余石”。[③]另外，张家湾、马驹桥等地也是较大的粮食市场。

2.天津与周边地区的粮食流通

清代京畿地区粮食不足部分，或遇灾歉需调集粮食平抑，一般都经由奉天等地海运至天津，再输入直隶地区。[④]康熙年间，初以“津邑濒海，粮储不足，半资奉省米豆，准由商民运船往来，因征海税。”[⑤]方志记载，“康熙间，海上官纲户郑世泰以天津地薄人稠，虽丰收不敷民食，吁恳圣祖仁皇帝，用海舟贩运奉天米谷，以济津民。蒙恩俞允，官给龙票，出入海口照验放行。”[⑥]雍正三年（1725），“天津等处地方被水，米价甚是腾贵”，令盛京将军、奉天府尹调拨粮食“十万石由海运至天津新仓”，同时下令“若有自海运粮之商人，不必禁止，听其运至天津贸易”。[⑦]乾隆三年（1738）“直隶地方歉收，粮价昂贵”，朝廷允许商人“将奉天米石，由海洋贩运，畿辅米价得以渐减”。而在“弛禁一年之期将满，而直隶尚在需米之际，天津等处价值未平，又降旨宽限一年，民颇称便。”自此以后“奉天海洋运米赴天津等处之商船，听其流通，不必禁止。若遇奉天收成平常，米粮不足之年，该将军奏闻请旨，再申禁约。”[⑧]此后，奉天粮食海运天津基本放开。乾隆中叶以降，随着东北地区开发的深入，东北粮食的输出最终全面开禁。天津赴东北贩粮的商船，康熙时“不过十数艘”，乾隆年间渐增至数百艘。[⑨]乾隆四十三年（1778）六月至十月，前往锦州贩粮的天津商船就有199只，其中“往回三次者四十四只，二次者九十只”，共计377船次。[⑩]嘉庆年间监察御史牟昌裕有言：“天津粮船于东省贩买米石，向在锦、盖、复、宁等州，而边外之粟得以辗转出卖，获有善价，亦大便利”；其时，“天津一县向来以商贩东省粮石营生者，

① 《漕运全书》卷十八《京通粮储·历年成案》。

② 《清圣祖实录》卷一百七十四，康熙三十五年七月丙辰。

③ [乾隆]《通州志》卷十《艺文·疏议》，《华东师范大学图书馆藏稀见方志丛刊》，北京图书馆出版社2005年版。

④ 《清高宗实录》卷一百三，乾隆四年十月戊子。

⑤ [光绪]《重修天津府志》卷三十三《榷税》，第1108页。

⑥ [同治]《续天津县志》卷六《海运·附奉天贩运》，第304页。

⑦ [乾隆]《天津县志》卷一《纪恩》，第25页。

⑧ 《清高宗实录》卷九十一，乾隆四年四月己亥；卷一百三，乾隆四年十月戊子。

⑨ [同治]《续天津县志》卷六《海运·附奉天贩运》，第304页。

⑩ 《宫中档乾隆朝奏折》第45辑，乾隆四十三年十一月二十六日直隶天津道明兴奏折，第672页。

每岁约船六百余只，每船往返各四五次或五六次不等。”①

“直省民食全赖奉天、豫东各省粮米接济”，作为“水陆汇集之所，商贩流通之地”的天津，便成为直省地区粮食交易的中间市场。乾隆四十三年（1778）四月谕令：“向来京师市肆麦石，大半由豫、东二省商贩前来，以资民食。今年河南、山东二省，春膏未渥，麦收未免歉薄，恐北来贩运，不能源源接济，将来京师麦价，未免渐昂，自应豫为筹办。因思盛京各府属，本年雨水调匀，麦收自必丰稔，且彼处粮价，本视他省较贱。著传谕弘晌等，酌量情形，采买二三十万石，即由海道，运至天津，届期接运至京，以供平粜，俾市粮充裕，于民食更为有裨。再此项麦石，如现在该处时价，较往年采买定值略昂，即不妨酌量稍增，不必用官价抑买。”②五十二年（1787），直隶总督刘峨奏称：“天津城外向有粮食堆房五处，内四处开设河东，专卸奉天海运杂粮；一处开设河西，专卸豫、东二省米粮。查天津……原系四处流通之所，如保定、河间、正定、顺德、广平、大名等府，赵州、冀州、深州、定州等直隶州，以及顺天府四路同知所属各州县民间口食，全赖天津水运接济。”因当年天津堆房内“存贮杂粮以及甫经到津在船尚未起卸米粮共计三万六千四百余石”，其中有“已经四外商人认买装上船尚未开行者一万四千余石；有已经商人买定，现在兑斛上船尚未载完者六千余石；有暂贮堆房以及海运初到在船未卸，待商承买者共计一万五千余石”。天津粮食交易发达，四乡居民均自此购粮，“天津城乡粮食铺户每铺存贮多者不过六七十石，少者三四十石”，其“成总买自堆房，零星粜于百姓，因附近堆房转买较易，堆房无囤积”。③

京城旗丁如有余粮，也允许在“天津一带沿途售卖”。④嘉庆十九年（1814）奏报，因天津米价较高，就有京城商贩运粮出广渠门外，“运往天津售卖”。另外也有“天津县属蒲口开大来米店”的商人，到京城东珠市口买粮。⑤如遇天津米价昂贵，北京商人贩运粮米前往售卖。“天津米价昂贵，起意兴贩渔利，买得细稄米运至天津丁兆歧斗行散卖。”据登记簿所载，“复兴系霍四店号，住在珠市口。达子号系达大把。郭客即郭四均住在长营。高客系高大，住在观音堂。贾客系贾大住在玻璃营，均系京城内外人氏。”丁兆歧称，“因伊等来行内贩卖粮食多次，始得熟识。”⑥对此，直隶总督那彦成认为，这是因为“天津烟户稠密，惟藉商贩米石接济”，所以才有铺户卢尔德等人贩米出城运向天津。对此，朝廷回复道：“京城居民繁庶，百倍天津，此项私运稄米一万四千余石，若云可济天津民食，

① ［光绪］《栖霞县续志》卷九《艺文》，第13—14页。
② 《清高宗实录》卷一千五十四，乾隆四十三年四月癸巳。
③ 《宫中档乾隆朝奏折》第64辑，乾隆五十二年五月十八日直隶总督刘峨奏折，第402—403页。
④ 《漕运则例纂》卷二十《京通粮储·余米·羡》。
⑤ 中国第一历史档案馆藏军机处录副奏折：嘉庆十九年闰二月十三日步军统领英和等奏折。
⑥ 中国第一历史档案馆藏军机处录副奏折：嘉庆十九年五月二十二日大学士管理刑部事务董诰等奏折，档案号03-2232-025。

独不计都城民食骤少此数乎？”[①]然而，“天津一带为漕艘经过通津，正系回漕弊薮”，这种贩运有回漕嫌疑，所以对此仍下令查禁。嘉庆年间，因天津“市镇为商贩辏集之处，其中有由海船搭运粮石，至津销售者”，鉴于天津地近京师，“该处商贩既多，若果拨银采买，即较实价稍增，而比较南粮运京，自多减省。且商贩闻风踊跃来者，倍多于畿辅仓贮，民生均属大有裨益。”[②]

3.河北地区的粮食运销

清代河北地区的粮食贸易也较为发达。康熙《永年县志》记载，当地有“舟载粟、豆至天津，车贩米藕到临清者”。[③]乾隆三十一年（1766）下令，“河间、天津商民，因与德州、临清一水可通，多在水次收买，转贩射利，然于邻省歉地民食有裨，未便概行禁止。”[④]流经保定等地的淀河在乾隆年间疏通之后，“天津一带商民重载，由淀河一水直达，挽输甚便”。[⑤]直隶白沟河“由水道可达天津、山东德州一带”，使得这里成为“各省商贩粮石会萃之所，可以就近采买，以资民食，以筹仓储。”[⑥]光绪《大清会典事例》记载，“天津、临清二关，及通州张家湾马头等处米税宽免征收”，故“商贾闻风踊跃往来贩运，民食无缺，已有成效。”[⑦]

除了大运河、海河等主要河流之外，一些支流也是河北地区货物流通的主要通道。滏水“凡广平、顺德、正定、河间诸郡之米盐刍豆，无不藉以转输”。[⑧]道光年间给事中王玮庆奏称：“闻新城县附近之白沟河，平时富商皆以囤积为渔利之计，积贮最富；涿州之新桥马头亦为富商积之所。”[⑨]在京东地区，“玉田、遵化等州县所管林南仓，平安城子暨开平各镇，有奸商数十家”，其“邀群结伙，买空卖空，把持市价。该商狡诈渔利，并无一粒实粮，但凭纸写，名为批空，增价另售，辗转叠更，以致粮价贵，民食愈艰”。道光帝因此下令总督确查严办，并“谕知各所属州县检查有否此类事情，于各村镇商贾辐辏之地，出示晓谕，以平粮价。”[⑩]另据道光《安州志》记载，该州有北关集市跨大河南北两岸，上通保府，下达天津，“各处米粮可以发船直抵两岸，其余粮市为最近”，卖者下船即可到集，买者下集即可上船，“商不费分外之钱”。[⑪]光绪年间雄县高粱除自用外，多运至白沟、容城

① 《清仁宗实录》卷二百八十八，嘉庆十九年三月乙卯。

② 中国第一历史档案馆编：《嘉庆道光两朝上谕档》第15册，广西师范大学出版社2000年版，第236页。

③ ［康熙］《永年县志》卷十一《风土》，第17页下—18页上。

④ 《清高宗实录》卷七百六十八，乾隆三十一年九月丁丑。

⑤ 《宫中档乾隆朝奏折》第6辑，乾隆十八年十月二十四日直隶总督方观承奏折，第621页。

⑥ 《清宣宗实录》卷四十五，道光二年十一月庚寅。

⑦ 《钦定大清会典事例》卷二百三十九《户部·关税》。

⑧ 《宫中档乾隆朝奏折》第4辑，乾隆十八年三月十六日直隶总督方观承奏折，第814页。

⑨ 《清宣宗实录》卷二百一十六，道光十二年七月戊申。

⑩ 《清宣宗实录》卷二百二十六，道光十二年十一月戊戌。

⑪ ［道光］《安州志》卷二《疆域志》，《中国地方志集成》河北府县志34辑，上海书店、巴蜀书社、江苏古籍出版社，第34页。

等处，用于酿酒；麦粉多由人力车运销北京，或由大车运至白沟河装船，水行百余里至黄土坡，由骆驼驮运北京，或由船运天津，亦有部分由车运至省城保定销售。①

4.长芦盐的生产与运销

京津冀地区自古以来便饶有鱼盐之利。《周礼·地官·职方氏》记有："幽州，其利鱼、盐"。②秦时"上谷至辽东"一带有"鱼、盐、枣、栗之饶"。③东魏时期在沧、瀛、幽、青等地设灶"傍海煮盐"，其中沧州有1484灶，青州546灶，瀛洲452灶，幽州180灶，邯郸4灶，共计2666灶，年收盐"二十万九千七百二斛四升"。④《读史方舆纪要》记载，咸水沽，在天津卫东六十里，即古豆子也，其引《括地志》言："自勃海至平原，其间滨海煮盐之处，土人多谓之豆子？"。⑤开元中，"幽州、大同横野军有盐屯，每屯有丁有兵，岁得盐二千八百斛，下者千五百斛"。⑥幽州等地盐池众多，"盐池之数有九，七在幽朔，二陂河东"。⑦唐末安史之乱，平原郡守颜真卿"收景城盐，沿河置场，令诸郡略定一价，节级相输，而军用遂赡"。⑧辽中京道北安州地区的炭山南"有盐池之利"。会同元年（938），"晋献十六州地，而瀛、莫在焉，始得河间煮海之利"。⑨大安九年（1093）碑文记载，观鸡寺"北依遵化城，实前古养马之监，南临永济院，乃我朝煮盐之场"。⑩辽设新仓榷盐院和永济盐院，天辅七年（1123）完颜阿骨打致宋徽宗国书称："榷、永两盐院合煎盐二十二万硕，合卖钱三十九万贯文"。⑪元代环渤海地区已是重要的海盐产地，《马可波罗行记》对于河北地区的海盐生产有详细记载："取一种极咸的土，聚之为丘，泼水于上，俾浸到底，然后取出土之水，置于大铁锅中煮之，煮后俟其冷，结而成盐，粒小而色白，运贩于附近诸州，因获大利。"⑫明清以来，本地区逐渐形成了以天津为中心的盐业生产和运销体系。

天津地区拥有制盐所适宜的地理和气候环境，是我国重要的海盐产区之一。"天津地区海拔一般只有几米，大部分海滩海拔不到2.5米，地势平坦，又少受台风和海潮袭击。春秋雨季短，秋季日照时间长，春季天干多风……以上自然条件为长芦发展晒盐业提供了前提条件"。此外，这里也是芦苇的重要产地，为煎盐提供了良好的燃料供给条件。⑬早

① ［光绪］《雄县乡土志》商务十五，《中国方志丛书》华北地方第154号，第173页。
② ［嘉庆］《长芦盐法志》附编，《援证三·历代场灶》。
③ 《史记》卷一百二十九《货殖列传》，第3265页。
④ 《魏书》卷一百一十《食货志六》，第2863页。
⑤ 《读史方舆纪要》卷十三《直隶四·河间府》引《括地志》，第566页。
⑥ 《新唐书》卷五十四《食货志四》，第1377页。
⑦ 《全唐文》卷六百一十四《大唐河东盐池灵庆公神祠碑》。
⑧ 《全唐文》卷五百一十四《颜鲁公行状》。
⑨ 《辽史》卷六十《食货志下》，第1032页。
⑩ 《景州陈宫山观鸡寺碑铭》，《辽代石刻文编》，河北教育出版社1995年版，第569页。
⑪ 《三朝北盟会编》卷十四《政宣上帙十四》引《金人国书》，第101页。
⑫ 《马可波罗行纪》，第317页。
⑬ 刘淼：《明代盐业经济研究》，汕头大学出版社1996年版，第7—8页。

在汉代，天津地区的盐业生产已经初具规模，在此设有专门的盐官进行管理，元代以来更趋兴盛。[①]华北地区最重要的盐场——芦台盐场，便位于今天津辖境内。后唐时期幽州节度使在芦台置盐场，并建立仓储“以贮其盐”，名为新仓。伴随着芦台盐场的发展，新仓地区也渐成聚落。后晋石敬瑭割让燕云十六州，芦台盐场也在界内。辽朝在此置新仓镇，后因人口剧增，“度地之宜，分武清、潞县、三河之民，置香河县”，自此新仓镇隶属香河。金朝迁都燕京之后，“畿内重地，新仓镇颇为称首”。对此，时人刘晞颜描述道：“居人市易，井肆连络，阛阓杂沓，翁伯浊质，张李之家，皆以世业底富……其富商大贾，货置丛繁，既迁既引，隐隐展展，然鳞萃鸟集，鬻者兼赢，求者不匮，大率资鱼、盐之利。其人烟风物富庶，与夫衣食之原其易如此，而势均州郡虽古名县不是过也。”大定十一年（1171），金世宗途经新仓镇时称：“新仓镇人烟繁庶，可改为县第”。次年鉴于“榷盐岁入国用，方之天下十一”，故谓“盐乃国之宝，取如坻如京之义”，自此新仓镇易名“宝坻”县。[②]基于宝坻盐场的重要地位，金朝大定初年在此设有盐使司，其东侧又有永济务盐使司，大定十三年（1173）将永济务并入宝坻盐使司。其“行盐之界，各视其地宜”，[③]主要销往中都路大兴府及通、蓟、涿、易、保、顺、雄、霸诸州。[④]元代在天津新设盐场五处，分别是富国、兴国、厚财、丰财、三汊沽。太宗时期，因三叉沽地区“未霜而草枯，滩面宽平，盐卤涌出，或经日自生”[⑤]，遂开设盐场。由此加上之前的芦台盐场，天津共有盐场六处。明代天津盐场仍承袭元朝，但是随着天津盐业生产和管理不断提升，这里也成为京津冀地区盐务管理中心。洪武十三年（1380），于长芦镇设置北平河间盐运使司，永乐初年改为河间长芦都转运使司，并辖沧州、青州分司，长芦、小直沽批验所。永乐十三年（1415）设长芦巡盐御史，并由其统一管理渤海西岸的盐业。

明万历以前，芦盐行销北直隶顺天府、永平府、保定府、河间府、真定府、顺德府、广平府、大名府、延庆州、保安州；河南彰德府、卫辉府，共计148个州县。[⑥]具体销地参见表4-7：

表4-7　明代长芦盐场销行州县一览表

行销府州		分布地区
顺天府	5州 22县	大兴、宛平、良乡、固安、永清、东安、香河、通州、三河、武清、漷县、宝坻、昌平、顺义、密云、怀柔、涿州、房山、霸州、文安、大城、保定、蓟州、玉田、丰润、遵化、平谷
永平府	1州5县	卢龙、迁安、抚宁、昌黎、滦州、乐亭

① 王静：《明清天津盐业研究》，南开大学博士论文，2009年。

② 刘晞颜：《宝坻县记碑》（大定十一年），《全金石刻文辑校》，第170页。

③ 《金史》卷四十九《食货志四》，第1095页。

④ 《中国盐政沿革史·长芦》，盐务署印行，1914年版。

⑤ ［嘉庆］《长芦盐法志》附编《援证九·三叉沽创立盐场旧碑》。

⑥ ［嘉靖］《河间府志》卷八《财赋志》；《大明会典》卷三十二《盐法一》；《万历会计录》卷三十九《盐法》。

续表

行销府州		分布地区
保定府	3州 17县	清苑、满城、安肃、定兴、新城、唐县、博野、庆都、容城、完县、蠡县、雄县、祁州、深泽、束鹿、安州、高阳、新安、易州、涞水
河间府	2州 16县	河间、献县、阜城、肃宁、任丘、交河、青县、兴济、静海、宁津、景州、吴桥、东光、故城、沧州、南皮、盐山、庆云
真定府	5州 27县	真定、井陉、获鹿、元氏、灵寿、藁城、栾城、无极、平山、阜平、定州、新乐、曲阳、行唐、冀州、南宫、新河、枣强、武邑、晋州、安平、饶阳、武强、赵州、柏乡、隆平、高邑、临城、赞皇、宁晋、深州、衡水
顺德府	9县	邢台县、沙河、南和、平乡、广宗、钜鹿、唐山、内丘、任县
广平府	9县	永年、曲周、肥乡、鸡泽、广平、邯郸、成安、威县、清河
大名府	1州 10县	元城、大名、南乐、魏县、清丰、内黄、浚县、滑县、东明、开州、长垣
延庆州	1县	永宁县
彰德府	1州6县	安阳、汤阴、临漳、林县、磁州、武安
卫辉府	6县	汲县、胙城、新乡、获嘉、淇县、辉县

明清易代之后，长芦盐场的管理机构迁入天津。康熙十六年（1677）长芦巡盐御史移驻天津，二十四年（1685）长芦都转运使司也移到天津，改名为长芦都转盐运使司，从此天津成为长芦盐的生产、管理、销售的中心。据《天津卫志》载："大海去城百余里，岁出百万之课，民获兴贩之利，鱼盐之薮也"。①清代长芦行盐地方包括直隶及河南两地，"盐利走于燕、晋、赵、魏、三河、齐鲁之郡，履丝曳缟之商，群萃而托处。"②其中直隶共有9府、6直隶州、125州县以及二营，具体行销州县以及运输方式、引额等请参见表4–8：

表4-8 直隶地区清代长芦盐销行州县、引额以及运输路线一览表

引地	引额	引地	引额	引地	引额	引地	引额
大兴县	52969	安平县	3538	曲周县	9500	新城县	5872
宛平县	52968	定　州	12970	鸡泽县	2709	唐　县	5857
房山县	2614	曲阳县	4184	广平县	2824	容城县	3660
良乡县	3870	深泽县	4845	邯郸县	4524	博野县	3243
顺义县	4650	邢台县	11506	南乐县	3347	蠡　县	6276
密云县	4268	沙河县	3238	清丰县	6550	望都县	2092
怀柔县	1544	南和县	4498	东明县	3138	完　县	5753
通　州	13807	平乡县	4498	开　州	6111	饶阳县	5122

① ［乾隆］《天津县志》卷十三《风俗物产志》，第128页。

② ［嘉庆］《长芦盐法志》卷十八《文艺·重修天津儒学记》。

续表

引地	引额	引地	引额	引地	引额	引地	引额
香河县	4024	广宗县	4184	长垣县	8996	元氏县	6604
三河县	5908	巨鹿县	5199	武邑县	3331	赞皇县	2153
遵化州	7889	唐山县	1840	衡水县	4337	抚宁县	1865
蓟 州	7408	内邱县	3600	赵 州	5020	昌黎县	2343
玉田县	7757	任 县	2350	柏乡县	2700	临榆县	1176
丰润县	9693	平山县	4184	隆平县	3243	滦 州	6178
宁河县	2579	晋 州	4655	高邑县	2249	迁安县	5958
宝坻县	8152	无极县	3918	临城县	2352	永年县	13000
平谷县	2270	藁城县	5648	宁晋县	9623	涞水县	3766
固安县	5002	新乐县	3243	深 州	6587	易 州	10617
永清县	8000	冀 州	4746	武强县	1633	卢龙县	1834
东安县	1832	南宫县	2510	献 县	2414	祁 州	4184
武清县	3620	新河县	2344	交河县	1541	河间县	5695
昌平州	7636	枣强县	3786	阜城县	1640	雄 县	5230
涿 州	8964	青 县	664	肃宁县	2092	乐亭县	5005
霸 州	3661	沧 州	411	任丘县	3507	安肃县	6400
文安县	1296	南皮县	664	宁津县	1883	定兴县	6276
大城县	1554	盐山县	300	景 州	2454	行唐县	4213
保定县	178	庆云县	300	吴桥县	2633	灵寿县	2510
旧州营	4498	正定县	9620	故城县	828	安 州	1151
采育营	3138	获鹿县	7402	东光县	2017	高阳县	2510
延庆州	837	井陉县	7322	天津县	700	满城县	4864
清苑县	15000	阜平县	538	静海县	900	栾城县	4289
束鹿县	11562						

资料来源：[嘉庆]《长芦盐法志》卷九《转运上·引地引额》。

长芦盐主要经水路运往直隶南部和河南省等地销售："天津有富国、丰财二场，静海有兴国场，沧州有严镇、立民两场，盐山有阜民、利国、海丰、富民、海盈、阜财等六场，设长芦盐运以辖之。直豫两省一百八十余州县皆仰食此盐者"。[1]天津南有芦台场，所产食盐除销行天津、遵化、永平等府州"遵、蓟、玉、宝、香、三、平，并宁河凡八州县"[2]。除冀东和天津附近的州县外，还经水路销往直隶南部冀中南等各州县。自长芦由大

① 《直隶风土记》，《乡土志抄稿本选编》，线装书局2002年版，第576—577页。

② [乾隆]《宁河县志》卷五《赋役》，第21页—22页上。

清河运入雄县各镇每年销行二千五百引，“间有肩贩运至邻境霸州、永清一带销售”[①]。自天津水运入广平县一千一百余包，城市消费四分之一，余下六分在乡销售。[②]光绪三十四年（1908）年末统计，“综计津埠内河出口货船，常年大概数目，杂项货物等约三万余船……盐约六七千船，共合不下四万三四千船之数”。[③]赞皇一县海盐运入“每岁销行十万”。[④]民国年间徐水县“盐店专营盐业，向由天津以货车运载，今年改由河路直达本境，行销颇易。”[⑤]

除长芦盐之外，清初宣化府属之宣化、保安、怀来、延庆、西宁五州县，因盐商抬价，采纳辅臣于成龙之请，停止商引，“听其买食口外之盐”。[⑥]口外之盐经关口运往冀北宣化府和冀东顺天府等所属州县。承德府泡子河生天然盐，不待煎熬而成，蒙古用小车载以贸易塞外。[⑦]独石北来盐税，岁无定额。[⑧]铺户以货换之，每车纳银四分，归南北货税报销。[⑨]宣化保安州所需盐自口北运入。[⑩]延庆州所食“青盐每岁由赤城县及独石口陆运销售本境者，约100余万斤”。[⑪]

（六）因地制宜：河北特色产业与商品流通

历史上的京津冀地区具有相似的宏观地理条件，但次一级的地理区域之间的资源禀赋差异，使得地方产业发展的路径各具特色。在地域广阔、资源丰富的河北境内，不同地区长期以来形成的产业支柱，促进了以资源相互调配为主要内容的物质流通及经济往来。伴随着京津冀统一市场的形成，作为腹地市场的河北成为区域经济发展的重要力量。

1.遍及各地的棉布生产

早在朱元璋尚未夺取全国政权的元至正二十五年（1365），他就曾在其称吴王的统治区内下令：“凡农民田五亩至十亩者，栽桑麻、木绵各半亩；十亩以上者，倍之；其田多者，率以是为差。有司亲临督劝，惰不如令者有罚：不种桑，使出绢一匹；不种麻及木绵，使出麻布、绵布各一匹。”[⑫]这项政策延续到明代，大大加速了包括直隶在内的各地棉

① ［光绪］《雄县乡土志》商务第十五，《中国方志丛书》华北地方第154号，第177页。
② ［光绪］《广平县乡土志》，清光绪三十二年（1906）年抄本。
③ 《天津商会档案汇编》（1903—1911）（上），第1093页。
④ 《赞皇乡土志》，《乡土志抄稿本选编》，线装书局2002年版，第472页。
⑤ ［民国］《徐水县志》卷三《物产记·附实业》，第27—30页。
⑥ 《雍正朝汉文朱批奏折汇编》，第11册，第51—52页。
⑦ ［道光］《承德府志》卷二十九《物产》，第36—37页。
⑧ ［同治］《赤城县续志》卷四《食货志》，第8—10页。
⑨ ［同治］《赤城县续志》卷四《食货志》，第8—10页。
⑩ ［民国］《保安州乡土志》“商务”，《中国方志丛书》塞北地方第34号，第56页。
⑪ 《延庆州乡土志》，《乡土志抄稿本选编》，线装书局2002年版。
⑫ 《明太祖实录》卷十七，乙巳六月乙卯。

花种植和推广。明代直隶地区的棉花已经远销外域，明末徐光启《农政全书》记载："今北土之吉贝贱而布贵，南方反是。吉贝则泛舟而鬻诸南，布则泛舟而鬻诸北"。①

进入清代以后，棉花种植成为直隶地区的主要产业。康熙《畿辅通志》载：棉花"保定、正定多植之"，"惟真定府最蕃"，且"直隶保定府以南，以前凡有好地者多种麦，今则种棉花"。②广平府永年县"土皆宜棉，收入倍于他乡"。③乾隆年间，直隶总督方观承命人作《棉花图》16幅，详细记录了直隶地区的棉业生产与销售状况。因每幅都有乾隆帝题诗，故称《御题棉花图》。其中《拣晒》图言："时当秋获，场圃毕登。野则京坻盈望，户则苇箔纷罗。擘絮如云，堆光若雪。"另有《收贩》图说："三辅神皋沃衍，粱稷黍菽麦麻之属，靡不蕃殖，种棉之地约居什之二三。"④沙河县"颇产木棉"，"西南一带近永年、武安之地，较他处土壤稍沃，五谷无不宜，而木棉为甚"。⑤武安县"广植木棉，见于《明志》，今犹昔也"。⑥乐亭县棉业"凡平原皆有"，其物产中以"粱谷、棉花为最"。⑦

河北境内各宜棉地区为推动棉业生产发展，也相应出台了许多措施。道光十一年（1831），承德府知府海忠发布《劝民纺绩说》称：棉花"今承德府境皆有之，民但以作絮，不事织纴。近仿拔茶植桑之意，课民纺绩，于府城内赁男舍　，置织工二人；女舍一，置女师二人，乡落男妇愿来学者，区其族以居之。贫能织，无力置纺具者，官给其具，设三长一人，收贸纱布，以美其值。又每一村置一机式，每十户置一纺式，使之迭相规仿，转辗效工，自是鸦轧机声，遍于关外，焦脂夜作，各有恒业。"⑧宣化府万全县为推动棉业发展，"本县特先捐制纺车一百辆，并雇觅中年纺织娘十名，捐给工食，妥处闾阎，使我民妇咸知习勤。……前次纺车将次用完，惟恐穹远村庄尚未周知，本县再行捐置纺车一百辆，以便领取学习。……如有愿学纺织者咸赴本县衙署，领取纺车，务使家喻户晓，一体习勤，使民有余粟，女亦咸有余布"。⑨清末高阳县为提高织布技艺，先后改用木轮机和铁轮机。

> 因在天津各机厂调查购办人力木轮机，选本地良工巧匠仿做若干架，放给织布各户，改织面宽土布，推广实行，日增月益。统计日出数千匹，月出数万匹……劝导商民改用铁轮机，并劝设工厂，以期推广各种土布，精益求精，布质于外洋相仿，出布

① 徐光启：《农政全书》卷三十五《木棉》，《四库全书》本，第13页。
② ［康熙］《畿辅通志》卷十三《物产》。
③ ［乾隆］《永年县志》卷十一《风土》，第25页。
④ 方观承：《御题棉花图》，清代拓本。
⑤ ［乾隆］《沙河县志》卷三《风土》。
⑥ ［乾隆］《武安县志》卷十一《土产》。
⑦ ［乾隆］《乐亭县志》卷五《风土》。
⑧ ［道光］《承德府志》卷二十九《物产》，第34页。
⑨ ［道光］《万全县志》卷三《食货志》，第23页。

日盛，制本稍廉，举国畅行。[①]

植棉范围的扩大，促进了直隶地区棉纺织业的发展。从明朝万历年间开始，保定府“男务耕作，女专纺织”。[②] 到清代康熙年间，真定府“男勤耕鉴，女勤纺绩”；屯绢“出京师者最著，此则广平之清河”；生绢“出保定之易州者最著”；绵绸“出曲周肥乡者为最著”。[③] 乾隆《御题棉花图》说，“南织有纳文绉积之巧，畿人弗重也，惟以缜密匀细为贵”，保定、正定、冀、赵、深、定诸郡“所出布多精好”，其织纴之精可与南方的松江媲美。[④] 乾隆时期正定府所属州县“地既宜棉，男女多事织作”。[⑤] 河间府景州地区“以布著”，“景州之布称龙华，龙华镇所出也。洁白细好，比于吴中”。[⑥] 永平府“家机布诸邑皆有，乐亭杨各庄为盛，亦细于他处”。[⑦] 广平府永年县民家“织棉为布，利赖无穷”。[⑧] 保定府束鹿县所产棉绒及棉布驰名远近，辛集一带如织绒等物，皆能仿其所产之地为之，是以地少游民，而人多恒业。[⑨]《保安州志》载：“今之棉布，棉花也……此正业也，此要业也……有一日纺六两四两者，即使纺一二两，得二三十文亦可买米养一家矣。”本地男女皆可纺织，“种棉花之地可纺织，不种棉花之地亦可买花纺织”。[⑩] 冀州南宫县，田妇“犹勤织纺”，所织布匹“布幅宽大，制衣耐久”。[⑪] 钜鹿县“农务耕作，女勤织纺，生计之本，胥在于是”，其地“全赖纺织为生谋之要务”，“比邻数家共成之，机杼之声，无间昼夜”。[⑫]

清末直隶地区的棉布大量销往外地。光绪《广平府志》记载，该府所产土布，异名称为“粗布、细布、紫花布”，“贩与山西潞安等处及北口外者尤多。”[⑬]随着棉花交易的频繁和交易数量与交易额的增多，还出现了专门经营棉花买卖、具有批发性质的花店。广平府“永年之临洺关，邯郸之苏、曹二镇，花店尤多，山西、山东二省商贩来此购运”[⑭]。平山县“以棉花为大宗。近年产量除被百度纺织所用外，其售至石庄、天津者为多，次则山西。近查每年出境花价约在数十万元”。[⑮]广平县自曲周县运入洋布“三千余匹”，自周家

① 《天津商会档案汇编》（1903—1911上），天津社会科学院出版社1989年版，第241页。
② ［万历］《保定府志》卷十六《风俗》。
③ ［康熙］《畿辅通志》卷十三《风俗》、《物产》。
④ 方观承：《御题棉花图》，织布。
⑤ ［乾隆］《正定府志》卷十二《物产》。
⑥ ［乾隆］《河间府志》卷四《物产》。
⑦ ［乾隆］《永平府志》卷三《物产》。
⑧ ［乾隆］《永年县志》卷十三《土产》。
⑨ ［嘉庆］《束鹿县志》卷九《风土》。
⑩ ［道光］《保安州志》物部卷一《物产》。
⑪ ［道光］《南宫县志》卷七《物产》。
⑫ ［光绪］《巨鹿县志》卷六《风土志》，《中国地方志集成》华北地方第516辑，第299、308页。
⑬ ［光绪］《广平府志》卷十八《舆地略·物产》，《中国地方志集成》华北地方第55辑，第313页。
⑭ ［光绪］《重修广平府志》卷十八《舆地略·物产》，《中国地方志集成》华北地方第519辑，第313页。
⑮ ［民国］《平山县志料集》卷五《物产》，第38页，1932年铅印本。

口贩来夏布仅"一百余匹"[①]。《永年乡土志》记载，该县所产粗布于本地销售每年"约四十余万匹"。陆路运往山西及口外销售"约值银万余两"，由天津运来的洋布"约值银三万余两。"[②]雄县除土布外，又有洋布"自天津由大清河运入本境，在四乡销行。"[③]

保定府高阳土布，自清光绪三十二年（1906）大兴织布以来成效显著，获得了前所未有的大发展。民国以前初兴织布之时，白色布匹运赴辛集、南宫、顺德、高邑、德州一带，北京、涿州一带，山西榆次、太古、太原一带批发销售。至民国后，高阳所产爱国布，销路则辟河南之洛阳、陕西之长安、察哈尔之张家口各处，每地最盛时可销售百万匹，大获其利。棉布销售地点几占全国之半，如热察绥内外蒙，库伦、陕甘、晋豫直鲁等地。[④]高阳布的外销，到1916—1917年之间达到鼎盛，年外销土布400多万匹。1928年达到550万匹，1929年仍有300万匹。此后一直维持在100万—200万匹左右。[⑤]此外，保定府所属祁州、深泽、安平及本镇商家，多植棉花，皆以本地生产，售卖于天津外国洋行，每日装卸货物，络绎不绝。[⑥]

冀州府南宫所产棉布由陆运销行口外及山西，也经陆路销往山东或水运至天津。行销范围"西自顺德以达泽潞，东自鲁南以达徐州"。[⑦]山西布商在此收购布匹之后"运至山西等处销售"；光绪年间"惟山西人寄居牙家买之"，仅有南和县人"在山西开染房者兼贩"布匹。至民国年间，外籍之商在本县作贾，随在收罗曰挂秤，水运天津，东运济南，冬春之际车马络绎不绝于途。总额不下千万。洋布由天津经水路运来。据民国年间《南宫县志》记载，该县棉为大宗产品，故"业此者众"。其所出粗布缜密细白，"西连太原，北至张家口"。又设有布店，其经营布匹"自古北口输出内外蒙古"。自洋布盛行以来，购棉易纱布，土布业渐趋衰落。最终"我之线布遂不出里门，惟集市间上有零星售卖者"。[⑧]

顺天府东部的香河县，"有织布户数千家，年出布百余万匹，销路以北口外为最旺，京津次之"。[⑨]京汉铁路的开通，为河北地区的土布贸易提供了重要契机。香河县约四万家，执布业者数千户，户日织一匹，计全年不下百万余匹，以出北口为大，通、津、京次子，获利颇厚，当时有"宝坻大布窝，香河小布窝"之称。

乾隆年间正定府栾城县"男女勤纺纴"，大量山西布商云集在此。[⑩]到清末正定府获鹿

---

① ［光绪］《广平县乡土志》，清光绪三十二年（1906）年抄本。

② ［光绪］《永年县乡土志》，《乡土志抄稿本选编》第2册，线装书局2002年版，第724—726页。

③ ［光绪］《雄县乡土志》商务第十五，第176—177页。

④ ［民国］《高阳县志》卷二《实业》，第117—121页。

⑤ 周飞舟：《制度变迁和农村工业化包买制在清末民初手工业发展中的历史角色》，中国社会科学出版社2006年版，第56页。

⑥ 《天津商会档案汇编》（1903—1911）上，天津社会科学院出版社1989年版，第241—274页。

⑦ 吴承明著：《中国资本主义与国内市场》，中国社会科学出版社1985年版，第261页。

⑧ ［民国］《南宫县志》卷三《疆域志·物产篇·货物》，《中国方志丛书》华北地方第519号，成文出版有限公司，第16—19页.

⑨ 从翰香主编：《近代冀鲁豫乡村》，中国社会科学出版社1995年版，第343页。

⑩ ［乾隆］《正定府志》卷十二《风物下·物产》，第11页。

县，“棉花产于于底、休门、塔谈村等区数十村庄”，本县交易十余万石，运往邻省山西更达四倍之多。[①]赞皇县所织白布运往山西乐平，每岁销行约五万（匹）。[②]

宣化府延庆州所需“平机布，由保定府商贩陆运销售本境者约十余万匹。洋布，每年由天津、北京陆运销售本境3000余匹。”延庆州在政府提倡下设立工艺局织布，每年所制宽面洋布“约织200余匹”，平机布“约织百余匹”，销售本境及赤城、龙门、怀来等县。[③]

2.编织、皮毛、造纸等产业

清代直隶地区的苇席、草帽缏等编织业十分发达，包括濒临白洋淀的安州、雄县与任丘等州县；直隶北部箭杆河流经的顺义；天津附近；永定河、子牙河、海河交汇之处。周围的文安、静海、霸县、大城以及子牙河流经的献县、武邑；永定河畔的宛平等县，丰润、玉田、宝坻、香河、宁河、蓟县等境内蓟运河、七里海、大沟泊等；西部滹沱河流经的获鹿、井陉；南部顺德府境内，大陆泽周围邢台、沙河、内丘、任县等都盛产芦苇。[④]乾隆年间“顺天、河间、天津、保定等处淀地居民，近在水乡，似无所利。然可种芦苇、藕菱、稗蒲之属。数者之中，苇利最大。今大城、文安、安州、静海等十余州县，织苇之利，通行数省。男人日可获七八分之值，女人可获四五分之值。而河工所用之苇扫之类，亦甚多”。[⑤]乾隆年间永清县“东乡滨河东韩存、陈各庄一带……居民率种柳树，柳之大者伐薪为炭，细者折其柔枝，编辑柳器”，其“老幼男妇穷日所为，八口乃可给也”。此外，“横上居民专以织柳为升斗量器，器良易售。云是有巧术，乡党相约，不得授法女子，恐女子嫁别村转授夫婿，争其业也”。[⑥]草帽缏也是本地区重要的产业。据《津海关贸易年报》记载，经由天津出产的土产中“草帽辫、骆驼毛、草帽及古董最见加多”。[⑦]

清代河北地区的皮毛加工业，以辛集、邢台、承德、保安等为地为代表。羊皮由“保定、正定、河间、顺德及泊头、周家口”等处输入，每年粗细二色约“三十万张”。制成皮袄、皮褥等货，运往天津出售。羊毛由“归化城西、泊头、张家口及五台、顺德”等处输入，每年约“四五十万斤”，并制成织绒、毡毯、帽头等货，运至天津、湖广等处出售。[⑧]邢台县自19世纪80年代以来，邢台所制皮货用于出口，“岁恒致百余万金”，就连皮货加工剩下的边角料，亦可用来制成皮毡出售。[⑨]民国年间保安州羊皮制衣服，羊毛制毡帽及毡

① ［光绪］《获鹿县志》卷二《地理下》，第755页。
② 《赞皇乡土志》，《乡土志抄稿本选编》，第472页。
③ ［光绪］《延庆州乡土志》，《乡土志抄稿本选编》，第187页。
④ 从翰香主编：《近代冀鲁豫乡村》，中国社会科学出版社1995年版，第416页。
⑤ 黄润可：《畿辅见闻录》，清乾隆十九年刻本，第42页。
⑥ ［乾隆］《永清县志》书六《户书第二》。
⑦ 吴弘明译：《津海关年报档案汇编（1865—1911）》，天津社会科学院出版社1993年版，第135页。
⑧ ［光绪］《束鹿乡土志》卷十二《商务》，第153页。
⑨ ［光绪］《邢台县志》卷一《舆地·物产》，第57—59页。

毯，细毛制成帽子，销往外地。[①]

直隶地区亦有造纸业。同治《迁安县志》记载，该县造纸大为兴盛，“滦河左右比户皆然”。[②]广平府磁州西有纸房村，以造纸得名，“多毛头纸、草纸”。清河滨河人“多造纸为业颇佳”。[③]滦河支流三里河一带至徐家崖、杨家崖、卢沟堡四十余村，都设立纸坊，就河水沤洗桑皮，用以造纸，“通货两京，商贾萃聚”，大获其利。[④]

3.区域资源调剂与商品流通

清代京津冀区域内各具特色的产业结构，成为区域商品流通的重要基础。同治年间天津静海县“贩粟者南至卫辉、磁州，北至燕都，视年之丰歉以为粜籴。其余贸易东则海滨之盐，西则独流之苇鱼席藕，北则直沽之海味鱼虾，南则临清之百货及运艘之木竹酒米”。[⑤]保定府雄县“东南乡则赴文安县及任丘之鄚州镇交易；东北乡则赴新城之眘岗镇；西北乡则赴白沟镇交易，以致出境之货与入境之货皆汗漫无纪。”境内商货往来如下：

> 猪肉销行本境，不足之数有由文安、容城等处贩入以供宰割者，其毛则由水路运销天津。羊肉销行本境，不足之数有本境回人从易州一带贩入本境。鸡及鸡子每月有肩膀贩运锁北京，或由大清河船行运销天津。鸭及鸭子有肩贩运销北京及天津，而鸭子间亦销行本境，鸭毛销往天津。鱼类向有北京及天津客商在城南十里铺渔业公司收买，其佳品由鱼商募人从陆路挑至北京，或由赵王河船行运销天津，下品则销行本境。虾或生买或加盐煮熟，均销行本境，间有任丘之赵北口运销本境者。谷类销行本境，或亦销行于邻境水旱偏灾之区。高粱除农家自用外，多运至白沟、容城等处以供酿酒之用。麦粉多由人力车运销北京，或由大车运至白沟河装船水行百余里至黄土坡，由骆驼驮运北京，或由船运至天津，间亦有车运至省城销售者。烟叶销行本境，间有肩贩运至邻境霸州、永清一带销售者。野茶，土人蒸晒售之涞水县茶店，或由水路售之天津茶商。棉花销行本境，并有市自容城境者。蔬类行销本境，有由大清河运销天津者。[⑥]

清末以来怀来县商业最盛，其皮货营业“以治城为中心，远经张家口，而达于京津”，并用销售所得购买东西洋及津广杂货。[⑦]昌黎县所产梨种类颇多，有“波梨、白梨、热梨、

---

① [民国]《保安州乡土志》“动物制造”，《中国方志丛书》塞北地方第34号，第48页。

② [同治]《迁安县志》卷八《风俗》，第14—15页。

③ [光绪]《广平府志》卷十七《舆地略·物产》，《中国地方志集成》河北府县志55辑，第313页。

④ [光绪]《永平府志》卷二十《山川二》。

⑤ [光绪]《重修天津府志》卷二十六《舆地八·风俗物产》，第1025页。

⑥ [光绪]《雄县乡土志》商务第十五，《中国方志丛书》华北地方第154号，第173—174页。

⑦ [光绪]《怀来县志》卷八《产业》，第10页下。

罐儿、红绡”等种。其中以碣石山、凤凰山、梁各庄等处所产波梨尤佳，“每年贩运京津及东三省者约数万斤”，为土产之大宗。本处又产葡萄，每年贩往京津及东省者约值数万金。[①]冀中赞皇县仅枣一宗“运往山西寿阳，每岁销行约四千”。[②]内邱县熏枣水运天津销行，每岁约一百包。[③]永平府石门寨产秋桃，大而甘美，因成熟晚故名。该府所产桃，每年贩运京津及东省皆获厚利。[④]冀南广平府永年县所产梨，“每年由水路运至天津所销约值银一千余两”，熏枣每岁由陆路运至天津及上海所销约值银三四千两。[⑤]

直隶祁州是本地区内最大的药材市场。冀北承德府平泉州、丰宁县等县出产药材居多，每年有祁州客人到此收买，仅丰宁县运往内地的药材“岁出数十万斤”[⑥]。八沟曾以出产鹿茸等药材，富甲于他方。[⑦]雄县除了自产土药销行本县，间有贩往邻境外，还从祁州和顺天府所属鄚州、霸州等地输入。[⑧]有少数县份向祁州输送少量药材，如赞皇县“运往祁州每岁销行一千以上。”[⑨]

直隶地区杂货流通十分频繁。广平府之煤，“产于磁州者曰炭，烧之烟多；产于邯郸者为煤，凝为块者曰炸子，碎者曰末煤，以水和土烧之，由滏河舟运贩东北各州县。”[⑩]邯郸亦富产煤，主要供广平等府需用，每年运往永年县“约三四百万斤”[⑪]。每年由磁州彭城运至永年县的粗瓷器，约值银“三四千两”。广平所用油自大名陆运十余万斤，多在乡销售。永年县所需纸张、糖、煤油一切杂货由天津运入，所销约值银“四五万两”。[⑫]民国年间徐水县开有瓷器店，贩卖粗细瓷器多来自磁州。[⑬]冀北承德府赤峰县所产“皮猪”等运销北京。[⑭]宣化县、保安州等地均产毡帽，后者所制毡帽皆由陆路运往万全、怀安、天镇、阳高、延庆等处销售。[⑮]民国年间顺德府南和县“土人用饲牲畜，而大数以供肥料豆香，油饼尤为上品，其价倍高，此数种皆畅销本地，不足则由平津运来之麻酱补充之，每年销额不下百万”。[⑯]

① 《昌黎乡土志》，《乡土志抄稿本选编》第292—296页。
② 《赞皇乡土志》，《乡土志抄稿本选编》第472—476页。
③ [光绪]《内邱县乡土志》，《中国方志丛书》华北地方第219号，第173页。
④ [乾隆]《永平府志》卷三《物产》，第29页下。
⑤ 《永年县乡土志》，《乡土志抄稿本选编》第725页。
⑥ 傅增淞：《承德府调查记》，《地学杂志》第一年第一号，第25—26页。
⑦ 傅增淞：《承德府调查记》，《地学杂志》第一年第一号，第25—26页。
⑧ [光绪]《雄县乡土志》商务第十五，光绪三十一年（1905）铅印本，第177页。
⑨ 《赞皇乡土志》，《乡土志抄稿本选编》第467页。
⑩ [光绪]《广平府志》卷十八《舆地略·物产》，《中国地方志集成》河北府县志55辑，第313页。
⑪ 《永年县乡土志》抄本，《乡土志抄稿本选编》第726页。
⑫ [光绪]《广平县乡土志》，清光绪三十二年（1906）年抄本。
⑬ [民国]《徐水县志》卷三《物产记·附实业》，第27—30页。
⑭ 赵允元：《赤峰调查记》，《地学杂志》第一年第四号，第7页。
⑮ [光绪]《宣化县乡土志》，《乡土志抄稿选编》第151—152页。
⑯ [民国]《南宫县志》卷三《疆域志·物产篇·货物》，《中国方志丛书》华北地方第519号，第100页。

（七）经济一体：区域中心市场与广阔腹地

伴随着区域商品流通的扩大与外部市场的变迁，京津冀内部经济关系也在不断调整：天津成为国际贸易港口城市，周边地区被纳入其腹地市场当中；张家口变为与蒙古和俄国贸易的中心市场，是沟通西北地区的重要纽带。因此，京津冀区域除了拥有通畅的内部商品循环系统之外，又形成了发达的外部市场网络，区域经济一体化趋势更加明显。

1.天津港口城市的形成与区域腹地市场

晚清天津开埠通商之后，天津成为内陆与国际市场的重要转运枢纽中心。大量内地商品经过天津销往国外，同时自外国进口洋货也由本处分销到内陆地区。开埠后天津贸易的变化，海关档案记载："天津为九河尾闾，四周空地约不下八百英方里，为中国北方精华荟萃、贸易扼要之地。"①《津门纪事》亦称："天津码头之地，货物汇聚之所。昔闽粤洋船进口后，至元明复有粮船越焉，四方客商云集日兴；今朝又有西番洋国大小货船，辐辏交易，以至于今，日增月盛更甚矣。"②

民国《津门纪略》对于通商前后的天津贸易做了对比：

> 津埠未辟为通商口岸之先，国货通行，利权在握，津门固一国货商场也。市廛虽不如今之华丽整齐，雄都可观，然尔时盖藏富厚，物阜财丰，大小各商，率皆获利数十百倍。
>
> 华洋通商后，外人运其轻巧之制造品，输运来津，而作进一步之侵略。当时一新一旧，相形见绌，又加以我国人厌旧喜新，购货者既好洋货，卖货者不得不改为洋商。始犹华洋相抵，继则洋多于华，终则国货每年仅销十之一二，洋货反销十之八九。③

二十世纪初以天津和北京为中心的京奉、京汉、正太、京张、津浦等铁路，相互交织成完整的铁路运输网络，为天津和北方广大地区商品流通和经济的发展提供了长距离、快捷的陆路交通运输手段，大大增强了天津的经济辐射能力。④天津海关报告记载："方今铁路宏通，运货便利，出口贸易之腾振不无由来。出口土货，曩之用驼或土车或船只载运来津，受途中种种耽延，种种遗失者。今则虽仍用旧法载运，不过自产地至本省之张家口，

① 《津海关年报档案汇编（1889—1911年）》，光绪十六年（1890年）《天津口华洋贸易情形略论》，第10页。

② 佚名：《津门纪事》（资料由美国辛辛那提大学关文斌教授提供）。

③ [民国]《天津志略》第十编《商务·第三章·通商之前后》，《天津通志·旧志点校卷》（下），第230页。

④ 樊如森：《天津——近代北方经济的龙头》，《中国历史地理论丛》2006年第2期。

或丰台或晋省之太原府，即可易由火车转运本埠矣，故迟误既少，伤耗亦轻。”①

为征收到津洋船商品而设立的天津海关，自征税以来，其税收数额非常巨大。参见表4-9：

表4-9 1861—1911年天津海关税收十年平均

单位：关平银

年代	税额	年代	税额
1861—1870年	346761	1891—1900年	814795
1871—1880年	357451	1901—1910年	2502032
1881—1890年	485673	1911年	342154

资料来源：中国第二历史档案馆等编《中国旧海关史料（1859—1948）》；《津海关年报档案汇编》上、下两册。

在设关的前四年，津海关税收较少，基本保持在11万至16万两左右。自1865年开始，津海关税额剧增至35万余两，1866年增至54万余两，较前一年增长了近20万两。1868—1884年，除1871年津海关税额增至44万余两，1871年为42万余两外，其余年份税额均为38万余两和39万余两。这一时段津海关的税额较为平稳。1885—1899年之间，津海关税额进入快速增长期，从1885年的43万余两，至1899年增加到了近127万两，十余年间，津海关税额增加了近84万两，增长了近两倍。1900年和1901年因战争等原因，贸易受阻，津海关税额也受到影响，此两年实征税额仅为51万余两和76万余两，较前短缺甚多。自1902年开始，津海关税额进入另一个增长时期。在此需要说明的是，1901年《辛丑条约》签订之后，通商口岸的常关归由新关兼管。次年，也就是1902年津海关税额增至近230万余两，较此前最高年份的税额将近翻了一番。1906年津海关税额达到最高值340万余两。这一时段中天津关税额变化较大，1902—1904年间，税额为200余万两；1905年剧增至296万余两，较前增加了约96万余两；1906年达到峰值340万余两，较前一年又增加了44万两左右；此后税额又有反复，较1906年有所下降；从1910年开始，津海关实征税额又增至300万余两。大额的商品税额，显示了天津作为国际港口的贸易枢纽地位。

据天津海关档案记载，经由天津出口的“大宗品目，计有草帽缏、骆驼毛并绵羊毛、山羊皮褥、生皮、马毛以及猪鬃等，其外洋销场日渐扩大，各货之生意均见起色，则大有裨于本埠商业之畅茂”。②另据《津门杂记》记载，“由津出口货物”包括，牲畜类：驼、羊毛、马、猪鬃、牛、驴、骡、马皮、牛、羊骨、角；皮货类：各色皮货、蚕茧、乱丝头、

①《津海关年报档案汇编》（1865—1911），1909年华洋贸易情形论略。

②《津海关年报档案汇编》，1887年天津贸易报告，第145页。

棉花、土布、靴鞋、草帽缏、毡、绒毯、毡帽；药材类：椒、参、药材；特产有：金针、红枣、桃、土酒、杏仁、花生、瓜子、大头菜等类。[①]行销外洋的货物中，药材输往南洋与日本；草帽辫、骆驼毛及草帽转运美国；古董多销往西国。此外，土肥皂也是本地大宗出口货之一，主要用于制造燃料，国内的店铺也用来配药。[②]

20世纪30年代，经天津出口的皮毛，其腹地已经遍及华北、西北和东北的广大地区，包括河北、山东、山西、河南、陕西、甘肃、察哈尔、热河、绥远、东三省，以至新疆、青海、宁夏、外蒙古、西藏等省区；提供山羊绒的地区包括河北、山西、绥远、陕西、察哈尔、热河等省；皮张产区则主要包括河北、山西、陕西、河南、山东、东三省、热河、察哈尔、绥远、新疆、甘肃等省。[③]与此同时，天津的棉花腹地也包括了河北全省、山东西北部、河南北部、山西中南部、陕西中部甚至新疆吐鲁番等北方主要产棉区。[④]时人认为，天津1930年代的综合腹地范围是，“河北、山西、察哈尔、绥远及热河、辽宁等省都成为他的直接市场圈，同时山东、河南、陕西、宁夏、甘肃、吉林、黑龙江诸省的一部分划归他的势力范围以内”。[⑤]天津开埠之后广阔的皮毛运销市场，带动了相关腹地产业的发展。直隶顺德地区原以农业为主，天津开埠之后本地区居民结伙赴陕甘、塞北等地贩运皮毛。20世纪初本地从事皮毛中介业务的皮店最多时达到了七十余家。据统计，至20世纪20年代，顺德城关及城西王村、刘家庄、西北面等村，共有熟皮作坊400余家之多，每坊工人三五人至三四十人不等，工人总数在两三千人以上。皮毛运销与加工业的兴旺又带动了该地布匹业、洋广杂货业、金融业、服务业的发展与繁荣，促使顺德发展成为天津重要的畜产品出口来源地和洋广杂货的销售市场之一。[⑥]

> 晋省得自津郡所进洋货之份额，堪称巨擘；直省所得者自亦匪细，而出口货几赖其供给；蒙古分得小份进口货，却以蘑菇、碱皂及皮货协助出口。天津或有小宗进口货，西越黄河而入陕省，但由汉口运抵该省，则较天津为易。货物亦有自津运赴豫北者，传闻尚有运抵鲁西若干处者，彼处与该省之口岸芝罘，因群山而两相隔绝。[⑦]

药材等产品亦是内地经由天津出口的重要产品之一。“天津乃各种药材之最大出口港

① 张焘：《津门杂记》卷下《由津出口货物》，来新夏主编：《天津风土丛书》，第146页。
② 《津海关年报档案汇编》，1870至1872年天津贸易报告，第133—134页。
③ 实业部天津商品检验局：《工商要闻》，《检验月刊》1934年第3、4期。
④ [日]大岛让次著，王振勋译：《天津棉花》，《天津棉鉴》1930年第4期。
⑤ 李洛之、聂汤谷：《天津的经济地位》，经济部冀热察绥区特派员办公处驻津办事处1948年版，第2页。
⑥ 实业部天津商品检验局：《顺德皮毛业调查》，《检验月刊》1934年第2期。
⑦ 吴弘明译：《津海关年报档案汇编（1865—1911年）》，天津社会科学院出版社1993年版，第21页。

之一，凡离埠之船，岂有不带若干而去者。”[①]药材多销往广州。[②]开埠前后，进行南北间杂货贩运的潮州帮、闽帮、广东帮等商人，利用天津便利的海上交通这一优势，以天津作为集散地，将北方药材出口到南方。[③]1875年由直隶等省运经天津出口的药材中，仅大黄一项即有1485多担。[④]

草帽缏于1869年开始由内地出口，很快呈“骎骎日盛”的态势。[⑤]民国年间调查显示：“中国长江以北产麦区域，人民都有以编草帽缏为其副业”，“厥为山东、直隶两省”。直隶省各县以草帽缏为地方上大宗出产者，如“青县、沧县、盐山、庆云、献县、大城、南乐”等。各地草帽缏主要经过天津出口，“山东、直隶等省草缏出口，固有烟台、胶州、威海卫、龙口等处，然从天津出口，或从此转运他埠，惟天津为独多。”[⑥]这些地区所产草帽缏，分别由天津的洋行代理和华商代理。行销欧美的草帽缏一般用来制作草帽，也有不少制成装饰品，比如针线篮、画框以及其他精美物品；质量稍差的则发往南方制成草帽。

民国年间河北地区的大量花生经由天津出口，在河北境内的主要输出线路有四条：一为东路，即滦县、遵化、卢龙附近所产，均由北宁铁路直达天津。二为南路，即大名、南乐及其附近各地所产，先由旱路运平汉铁路，再转北宁铁路运天津。三为北路，即密云、怀柔、黄村所产，大部分亦由北宁铁路运至天津。四为西路，即深州、武强、献县、饶阳、肃宁等处所产，皆沿西河水运到天津。[⑦]河北地区棉花种植广泛，1920年以后，不仅直鲁交界的御河花、河北内部的西河花与小集花几乎全部涌入天津，即便山西、陕西的棉花，也纷纷由汉口改运津埠，或作纱厂原料，或出口海外（表4-10）。[⑧]

表4-10　1861—1910年津海关出口贸易值

单位：海关两

年代	税额	年代	税额
1861年	461,573	1886年	2,940,217
1862年	470,491	1887年	—
1863年	913,217	1888年	3,750,240
1864年	1,710,786	1889年	4,700,451
1865年	1,691,961	1890年	4,978,600
1866年	2,687,962	1891年	—

① 《津海关年报档案汇编》（1865—1889年），1865年天津贸易报告，第7页。
② 《津海关年报档案汇编》（1865—1889年），1865年天津贸易报告，第7页。
③ 刘华圃、高克成：《解放前天津的中药业》，《天津工商史料丛刊》，第1辑。
④ 《津海关年报档案汇编》（1865—1889年），1876年天津贸易报告，第165页。
⑤ 《津海关年报档案汇编》，1877至1879年天津贸易报告，第180页。
⑥ 国民政府工商部工商访问局：《中国草帽缏之制造与销路》，《工商半月刊》1929年第11期。
⑦ 《天津花生油生产状况》，《工商半月刊》1930年第4期。
⑧ 《天津棉花之分析》，《工商半月刊》1929年第18期。

续表

年代	税额	年代	税额
1867年	1,223,197	1892年	6,414,414
1868年	946,165	1893年	5,960,947
1869年	962,965	1894年	6,864,248
1870年	703,495	1895年	9,158,924
1871年	906,500	1896年	8,561,940
1872年	1,298,363	1897年	11,000,044
1873年	1,196,908	1898年	12,093,684
1874年	1,144,893	1899年	15,700,807
1875年	1,689,787	1900年	8,073,384
1876年	1,550,848	1901年	10,154,106
1877年	1,783,213	1902年	13,576,922
1878年	1,954,787	1903年	11,319,289
1879年	1,980,236	1904年	14,895,379
1880年	2,559,096	1905年	—
1881年	2,500,777	1906年	—
1882年	—	1907年	17,253,215
1883年	—	1908年	—
1884年	3,500,000	1909年	—
1885年	3,635,000	1910年	—

天津开埠之后，大量外洋商货也据此销往内陆地区。进口货物分为洋货和土货两类，其中洋货以外洋棉布、鸦片以及绒货、绸缎羽绫、五金等类产品为主；进口土货则以糖斤、纸张、茶叶、海菜、绸缎、丝带等类为主。这些商品通过天津，源源不断地进入到了腹地市场范围。其历年进口贸易值参见表4-11：

表4-11　1861—1910年津海关进口贸易值

单位：海关两

年代	税额	年代	税额
1861年	5,014,071	1886年	24,503,420
1862年	7,095,811	1887年	—
1863年	6,275,225	1888年	—
1864年	7,645,422	1889年	—
1865年	11,852,437	1890年	—
1866年	16,583,457	1891年	—

续表

年代	税额	年代	税额
1867年	13,497,097	1892年	28,912,440
1868年	16,437,708	1893年	32,609,200
1869年	17,127,610	1894年	37,412,806
1870年	16,187,414	1895年	41,016,882
1871年	17,610,540	1896年	42,754,527
1872年	15,632,750	1897年	44,076,973
1873年	15,946,800	1898年	50,970,464
1874年	17,682,684	1899年	61,903,755
1875年	15,368,924	1900年	23,847,274
1876年	17,190,645	1901年	39,257,317
1877年	21,159,255	1902年	75,910,542
1878年	18,818,692	1903年	57,409,772
1879年	22,385,206	1904年	54,059,315
1880年	19,109,338	1905年	—
1881年	19,105,454	1906年	—
1882年	—	1907年	79,525,751
1883年	—	1908年	—
1884年	20,500,000	1909年	—
1885年	22,669,000	1910年	—

天津开埠之后大量洋布棉纱的进口，给腹地河北地区的棉业发展带来了巨大冲击（表4–12）。“英国呢布运至中国，每岁售银三千余万……于中国女红……之利，妨夺不少”。① 本地区“畿辅深、冀诸州，纺织皆女工，近来（1900年前）外国布来，尽夺吾国布利。间有织者，其纱仍购之外国，故利入益微”。② 另外“访问直隶河间、顺德、正定、保定各属，并京东乐亭、宝坻等县，向产棉花，既多且佳。近年民间织布，其线大都买自东洋”。③ 直隶乐亭“以产棉布著名，布用土产棉纱织的，由于进口洋纱又便宜又好，因此便放弃了纺制土纱”。④

① 李鸿章：《请将总理衙门原奏紧要应办事宜逐条切实办法并将丁日昌续奏各案并入详细拟议，附同治三年十一月十二日奏后》，《李肃毅伯奏议》卷四，第145页。

② 吴汝纶：《深州风土记》卷二十一《物产》，第46页。

③ 《光绪政要》实业七《光绪三十四年二月十三日长庚奏折》。

④ 彭泽益：《中国近代手工业史资料》第2卷第230页引《海关十年报告》。

表4-12 1865—1868年天津开埠初期进出口商货情形表

类型	品种	1865		1866		1867		1868	
		数量	价值	数量	价值	数量	价值	数量	价值
洋货进口	棉布		2792160		4351785		3168042	2540237	6174754
	绒货		636997		864324		787515	107262	705423
	火柴	52259		115200	88982	46995		82627	
	针	309575000		289369500	67450				
	糖斤		776722		165243	10249		39910	
	小计		4205879		5537784		3955557		6880177
土货进口	绸缎	144346			905578			1850	1119856
	土布				127321			2803	140180
	夏布				227918			877	40487
	糖斤				1301245			254132	1187794
	烟草				160818				
	茶叶	20580		28699	515673	73451	924942	66411	797659
	药材				53357				
	纸张	149528			542216			54667	155681
	瓷器							3624	50680
	钮扣				166165			1069	69004
	米粮							71356	178390
	稻米							263719	527440
出口货	桐油							15186	182235
	棉花	62758		136177	1770131	25153		9698	126103
	药材	29263			150928			18381	73124
	烟草	6378			76531			8334	125014
	红枣	46558			53344			24150	62652
	果梨	5425							
	米粮	41132							
	小麦			3494	8736				
	皮货				48086			138805	156842

注：数量栏中，除棉布和绒货单位是“匹”、火柴单位是“罗”、针单位为“支”、皮货单位为“张”外，其余均为“担”；价值单位：海关两。

资料来源：根据吴弘明译《津海关年报档案汇编（1865—1911年）》（天津社会科学院出版社1993年版）第4—90页编制。

2.张家口与明清以来对蒙俄贸易的发展

张家口位于直隶北部，地理位置十分重要，“张家口，是为北入蒙古，西至山西之要道。东南行六十里，抵宣化，直隶宣化府府治。地近边墙，为直北孔道。东南行，经土木堡、榆林堡，抵居庸关，巨石危崖，交耸互峙，中有沟涧，夏秋涨而冬枯。自此东南行，经昌平州，还至京师”。①明代张家口属万全都司，清初属宣化府万全县，雍正二年（1724）置张家口直隶厅。雍正五年（1727），朝廷指定张家口、喜峰口、古北口、独石口等地为出入蒙地经商的贸易孔道，凡是赴内外蒙古及厄鲁特蒙古地区的商人，都要经过张家口的察哈尔都统、多伦诺尔同知衙门以及归化城将军和西宁办事大臣的批准，颁发部票之后方可前往。

明朝隆庆年间，张家口成为蒙汉“茶马互市”最重要的市场，由此使得张家口由一个单纯的军事防御城堡演变为繁荣的边境贸易城市。《宣府镇志》记载，张家口堡“大市中贾店鳞比，各有名称。如云：南京罗缎铺、苏杭罗缎铺、潞州绸铺、泽州帕铺，临清布帛铺、绒线铺、杂货铺，各行交易铺，沿长四五里许，贾皆争居之。”②明朝文集中对于张家口之重要地位亦多有记载，“夫宣府朝廷之北门也，北直隶、河南，山东、西之刍粟，皆输于此；两淮、长芦、河东诸盐商，皆业于此”。③万历年间，张家口马市十分繁荣，“百货坌集，车庐、马驼羊、旃毳、布缯、瓦罂之属，蹋鞠、跳丸、意钱、蒲博之技，毕具”④。

清代以来，随着中俄《尼布楚条约》和《恰克图条约》的签订，张家口逐渐演变为中俄贸易的重要口岸。最初清政府允许俄国商队每三年来京贸易，并限定人数为二百人，其进京道路主要有两条：一是自尼布楚至齐齐哈尔城，经东部蒙古到古北口或山海关，进入京城；二是自伊尔库茨克城循色楞河，经库伦从张家口到达北京。⑤前者需要150天，后者仅需70天。顺治、康熙年间规定，凡蒙古各部派遣贡使及商队来京，只准正使到京，其副使和随行商人中，令“喀尔喀于张家口、古北口贸易”，“厄鲁特于张家口、归化城贸易”。⑥康熙二十二年（1683），在致噶尔丹敕书中规定：“嗣后尔处遣贡使有印验者，限二百名以内……其余俱令在张家口、归化城等处贸易”。⑦四十七年（1708）经俄商请求，将色楞格—库伦—张家口商道作为俄国商队进京之官道，自此张家口作为中俄贸易之枢纽而得以迅速发展。乾隆二十年（1755），清政府停止俄国官方商队入京贸易之例，将中

① 《清稗类钞》第1册《地理类·自新疆阿克苏县至京师》，第62页。
② 《古今图书集成·职方典》卷一百五十五《宣化府部汇考七·宣化府风俗考》。
③ 《吕泾野先生集》卷七《赠秦宣府序》，上海古籍出版社2005年版。
④ [乾隆]《万全县志》卷八《艺文志·马市图序》。
⑤ 姚贤镐：《中国近代对外贸易史资料》，中华书局1962年版，第1册第116页。
⑥ 王庆云：《石渠馀纪》卷八《纪边外互市》，北京古籍出版社1985年版，第280页。
⑦ 温达等：《平定朔漠方略》卷三《康熙二十三年九月乙亥》，《中国方志丛书》，成文出版有限公司1960年版。

俄贸易统归于恰克图一地。“中国于张家口设关，内地商人往来恰克图、库伦贸易者征税于此”。[①] 自此，“张家口买卖城可以说是中国对俄贸易的集中点，几乎全部的俄国呢绒和各种绒布以及俄国出口的全部毛皮制品，都是先运到张家口买卖城的货栈，然后批发给下堡，最后再运到中国本土。”[②] 乾隆末年秦武域《闻见瓣香录》记载：

> 张家口为上谷要地，即古长城为关，关上旧有市台，为南北交易之所，凡内地之牛马驼羊多取给于此。贾多山右人，率出口以茶布兑换而归。又有直往恰克图地方交易者，所货物多紫貂、猞猁、银针、海貂、海骝、银鼠、灰鼠诸皮以及哈喇明镜、阿敦绸等物。[③]

晚清以来，伴随着国际贸易市场的扩大，张家口在中俄贸易中的地位越发突出。《清稗类钞》记载：“东北通多伦经棚，以达中蒙各部；西北通库伦、恰克图以及阿尔泰等口；西通归绥、包头、西蒙、伊乌两蒙以及甘、新等省，实为贸易繁盛之区。”[④]《清史稿》称，张家口“自雍正十年与俄定恰克图约，为孔道。”[⑤] 何秋涛《朔方备乘》记载：“其内地商民，至恰克图贸易者，强半皆山西人，由张家口贩运烟、茶、缎、布、杂货前往，易换各色皮张、毡片等物。”[⑥]

丝绸是中俄贸易的主要商品。丝绸主要产自江南，由海道或者运河贩运到天津和北京，然后经过张家口输往关外。1728年，中国输送到俄境的丝绸价值达四万六千余两。17世纪五六十年代，俄国每年进口的丝织品，价值则达到了21万两左右。[⑦]

输往俄国及蒙古的茶叶，主要产自福建武夷山区，其运输路线大致是：由福建崇安县过分水关入江西铅山县河口镇，在此装船顺信江下鄱阳湖，穿湖而过出九江口入长江，溯江抵武昌，转汉水至樊城起岸，经河南入山西，经泽州（晋城）往潞安（长治）抵平遥、祁县、太谷、大同、天镇达于张家口，再由张家口贯穿蒙古草原到库伦，至恰克图。《崇市杂咏》记载西商至河口采购茶叶的状况言：“清初茶叶，均系西客经营，由江西转河南运销关外。西客者山西商人也，每家资本约二三十万至百万，货物往还络绎不绝。首春客至，由行东赴河口欢迎，到地将款及所购茶单点交行东，恣所为不问。茶事

① 《中国近代对外贸易史资料》，第1册第105—106页。
② ［俄］波兹德涅耶夫：《蒙古及蒙古人》第1卷，内蒙古人民出版社1989年版，第701页。
③ 秦武域：《闻见瓣香录》甲卷《张家口》，《丛书集成续编》，上海书店出版社1994年版。
④ 《清稗类钞》第1册《地理类·张家口》，第76页。
⑤ 《清史稿》卷五十四《地理志一》，第1916页。
⑥ 何秋涛：《朔方备乘》卷三十七《俄罗斯互市始末》，文海出版社1972年版。
⑦ 《中国近代对外贸易史资料》，第1册第107页。

毕，始结算别去”。[①]道光十年（1830）俄国“买五十六万三千四百四十磅，道光十二年买六百四十六万一千磅，皆系黑茶，由恰克图旱路运至担色，再由水旱二路分运阿额罗”。[②]

由内地运到蒙区的商品除茶叶、布匹、绸缎之外，还有药材、蔗糖、烟叶、小麦、陶器、铁锅、农具等，其中小麦、铁器等多产于河北及山地等地。[③]

从俄及蒙区经过张家口输入内地的商品，主要有毛皮、丝织品、牲畜和土碱等。其中，土碱主要产于察哈尔的正蓝、镶白等旗。乾隆二十一年（1711）直隶总督方观承上奏，请许蒙古牧民自采土碱，并由商人在张家口设铺收买，照章纳课。光绪十八年（1892），俄国学者波兹德涅耶夫记载了当时张家口碱店经营的状况：“这些商店从察哈尔正蓝旗和镶白旗的牧地收购土碱，进行加工，其数量是相当大的，例如，在1892年这十家盐行收购入库的土碱达三万八千车至三万九千车，每车近六百四十斤，总计约合我国九十二万普特。”[④]民国《万全县志》记载：张家口碱商“自清初迄民国十五年二百余年间概系十家，从无增减。在民国五年至十年间颇获厚利。其原料为碱坯，出产于察哈尔省白、蓝两旗，每年以牛车运入本口之数，多则三万车，至少不下一万车”。[⑤]

---

① 彭泽益：《中国近代手工业史资料》，中华书局1984年版，第1卷第304页。

② 何秋涛：《朔方备乘》卷二十九《北徼方物考》，文海出版社1972年版。

③ 张正明：《晋商兴衰史》，山西经济出版社2010年版，第273、274页。

④ ［俄］波兹德涅耶夫：《蒙古与蒙古人》第1卷，内蒙古人民出版社1989年版，第711页。

⑤ ［民国］《万全县志》卷二《物产志·工业》，第21页。

第五章

拱卫京师：地缘关系的军事纽带

《左传》有言："国之大事，在祀与戎。"[①]不同时代大大小小的战争，由此成为历史感最强的事件。任何一次战争都在一定时空环境中发生，军事史上常说的防御体系，更是战争在空间方面的形态呈现。京津冀地区，缘于燕山长城一线得天独厚的地形优势，在政治与军事的双重力量作用下，自春秋战国以来就成为守边备塞的重要基地。辽金以后尤其是元明清时期，拱卫京师就成了国家军事防御体系的核心，并且随着各自时代的政治、军事形势的需要，经历了曲折的变化过程。在明代的长城沿线与北京周围，更是形成了"禁旅云屯，才勇辐辏"的局面[②]。京津冀地区的许多城镇及关口同处于一个防御体系中，共同的职能凝结为一条促使彼此关联不断强化的军事纽带，为当代的区域协调发展奠定了军事文化的历史基础。

（一）长城内外：民族纷争的用兵之地

地形在冷兵器时代的军事意义始终备受关注，春秋时期的大军事家孙武把道、天、地、将、法视为决定战争成败的五项基本要素，其中有两项属于地理条件："天者，阴阳、寒暑，时制也；地者，远近、险易、广狭，死生也。"[③]他进一步强调："夫地形者，兵之助也。料敌制胜，计险厄远近，上将之道也。知此而用战者必胜，不知此而用战者必败。"[④]一个国家或地区的山川险要、交通道路、关隘城堡、军事重镇的分布状况，不仅制约着特定时期的兵力部署、阵地构成和攻防态势，而且是可能影响战争进程与胜败结局的决定性因素。在京津冀地区防御体系构建过程中，燕山长城一线具有至关重要的独特地位。

1.燕山长城一线的战略意义

千古不易的山川形胜始终是人类军事活动的依托和制约，山川阻隔往往成为天然的军事屏障。依托这些地理条件发展起来的交通要道、关隘要塞、军事重镇，与政治形势、文化传统一起，影响着特定时期的军事战略。北宋苏辙《燕山》诗云："燕山如长蛇，千里限夷汉。首衔西山麓，尾挂东海岸。"[⑤]所谓"夷汉"自然是笼统的古代概念，在各民族一律平

① 《左传·成公十三年》，《黄侃手批白文十三经》本，第186页。
② 《读史方舆纪要·直隶方舆纪要序》，第433页。
③ 《孙子兵法》卷一《计篇》，中华书局1954年影印《诸子集成》本。
④ 《孙子兵法》卷十《地形篇》。
⑤ 苏辙：《栾城集》卷十六《奉使契丹二十八首·燕山》，上海古籍出版社1987年版，第396页。

等的当代，只是将其视为区分历史上汉族与非汉族及其主要聚集地的代称。燕山一线大致与中国北方年降水量400毫米等值线相符，因而决定了此线以南基本上属于农耕经济区，以北则主要属于畜牧经济区，古代又成了中原汉族与北方游牧民族主要活动区域的天然分界。东西横亘的绵长山脉成为南北交通的阻隔，在某些时期也是南北不同民族所建政权的疆域标志。燕山一带又是中原农耕经济与西北草原经济、东北山林经济的集结交错地带，因此成为中国古代多个民族相互争夺的重要区域和攻守屏障。地理环境决定自然经济的基本形式，经济形式继而影响着所在区域的民族分布，不同民族建立的政权又难免发生军事冲突。基于这些环环相扣的彼此关联，燕山一线凸显了历史上作为兵家必争之地的军事价值。

燕山及其以北一线形成了横亘东西的天然阻隔，绵延于群山之上的长城则是古人为这条多重分界线造就的一道人工标志与军事屏障。唐代以前的各朝，大都以守住这条分界线为战略目标，即使是十六国、南北朝时期南下中原争霸的北方民族政权，同样需要以长城作为地理依托部署军事力量。

2.战国秦汉幽燕南北长城

燕昭王时期，大将秦开奉命驱逐东胡千余里，得以拓土至辽东地区。为了防御东胡和匈奴，燕国“筑长城，自造阳至襄平，置上谷、渔阳、右北平、辽西、辽东郡以拒胡。当是之时，冠带战国七，而三国边于匈奴”[①]。这里所谓“三国”即指秦、赵、燕。燕国修筑的这道长城就是燕北长城，西起上谷郡造阳（今河北赤城县独石口附近），东至襄平（今辽宁辽阳市）。经过考古人员勘察，这道长城西与赵长城相接，然后向东依次经过今内蒙古兴和，河北赤城、丰宁，内蒙古赤峰、奈曼旗、库伦旗，至辽宁阜新、开原一带。实际上，这是燕北长城的南线，也是主线。此外，还有燕北长城北线，“是燕国在上谷等五郡进一步向北拓展后修筑的”[②]。这样，燕国陆续在北部设置了上谷、渔阳等五边郡，并且修筑北长城，形成南北两道防线。

战国时期，燕国还在其辖境南部修筑了一段长城，即燕南长城。《水经注·易水》载：“易水又东届关门城西南，即燕之长城门也。与樊石山水合，水源西出广昌县之樊石山，东流迳覆釜山下，东流注于易水。易水又东历燕之长城……又东迳武阳城南。”[③]广昌县，治今河北涞源县北；覆釜山，即今河北徐水西北五十里釜山；武阳城，治今河北易县东南武阳台村。这样，燕南长城起于今河北易县西南，沿着易水东南，经今河北徐水、安新、雄县、文安等地，从太行山东麓向东南进入海河平原。在河流湖泊密布的安新、雄县、任丘交界地带，长城可能无法连续起来，但水网本身也是天然的御敌屏障。

① 《史记》卷一百一十《匈奴列传》，第2886页。

② 阎忠：《燕北长城考》，《社会科学战线》1995年第2期。

③ 郦道元：《水经注》卷十一《易水》，上海古籍出版社1990年版，第229—230页。

从地形来看，燕国需要防御燕山以北的山戎、匈奴、东胡，以及太行山东麓南端的赵、中山和西南处在渤海湾以西的齐国。春秋时期，燕庄公二十七年（前664），北方强大的山戎部族南侵，燕遂求救于齐。齐桓公率兵北上伐山戎救燕，至于孤竹而还。燕庄公为表达谢意，亲自送齐桓公至齐国境内。按照周礼，非天子不能相送出境，于是齐桓公把燕庄公所到之齐地割让给燕国，后在此地设置燕留城[①]，位置在今河北沧州东北十七里。这一军事援助的结果之一，使得今河北沧州一带纳入燕国行政辖区。当然，诸侯国之间没有永久的和平，只有永久的利益。来自南边近邻的齐国，始终是燕国的一大劲敌。燕惠公九年（前536），“齐侯遂伐北燕”[②]。燕文公七年（前355），“齐师及燕师战于泃水，齐师遁”[③]。泃水即今北京平谷境内的泃河，齐军显然已经深入燕都蓟城附近。特别是在燕王哙禅让引发内乱时，齐国、中山国乘机入侵，几乎灭掉燕国。后经燕昭王励精图治，命大将乐毅伐齐，占领齐国七十余城。直到六年之后，齐国名将田单才恢复了齐国故土。

除了齐国和中山国，燕与赵之间也不时发生战争。燕王喜十二年（前243），“赵使李牧攻燕，拔武遂、方城”[④]。武遂，即今河北徐水西北二十一里遂城；方城，即今河北固安西南十七里方城村，二者都在燕南长城军事防御体系之内。燕王喜十九年（前236），“赵攻燕，取貍阳城”。《史记正义》注：“貍阳，当为渔阳之误。”[⑤]渔阳郡治所渔阳城，在今北京怀柔区梨园庄东南。秦军在灭燕过程中，同样是从西南易水一带突破燕国的军事防御阵线。秦始皇二十年（前227），荆轲刺秦王失败后，秦王一怒之下命大将王翦攻打燕国，破燕军于易水之西，次年占领燕都蓟城[⑥]。上述战例表明，虽然燕国在南部建立了长城，但齐、中山、赵、秦诸国基本上都是突破西南或南部的防线进入燕国腹地。诚如策士张仪所说：“秦下甲云中、九原，驱赵而攻燕，则易水、长城非王之有也。”[⑦]修筑长城本是借以御敌，燕南长城却并未发挥多少作用。

与燕南长城相反，燕国北部长城确实有效抵御了东胡的威胁。至燕被灭之前，燕国北部并未发生大的战争，东胡始终没有南下入侵燕国。对于匈奴，燕太傅鞠武提出“北媾于单于”其后乃可图秦的策略[⑧]，二者之间似乎存在一种彼此联合互惠而非单纯军事对抗的关系。

秦始皇统一六国后，北面的匈奴和东北的东胡部族，对秦朝的威胁日益凸显。燕地正

① 《史记》卷三十四《燕召公世家》正义引《括地志》，第1552页。
② 《左传·昭公六年》，《黄侃手批白文十三经》本，第337页。
③ 《水经注》卷十四《鲍丘水》引《竹书纪年》，第283页。
④ 《史记》卷三十四《燕召公世家》，第1560页。
⑤ 《史记》卷四十三《赵世家》，第1831页。
⑥ 《史记》卷六《秦始皇本纪》，第233页。
⑦ 《战国策》卷二十九《燕一·张仪为秦破从连横》，岳麓书社1988年版，第286页。
⑧ 《史记》卷八十六《荆轲列传》，第2529页。

处于东北方军事防线的前沿，于是命大将蒙恬率军三十万北击匈奴，并把秦、赵、燕长城相连，"因地形用制险塞，起临洮，至辽东，延袤万余里"①。秦长城是把原秦、赵、燕长城相连并加以扩展延伸为万里长城，使得燕山一带长城更加坚固雄伟。在原燕国境内，"大抵均因燕北界长城之旧筑，虽有缮治，亦不能出其范围"②。燕国的北长城由此进入了大一统政治框架下的军事防御体系，并且成为其中相当重要的一环。经过秦代的整治，长城与燕山山脉共同构成了一道保卫中原农耕文明的坚固屏障，同时也成为北方游牧部族与中原政权争夺的重要阵线。

西汉时期，幽州地区继续沿用燕北长城，并加以修缮，为幽州防御体系构建奠定了坚实基础。具体来讲，幽州长城以辽宁阜新为节点，阜新以西沿用了燕北长城南线，以东则沿用了燕北长城北线③。考古调查发现，在今河北围场燕北长城附近出土汉代楼船将军印、别部司马印④，这也证实了燕北长城在西汉时期依然被使用。值得注意的是，汉代幽州长城"并不是边境线，是根据战争的需要，选择最有利的地形而构筑的线性防御工程。"⑤

西汉武帝时期设置幽州刺史部，管辖北起长城、南至海河平原，西自太行山东麓、东至朝鲜半岛北部的广阔地域。今天所谓京津冀区域，正是幽州刺史部的核心所在。地理上的相互接壤以及政治经济等方面的矛盾冲突，使这片广阔土地在两汉时期屡屡受到匈奴、乌桓、鲜卑等部族的侵扰。相应地，志在巩固大一统的汉朝为了安定北部边郡，或主动出击，或被动防御，与匈奴等部族展开了一次又一次较量。

从地域来讲，匈奴对上谷、渔阳地区侵扰频繁，汉朝相应地也主要从这两郡出兵攻击匈奴，并长期屯兵于渔阳地区。上谷、渔阳二郡，"皆燕所旧置以防边也"⑥。当然，右北平郡也是防御之边郡，匈奴就曾"以上谷、右北平为打击目标"，从而"牵制汉主力出其右部之行动"⑦。上谷、渔阳、右北平三边郡构成了蓟城军事防御的内线，也使得这一区域间的地缘关系更加紧密。

需要注意的是，汉朝为便于防守，武帝时放弃上谷造阳地区（今河北沽源县以北，内蒙古正蓝旗以南一带）的偏僻县域⑧。这样，战国以来燕北长城这道防御屏障的作用有所降低。

东汉时期，除了匈奴外，新崛起的乌桓、鲜卑逐渐成为汉朝在幽州一线防御的劲敌。

① 《史记》卷八十八《蒙恬列传》，第2565—2566页。
② 张维华：《中国长城建置考》上编，中华书局1979年版，第134页。
③ 金嘉伟：《西汉幽州边防体系》，江苏师范大学硕士学位论文，第37页。
④ 景爱：《长城》，学苑出版社2008年版，第149页。
⑤ 中国军事史编写组：《中国军事史》第六卷《兵垒》，解放军出版社1991年版，第113页。
⑥ 全祖望：《汉书地理志稽疑》，中华书局1985年版，第7页。
⑦ 台湾三军大学编：《中国历代战争史》第三册，军事译文出版社1983年版，第176页。
⑧ 《汉书》卷六《武帝纪》，第170页。

从汉安帝时期开始，各路乌桓频繁侵扰边内郡县。鲜卑属东胡的一支，汉初被匈奴冒顿所破，远窜辽东塞外，与乌桓相接。自和帝永元年间到东汉末年，鲜卑成为继匈奴之后又一支与北方边郡对抗的部族力量，“兵利马疾，过于匈奴”①。同样值得注意的是，东汉时期鲜卑基本占据了燕山山脉以北地区，幽州刺史部所辖地域范围显著退缩，今河北省张北、承德、围场一带已纳入鲜卑统治范围。长城这道军事屏障的作用无从发挥，燕山山脉反而成了第一线的防守壁垒。

3. 南北分裂与动荡时期的长城沿线

三国时期，燕山山脉以北地区归属东部鲜卑和拓拔鲜卑统辖。西晋时期，这样的军事边界线基本未变，只是北边的鲜卑宇文部成为与之对抗的力量。北朝时期，北魏的北界与秦汉长城相近，以军事重镇幽州为依托，重点防御柔然和契丹。这时新修了两道长城，北长城东起今河北赤城，西至五原（今内蒙古乌拉特前旗境）、阴山；南长城东起上谷（今北京延庆境），西至今山西河曲，为保卫国都平城而筑。北齐时期的北边防御对象是突厥与契丹，天保六年（555）“发夫一百八十万人筑长城，自幽州北夏口（今北京昌平南口）至恒州（今山西大同）九百余里”。次年十一月又“自西河总秦戍（在大同西北）筑长城，东至于海，前后所筑东西凡三千余里。率十里一戍，其要害置州镇，凡二十五所”。②对同一项修筑长城的工程，此处作了两次各有侧重的记载。这道长城大致自今山海关向西经喜峰口、古北口、独石口，再与山西北部的北魏旧城相接，是历史上在今北京地区大规模修筑长城的开端，而且为明长城奠定了基础。天统元年（565），幽州刺史斛律羡继续加固天保年间修筑的长城，“自库堆戍东距于海，随山屈曲二千余里。其间二百里中凡有险要，或斩山筑城，或断谷起障，并置立戍逻五十余所”③。当代学者在今北京昌平、门头沟、延庆、怀柔、密云、平谷等地，发现了残存的北齐长城遗迹。

北齐修筑的长城仍然不能阻止突厥的侵扰，河清三年（564）九月，“突厥寇幽州，入长城，虏掠而还”④。不过，从地缘关联来看，倒是北朝修建的长城，加强了蓟城通达西部地区的联系，为之后宣府镇的开辟提供了条件。

4. 隋唐五代宋辽时期长城防御格局的转变

隋唐时期，长城以北是东突厥，东北与涿郡（治今北京）、渔阳（治今天津蓟州区）、安乐（治今北京密云区燕乐）三郡相邻的是濡水流域的奚族，奚族东北是契丹。隋开皇初年，突厥屡犯燕蓟等地。隋文帝任命周摇为幽州总管，统辖六州五十镇诸军事，“修鄣塞，

① 《后汉书》卷九十《乌桓鲜卑列传》，第2991页。
② 李百药：《北齐书》卷四《文宣帝纪》，中华书局点校本，第61—63页。
③ 《北齐书》卷十七《斛律羡传》，第227页。
④ 《北齐书》卷七《武成帝纪》，第93页。

谨斥候，边民以安”[①]。隋代还曾两次在涿郡集结军队准备东征高丽，也显示了幽州作为军事重镇的地位。

国力强盛的唐朝似乎无须以长城为军事屏障，但幽州作为军事重镇的意义依然存在。武德元年（618），窦建德率众十万进攻幽州不利，遂“分兵掠霍堡（今天津武清区西北）及雍奴（治今天津武清区西北旧县村）等县”[②]。三年五月，窦建德再攻幽州不克，退守笼火城（今北京大兴区西北隅芦城村）[③]。武后神功元年（697）三月，清边道总管王孝杰等率兵十七万，与契丹大贺氏部落战于东硖石谷（今河北迁安东北），大败身死。屯扎在渔阳（今天津蓟州区）的唐军不敢进兵，结果“契丹乘胜寇幽州，攻陷城邑，剽掠吏民”[④]。圣历元年（698）八月，突厥寇妫州、檀州等地。

中国古代史通常从政治角度把五代作为隋唐的余绪，但以军事形势以及各种力量的彼此攻伐而言，五代却应与辽、北宋相提并论[⑤]。无论五代还是北宋，他们面对的都是契丹，双方争夺的共同地域之一就是军事重镇幽州。

后晋天福元年（936），石敬瑭割让幽、蓟等十六州（俗称“燕云十六州”）予契丹。契丹会同元年（938），升幽州为南京。幽蓟十六州包括今北京、天津全境以及河北北部、山西北部地区（图5-1）。其中，幽州、蓟州、瀛洲、莫州、涿州、檀州、顺州位于太行山东麓，云州、儒州、妫州、武州、新州、蔚州、应州、寰州、朔州则在太行山西北。燕云十六州之失，从根本上改变了北方的军事地理格局。中原政权彻底失去了燕山长城一线的防御屏障，在战略形势上处于被动境地；幽州遂成为契丹南下的桥头堡，在地理上处于居高临下的压迫态势。后周与北宋都曾致力于北伐收复幽燕之地，但在与契丹的军事对峙中基本处于被动地位，难以取得实质性进展。

北宋雍熙北伐后，宋辽之间只有小规模的局部战争，他们以白沟（拒马河）一线为界，保持长期的对峙状态。北宋在界线以南构筑了一道从保州（治今河北保定）至沧州泥沽海口（今天津海河口）的“水长城”。长期以燕山长城作为农牧分界线的格局被打破，军事防御阵线南移到今保定、天津一线。这样，“戎军寇马驰突，来去如股掌之上耳，此天下之所以不胜劳蔽而懔懔常为忧也”[⑥]。

宋辽两国的澶渊之盟带来了双方长达百年的和平，但燕山一线的丢失始终使北宋陷于战略上的被动境地。北宋末年出于一时的国家利益，联合东北的女真共同灭辽。北宋虽然短期内得到了金人归还的幽蓟诸州，但必须直接面对更加强悍的女真铁骑。随着金人的不

① 《隋书》卷五十五《周摇传》，第1376页。

② 《资治通鉴》卷一百八十六，唐高祖武德元年十二月，第5828页。

③ 《资治通鉴》卷一百八十八，唐高祖武德三年五月，第5883页。

④ 《资治通鉴》卷二百六，唐则天后神功元年三月，第6514—6515页。

⑤ 孙冬虎、许辉：《北京历史人文地理纲要》，中国社会科学出版社2016年版，第340页。

⑥ 李邦直：《议戎策上》，《文渊阁四库全书》第1346册《宋文选》卷二十。

断冲击，宋室仓皇南迁，北宋最终灭亡。

5.明代长城防御体系的重新构建

随着蒙古崛起，金朝后期屡次遭到来自西北的进攻。这样，燕山长城一线作为军事屏障的战略作用再次被激活。可以说，以中原为核心区的政权通常把燕山长城一线作为极力固守的军事前沿，而来自北方的少数民族政权也把它视为文化上或心理上的南北分界，一旦军事条件成熟就越过长城挥师南进。

在辽、金、元三个北方少数民族建立以塞外为根据地的政权之后，燕山长城一线到明代又成了南北之间不同民族、不同政权的天然分界与军事防御屏障。明代拱卫京师的军事防御体系经历了逐渐南缩的过程，经过明代大力整修后的万里长城，也为后世留下了丰富的历史文化遗产。

洪武元年（1368）八月明军占领元大都后，元朝残余势力仍不断袭击大都及其周边地区。一方面，盘踞山西、陕甘等地的元军武装，仍从西北方向严重威胁北平的战略安全。另一方面，逃到上都的元顺帝也随时可能组织力量，南下夺回失去的都城。有鉴于此，徐达奉命修筑长城、部署防线，分遣诸将巡缉关隘、驻守军事要地。

随着明军进兵山西，北平外围军事渐趋肃清，形势基本安定。尽管如此，外在的军事威胁依然存在，构建以长城为主体的防御体系势在必行。洪武三年（1370），淮安侯华云龙奏称："北平边塞，东自永平、蓟州，西至灰岭（在今北京昌平区境内）下，隘口一百二十一，相去可二千二百里。其王平口（在今北京门头沟区境内）至官坐岭，隘口九，相去五百余里。俱冲要，宜设兵。紫荆关及芦花山岭尤要害，宜设千户守御所。"①朱元璋不仅采纳了这个建议，而且推及山西等处的长城关口，"又诏山西都卫于雁门关、太和岭并武、朔诸山谷间，凡七十三隘，俱设戍兵"②，这就为构建东西贯通的长城防线奠定了基础。自北齐以来修筑的长城屡遭战争破坏，隘口之间距离过长也难以发挥防御功效，到明代初步改变了这种局面。

洪武九年（1376）八月，敕燕山前后、永清左右、蓟州、永平、密云、彭城、济阳、济州、大兴十一卫分兵守北边关隘。十四年（1381）正月，"征虏大将军魏国公徐达发燕山等卫屯兵万五千一百人，修永平、界岭等三十二关"③。十五年（1382）九月要求北平都司各卫校卒，精心戍守所辖范围内自山海关至居庸关、紫荆关的二百处关隘④。朱元璋把朱棣等几个儿子封为镇守边塞的藩王，驻守在全长一万二千多里的长城沿线，这是嘉靖年间在长城沿线形成"九边"即九个军事防御重镇的开端。这样，以北平为中心，以"塞王备边"

① 《明史》卷一百三十《华云龙传》，第3825页。
② 《明史》卷九十一《兵志三》，第2235页。
③ 《明太祖实录》卷一百三十五，洪武十四年正月辛亥。
④ 《明太祖实录》卷一百四十八，洪武十五年九月丁卯。

为主导，由都司卫所分头镇守的长城防御体系，至此基本建成。

（二）关塞城戍：军事防御的战略纵深

中国古代中原政权面临的军事威胁，主要来自于北方民族的骑兵，防守的重点一向是西、北两面。其中，太行山、军都山、燕山山脉的连绵山岭，是一道天然的防御屏障。穿越这些山地的河流沟谷或陆路经行的山谷，自然就是攻守双方关注的军事要道。

沿着太行山东麓南北一线的山前高地，是便于南北往来的通道。穿越太行山东麓大道的八处著名山口，号称“太行八陉”。其中，军都陉（今北京居庸关关沟）、蒲阴陉（今河北易县西）、飞狐陉（今河北涞源县北）是对北京具有重要战略意义的关口。蒲阴陉，即紫荆关，其地峰峦峭直，是河北通往山西大同的军事要隘。飞狐陉，也称飞狐口，两崖峭立，一线微通，蜿蜒百余里。《读史方舆纪要》称：“飞狐盖山北诸州之噤喉也。今其地东起宣府，西趋大同，商贾转输，毕集于此。紫荆、倒马两关，恃飞狐为外险，诚边陲重地矣。”[①]军都陉，即居庸关所在的关沟，其地层峦叠嶂，形势雄伟，是出燕入晋、前往内蒙古高原的咽喉要道。

燕山山脉横亘北京北部，北京通往北部和东北地区，大多选择横穿燕山的潮河、滦河及其支流河谷，以及山海之间的滨海平原（今辽西走廊）。古北口、喜峰口和山海关，分别扼守着三道交通咽喉。这些关塞要道不仅成为历代军事争夺的要地，同时也由此不断巩固京津冀地区的地缘关联，使之成为军事文化意义上的共同体。

东汉建武十三年（37），王霸与杜茂率人修飞狐道抵御匈奴[②]。十五年（39），匈奴寇掠频繁，直捣河东之地，东汉徙雁门、代郡、上谷等郡民，把他们安置在常山关（即飞狐口）、居庸关以东。二十六年（50），由于北匈奴远遁，南匈奴归附，原徙入常山关、居庸关以东的郡民奉朝廷之命回归本土[③]。元初五年（118）十月，鲜卑寇上谷，攻居庸关，复发缘边诸郡、黎阳营兵，共计射士步骑二万人，屯列冲要。建光元年（121）八月，鲜卑寇居庸关，云中太守成严兵败，功曹杨穆战殁。鲜卑于是围乌桓校尉徐常于马城，度辽将军耿夔与幽州刺史庞参发广阳、渔阳、涿郡甲卒分两道解救。东汉末年，战乱纷起。初平四年（193），公孙瓒在蓟城东南击败幽州牧刘虞，刘虞在向居庸关逃亡途中被擒杀。兴平二年（195），刘虞部下鲜于辅等率兵报仇，以燕国人阎柔为乌桓司马，招诱胡汉人马数万，与公孙瓒属下的渔阳太守邹丹战于潞河之东。乌桓峭王也率所部及鲜卑七千余骑，与袁绍部将合兵十万，在渔阳境内的鲍丘河畔击败公孙瓒，收复广阳、上谷等地。建安十年

① 《读史方舆纪要》卷三十九《山西一》，第1665页。

② 《后汉书》卷二十《王霸传》，第737页。

③ 《后汉书》卷一下《光武帝纪》，第64、78页。

(205)，三郡乌丸进攻驻扎在犷平(今北京密云区东北石匣一带)的鲜于辅，曹操率军渡潞河前往救援，乌丸奔走出塞。十二年，曹操率大军出卢龙塞(今河北迁西县喜峰口)，北征乌丸，平定了北方[①]。

后赵石勒攻伐幽州守将王浚时，从襄国(今河北邢台)北上，袭击蓟城。十六国时期，氐族苻氏所建立的前秦政权，领有幽州及长城以北的大片土地。在这个充满动乱的年代，政权随着战争的成败频繁易手，对重要关口和军事据点的争夺空前加剧。东晋咸康六年(340)，前燕慕容皝攻打占据蓟城的后赵石虎，“从容谓诸将曰：石季龙自以安乐(今河北乐亭县东北二十里)诸城守防严重，城之南北必不设备。今若诡路出其不意，冀之北土尽可破也。于是率骑二万出蠮螉塞，长驱至于蓟城，进渡武遂津(今河北徐水)，入于高阳(今河北高阳)，所过焚烧积聚，掠徙幽冀三万余户。”[②]对于“蠮螉塞”，清初顾祖禹《读史方舆纪要》、乾隆《热河志》、《日下旧闻考》等推断其为居庸关；而光绪年间麻兆庆《昌平外志》则认为其所指是喜峰口[③]。如果考察战场的地理环境与军事形势，麻兆庆的观点显得更为合理。这是因为，前燕政权建都于龙城(今辽宁辽阳)，由此向西南、出喜峰口直奔蓟城，才能达到出敌不意的效果；断无先向西翻山越岭、再绕道向南抵达居庸关，然后向东南进兵蓟城之理[④]。此后，东晋永和六年(350)，“燕王儁使慕容霸将兵二万自东道出徒河(今辽宁锦州)，慕舆于自西道出蠮螉塞，儁自中道出卢龙塞以伐赵。”[⑤]《晋书》亦载此次慕容儁“率三军南伐，出自卢龙，次于无终(治今天津蓟州区)”[⑥]。《水经注》描述说：卢龙塞“塞道自无终县东出，度濡水(今滦河)，向林兰陉(喜峰口)，东至青陉(喜峰口东约三十里青山口)”[⑦]。《中国历史地图集》把卢龙塞视为包括喜峰口在内的若干个关塞的泛称[⑧]，应当更符合历史文献对这个著名关塞的描述(图5-2)。

北魏皇始元年(396)八月，拓跋珪率步骑四十余万讨伐后燕，“左将军雁门(治今山西代县)李栗将五万骑为前驱，别遣将军封真等从东道出军都，袭燕幽州”[⑨]。封真沿着平城(今山西大同)东南的桑干河谷，从军都关(居庸关)进入幽州西北，进而包围蓟城。皇始二年三月，后燕慕容宝从中山(今河北定州)退至蓟城，进而向北逃回龙城[⑩]。如同前燕攻伐后赵一样，后燕回撤的路线同样是从蓟城向东，经潞县(今北京通州区东)、无终(今

① 《后汉书》卷七十三《公孙瓒传》，第2358、2363页。
② 《晋书》卷一百九《慕容皝载记》，第2821页。
③ 麻兆庆：《昌平外志》卷二《地理纰缪考·蠮螉塞为今喜峰口非居庸关》，清光绪二十一年刻本，第16页。
④ 《北京历史人文地理纲要》，第335页。
⑤ 《资治通鉴》卷九十八，晋穆帝永和六年二月，第3102—3103页。
⑥ 《晋书》卷一百一十《慕容儁载记》，第2832页。
⑦ 郦道元：《水经注》卷十四《濡水》，上海古籍出版社1990年版，第288页。
⑧ 谭其骧主编：《中国历史地图集》第4册，中国地图出版社1982年版，第51页。
⑨ 《资治通鉴》卷一百八，晋孝武帝太元二十一年八月，第3430页。
⑩ 《资治通鉴》卷一百九，晋安帝隆安元年三月，第3446页。

天津蓟州区）、徐无（今河北遵化东），再向东北穿越卢龙塞古道，进而到达龙城。北魏孝昌元年（525）八月，柔玄镇（今内蒙古兴和县西北）杜洛周聚众反于上谷。幽州刺史常景、幽州都督元谭“自卢龙塞至军都关，皆置兵守险。谭屯居庸关。”① 依托燕山、军都山一线的险要地形和隘口，建立起一道守卫蓟城的军事防线。

北周宣政元年（578）四月，“突厥寇幽州，杀掠吏民”②。同年闰六月，原北齐将领卢昌期在范阳（今河北涿州）起兵，被宇文神举率领的北周军队擒杀。突厥支持下的原北齐营州（治龙城，今辽宁朝阳）刺史高宝宁，“率夷夏数万骑救范阳，至潞水，闻昌期死，还，据和龙（龙城）”③。他所选择的进兵路线，也是向西南穿过卢龙塞，再试图解救范阳之困。

唐代景云元年（710）十二月，奚族寇掠渔阳、雍奴，出卢龙塞而去④。先天元年（712）十一月，奚族、契丹二万骑寇渔阳，幽州都督宋璟闭城不出⑤。乾宁元年（894）十二月，李克用自太原起兵，在居庸关外击溃幽州节度使李匡筹，占领幽州⑥。

上述过程表明，秦汉至隋唐时期，居庸关与卢龙塞是幽州地区军事争夺的两处重要隘口和进兵通道，军都山与燕山山脉始终是幽州西北和北部的防御屏障，长城的作用则随着不同时期敌对力量的转换而发生变化。

五代时期的中原政权对幽州非常关注，相互之间战争不断。后梁开平元年（907）四月，亳州刺史李思安率军三万直抵幽州城下。幽州节度使刘仁恭之子刘守光击败李思安，随后进兵大安山（今北京房山西北八十里大安山），俘虏了他的父亲⑦。三年（909）五月，刘仁恭之子刘守文不惜重金招来契丹、吐谷浑军队，在蓟州鸡苏（今天津蓟州区西南十五里西苏庄）打败其弟刘守光，随后却又被刘守光的部下突袭生擒⑧。乾化二年（912）正月，晋王李存勖命周德威等率军从飞狐口（今河北蔚县东南二十五里北口村穿过恒山的峡谷）东下，与来自镇州（今河北正定）、定州（今河北定州）的军队会合后，攻克祁沟关（在今河北涿州西南三十五里岐沟村），再下涿州（今河北涿州）⑨。五月，在羊头冈（今北京房山良乡以西二十二里羊头岗）大破燕军，进军幽州城下，随后在西门击败燕军⑩。三年（913）正月，周德威攻下顺州（今北京顺义）和安远军（治今天津蓟州区西北）。二月，李存晖收复檀州（今北京密云）。三月，晋军相继收复芦台军（治今天津宁河区芦台镇）与古北口，

① 《资治通鉴》卷一百五十，梁武帝普通六年八月，第4706页；卷一百五十一，梁武帝普通七年四月，第4712页。
② 令狐德棻：《周书》卷六《武帝纪下》，中华书局点校本，第106页。
③ 《资治通鉴》卷一百七十三，陈宣帝太建十年闰六月，第5389页。
④ 《资治通鉴》卷二百一十，唐睿宗景云元年十二月，第6659页。
⑤ 《资治通鉴》卷二百一十，唐玄宗先天元年十一月，第6678页。
⑥ 《资治通鉴》卷二百五十九，唐昭宗乾宁元年十二月，第8459页。
⑦ 《资治通鉴》卷二百六十六，后梁开平元年四月，第8671页。
⑧ 《资治通鉴》卷二百六十七，后梁开平三年五月，第8710页。
⑨ 《资治通鉴》卷二百六十八，后梁乾化二年正月，第8750页。
⑩ 《资治通鉴》卷二百六十八，后梁乾化二年五月，第8756页。

居庸关守将投降。四月，周德威进攻幽州南门，七月进攻其他城门。九月，刘守光率众夜出攻陷顺州，十月入檀州，被周德威大败后逃回幽州城。十一月，晋王李存勖亲征幽州，登上燕丹冢（城东南的燕王陵）观看军士架起云梯攻城，擒获了被关在城内的刘仁恭。[①]十二月，刘守光在檀州燕乐县（治今北京密云东北燕乐庄）被擒，李存勖遂押解刘氏父子班师[②]。

后梁贞明三年（917）年三月，叛将卢文进引契丹兵急攻幽州。契丹在居庸关以西、新州（治今河北涿鹿）以东大败周德威，乘胜围困幽州。周德威向太原晋王求救。四月，李嗣源率军赴援。七月，李存审与李嗣源率领步骑七万会于易州（今河北易县）。关于进军方略，他们认为：敌众我寡，契丹多骑兵且无辎重，晋军多步兵并有大量粮草，若在平原相遇将不战自溃，“不若自山中潜行趣幽州，与城中合势。若中道遇虏，则据险拒之”。于是，率军自易州北行越过大房岭（今北京房山西北），沿着山涧东行。李嗣源率三千骑兵为前锋，在距幽州六十里处与契丹相遇，数度激战才出山谷。随后，契丹大败，从古北口退回塞外，幽州之围得解[③]。据此推测，晋军沿着山间谷地自西南向东北的进兵路线，大致与古代太行山东麓南北大道平行。契丹神册六年（921）十月，耶律阿保机率大军入居庸关，十一月攻下古北口，“分兵略檀、顺、安远、三河、良乡、望都、潞、满城、遂城等十余城，俘其民徙内地”[④]。此后，契丹多次进犯幽州、涿州、蓟州等地。

收复燕云地区长期成为北宋统治者的远大志向，也采取了一系列军事行动。太平兴国四年（979）六月，宋太宗率军北伐契丹，经过金台顿（今河北保定旧城东关外）、东易州（今河北涿州西南岐沟关）、涿州、盐沟顿（今北京房山区良乡东北），驻跸在幽州城南宝光寺。随后在城北击败契丹军，顺州、蓟州守军也来归降。七月，宋太宗都督诸军与契丹大战于高梁河，结果却大败而逃[⑤]。雍熙三年（986）正月，宋军再次大规模北伐。曹彬一路出雄州（今河北雄县），田重进一路出飞狐（今河北涞水），潘美、杨业一路出雁门西陉关（今山西代县西北），共同向幽州进发。三月，曹彬相继收复固安（今河北固安）、涿州，田重进收复飞狐，潘美收复寰州（治今山西朔州东北三十三里马邑村）、朔州（今山西朔州）、应州（今山西应县）等地。四月，潘美攻克云州（今山西大同），田重进战飞狐，收复蔚州（今河北蔚县），曹彬等在新城（今河北高碑店）东北击败契丹军队。此时，燕云十六州已有涿州、朔州、应州、云州、寰州、蔚州被收复，形势大好。但到五月战局突变，曹彬所部大败于岐沟关，退屯易州。田重进也随之退屯定州（今河北定州），潘美还代州（今山西

① 《资治通鉴》卷二百六十八，后梁乾化三年正月至十一月，第8765、8768、8771、8776—8778页。
② 《资治通鉴》卷二百六十九，后梁乾化三年十二月，第8780页。
③ 《资治通鉴》卷二百七十，后梁贞明三年七月，第8817—8818页。
④ 《辽史》卷二《太祖本纪下》，第19页。
⑤ 《宋史》卷四《太宗本纪一》，第63页。

代县）[①]。

在雍熙北伐之前，幽州蓟县人宋琪提出了一条进军路线："望令大军会于易州，循狐山（应为孤山）之北、漆水（应为涞水，今南拒马河）以西，挟山而行，援粮以进，涉涿水（今拒马河涿州段），并大房（今北京房山区西北大房山），抵桑干河（今永定河），出安祖寨（今北京石景山区衙门口），则东瞰燕城，裁及一舍。此是周德威收燕之路。"[②]显然，这是五代时期李存勖和李嗣源北上解救周德威的用兵之路，与太行山东麓南北大道基本平行，但宋太宗并未采纳宋琪的建议。

宋辽两国的澶渊之盟带来了双方长达百年的和平，但燕山一线的丢失始终使北宋陷于战略上的被动境地。庆历五年（1045）河北宣抚使富弼奏称："臣伏以河北一路，盖天下之根本也。古者未失燕蓟之地，有松亭关、古北口、居庸关为中原险要。以隔关，匈奴不敢南下，而历代帝王尚皆极意防守，未尝轻视。自晋初失全燕之地，北方关隘尽属契丹。契丹之来，荡然无阻。况又河朔士卒精悍，与它道不类，得其心可以为用，失其心则可以为患，安得不留意于此，而反轻视哉？"[③]北宋李邦直亦称："金燕古为濒山多马之国，其土莽平，宜畜牧耕稼；其民翘健，使弓矢，习骑射，乐斗轻死。中国得之足以蔽障外裔，外裔得之足以摇动中国。"[④]这些建议或评论，都道出了强悍的北方士卒与长城隘口对于北宋的战略意义。

上述事实表明，五代宋辽以来，飞狐口、古北口与居庸关一道成为幽州军事争夺与防御的关塞要地。在政治形势和军事环境影响下，今北京房山地区与河北定州、涿州一带，在军事活动方面与幽州城彼此呼应。从更大范围来讲，燕云十六州中，幽州、涿州、蓟州、顺州、檀州军事防御的关联性显著增强。

在金代与元代，居庸关、古北口、紫荆关成为战事频繁的要塞。卫绍王大安二年（1210），古北口屯戍千户、契丹人石抹丑奴，与南下的蒙古兵力战负伤后开关投降。随后，他为蒙古攻取平、滦、檀、顺、深、冀等州以及昌平红螺（今北京怀柔红螺山附近）、平顶诸寨，又两败金兵于邦君甸（今天津蓟州区西三十里邦钧镇）[⑤]。大安三年二月，蒙古在野狐岭（今河北张家口万全区北三十里）击败金军。九月，蒙古军抵达居庸关，守将完颜福寿弃关而逃。蒙古军兵临中都城下。随后，蒙古军攻下今山西北部、内蒙古南部、河北西北部、北京北部以及渤海湾沿岸多个州县。崇庆元年（1212）九月，蒙古攻占奉圣州（今河北怀来）。至宁元年（1213）七月，蒙古军先后攻占宣德（今河北张家口宣化区）、德

① 《宋史》卷五《太宗本纪二》，第77—78页。

② 《续资治通鉴长编》卷二十七，宋太宗雍熙三年正月戊寅，第603页。

③ 富弼：《论河北七事疏》，《历代名臣奏议》卷三百二十七《御边》，台湾学生书局1985年影印本。

④ 李邦直：《议戎策上》，《文渊阁四库全书》第1346册《宋文选》卷二十。

⑤ 《元史》卷一百七十九《萧拜住传》，第4156页。

兴（今河北涿鹿）、怀来、缙山等州县，乘胜逼近居庸关西北的八达岭北口，屯兵于居庸关以西百余里、永定河谷地的今河北怀来与涿鹿之间。“金人恃居庸之塞，冶铁锢关门，布铁蒺藜百余里，守以精锐”。蒙古军则从居庸关以北的黑树林之中只能骑行一人的小道绕道南口（今北京昌平南口），成功夜袭居庸关①。

居庸关失守后，金中都全城戒严。蒙古军屯兵于中都城北，随后分兵三路横扫黄河以北地区，接着回师屯兵于大口（当在今北京海淀区清河镇西北五里的四拨子附近），再次进逼中都城②，直至贞祐二年（1214）三月经由居庸关退兵。五月，乘金宣宗准备迁都南京（今河南开封），蒙古军“入古北口，徇景、蓟、檀、顺诸州”，又一次进逼中都③，次年五月占领中都城。

在元朝，天历年间的“两都之战”值得关注，这是身在大都的元文宗与远在上都的天顺帝之间发生的战争。为了防备上都的进攻，大都签枢密院事燕铁木儿做了严密部署。从天历元年（1328）八月初五开始，他先后调兵守居庸关及芦儿岭（今河北迁西县西北二十五里三屯营）、白马甸（今北京密云北八十里白马关）、泰和岭（今山西朔州东南太和岭）、迁民镇（今河北秦皇岛山海关）、碑楼口（今山西朔州应县北楼口村），派遣从上都归来的弟弟撒敦守居庸关，儿子唐其势屯古北口，后又以率军从上都归来的阿速卫指挥使脱脱木儿守古北口。二十五日，脱脱木儿在宜兴（今河北滦平县东北十五里小城子）打败上都军队。二十九日，上都梁王王禅等驻扎在榆林（今河北怀来县东榆林堡）。九月初一，燕铁木儿督师居庸关，撒敦、斡都蛮分别在榆林、陀罗台（今北京延庆城，时置陀罗台驿）击败上都军。初七，派遣撒敦在蓟州东流沙河（今河北丰润县西流沙河）抵御辽东兵，也速台儿坚守在碑楼口。十二日，脱脱木儿与辽东军战于蓟州两家店。十六日，王禅攻破居庸关，次日至大口。十九日至二十五日，燕铁木儿先后在榆河（昌平南二十五里，今北京海淀区玉河村）、红桥（在今北京昌平西南，北沙河以北）、白浮（今昌平南八里白浮村）击败王禅，追至昌平北，王禅逃走。二十六日，上都兵入古北口。燕铁木儿先遣撒敦攻其不备，出其不意，随后大兵杀进至牛头山（今北京密云区北），大获全胜。二十八日，辽东军抵大都城，燕铁木儿率领军民守城。十月初一，燕铁木儿在通州潞水边击败辽东军。初四，上都游兵进逼大都南城。燕铁木儿等先在檀子山之枣林（今北京通州张家湾南枣林庄）获胜，又率军循北山向西直捣良乡，驰援卢沟桥战场。初九，在紫荆关俘获阿剌帖木儿等。初十，上都军复入古北口，被燕铁木儿在檀州以南击溃。十三日，上都被围，倒剌沙等奉玉玺出降，历时两个多月的两都之战宣告结束④。在这场元朝内部较量中，居庸关、古

① 《元史》卷一百二十《札八儿火者传》，第2960页。
② 毕沅：《续资治通鉴》卷一百六十，宋宁宗嘉定六年十二月，中华书局1957年版，第4330页。
③ 《续资治通鉴》卷一百六十，宋宁宗嘉定七年五月，第4336页。
④ 《元史》卷三十二《文宗本纪一》，第704—718页。

北口、紫荆关等要塞自然是双方的必争之地。

元顺帝至正十八年（1358），刘福通红巾军的将领毛贵，率军由山东进攻大都，先后攻克蓟州与漷州的枣林、柳林（今北京通州漷县镇柳林），迫使大都戒严①。二十四年（1364），帝党与后党之争激化为兵戎相见，居庸关、古北口依旧是两军攻守的焦点，昌平龙虎台、皇后店（今北京海淀区皇后店）、清河、通州等地是主要战场②。二十八年（1368）闰七月二十五日，徐达、常遇春率领的明军相继攻克河西务、通州，元顺帝二十八日夜从健德门北逃。八月初二，明军兵临齐化门（今北京朝阳门），攻克大都③。

进入明代，东通大海、西连晋蒙的北平更是构筑北部边防线的重要支点，具有突出的战略地位。当时最重要的关隘是古北口、居庸关、喜峰口、松亭关，烽堠相望者达到一百九十六处④，长城沿线的"预警"体系初步建成。

建文元年（1399）七月，燕王朱棣斩杀朝廷派来监视他的将领，夺取北平府九门。都指挥使余瑱退守居庸关，马宣东走蓟州，宋忠自开平率兵三万至居庸关而不敢进，退保怀来。燕兵一举攻克蓟州、遵化、密云，准备进攻怀来。燕王认为："居庸险隘，北平之咽喉。我得此，可无北顾忧，瑱若据此，是拊我背也。宜急取之，缓则增兵缮守，后难图矣。"余瑱因援军不至，弃关退至怀来，与宋忠合兵。燕王趁其立足未稳，率领马步精锐八千迅速攻克怀来，北部州县守将纷纷降附。随后，永平守军亦降，燕兵进克滦河。大宁都指挥卜万等引兵十万，出松亭关（今河北迁西潘家口），驻沙河（今河北遵化濠河支流），进攻遵化，燕王救援遵化，卜万等退保松亭关。燕王又打败了朝廷派遣的北伐军队，并夺取大宁（今内蒙古宁城大明镇），占领富峪（今河北平泉北）、会州（今平泉西南二十里察罕城）、宽河（今河北宽城）等卫所。时值朝廷统兵李景隆进渡卢沟桥，攻北平丽正门（今北京前门北），又遣将攻打通州，在郑村坝（今北京朝阳区东坝）扎下九营，攻烧顺承门（今北京宣武门北）。十一月，燕师在白河西攻破李景隆诸营，李景隆只身逃回德州。十二月，燕王率军出紫荆关，广昌（今河北涞源县）守将投降。建文二年（1400）正月，燕王进兵蔚州，守军投降后进攻大同。李景隆率军出紫荆关救大同，燕王遂由居庸关退回北平。四月，李景隆等合兵六十万，与燕军战于白沟河，惨败后再次逃回德州。此后燕军一举南下，最终打到南京⑤。历时三年的"靖难之役"，以朱棣的胜利宣告结束。此后经过长达十几年的准备，将国都从南京迁回他夺取帝位之前的根据地。北京再次从军事重镇变为全国政治中心，自然也是北方军事防御体系的核心。

---

① 《续资治通鉴》卷二百一十四，元顺帝至正十八年三月，第5830—5831页。

② 《续资治通鉴》卷二百一十八，元顺帝至正二十四年四月，第5926—5927页。

③ 谷应泰：《明史纪事本末》卷八《北伐中原》，中华书局1977年版，第110—111页。

④ 《明太祖实录》卷一百八，洪武九年八月戊子。

⑤ 《明史纪事本末》卷十六《燕王起兵》，第236—248页。

“土木之变”暴露了明朝中期军力的虚弱，正统十四年（1449）七月八日，蒙古瓦剌部首领也先大举入寇大同，塞外城堡陷没。十七日，英宗率师亲征。次日，出居庸关，过怀来，至宣府。八月初一至大同，鉴于形势危急，只得匆忙返回。原计划取道紫荆关回京，却因太监王振试图请皇帝驾临他的家乡蔚州而改变路线。十五日，明军在土木堡（今河北怀来东南十五里土木）大败，英宗被俘。十月，也先占领广昌、紫荆关，兵部尚书于谦在景泰帝支持下领导了北京保卫战。十一月京城解严，有人建议把镇守居庸关和宣府的善战将领召回京师，于谦指出：“宣府，京师之藩篱；居庸，京师之门户。边备既虚，万一也先乘虚据宣府为巢窟，京师能安枕乎！”兵科给事中叶盛也上书强调：“今日之事，边关为急。往者马营（今河北赤城县西北六十里马营）、独石（今河北赤城县北独石口）不弃，则六师何以陷土木！紫荆、白羊（今北京昌平西四十里白羊城）不破，则寇骑何以薄都城！即此而观，边关不固，则京城虽守，不过仅保九门，其如寝陵何？其如郊社坛壝何？其如四郊生灵荼毒何？宜急令固守为便。”[①] 战争失败的惨痛教训，反过来显示了长城一线关隘在防御体系中的作用。

在此之后，加强长城沿线防御，成为明朝的军事重心所在。弘治十一年（1498），顺天巡抚洪钟“整饬蓟州边备，建议增筑塞垣。自山海关西北至密云古北口、黄花镇直抵居庸，延亘千余里，缮复城堡二百七十所，悉城缘边诸县。因奏减防秋兵六千人，岁省挽输犒赉费数万计”。[②] 嘉靖二十九年（1550）六月，鞑靼部可汗俺答率部入寇大同府，八月进攻蓟州，沿潮河川至古北口。随后分兵从古北口西南七十余里的黄榆沟潜入，穿过长城上的黄峪口（今北京密云北五十里，古北口西南五十五里），直逼东直门下。纵横京郊大肆掳掠半个月之后，才沿着潮河川由古北口故道从容出关，这就是历史上著名的“庚戌之变”[③]。蒙古的频繁入侵促使明朝更加重视修筑边墙和烽堠。隆庆二年（1568），蓟镇总兵戚继光开始创建空心敌台，五年（1571）秋“台功成，精坚雄壮，二千里声势联接”。万历二年（1574）七月重新整修城墙和敌台，改变了敌台被城墙遮掩不利攻敌的被动局面。

（三）边镇林立：京师护翼的深度拓展

独一无二的政治地位使首都北京成为全国的军事指挥中枢，整个区域的军事力量也以保障首都安全为终极目标，由此形成的外围与畿辅相结合的防御思想，在明代表现得尤其充分。随着卫所制度的推行，边镇的设立，京师及其周边形成了一个镇—路—卫—所—堡各级层次完整、空间布局紧凑、防御设施齐备的防御体系。这一防御体系，促使北京

① 《明史纪事本末》卷三十三《景帝登极守御》，第484—485页。
② 《明史》卷一百八十七《洪钟传》，第4957页。
③ 《明史纪事本末》卷五十九《庚戌之变》，第899—906页。

与周边的地域性关联变得更加紧密，对于京津冀地缘关系的形成与发展具有重要的推动作用。

1.蓟镇

《明史》追溯说："元人北归，屡谋兴复。永乐迁都北平，三面近塞，正统以后，敌患日多。故终明之世，边防甚重。东起鸭绿，西抵嘉峪，绵亘万里，分地守御。初设辽东、宣府、大同、延绥四镇，继设宁夏、甘肃、蓟州三镇，而太原总兵治偏头，三边制府驻固原，亦称二镇，是为九边。"[①]明代以据险固守为宗旨的九边镇戍制度，源出洪武一朝，主要形成则在永乐年间以后。[②]其中，与京津冀相关联的战略重地，则是蓟镇、宣府镇。蓟镇东自山海关，西至灰岭口，防线长达二千三百余里。它坐落在京师的左后方，位于宣府镇与辽东镇之间，为明朝北部军事防御体系的重中之重。

关于蓟镇的设立时间，学界争议不断，主要有永乐年间说、宣德年间说、嘉靖年间说。其实，境内防务的建立，早自洪武初年即已逐渐展开，燕王朱棣迁都北京之后，蓟镇更是迅速强化成为"九边"首镇。根据《四镇三关志》记载，洪武年间就开始在蓟州、永平境内设府置卫[③]。洪武元年（1368），设立北平布政司，下辖北平府（管辖密云、通州2县）、蓟州府（管辖平谷、遵化、玉田、丰润4县）和永平府（管辖无终、迁安、抚宁、昌黎、乐亭5县），同时在永平府建永平卫，领八千户所。八年，在蓟州府建蓟州卫，领五千户所[④]。十年，在蓟州府建遵化卫，领五千户所。十一年，在北平府建密云守御千户所。十四年，在永平府建山海卫，领八千户所。二十年，在北平府建大宁城，置北平行都司。二十二年，在北平府置属夷朵颜、福余、大宁三卫。三十年，改密云守御千户所为密云后卫，领五千户所。建文二年（1400），建神武中卫于通州，调兴州左屯卫于玉田，调宽和守御千户所于遵化，调梁城守御千户所于宝坻。四年，于通州建通州卫、定边卫，各领五千户所，改北平布政司为顺天府。永乐元年（1403），调营州前屯卫于香河县，建忠义中卫、东胜右卫于遵化，调东胜左卫于永平府。二年，在蓟州设总兵，驻于狮子峪（或称寺子谷）；调营州后屯卫、兴州后屯卫于三河县，调营州右屯卫于蓟州，调营州中屯卫于平谷，开平中屯卫于滦州；建通州左卫、通州右卫、镇朔卫于蓟州。三年，调兴州前屯卫于丰润，调兴州后屯卫于迁安，建抚宁卫于抚宁，建武清卫于永平府。天顺四年（1460），建三屯营城，移驻总兵府于此。万历元年（1573），调忠义中卫于三屯营。

另据《明太祖实录》，洪武元年（1368），设置燕山等六卫守御北平。《明太宗实录》言，永乐二年（1404）"以燕山左、燕山右、燕山前、大兴左、济州、济阳、真定、遵化、通

① 《明史》卷九十一《兵志三》，第2235页。

② 靳宝主编：《北京军事史》，人民出版社2018年版，第214页。

③ 刘效祖：《四镇三关志·建置考·蓟镇建置》，《中国珍本丛书》拍摄明万历四年刻本。

④ 《明太祖实录》载，洪武四年已设蓟州卫指挥使司。

州、蓟州、密云中、密云后、永平、山海、万全左、万全右、宣府前、怀安、开平、开平中、兴州左屯、兴州右屯、兴州中屯、兴州前屯、兴州后屯、隆庆、东胜左、东胜右、镇朔、涿鹿、定边、玉林、云川、高山、义勇左右中前后、神武左右中前后、武成左右中前后、忠义左右中前后、武功中、卢龙、镇虏、武清、抚宁、天津右、宁山六十一卫，梁成、兴和、常山三守御千户所，俱隶北京留守行后军都督府”①。

尽管诸多文献所载蓟镇卫所设立时间与名称略有差异，但都显示出明朝在蓟镇设防守卫的战略布局，由此加强了京津冀区域的地缘关联。需要注意的是，东胜、开平等卫所调入蓟镇，反映了明朝前期防御体系的变动。

洪武初年北伐以后，李文忠、冯胜等分别占领元上都开平（今内蒙古正蓝旗东）、大宁（今内蒙古宁城县大明镇）、东胜（今内蒙古托克托县西）等塞外战略要地，设开平卫以及兴和等千户所。洪武二十年（1387），在喜峰口外的大宁设置北平行都司，“封皇子权为宁王，调各卫兵往守”，进一步扩大了北平的防御纵深。二十五年（1392）筑东胜城，“设十六卫，与大同相望。自辽以西，数千里声势联络”②。大宁都指挥司及其左、中、右诸卫所辖地域与宣府、辽东连成一片，其位置接近秦汉、北朝旧长城，幽燕地区因此具备了内外两条防线。

随着形势变化，明朝军事部署与北京防御格局发生了一次最大变动，这就是永乐帝逐渐放弃了开平、大宁等塞外重镇。他即位后“改北平行都司为大宁都司，徙之保定，调营州五屯卫于顺义、蓟州、平谷、香河、三河，以大宁地畀兀良哈”③，由此失去与辽东和宣大相互声援的战略要地。东胜、兴和、开平诸卫所相继迁废，塞外设防、东西联守的策略变为向南退却、分地守御，燕山长城一线成了北京防御体系中的第一道也是最后一道防线。这样，蓟镇防御战略地位更加突出。

蓟镇都指挥及总兵官的设立，使得蓟州、永平、山海等地从最初的分而治之，逐渐凝聚成一个军事区域，京师左辅重镇也就真正建立了。蓟镇在永乐年间就设置了都指挥一职，如永乐十八年（1420）三月派都指挥桑高镇守蓟州，二十一年（1423），镇守蓟州、山海等地的都指挥陈景先上书，请求修筑被洪水冲毁的遵化喜峰口、蓟州马兰关等要冲。洪熙元年（1425），总兵官陈英和都指挥陈景先因防御不力而受到停禄的惩罚。宣德元年（1426），总兵官陈英前往山海、永平地区督查军事防御。三年，薛禄为总兵官，镇守蓟州、山海、永平地区，负责边镇的日常守备和战时防务。虽然宣德年间，蓟镇的称谓还没有出现，但总兵官的职责和职能已说明山海、蓟州、永平、遵化等统一由总兵官镇守，显然已形成了一个固定防守的整体区域了。据《明世宗实录》，蓟镇称号正式出现于嘉靖三

① 《明太宗实录》卷十七，永乐元年二月辛亥。
② 《明史》卷九十一《兵志三》，第2236页。
③ 《明史》卷九十一《兵志三》，第2236页。

年（1524）。

隆庆二年（1568），蓟镇总兵官戚继光把蓟镇全线划分为三协守、十二路，统一编派各种兵力，形成了各负其责、分段防守的整体。史载，“节制精明，器械犀利，蓟门军容遂为诸边冠”“在镇十六年，边备修饬，蓟门宴然。继之者，踵其成法，数十年得无事”[①]。坚固的防线与正确的决策者相辅相成，迎来了明代北边最巩固的时期。

蓟镇原本从山海关直抵太行山东麓的紫荆关一带，从东、西、北三面围绕着北京。虽然《明史》称蓟镇设于嘉靖二十七年（1548），实际上自洪武初年就是长城沿线的重镇，直至后来成为九边之首。永乐年间，蓟州、永平、昌平、密云所属官兵合计八万五千余人，万历初期增加到十二万四千多人，都远超其他各镇。蓟镇治所先在永平以北的桃林口，永乐末年移至狮子峪，天顺初年迁到三屯营。蓟镇东路的山海关，中路的喜峰口、潘家口，西路的古北口、居庸关等，都是拱卫北京的要隘。嘉靖三十年（1551），为了加强对京师和昌平皇陵的防务，又从蓟镇划出昌平镇（东起慕田峪，西至紫荆关）、真保镇（北起紫荆关，南至固关）。嘉靖年间蒋一葵说：“蓟昌建在畿辅，实为腹心，东西辽保则左右臂也。要之，论国势重轻，则蓟昌为最，保镇次之，辽镇又次之。论夷情缓急，则蓟辽为甚，昌镇次之，保镇又次之，此其大较也。”昌平镇“外而扼控要害，内而拥护京陵，干系至重”[②]。蓟镇、昌平、真保、辽东镇与山海关、居庸关、紫荆关合称“四镇三关”，它们的重要性就在于紧邻北京，已经是退无可退的最后一道防线了（图5-3）。

蓟镇防御体系的构建还依赖于自身空间布局，即由镇城、路、卫所、戍守城堡所形成的层级防御。镇城是军镇的最高军事长官所在地，是各层次军事聚落中级别最高、驻扎兵力最多的城池。镇城除军事防御职能外，还有较强的政治、经济职能[③]。蓟镇有12路，归东路协守、中路协守和西路协守管辖，约分布着百余座城堡[④]。

2. 宣府镇

嘉靖年间的蒋一葵指出：“京东之外镇，营、蓟、辽阳也。京西之外镇，宣、大、偏头也。京东之内险，山海也。京西之内险，居庸、紫荆、倒马、雁门、宁武、平型、龙泉也。外镇以屯重兵，进与之战；内险以严隘塞，退为我守。斯画一之论也。”[⑤]宣府镇在拱卫京师的防御体系中具有举足轻重的地位，它的形成和发展使今张家口、宣化一带与北京的地缘关联得以强化和巩固。

河北宣化在东汉时期属幽州上谷郡下落、涿鹿县地，仅从东升路东汉墓葬被严重破坏

① 《明史》卷二百一十二《戚继光传》，第5615—5616页。
② 《长安客话》卷七《边关杂记·昌镇》，第140、141页。
③ 李严、张玉坤、李哲：《长城并非线性——卫所制度下明长城军事聚落的层次体系研究》，《新建筑》2011年第3期。
④ 王琳峰、张玉坤：《明长城蓟镇戍边屯堡时空分布研究》，《建筑学报》2011年S1期。
⑤ 《长安客话》卷七《关镇杂记·边关》，第139页。

的情形[①]，就可看出这里是战争频繁的边塞之地。唐永徽元年（649），在宣化设置狼山都督府。会昌年间（841—846）置山北八军，雄武军是其中之一。2003年宣化城东1300米处发现唐代苏子矜墓，墓志称其“葬于雄武军东三里原”[②]，如此则雄武军治所的位置应与宣化城相仿佛。唐中和五年（885）设武州、文德县，治所就在今宣化。后梁乾化四年（914）契丹入寇，改武州为归化州。金大定七年（1167）改归化州为宣化州，领宣德、柔远两县。八年（1168），又改宣化州为宣德州。元代相继称宣宁州、宣德府、顺宁府。这些军、州、县的名称，或体现武力强大，或显示怀柔教化，都是边塞战争不断、民族交错分布的反映。

明朝洪武年间，宣府成为蓟镇与大同之间的长城沿线边防重镇，在此设立万全都司以及宣府前、左、右三卫，并将边境大量民众迁入内地散处诸卫府。明代尹耕指出，迁民属于无奈之举：“皇祖始则急其害而徙民，既则图其成以置镇。时宜之道存，而不得已之意见矣。”[③]洪武年间有大宁、东胜、开平三卫起到缓冲作用，宣府是有外边护卫的内边。但永乐年间先是把朵颜三卫赠予蒙古兀良哈部，使得“辽东与宣、大，声援阻绝，又以东胜孤远难守，调左卫于永平，右卫于遵化，而墟其地。先是兴和亦废，开平徙于独石，宣府遂成重镇”[④]。原来受到保护的第二道防线变成前沿，充当了京师防御的西北门户。基于军事而兴起的宣府与其他各“府”不同，“地鲜居民，惟卒伍之士，以耕以守焉”[⑤]。嘉靖年间宣府镇辖21卫所、2州，人口合计“官户共四千五百五十一，军户共一十二万四千七百九十七，民户共二千三十五”[⑥]，整个区域以军人占绝对多数，民户几乎显得微不足道。

宣府镇内的卫所城堡，构成了一个完整的防御体系。洪武二十六年（1393），置宣府左、右、前卫（在宣府城），万全左卫（今河北怀安县左卫镇）、万全右卫（今河北张家口万全区故县城），怀安卫（今河北怀安县故县城）[⑦]。在朱棣已经夺取帝位的建文四年（1402），宣府“左卫于保定屯守，右卫于定州屯守”[⑧]。永乐年间，“以口外少军守备，令悉还宣府，而二卫掌印指挥千百户、经历等官及新收太原护卫官军三千人尚皆在定州”，直到宣德二年（1427）“命宣府左右二卫官还宣府”[⑨]。顾祖禹评价说，万全左卫“唇齿镇城，翼带云蔚，西偏之屏蔽也”；万全右卫“控御边陲，为东西声援，漠南有事，每当其冲，防维不可略

① 张家口市宣化区文物保管所：《河北张家口宣化东升路东汉墓（M3）发掘简报》，《文物》2015年第3期。

② 刘海文等：《河北宣化纪年唐墓发掘简报》，《文物》2008年第7期。

③ 严从简：《殊域周咨录》卷十七《北狄·鞑靼》，中华书局1993年版，第511页。

④ 《明史》卷九十一《兵志三》，第2236页。

⑤ 杨荣：《朝天观记》，《古今图书集成·方舆汇编·职方典》卷一百五十七《宣化府艺文一》，第9158页。

⑥ [嘉靖]《宣府镇志》卷十三《户口考》，明嘉靖四十年刊本。

⑦ 《明太祖实录》卷二百二十五，洪武二十六年二月辛巳。

⑧ 《明太宗实录》卷十四，洪武三十五年十一月甲午。

⑨ 《明宣宗实录》卷三十二，宣德二年十月己未。

也”；怀安卫“捍御冲边，翼蔽云朔，东西形援，屹为要地”[①]。此外，在今河北与北京境内，还有开平卫（今赤城独石口）、隆庆左右卫即延庆左右卫（今北京延庆）、龙门卫（今赤城龙关镇）、保安左卫（今涿鹿县城）、保安右卫（今怀安沙城）、蔚州卫（今蔚县县城）、永宁卫（今延庆永宁堡）、怀来卫（今官厅水库）。

除了上述十五卫，宣府镇还有兴和（今河北张北县城）、美峪（今涿鹿保岱）、龙门（今赤城龙门所）、广昌（今涞源县）守御千户所，长安岭堡、雕鹗堡、赤城堡、云州堡、马营堡等。这些机构置废与城堡建设的年代各异，但都曾是宣府镇军事防御体系的重要组成部分。宣德以后，永乐年间的积极防御变为消极防御，宣府镇的卫所划归五路各司其职。东路驻永宁城，“东据黑山，西接鸡鸣山，南距居庸关，北据龙安山”。南路驻顺圣城，“东接美峪关，西尽顺圣川，北据盘崖山，南接紫荆关”。西路驻万全城，“东据清水河，西据枳儿岭，南据兴宁口，北据野狐岭”。北路驻独石口，“东接潮河川，西距金阁山，南据长安岭，北据毡帽山”。中路驻葛峪堡，“东接隆门关，西距张家口，南连镇城，北距沙漠”[②]。野狐岭是今张北县南三十里与张家口万全区交界的狼窝沟一带山岭，成吉思汗南下伐金，李文忠北征蒙古，都曾穿越野狐岭之间南北向的陉道。葛峪堡即今宣化东北三十三里的葛峪堡，隆门关即今赤城县西南五十里的龙关。

据统计，蒙古诸部自宣德至万历190余年间对明朝的侵扰多达396次，其中59次发生在宣府镇辖境之内[③]。蒙古军队南下威胁京城及中原的几条交通要道，都从宣府镇的防区经过。作为居庸关的外围军事屏障，宣府“南屏京师，后控沙漠，左挹居庸之险，右拥云中之固，弹压上游，居然都会。……居庸者，京师之门户，宣府又居庸之藩卫也。其地山川纠纷，号为险塞，且分屯置军，倍于他镇，气势完固，庶几易守”[④]。在土木之变等战争中，宣府镇实际上是保卫北京的最后防线，朝廷因此也更加重视建设和巩固这里的军事设施与防御体系。

在分析宣府镇的军事战略与京津冀地缘关系的历史演变中，不得不提到张家口这一明代京师西部防御体系的重要城堡。张家口，亦称张垣，“垣”即城墙之意。自战国以来，这里就是兵家必争之地。明朝前期大量军户和内地居民被迁往长城沿线戍边，聚集成以姓氏为名的张家庄等村落。明宣德四年（1429），指挥张文在张家庄所在地方主持修筑张家口堡。两年后开平卫迁移到独石口，宣府镇的中西路长城上升为京师北方的第一道防线，位于宣府西北的张家口堡的军事地位得到强化。顾祖禹记载：“张家口堡，卫（万全右卫）东三十五里，东南至镇城（宣府镇）四十四里。宣德四年筑，嘉靖十二年、万历二年增筑。

① 《读史方舆纪要》卷十八《直隶九》，第784、785、788页。
② ［嘉靖］《宣府镇志》卷七《疆域考》，明嘉靖四十年刊本。
③ 王琳峰、张玉坤：《明宣府镇城的建置及其演变》，《史学月刊》2010年第11期。
④ 《读史方舆纪要》卷十八《直隶九》，第778页。

堡周四里。其附近（“附近”一本作“灭虏”，应是）台等处为最冲。口外有狮子屯一带，属部驻牧处也。堡为互市之所，关防最密。”①城堡东有永镇门、南有承恩门，两门之外设瓮城。宣德年间张家口堡“原设守备一员，把总二员，存籍官军一千一百九十九员，实有官军一千七百零八员”②。今人估算，在方圆四里的城堡中，至少有军士及军属5000人，是一处不折不扣的军士城堡③。自隆庆五年（1571）明蒙和议以后，汉蒙交通要道上的张家口堡成为双方贸易的主要场所，单一的军事城堡由此进入了经济、军事多元发展的阶段。

清朝前期尤其是康熙年间，张家口是宣府镇防备准噶尔部噶尔丹的军事要塞。随着西北地区的平定，尤其是因为清代顺利解决了北方的民族矛盾，此前以长城一线为骨架的军事防御体系已经失去意义。康熙三十二年（1693），改宣府镇为宣化府，裁改万全右卫置万全县，辖张家口、膳房堡、新开口、新河口、洗马林等西路所属地方，设县丞驻张家口。张家口分为上堡和下堡，上堡包括上下东营、蒙古营、营城子，下堡有南营坊、新营坊等驻军之地。在这样的背景下，扼守着通往外蒙古与俄罗斯交通要道的张家口，成为长城内外尤其是中俄贸易的中转站，作为区域政治经济中心的地位也迅速上升。雍正二年（1724），置张家口、独石、多伦诺尔厅，通称“口北三厅”。张家口理事厅管理口外东西两翼察哈尔八旗地方以及口内蔚县等七州县的钱粮、治安等事务。五年（1727），张家口与喜峰口、古北口、独石口、杀虎口等地一起，成为朝廷指定的出入长城内外经商的贸易孔道。九年（1731），在张家口建立钦差户部署，专管税务。乾隆二十六年（1761），设察哈尔都统，驻张家口，统领察哈尔12旗群，总领旗兵，不理民政。光绪七年（1881），改张家口理事厅为抚民厅，属直隶宣化府④。张家口从军城到商城的转折，也是明代以来社会变迁的见证。

3.保定镇

除了长城沿线的蓟镇、宣府镇外，保定镇也是京师具有预备性质的军事防御重镇。保定是北京南下的咽喉要道，太行山八陉中的飞狐陉、蒲阴陉即紫荆关，都在其控制之下。历史上有不少战争首先通过山西北部或宣化一带的防线，穿越这两处关口即至保定以北，然后再挥师向北进攻北京。保定水运与天津相通，这样的交通环境决定了它作为京师南部门户的地位。

战国时期，保定一带是燕、赵、齐、中山诸国争夺的军事要地。燕南长城大部分在今保定以北，燕昭王在今保定城东建广养城畜养战马。北魏太和元年（477）在今保定东北置清苑县，隋代移治今保定，在此前后亦有更名与置废。宋辽对峙时期，这里成为北宋防

① 《读史方舆纪要》卷十八《直隶九》，第786页。
② ［乾隆］《万全县志》卷四《武备志》，乾隆十年刻本。
③ 王洪波、韩光辉：《从军事城堡到塞北都会——1429—1929年张家口城市性质的嬗变》，《经济地理》2013年第5期。
④ 《清史稿》卷五十四《地理志一》，第1912—1917页。

守御敌、契丹试图争夺的战略要地，以清苑县即今保定为治所的政区与军事建置，都以保卫国土和边塞之意为名。北宋建隆元年（960）置保塞军，太平兴国六年（981）改为保塞县，为保州治。从保州向东北，经过雄州（今河北雄县）、霸州（今河北霸州）直至渤海岸边的泥沽海口（今天津东南），以海河流域的鸡距泉、大清河、白洋淀等为依托，北宋建立了阻滞契丹骑兵往来袭扰的塘泊防线，构成一道被后人誉为“水长城”的军事防线。李继宣、呼延赞、杨嗣、杨延昭等北宋将领，都在保州领兵驻守期间屡次击败契丹军队。从北宋后期开始，真实的历史与丰富的传说相结合，使杨延昭为代表的杨家将故事在民间广泛流传，至今不息。

北宋宣和七年（1125）金人再次占领燕京，南下攻取河北平原的城镇，最后占领保州。金代以此为保定路治所，设顺天军节度使，辖清苑、满城、遂城三县。金贞祐元年（1213），蒙古军绕道紫荆关攻打保州，在遭到军民顽强抵抗后，“十二月十有七日，保州陷，尽驱居民出……是夕下令，老者杀。卒闻命，以杀为嬉。……后二日，令再下，无老幼尽杀。”[①]“保州屠城，惟匠者免”[②]。被屠城的保州经过张柔重修，成为蒙古南下灭金与南宋的军事基地。元代此后置保定路，又改保定府。

明洪武元年（1368）九月，常遇春等攻下保定府。朱棣即位后的建文四年（1402）九月，“命都督陈用、孙岳、陈贤，移山西行都司所属诸卫官军，于北平之地设卫[移]屯种。[移]云川卫于雄县，玉林卫于定州，高山卫于保定府，东胜左卫于永平府，东胜右卫于遵化县，镇朔卫于蓟州，镇虏卫于涿州，定边卫于通州。其天城、阳和、宣府前三卫仍复原处。”[③]同年十一月，“以宣府所余官军设宣府左右二卫，左卫于保定屯守，右卫于定州屯守”[④]。保定府辖境及其周边地区军事部署的调整，实际上是次年即永乐元年（1403）三月“壬午，改北平行都司为大宁都司，徙保定，始以大宁地畀兀良哈”的前奏[⑤]。与此同时，“设保定左、右、中、前、后五卫，俱隶大宁都司”[⑥]。

随着北边防线的南缩，保定的军事地位显著提升，与北京的联系也更加密切，正如于谦所言：“涿鹿、保定、真定、易州一带城池，外则接连关口，内则切近都城。”[⑦]永乐二年（1404）设茂山百户所，七年（1409）十月“设茂山卫，隶大宁都司，建治所于保定府清苑，以有罪僧徒五千六百充军屯种”[⑧]。土木之变过后，为加强易州紫荆关的防御，茂山卫

① 刘因：《静修先生文集》卷十七《孝子田君墓表》。
② 刘因：《静修先生文集》卷二十一《武遂杨翁遗事》。
③ 《明太宗实录》卷十二下，洪武三十五年九月乙巳。
④ 《明太宗实录》卷十四，洪武三十五年十一月乙未。
⑤ 《明史》卷六《成祖本纪二》，第79页。
⑥ 《明太宗实录》卷十八，永乐元年三月壬午。
⑦ 于谦：《军务疏》，《明经世文编》卷三十三《于忠肃公文集一》，第233页。
⑧ 《明太宗实录》卷九十一，永乐七年闰四月庚午。

于景泰三年（1452）“移置州治东南五百步许”[①]，朝廷还曾调集京营帮助守卫紫荆关、倒马关等处。

弘治年间，保定镇守将为副总兵，后改参将。正德九年（1514），复为分守副总兵。嘉靖二十年（1541）再改镇守，嘉靖三十年（1551）改设保定镇守总兵官[②]，甚至与辽东、蓟镇相提并论，这都是保定军事地位进一步提升的标志。万历元年（1573），随着边患加重，特令保定镇于春秋防御时，如有战事，可移驻紫荆关，守备好京师南部门户。其下有参将四人，分别守卫紫荆关、龙固二关、马水口、倒马关四处关隘。这些都体现了保定镇在拱卫京师防御体系建设中的重要地位。到清代康熙八年（1669）直隶巡抚、雍正二年（1724）直隶总督驻保定，是保定作为直隶（河北）省会的开端，历史上著名的军事重镇又肩负区域政治中心的职能。

（四）天津卫所：控扼河海的京师门户

“东临海，西临河，南通漕粟，北近上都”的天津[③]，由于历史上长期作为漕粮海运和水运的枢纽而逐步崛起。处在渤海之滨、九河下梢，衔接南运河与北运河，与国都近在咫尺的地理位置，又使这里成为扼守河海咽喉的京师东南门户，在明清北京海防体系中具有极为重要的战略意义。

1.海防体系中的天津三卫

天津平原在战国时期已形成大批聚落和村镇，汉代在这里设置了泉州（今天津武清东南）、雍奴（今天津宝坻南）、东平舒（今河北大城，或称在天津静海西钓台）、章武（今河北黄骅）等行政区域。东汉建安十一年（206）曹操北征乌桓，开凿平虏渠与泉州渠以运输粮草，初步沟通了海河水系之间的联系。隋炀帝开凿永济渠，为大运河从东西向为主转变为南北向为主奠定了基础。隋唐两代都以幽州地区的涿郡（今北京）作为东征高丽的粮草和兵员聚集之地，考古工作者在天津军粮城发现了多座唐代墓葬[④]，这里当时应该已是具有一定规模的沿海城镇与屯储水运军粮之城。清康熙《天津卫志》称“军粮城在城东南，去城柒拾里，元海运为屯粮之所，周围基址尚存”[⑤]，断定的时代可能偏晚。宋辽时期以白沟为界，沿岸设置了若干戍守的军寨。与军粮城相对的界河南岸有泥沽寨，或称泥沽海口，成为新的物资接运中心。金代在三汊河南设立直沽寨，水运的漕粮由此循潞水即南运

① ［弘治］《易州志》卷三《公署·卫所》。

② 《明世宗实录》卷三百七十八，嘉靖三十年十月甲戌，第6717页。

③ 李邦华：《文水李忠肃先生集》卷三《抚津荼言·修造城垣疏》，《四库禁毁书丛刊》集部第81册，第147页。

④ 天津市文化局考古发掘队：《天津军粮城发现的唐代墓葬》，《考古》1963年第3期；天津市历史博物馆考古部：《天津军粮城海口汉唐遗迹调查》，《考古》1993年第2期。

⑤ ［康熙］《天津卫志》卷一《古迹》，清代抄本。

河北上，到达通州后再转往中都城。元至元二十五年（1288）置直沽寨运米仓。延祐三年（1316），改直沽为海津镇，设镇抚使，以重兵戍守。

明代初期直沽与周边地区已是海防重地。建文二年（1400）朱棣的“靖难”军队占领直沽，遂在宝坻东南设梁城守御所（今天津宁河区宁河镇），时人称之为“关系数十百里之利害者”，“盖海贼登岸，必由梁城所而入。于此不戒，旦暮间即薄京城矣。是所守者虽一城，而所庇者则不啻数十百里也”[①]。万历年间袁黄回顾说：“国初设梁城一所巡察于外，而于天津置重兵马。盖天津无海，必由宝坻之海而入；宝坻之兵不多，必藉天津之兵为援。其地呼吸可通，其势辅车相倚。”[②]朱棣率兵由直沽南下，不到两年即夺得帝位，直沽因此成了天子的津渡。永乐二年（1404）十一月，“设天津卫。以直沽海运商舶往来之冲，宜设军卫。且海口田土膏腴，命调缘海诸卫军士屯守”[③]；十二月设天津左卫[④]；永乐四年（1406）十一月，“改青州右卫为天津右卫”[⑤]，形成天津三卫共同守备的格局。赐名“天津”，即李东阳所谓“立为今名，则象车驾所渡处也”[⑥]。四座城门楼分称镇东、定南、安西、拱北，也正是重视其军事地位的象征。在天津附近的武清、蓟州，还有新设或从塞外迁来的武清卫、蓟州卫、镇朔卫、营州右屯卫。

天津在海防体系中的作用，随着军事形势的紧张与缓和而有升有降。正如万历年间汪应蛟所言：“天津三卫官军本为防海而设，后以海上无事，虏骑凭陵，遂调赴蓟镇防守。至万历二十年来，倭急则议留，倭缓则议调，旋留旋调，展转无常。”[⑦]永乐二年（1404），天津设立海防营，此后由于海上无警，遂改为春秋两班轮番在京师操练或到蓟州戍守。万历年间官员回忆：“天津三卫原有官兵九千三百九十九员名，为备倭而设。后因各兵坐糜粮饷，遂择精兵壮五千七百有奇，令两游击统领赴蓟镇修守。”[⑧]永乐十七年（1419）六月取得望海埚（今辽宁大连金州东北金顶山）大捷，“自是倭大惧，百余年间，海上无大侵犯。朝廷阅数岁一令大臣巡警而已。”[⑨]嘉靖二十九年（1550）发生蒙古军队突破长城防线袭扰北京的庚戌之变，“天津、梁城之军尽调于边，海口空无人矣”[⑩]。万历二十年（1592）日本侵略朝鲜，明朝在天津葛沽加强防备，“曾设一副将，领水陆官兵五千，防守兹土，名曰海

① 刘邦谟、王好善辑：《宝坻政书》卷十《倭防初议》，《北京图书馆古籍珍本丛刊》第48册，第400页。
② 《宝坻政书》卷十《防倭二议》，第404页。
③ 《明太宗实录》卷三十六，永乐二年十一月己未。
④ 《明太宗实录》卷三十七，永乐二年十二月丙子。
⑤ 《明太宗实录》卷六十一，永乐四年十一月甲子。
⑥ 李东阳：《天津卫城修造记》，[康熙]《天津卫志》卷四《艺文中》，清抄本。
⑦ 汪应蛟：《抚畿奏疏》卷八《海滨屯田试有成效疏》，《续修四库全书》第480册，第506页。
⑧ 杨俊民：《边饷渐增供亿难继酌长策以图治安疏》，《明经世文编》卷三百八十九《杨司农奏疏》，第4206页。
⑨ 《明史》卷九十一《兵志三·海防》，第2244页。
⑩ 《宝坻政书》卷十《防倭二议》，第404页。

防营”[①]，轮班到蓟镇防守的天津春秋两营也留在天津。二十六年（1598）十一月，中朝军队在“露梁海战”中击败日本舰队。天津海防随后再度松弛，此前设立的天津巡抚，二十七年正月即被裁撤[②]。天启元年（1621）辽东危急，重新设置天津巡抚，“统辖天津道府所属州县营卫，并沿海武清、宝坻、滦州、乐亭及附隶卫所，凡一切海防军务并地方平兵马盗贼、保甲、城守事宜，俱听便宜行事”[③]。此外，天津兵备道设于弘治三年（1490），“专在天津驻扎，自天津至德州止，沿河附近军卫，有司衙门悉听管辖。”[④]密云兵备道设于正统十四年（1449），很长时期内驻扎在蓟州，管辖区域涉及宝坻、梁城守御千户所等地[⑤]。嘉靖二十九年（1550），增设蓟州兵备道。地域相连与职责所在，决定了这些军事机构的防务必须协同完成。

2.清代天津水师营与绿营兵

清代的军事环境与明代大不相同，除八旗官兵在畿辅各地驻防之外，被收编的明军和其他汉兵以营为基本单位，整编为以绿旗为标志的“绿营”或称“绿旗兵”。绿营在清初颇具战斗力，“天津镇总兵，顺治元年设，驻天津府城，统辖本标左右二营暨四党口营、天津城守营、静海营、武清营、务关营、霸州营、旧州营、大沽协标六营、葛沽营、祁口营、河间协标左右二营、景州营、郑家口营”[⑥]。卫所的军士一部分成为新建的绿营兵，更多的实际上已转化为民。顺治九年（1652）六月，天津左卫、天津右卫并于天津卫，蓟州的镇朔卫、营州右屯卫并于蓟州卫[⑦]；十一月，武清卫并入通州左卫[⑧]。十六年（1659）十月，裁蓟州卫、遵化卫、涿鹿卫、密云中卫、沧州守御所、云州守御所、龙门守御所千总[⑨]。雍正三年（1725）三月，裁革天津卫，设为直隶河间府所属的天津州[⑩]；九月，天津州升为直隶州，辖武清、静海、青县[⑪]。九年（1731）二月，采纳直隶总督唐执玉的建议，天津直隶州升为天津府，管辖天津、静海、青县、沧州、南皮、盐山、庆云各州县，梁城所改为宁河县[⑫]。前朝所设的兵备道或彼此合并或转变职能，即使是最重要的天津兵备道，也在雍正四年（1726）二月改为专司河务的河道[⑬]。

① 李邦华：《李忠肃先生集》卷三《抚津苶言·归并水营疏》，《四库禁毁书丛刊》集部第81册。
② 《明神宗实录》卷三百三十，万历二十七年正月庚子。
③ 毕自严：《饷抚疏草》卷七《缴敕疏》，《四库禁毁书丛刊》史部第75册。
④ 《明孝宗实录》卷四十五，弘治三年十一月乙未。
⑤ 《大明会典》卷一百二十八《镇戍三》。
⑥ [光绪]《重修天津府志》卷三十六《兵防》。
⑦ 《清世祖实录》卷六十五，顺治九年六月丁未。
⑧ 《清世祖实录》卷六十五，顺治九年六月丁未。
⑨ 《清世祖实录》卷一百二十九，顺治十六年十月戊戌。
⑩ 《清世宗实录》卷三十，雍正三年三月乙巳。
⑪ 《清世宗实录》卷三十六，雍正三年九月甲子。
⑫ 《清世宗实录》卷一百三，雍正九年二月丙辰。
⑬ 《清世宗实录》卷四十一，雍正四年二月甲戌。

雍正四年（1726）在天津设立专防海口的水师营，由二千名驻防八旗兵组成，乾隆三十二年（1767）以海口无事而裁革[①]。嘉庆二十一年（1816）决定复设天津水师营："天津为畿辅左掖，大沽等海口直达外洋，从前曾建设水师驻防，后经裁撤。该处拱卫神京，东接陪都，形势紧要，自应参考旧制，复设水师营汛，以重巡防。"[②]复设的水师营由绿营兵组成，此后屡屡被裁减编制，直至道光六年（1826）二月改归大名镇。"国初海防，仅备海盗而已。自道光中海禁大开，形势一变，海防益重"，天津镇总兵官统领大沽、葛沽绿营兵负责海上防御。二十一年（1841），天津海口增驻官兵，建炮台营房[③]。这座由于主要作为国都漕运枢纽而崛起的城市，晚清时期面对近代化技术武装起来的西方列强，在充当保卫北京东南海上门户的历史上写下了空前惨烈和坚强不屈的篇章。

京津冀之间以多种因素的不可分割为基本特征的地缘关系，具有历史与地理的内在逻辑。拱卫京师的区域防御体系的演变过程，就是这一内在逻辑的重要表现方式。从当代视野出发认识京津冀协同发展的国家战略，依然不能忽视军事因素对于形成和加强三省市地缘关系的历史作用。

① 《清史稿》卷一百三十五《兵志六·水师》，第4001页。

② 《清仁宗实录》卷三百一十九，嘉庆二十一年闰六月丁未。

③ 《清史稿》卷一百三十八《兵志九·海防》，第4095—4099页。

第六章

风习相类：地缘关系的文化镜像

地脉相连、人缘相亲的京、津、冀三地，千百年来形成的地域文化既有共同特征又有区域差异，由此构成的文化镜像是折射彼此之间地缘关系的一个重要途径。

京津冀地区位于华北平原北部，北靠燕山山脉，南面华北平原，西倚太行山，东临渤海湾，西北和北面地势较高，南面和东面比较平坦。由西北向东南，从太行山、燕山山系逐步过渡为平原，呈现出西北高、东南低的地形特征，海河流域的扇状水系铺展在京津冀地区。正因为有如此密切的地理联系，京津冀地区很久之前就呈现出相互协作、共同发展的显著特点。建立在波澜壮阔的历史和灿烂瑰丽的文明基础上的京津冀文化圈，区域内部文化相互影响，经济交往密切，构成了人缘、地缘、业缘不可分割的统一体。京津冀区域的文化发展，主要表现在相互联系、相互影响、相互渗透的三个方面：平原农耕经济文化与草原畜牧经济文化的汇合；汉族文化与北方游牧民族文化的融合；京师文化与地方文化的结合。

（一）同源异质：多种文化相互碰撞交融

京津冀区域文化的产生和发展并非无源之水、无本之木，而是有其自然和历史的原因，这需要从自然环境与人文环境两方面来探究。

1. 一方水土养一方人

地理环境和生态条件是锻造文化形态的重要因素，即所谓“一方水土养一方人”。在古代社会，由于生产力水平的限制，自然地理环境的相对封闭，绝大多数人都要固守在一定的区域内“生于斯，长于斯”，这片山川水土对人的性格和体貌的影响更为强烈。京津冀的山水极具力度，充满雄壮的阳刚之气，北部的燕山与南部的太行均是雄壮有余而秀美不足。京津冀所处的海河平原介于黄河下游以北，燕山以南，太行山之东。这片由黄土构成的大平原一望无际，粗犷豪放，亦无温柔婉约、深邃通幽之貌。平原上河道纵横，沼泽众多。南部多黄河故道，中部河流源出太行山脉，北部河流自西北而东南流去。这些河流的共同特点是源短流急，丰枯变化幅度巨大。通常是汛期河水呼啸而来，经常决溢泛滥；汛期一过，不少河流水量锐减，甚至干涸。就气候而言，京津冀区域属于半干旱半湿润的大陆季风气候，春天干燥，夏天高温多雨，冬天寒冷。如果要用一句话概括燕赵地区的自然环境，那就是“水深土厚，风高气寒”。

海河流域的形成，与中华民族的母亲河——黄河有着密切的关系。在相当长的历史时期，黄河一直流经河北平原，后来的海河流域诸河，或汇入黄河入海，或单独入海。直到东汉时期黄河南徙，改从山东利津一带入海，加之曹操在河北地区大开运渠，才使海河逐渐形成独立水系。据地理学家竺可桢先生等研究，自距今五六千年的仰韶文化时期开始至东汉前期，我国的气候总体上温暖湿润。当时海河流域的气候，除了西北部之外，大多与今江淮之间相仿，雨量充沛，河湖密布，草木繁茂，生态环境比较优越。四千多年前，黄河中下游地区（包括今海河流域）洪水泛滥，给定居于平原地带的人们带来了威胁。虽然这在一定程度上阻碍了农业生产，却也是农业继续发展乃至整个文明进程的原动力。生态环境本身并不构成一种人文创造，但给人们提供了一个具有挑战性的对手，激发了整治环境、开辟未来的生命活力。从远古时代开始，一代又一代的人们便与水旱等各种灾害进行顽强斗争。他们筑堤防洪，修渠引水灌溉，凿运河以济不通，为这一区域的经济和社会发展奠定了坚实的地理基础。

战国以前，由粟、黍组成的“小米群”始终是京津冀地区农业生产的主要作物品类。河北平原属次生黄土，土地较硬，植被茂密，原本不利于耕作。与此同时，黄河游荡在河北中部一带，下游分支众多，经常泛滥成灾，留下不少洼地沼泽。因此，当时人口稀少，人多避水而居，在生产力水平低下的时代，对海河平原的开发还相当困难。从仰韶时期直到西汉，国家的经济与政治中心都在黄河中游的黄土高原一带，燕赵地区虽然在旱作农耕方式和宗法血缘制度等方面都属华夏系统，但是和中心区域相比仍然落后。秦汉以后，海河流域在不断应对水旱灾害的挑战中改造环境、发展经济。

京津冀历经多次行政区划变革，最终形成“一省两市”的状态，但其文化母体始终不变。史前时期，京津冀地区是我国古人类活动和繁衍的重要区域之一，围绕旧石器时代的桑干河，形成早期人类文化遗存的叠加文化层。先秦时期，燕氏族文化与东胡、山戎等北方部族文化相互交往、碰撞、融合，形成慷慨悲歌、正道直行、好气任侠、质朴务实、自强不息的燕文化。

春秋、战国时期，京津冀地区的人口、经济与文化中心均分布在太行山前，军事重镇分布在沿桑干河和汉长城以南地带。燕国的蓟城、赵国的邯郸是该区域范围内的两大政治、经济、军事与文化中心，并且保持着较为稳定的发展格局。

两汉时期，北方少数民族政权频繁侵扰边关。由于边患，边疆郡国在国家安全中的地位自然大别于内地，其军事意义因此不同一般。有了良好的武器、军需物资和驻军基础，两汉中央政权对北方少数民族进行军事打击的行动，有很多都是以燕蓟为基地展开，其军事地位十分突出。

魏晋十六国时期，我国北方陷入长期分裂割据的局面。少数民族先后入主中原，民族冲突与民族融合达到前所未有的广泛程度，燕蓟地区形成了具有包容性、吸引力和凝聚力的文化。隋唐时期，内附的少数民族有许多被安置在幽州境内，胡汉杂居使农业文化和游牧文化进一步融合，为辽金以后该地区成为我国政治中心和民族文化交流中心做了充分的准备。

辽金以降，以北京为中心的京畿文化逐渐发展，形成一个相对独立的特殊文化圈层结构，各种文化因素在此结构中碰撞交融。北京处于全国政治经济中心，围绕这一中心产生了一系列聚合效应，整个畿辅的运作都以服务于首都，以对京城进行政治保障、经济支持、军事拱卫为主要目标。

辽代，幽州成为南京析津府，以契丹族为代表的草原文化融入京津冀一带，进一步丰富了这片区域的文化内涵。元代，忽必烈定都于大都，蒙古族文化、西域多民族文化的大量进入，奠定了京津冀区域作为北方政治、经济、文化和军事中心的地位。明朝建立后，京畿区域逐渐从地方文化上升为国都文化形态。清入关后，各个民族、宗教和地域文化融汇于此，相互影响、互相渗透。经过历代的融合发展，京畿文化成为中华民族文化的典型代表，开放兼容成为京津冀文化的主要特征。

2.农耕文化与游牧文化的碰撞交融

纵观中华的历史，主要由两种文化形态构成，以中原文化为中心的农耕文化及以北方草原为中心的游牧文化。这两种文化此消彼长，相生相克，最后交融为一，共同构成气魄恢宏、博大精深的中华文化。

展开中国地图可以发现，京津冀区域由北向南，由“关外”向“关内”，先后梯级地显示草原、山区、平原和海洋。燕山一线的长城作为农耕人护卫发达农业经济和先进中原文化的防线，其走向几乎与400毫米等降水线相重合。这恰恰说明，长城是湿润区与干燥区的边界，也即农耕区与游牧区的边界。燕山山脉横贯燕赵全境，仿佛就是一道游牧民族与农耕民族区域的天然分界线，京津冀区域就处在两种文化之间的缓冲地带。由农耕生产方式孕育的“汉文化”与游牧生产方式孕育的“胡文化”在燕赵大地交汇，进而产生互摄性关系，冲突、碰撞和交流、融合，对燕赵慷慨悲歌的文化性格形成与发展影响甚大。

农牧两大经济文化区之间，存在着必不可少的相互联系。农耕区需要畜牧区提供农耕、交通运输的畜力，尤其是马匹。此外，还需要皮毛等各种畜产品以及珍贵药材等。畜牧区则需要农耕区提供粮食、绢帛、铁器、陶瓷等农产品和手工业制品（图6–1），这便形成了既有矛盾冲突但更多是相互交往、相互依存的关系。历史上两种经济文化的融汇通过多种形式和途径来实现，既有残酷的战争，也有和平的交往。在战争中，既有游牧民族统治者的南下侵掠，又有汉族统治者的出塞远征。和平交往时，既有朝贡、赏赐，外迁、内附，也有互市贸易；既有经济交往，也有文化交流。无论哪种方式和途径，都不是单向性而是双向性乃至多向性的往来，体现出中华文明是各民族共同创造的特征。

从远古炎黄时代起，农耕与游牧两种生产方式之间的冲突与融合，在中国大地上引起的战争连绵不断。在一定意义上，战争也是文化互补、民族融合的一种表现激烈的形态。燕赵地处北方，北方游牧民族崛起后南下中原，首先要进入幽蓟地区。因此，这里既是农耕经济文化与游牧经济文化的汇合之处，也是汉族和北方游牧民族的融合之所。

春秋时期，活跃于北方游牧区的戎狄非常强大，经常纵横侵掠中原的燕、赵等国。战国时期，京津冀区域的北方又有林胡、楼烦和东胡的威胁。赵武灵王实行“胡服骑射”，不但使赵国迅速强大起来，也铸就了汉胡文化兼容的文化品格。大一统的秦汉王朝大致沿袭燕、赵北长城的走向，修筑了秦长城、汉长城，设置郡县，徙民实边，实行军屯，对于开发边疆、推进农业生产具有积极作用，显示了“农进牧退”的趋向。当秦汉发生内乱、国力衰落时，北方游牧民族纷纷南下，越过长城，深入燕赵腹地，随之表现为“牧进农退”。

魏晋南北朝是中国历史上胡汉文化急剧冲突的时期，也是胡汉文化融合的黄金时代，京津冀地区为此提供了广阔舞台。由于天气变冷，中原战乱频繁，北方匈奴、氐、羌、鲜卑等游牧民族纷纷大举南下。京津冀一带成为农耕经济文化与游牧经济文化融汇的中心区域，“农进牧退”与“牧进农退”交错进行。这一时期幽州蓟城是燕赵北部的中心，此前作为燕赵南部中心的邯郸已经衰落。从曹魏都邺直至北齐，邯郸以南的邺城则处于显著地位。这一时期，在京津冀地区建立的民族政权多以“燕”“赵”作为国名。318年，刘曜建国，史称前赵；次年，石勒在河北称帝，史称后赵。337年，鲜卑族建立前燕，相继又有后燕、西燕、南燕、北燕等政权。“五胡”在进入中原建国前后，已普遍接受了农耕生产方式，这就大大减轻了民族之间的冲突。

北方各民族融合的特点是先接受汉族的影响，再逐渐融合；先汉化，再进入中原。拓跋珪在建立北魏前后，曾经强徙山东六州汉族吏民36万口到平城（今大同），计口授田，配给耕牛，重用汉族士大夫。北魏孝文帝的改革更是全盘汉化，力度空前。北宋以前，京津冀地区农耕与游牧民族彼此冲突、交往、融合不断，这就使得胡汉杂糅成为一大文化特色。由于融入了剽悍的北方游牧民族的大量新鲜血液，孔武豪迈、敦厚务实、轻视生死的慷慨悲歌性格得以延续不衰。

隋唐五代时期，出现过开皇之治、贞观之治及开元盛世，燕赵仍为统一王朝的北方农耕区域，经济发展，文化繁荣。汉、奚、突厥、契丹、靺鞨、室韦、高丽、新罗、回纥、吐谷浑等各族人民在此共同生活。不同的民族互相杂居，文化相互渗透，使得中原文化极大地影响了幽州地区的少数民族文化，同时各少数民族的特色文化也深刻地影响了唐代的中原文化。

唐中叶“安史之乱”起于幽州，乱后的河北形成藩镇割据，由此直至五代战乱不已，农耕经济文化遭到很大破坏。从北宋开始，东北契丹、女真等半农半牧民族兴起，农耕民族与游牧民族冲突交往的重点区域从长城西段转至长城东段。宋辽对峙，双方以界河（上游白沟河，下游海河）为界，燕赵北部的幽蓟十六州成了契丹人的领地；宋金对峙，双方以淮河为界，京津冀全境处于女真人统治区；元代统一后，以燕赵为“腹里”。辽初、金初、元初对农耕经济文化的破坏，燕赵首当其冲；而当辽金元的统治稳定以后，燕赵又是北方游牧民族接受中原汉族农业经济、学习汉族农耕文化的前沿地带，也是他们赖以生存、维护统治的重要区域。在社会经济文化方面，往往出现由破坏到恢复、由恢复到发展的过程。

3.京津冀文化的同源性与异质性

京津冀三地在空间上处于同一个地理单元，历史上是中原农耕文化和北方游牧文化冲突交融的核心地带。尽管政权更迭频繁，但区域的整体性不仅没有被削弱，反而由于多民族文化交流的积淀不断得到加强。地缘相近、文化土壤趋同的京津冀地区，在文化的历史传承和演变过程中，表现出了显著的同源性和异质性。

就文化的同源性而言，京津冀地区一直是中华多民族文化交流、融合的交界之处，具有很强的包容性。先秦时期，这片区域在原有的燕赵文化基础上，融合了东胡与山戎等北方部族文化，形成了正直侠义的精神风貌。三国时期，曹魏政权在这一地区多次实现对游牧民族的战胜和同化。隋唐时期，胡汉杂居的情形更加普遍。北宋时期，这里是宋辽对峙的前线，农业文化与游牧文化进一步融合，为之后北京成为政治中心和民族文化交流中心奠定了重要基础。

辽代以契丹族为代表的草原文化，随着辽南京的建立进入京津冀地区。金海陵王完颜亮直接迁都燕京（中都），进一步巩固了这个文化融合的趋势。元朝第一次确立了大都（今北京）作为统一的多民族国家政治中心的地位，元大都也是当时的国际大都市。明朝建立后，儒家文化在京津冀地区获得了前所未有的发展。清入关后，以北京为中心的京津冀地区，再次成为多民族、多宗教、多地域文化交流融合的舞台。京津冀区域具有共同的文化根脉——京畿文化。无论是先秦时期的燕文化，隋唐时期的幽州文化，还是元、明、清时期的京畿文化，其核心地带都大致相当于今天的京津冀区域。

再从异质性来看，京津冀本为一体，但进入清代中期以来，区域内部逐渐产生了分工，并在此基础上形成了各具特色的地方文化。

隋唐过后，历史、地理、政治、军事、文化等多重因素的作用，使北京逐渐上升为统一多民族国家的国都，是一座“政治的”城市。由中国传统城乡经济的“一元化”以及政治资源是城市发展的主要动力等特征决定，北京成为全国空间规模、消费规模最大的城市，并依靠政治特权，通过征调、赋役等诸种行政方式，将全国各地的人力、物力优先聚集于此。因之，在满足庞大的官僚集团消费需求的同时，北京的经济呈现出一种寄生的以消费性特征为主的畸形繁华。

天津号称“京师门户”，与北京的军事安全唇齿相依。明永乐二年（1404 ）朱棣在天津筑城设卫，至今人们经常提到的“天津卫”一词，就是从此而来。天津筑城后，凭借河海漕运这一得天独厚的地理优势，造就了古今闻名的商业文化，是一座“经济的”城市。到了清代，天津作为华北地区商业中心，汇南北舟车，集八方商贾，迎海运漕粮，纳吴越百货，经济空前繁荣，民国之后更是成为北方重要的经济中心。河北包围着这两大中心城市，是它们联系紧密的腹地，在很多方面不可分割。京津冀三地在行政上一度是“一家”，河北与天津既在军事上有力地拱卫北京，又在资源、交通、生态方面支撑北京。

当一种原生态文化所处的地域相对稳定和封闭时，文化的传承性会表现为良好的可持续发展趋势。一旦这种文化受到外来因素的冲击，再加上经济与社会环境的变化，原有的文化体系就容易发生裂变，呈现出分崩离析的局面甚至丧失原有文化体系的主导性。清代以来，京津冀逐渐形成了“京师·口岸·腹地”的明确功能分区，由此决定了文化发展的不同方向。在三地近代化过程中，“京师”北京作为全国性的政治中心、消费中心，对畿辅地区发展具有强大的引领作用；“口岸”天津作为区域经贸中心，是一个重要的开放门户；“腹地”河北的资源供给力、生态承载力则是京津城市发展的重要基础与战略支撑。

（二）京师气派：兼收并蓄辐射四面八方

北京地区有人类生活遗迹的历史可以上溯到七十万年前，先民的文明也已经有了几千年的发展历程。经过漫长的积淀，在元、明、清三代形成的京师文化，成为整个中华民族文化中颇具典型性的地域文化，其影响范围之广远远超出了北京的地域范围。它在北京产生和发展，然后向全国乃至国外传播和辐射，远非一般意义上的地域文化所能比拟。

1.京华文薮，人杰地灵

在古代生产力条件下，自然环境对人类活动具有显著的制约作用。北京地区北面的燕山山脉，自西向东形成了一条天然屏障。山脉南侧的北京地区为华北平原的组成部分，适宜农业耕作，物产丰富。燕山山脉的北侧气候截然不同，茫茫草原是北方民众进行游牧生产的主要场所。北宋宣和年间出使金朝的许亢宗，曾经描述了他对山南山北自然环境的不同感受：“山之南，地则五谷百果、良材美木，无所不有。出关未数十里，则山童水浊，皆瘠卤。弥望黄茅、白草，莫知其极。盖天设此以限南北也。”[①] 许亢宗所出的榆关，在今河北抚宁县东二十里榆关镇，明初徐达移至今山海关，关外即长城以北地区。

自然环境的差异并非人力所能改变，由此导致山脉两侧人们生产方式的不同，进而形成不同的文化形态。在华北平原地区产生和发展的主体文化是农耕文化，山北草原地区产生和发展的主体文化是游牧文化。农耕生产需要有相对稳定的生活环境，故而在华北平原

① 《大金国志》卷四十《许奉使行程录》，第563页。

上很早就有人们定居的遗迹，三千多年前的蓟国之都蓟城、北京房山琉璃河一带的燕国之都，就是其中的代表。与之形成鲜明对照的是游牧民族的生活流动性，放牧牲畜需要逐水草而居，故而采用了毡车、幕帐的移动居住方式。

人是文化的载体，一定规模数量的人口迁移势必带来文化的传播与交融。从秦汉到明清，一直有各地民众到北京地区定居。隋唐五代是边疆民族内迁的重要时期，幽州在安史乱前是突厥、契丹等族人以及中亚胡人的重要迁入地，幽州城的居民相当一部分是少数民族或是混血，幽州社会风尚的变迁正是异族风貌与幽州原有文化的融合。金朝迁都燕京时有一大批女真贵族和民众相随，元朝也有大量边疆地区民众来到大都，明朝定都北京前后又将山西、江南等地的大批民众迁居于此，清初则将东北的数十万八旗民众迁入北京内城。民众的流动带来了北京地域文化的不断发展，西周初年燕国民众带来了以关陕为特色的文化，并且与当地的蓟文化相互融合。金代大量女真族民众迁居到中都，也把女真民族文化从东北带到这里。元代有大量西北地区少数民族民众迁入，带来了西北边疆的宗教文化并加以传播。明代江南民众的北上，使得江南地区的许多特色文化，如饮食文化、娱乐文化皆在京城盛行起来。清朝统治者率领八旗劲旅入关后，再次把东北的少数民族文化带到北京来。

生活在山北地区的主要是北方少数民族游牧部落，最早见于文献记载的是山戎部落，以游牧和狩猎为主。此后则有匈奴、乌桓、鲜卑、突厥、契丹、奚族等少数民族部落长期生活在这里，成为燕北游牧文化的主要创造者。鲜卑和契丹等少数民族一度进入中原地区，鲜卑族建立了北魏等王朝，契丹族建立了辽朝。蒙古族进入中原后建立元朝，并将其势力进一步扩张到江南地区。这些北方游牧民族的活动，对北京地域文化的发展产生了很大影响。

隋炀帝时期开凿的运河，最初也是为了给出征辽东的军队提供必要的物资供给，直到唐代仍然如此。金朝迁都燕京之后，大运河的军事作用日渐削弱，成为中原地区向京城供给各种生活物资的经济命脉。元朝为把更多的江南财物运送到都城，遂将隋唐时期的大运河加以大规模改造，大大缩短了从杭州通往京城的线路，基本形成了今天所称的京杭大运河。同时，元朝开凿了通州至大都的通惠河，把大运河的北端终点码头延伸到城里的积水潭，进一步加强了首都与江南以至全国各地的经济文化联系，为城市经济的发展和繁荣提供了一条经济大动脉。

2.涓滴融汇，扬波万顷

周口店猿人、山顶洞人、东胡林人等考古遗迹的发现，显示了北京地域文化的发展历程极为漫长。到了距今约5000年左右的黄帝时代，农耕文化已经初具规模。西周初年分封的数百个诸侯国，到了春秋战国时期互相兼并，形成了“七雄”并立的局面。燕国的经济既不如西面的三晋，也不如南面的强齐，要生存下去只有依靠精明的政治才干和剽悍的军事实力。燕昭王即位后，为了复兴燕国，报齐国攻掠之仇，遂筑黄金台，招揽天下英雄，以郭隗为师，以乐毅为将，大举伐齐，又几乎将齐国灭掉，引起极大的社会震动。

这一时期的燕国，形成了独具风格的地域文化，突出的特点就是崇尚“侠义”精神。燕昭王舍财求贤、强国复仇的举动，在当时就是一种侠义精神的表现，黄金台也被后世俊杰所推崇。一直到辽金时期，京城内还设有金台坊、隗台坊等地名，著名的燕京八景中，也有“金台夕照”一景。古人到燕京来，大多都要到黄金台游览凭吊、吟诗作赋，唐代陈子昂《登幽州台歌》最为脍炙人口：“前不见古人，后不见来者。念天地之悠悠，独怆然而涕下。”①燕昭王死后，燕国又趋衰落。太子丹请壮士荆轲刺杀秦王，荆轲所唱《易水歌》云：“风萧萧兮易水寒，壮士一去兮不复还”②，把燕地“视死如归”的侠义精神充分表达出来。

秦汉至隋唐的幽州，发展了典型的边塞军事文化。北方的游牧民族匈奴、突厥和东胡部落连年对长城沿线城镇发动侵扰，中原王朝组织了多次的防御战争和出塞反攻，幽州城就是军事要塞之一。这个时期的许多诗人，创作了描写幽州边塞战争情景的《出塞行》《燕歌行》《从军行》等。魏文帝曹丕《燕歌行》中的“秋风萧瑟天气凉，草木摇落露为霜”③，就是描写农夫从军戍守燕地而发出的感慨。同一题材的许多作品中，以唐代高适《燕歌行》最著名，诗中写道：“汉家烟尘在东北，汉将辞家破残贼。男儿本自重横行，天子非常赐颜色。摐金伐鼓下榆关，旌旗逶迤碣石间。……少妇城南欲断肠，征人蓟北空回首。”④诗人借喻的是汉朝历史典故，描写的却是隋唐时期的现实情况。

隋炀帝和唐太宗都曾调动大军远征辽东，唐代幽州更是镇抚整个东北地区的重镇。隋唐时期，以蓟城（或称幽州城）为中心的幽州地区，处于农业文化与游牧文化交接的特殊地理区位，社会变迁剧烈，人口流动频繁，隋朝开凿的永济渠南达于河，北通涿郡，加强了蓟城与内地的联系，北京开始从一个北方军事重镇向区域性政治中心转变，成为对中国历史大局具有举足轻重意义的地区。

唐朝灭亡后，五代更迭给北方少数民族部落的发展提供了有利的环境，契丹统治者就是利用石敬瑭争夺皇位的契机据有了燕云十六州，使得燕京地区在此后数百年间一直处于少数民族政权统治之下。这种政治局势的发展，既使这里从后晋上承了唐朝文化发展的余绪，仍是以农耕文化为主体，同时又增加了契丹族所具有的游牧文化，从而形成农耕文化与游牧文化并存的二元文化特色。到金中都时代，一方面继承辽代燕京的文脉，增加了许多宋朝文化的成分，另一方面则是中原文化与女真族文化相互融合，为区域文化发展提供

① 陈子昂：《登幽州台歌》，《全唐诗》卷八十三，中华书局1960年版，第902页。
② 《史记》卷八十六《刺客列传》，第2534页。
③ 曹丕：《燕歌行》，《玉台新咏》卷九《魏文帝》，中国书店1986年影印本，第224页。
④ 高适：《燕歌行》，《全唐诗》卷十九，第225页。

了新的动力。

如果说先秦时期燕文化的形成是北京地域文化发展的第一个阶段性标志，那么，在辽代和金代，北京地域文化的发展出现了第二个重要阶段，其标志也就是整个北方地区文化中心的形成。燕京已是辽朝的文化中心，但与北宋的文化中心汴京相比，差距依然很大。到金代，不仅中都城的文化繁盛程度要远远超过辽代的燕京，开始逐渐缩小与南宋文化中心临安城的差距，而且其影响范围已经遍及江淮以北的半壁江山。在辽金时期的北京地域文化中，少数民族文化因素开始占有越来越重要的地位。

金朝末年，迅速崛起的北方蒙古游牧部族势力向中原地区扩张，占领中都并攻灭金朝后又挥师南下完成统一。在这个时期，北京的地域文化发展进入了第三个重要阶段，其显著标志就是元大都成为整个中国的文化中心。元太祖的南伐西征，使得蒙古政权更多接触到中原地区的农耕文化、西域的伊斯兰文化、欧洲的基督宗教文化。元太宗即位后，采取的一系列汉化举措，从立朝仪到定都城，从定赋税到颁法令等，皆是农耕文化影响国家政治的体现。元世祖即位后，进一步推动汉化的深入，促进多元文化的相互融合。这时的大都城很快成为世界各种文化汇聚的地方，作为中华民族传统文化代表的儒、释、道三教仍然占据主导地位，作为少数民族文化代表的游牧文化和藏传佛教文化也占有一席之地，甚至域外的伊斯兰文化和基督教文化也不远万里到此初步传播。

明朝军队在攻占大都城后，把这里的许多重要文化物品连同文人学者一并运送南京，失去统治中心地位的城市遭遇了文化发展的挫折。此后的北平府只是一座北方军事重镇，直到永乐年间迁都北京之后，这里才再次成为全国政治中心和文化中心。这时的北京城，多元文化的局面已经消失，单一的农耕文化作为主旋律压倒了其他文化的声音。城市建设有了更加专制的文化主题和更加封闭的文化模式，从文化发展的意义上很难说是进步还是退步。就农耕文化的发展而言，北京逐渐形成的京师文化达到了新的高峰，不论是《永乐大典》的纂修，还是佛教《大藏经》的刊印，都是发生在北京的重大文化事件。明朝的儒学家们也把宋儒的理学发展到一个新的高度，京师文化开始成为北京地域文化的核心，宫廷文化又在其中占据了主导地位。宫廷的文化时尚很快就会在整个京城流行，并且迅速传播到全国各地。

清朝虽然是由少数民族统治者所建立，但在文化传承上却延续了中华民族农耕文化为主体的多元文化。北京地域文化发展的特色表现在下列方面：其一，皇家园林文化达到空前绝后的程度。最著名的圆明园不仅传承了中华园林艺术的珍贵结晶，而且加入了西方园林艺术的精华，堪称当时世界园林的典范，可惜此后毁于英法联军之手。其二，王府文化的发展前所未有。清代之前，元明两朝虽然也分封宗室诸王，但他们成年后都要被派到全国各地，不许留在北京。各地皆有豪华的王府，而对北京却影响甚微。清朝分封的宗王都留在京城，王府的建筑、生活、人物凝聚为独特的王府文化，曹雪芹《红楼梦》中的大观园实际上就是北京王府文化的缩影。其三，会馆文化超越前朝。与明代相比，清代北京的会馆数量显著增加，规模不断扩大，功能也越来越多。同乡进京的日常生活，同行的聚会、议事和娱乐，知识分子与官僚谋划政治活动，大都以各地同乡会馆或同行会馆作为主要场所。其四，庙会文化越来越繁荣。在固定的商业贸易场所之外，庙会是京城商业文化的又一体现。庙会就是城市居民们的"赶集"活动，固定的店铺往往只买卖单一的商品，庙会则是百货云集的场所。所谓"逛庙会"，其文化特色不是商品的买卖，而是随意的"逛"。既选购了庙会中五花八门的时尚商品，又欣赏了全国各地奔赴而来的戏曲娱乐活动。

清代中期，传统文化的发展已经到达顶峰，北京地域文化几乎汇聚了中华农耕文化的全部精华，至此开始出现明显的由盛转衰趋势。固有的文化弊病凸显出来，空前的专制对人们思想的禁锢越来越多。晚清爆发的鸦片战争，成为中国历史进程的一个转折点。西方军事侵略和文化传入对中国产生双重冲击，北京作为全国的政治和文化中心最先遭受冲击，地域文化在西方文化影响下有了新的发展。这种发展虽然是被动之举，却仍然是中华文化率先向近代化转型的地域文化的代表之一。

这种社会转型首先在文化和经济方面展开。中国古代的教育体制和人才选拔机制，曾经为社会发展、文化传承提供了有力保障，但它又成为延续专制思想的有力工具。西方教育体制对科学的传播产生较大影响，故而成为清朝文化界率先仿效的对象。京师大学堂的出现，可以说是用新的方式传播新的文化内容的重要变革手段，使当时的中国青年对整个世界产生了完全不同于以往的认识，其文化影响之深远并非时人所能预料。与此同时，清朝政府又派出了一批批优秀青年出国留学，出国之前进入"留美预备学堂"，即日后的清华大学。这些第一次走出国门的青年在学有所成、回归祖国之后，在北京组成了科学社和欧美同学会，成为社会各个方面的栋梁，为中国向近代化的转变做出了巨大贡献。

清代后期由于西方文化的大量涌入，北京地域文化中出现了许多新型元素，在人们的社会生活和风俗变化中表现最为突出。北京城里的西洋式建筑与西服革履的人士越来越多，西洋餐厅变成时髦人士宴请朋友的最佳场所，就连中国人最为重视的婚嫁仪式，也出现了西洋式或中西合璧的婚礼。当时的文人学者对于这种生活风俗的变化十分敏感，创作了许多描写社会风情的"竹枝词"，十分形象地把京城在"庚子事变"前后的风俗巨变表现出来。西方语言的大量传入，也给中文语库增添了许多新词汇。

1911年清朝的灭亡标志着一个时代的结束，1919年在北京爆发的"五四运动"，则是一个新时代和新文化的开端，北京的地域文化也进入了一个新的发展阶段。中国知识分子群体得到了一个较为宽松的发展空间，经过半个多世纪的西方文化传入，又增加了对西方的全面了解以及对中国现状的深刻认识，开始有选择地接受和宣传西方文化中的精华。"民主"与"科学"两大口号的提出，就是中国知识界在经过长期的严肃思考而呐喊出来的心声。这两大口号不仅是对已经垮台的清朝专制统治的反抗，而且也是中华民族对新时代提出的追求目标。几乎所有新文化运动的代表人物都曾在北京活跃过，中国思想界的各种思潮纷纷泛起，大量西方思潮纷纷涌入并得到介绍和宣传，马克思主义理论的传入产生了最为重要和深远的历史影响。

3. 多元汇聚，异彩纷呈

从传统文化的形成发展历程考察，北京地域文化的主要特色之一，就是带有非常浓厚的正统特色。中华民族在政治上的正统始于夏、商、周三代，以中央王朝的建立为标志。哲学观念上的正统始于汉武帝罢黜百家、独尊儒术，儒家学说成为整个社会的统治思想。北京地域文化中的正统特色形成于它作为都城之后，此前的边陲军事重镇提倡崇尚勇武和侠义，正统观念的色彩相当淡薄。

辽代契丹统治者把燕京定为陪都，开始有了正统观念的文化表现。会同三年（940）四月，辽太宗“至燕，备法驾，入自拱辰门，御元和殿，行入阁礼”[①]。这是契丹统治者使用仪仗的最早记载，使用的地点就在燕京。这套仪仗是契丹从后晋手里得到、原来属于唐朝统治者所用的器物。辽太宗使用这套仪仗，其文化含义就是代表了正统王朝的身份。当他出兵灭后晋占领汴京之后再次使用法驾，可见对这套仪仗的重视。这是正统观念在政治上的重要表现形式，作为少数民族统治者，辽太宗的举措就是试图从文化传承方面得到广大汉族民众的认可。金代迁都燕京后，女真统治者对祭祀诸神的坛庙建设，对祭祀礼仪的程序细节的讲究，表现出更多的正统文化特色。举行礼仪活动时，以仿照唐宋模式为主，也采用北方民族的某些传统习俗。“射柳”是契丹、女真等民族“拜天”之后的竞技活动，“拜天”则是南北各民族最重要的礼制。“烧饭”是少数民族的丧葬仪式，也是最重要的仪式之一，虽然行用不废，却得不到正统观念的认同。

北京地域文化兼收并蓄的“凝聚”特色，是它成为全国政治中心以后的事情。在中国古代，政治中心的形成往往会带来文化中心的出现，汉唐时期的都城长安、洛阳，北宋都城汴京、南宋都城临安，以及金朝的中都、元朝的大都等等都是如此。这些文化中心的出现，反映了自身的文化发展状况，同时也与都城的巨大政治作用密切相关。许多地方如果不是成为政治中心，可能永远都不会成为文化中心。在某些地方，作为都城时文化发展比较繁荣，一旦失去都城地位之后，文化也随之日渐萧条，逐步失去了文化中心的地位。历史上的北京在作为军事重镇时，其文化发展很难在全国产生较大影响。金中都成为整个北方地区的政治和文化中心，其凝聚特色也开始显现出来。元世祖将首都从西北大草原迁移到大都，特别是成为全国的政治和文化中心之后，它的文化凝聚力已经遍及大江南北、长城内外。到了明清时期，北京仍然是全国的政治和文化中心，这种凝聚特色也就一直都有

① 《辽史》卷四《太宗本纪下》，第51页。

所体现。

北京在文化上的凝聚特色，表现在许多方面。就文化教育机构而言，国子学和太学有数百名甚至上千名学生，他们大多数都是从全国各地选拔上来的优秀青年，来到都城后拜名师学习各种文化。这个庞大群体在不断变动，随时有人毕业又有人入学，从而成为京城文化界的重要发展动力和凝聚力，持续吸引全国的青年学子。各地的主要政府官员在任职期满后都要到京城来叙职，这是另一个不断变化的庞大群体。他们在京期间，或是游山玩水，或是寻亲访友，从事各种文化活动，为京城文化界又增添了一股活力。

来自全国各地的文化人受到政治因素的影响汇集到京城，同时带来了全国各地的特色文化。这就使得京城文化界所凝聚的乃是全国各地的优秀文化，由此形成的京师文化当然是全国最优秀文化的结晶。与此相伴，全国各地的其他文化也随之而来，如人们最熟悉的饮食文化。北京早期的饮食文化主要体现北方特色，当它成为全国政治中心之后，各地的特色饮食都汇聚到了京城，南甜北咸，有辣有酸。

京城所特有的巨大文化凝聚力，转化为文化发展的强大推动力。全国各地文人的汇聚，带来了彼此之间更多的接触交流，激发了从事文化创作的灵感，从而在这里产生了许多杰出的作品。元代大都城杂剧的繁荣发展，就与文人和著名艺人的凝聚密切相关。元朝把全国著名的艺人编入乐籍，征调到京城来，岁时为官方的重要庆典活动演出歌舞，平时就与文人相互交往。文人编剧，演员演出，二者的密切合作把元杂剧推进到巅峰。

北京地域文化的另一个特色，就是有着较强的“扩散性”。这种文化的扩散性早在先秦时期就已出现，只是其扩散范围较小，仅在燕京周围地区。到了辽代，燕京成为陪都，这里的文化发展程度超过了首都辽上京，其文化扩散范围遍及整个辽朝疆域。例如，在山西应县木塔中发现了在燕京刊印的佛教典籍，表明燕京佛教文化在辽朝的扩散范围已经相当广泛。金代中都城的文化扩散范围进一步拓展到江淮一线，元、明、清时期的许多重大文化工程都在首都完成，三朝纂修的《大一统志》，元代的《经世大典》，明代的《永乐大典》，清代的《古今图书集成》和《四库全书》等，其文化影响则扩散到了全国。

京城文化的扩散特色，也表现在宗教文化方面。藏传佛教在元代以前很少传播到中原，更很少传播到江南地区。元世祖忽必烈尊崇藏传佛教，加封佛教领袖八思巴为帝师，又在大都设置宣政院，负责管理全国的佛教事务和西藏等地的军政事务。大都城建造了大圣寿万安寺和大护国仁王寺，以供藏传佛教高僧居住、弘传该教派的佛法。此后，元世祖又派遣藏传佛教高僧前往江南地区弘传佛法。由此可见，藏传佛教在传播到京城之后，再逐渐扩散到全国各地。道教中的全真教一派，成长于陕西，兴起于山东，而臻于极盛却是在燕京。蒙古崛起之初，元太祖曾邀请全真教领袖丘处机前往西域一晤，丘处机回到中原，就选择了燕京作为传播该教派的活动中心。因为得到蒙古统治者的大力支持，全真教迅速发展，势力扩张到整个北方地区。正是由于燕京是当时中原地区的政治和文化中心，全真教的向外扩散就有了一个理想的原点。

中华民族的古代文明不仅自身发扬光大，在世界的传播同样不容忽视。对于周边地区各国而言，这种影响既广泛又深远。作为中国近邻的日本、朝鲜、越南、缅甸、泰国等，自古以来就与中国有着千丝万缕的联系。各国派出的使者，在汉唐时期主要是前往长安、洛阳等地，元代以后则主要前往大都（北京），他们所获得的大量文化信息即源于此。元明清三代中央政府，皆在京城设置接待各国使臣的宾馆，任命主管对外事务的官员和翻译，为中外文化交流提供便利。近年来，韩国学者将历史上朝鲜出使北京的使臣记录整理出版，名曰《燕行录》。中国学者也与越南学者合作，整理出版历年越南使臣到北京往还的记录。这些都证明，以北京地域文化为代表的中华文化，对周边地区产生了巨大影响。

北京地域文化对世界产生较大影响，当始于元代的意大利旅行家马可·波罗。他在所撰《马可波罗行纪》中，对元代大都城辉煌建筑的描写，对都市商业发展盛况的赞叹，令西方社会耳目一新，这是他们第一次感受到中华文明的强大震撼力。同样是这个时代，还有鄂多立克、伊本·白图泰等许多著名旅行家对中国和北京加以描述。他们对中华文明最深刻的感触就是“神奇的东方”。此后较长的一段时期，中国陷入对外封闭状态，文化交流也受到阻碍。鸦片战争以后，中国被迫对外开放。北京作为国家的首都，有更多的外国人来到这里，包括外交家、政治家、军人、学者、传教士、商人……他们在带来西方文明的同时，也开始把他们在北京的文化感受传播到世界各地。在众多前来中国的外国人中，来到北京并对其加以描述和赞美的大有人在，他们向世界展示的是一个曾经辉煌的京城。

中华民族的传统文化之所以经历了几千年的发展变化而一直没有中断或灭绝，一个十分重要的因素就是它的海纳百川，北京地域文化的包容特色表现尤为突出。先秦时期的中国文化界出现了百家争鸣的局面，齐鲁文化圈中以儒家学说势力最大，产生于这里的邹衍学说却被排挤。邹衍来到燕地，其学说受到欢迎，显示出燕文化圈对不同文化的包容。自辽代以来的一千余年间，北京地区先后传入各种不同的文化派别，它们都有自己的存在空间。经过历代不断积累和相互吸收借鉴，包括上层社会主导的宫廷文化、融合南北特色的园林文化等等，内涵越来越丰富，都是北京地域文化的重要组成部分。元代蒙古少数民族统治者的文化政策空前开放，不论是中原固有的农耕文化还是北方草原的游牧文化，不论是西亚的伊斯兰文化还是欧洲的希腊文化，在大都文化界皆占有一席之地。这种宏大的包容特色，与当时统治者所熟悉的游牧文化的开放风格一致。

辽金元时期是北京确立全国政治文化中心地位的重要发展时期，也是民族大融合的时期。契丹、女真、蒙古等少数民族民众大量迁入北京地区，同时带来了丰富的少数民族文化，它们都是中华民族优秀传统文化的重要组成部分。藏族民众所尊崇的藏传佛教文化，在北京就通过雍和宫、黄寺、嵩祝寺、白塔寺等传承至今。白塔寺建于元代，是藏传佛教传入京城的标志性建筑，寺中所造大白塔与中原地区佛教寺庙中的佛塔样式完全不同。雍和宫建于清代，庙中所塑佛像颇具特色，黄寺的佛塔也极为精美，系佛教文化中罕见的艺术珍品。生活在北京地区的广大回族民众信奉伊斯兰教，在京城内外建造了牛街礼拜寺、东四清真寺等多座清真寺，代表了伊斯兰教文化在北京发展的悠久历史，具有明显的少数民族文化特色。

（三）津门品格：多元复合融汇南北中外

天津位于海河下游，地跨海河两岸，是北京通往东北、华东地区铁路的交通咽喉和远洋航运的港口，城市发展经历了从卫戍边寨、水旱码头发展到北方商埠的曲折历程。特殊的地理位置和城市功能，决定了津门文化在古代融汇我国南方与北方精华、到近代广泛吸纳西方外来文化的多元复合特色。

1.近代天津文化发展脉络

纵观城市演变的历史轨迹，天津由滨海军镇发展成为区域中心城市，主要原因在于自然地理环境基础上的政治动因与经济动因的交互作用。无论海上航线还是南北大运河的漕粮，都要以天津作为中转站运抵北京，这座城市由此成为扼守首都北京经济命脉的“河海要冲”与“漕运枢纽”。北京成为全国政治中心以后，天津就成为首都东南近在咫尺的“京师门户”与“海防屏障”。本书在前面的第二章至第四章，分别从政治、经济、军事因素着眼，讨论了天津与北京、河北的地缘关系，尤其是它在古代京津关系中的历史地位和重要意义。鉴于文化与政治、经济、军事等因素密不可分的关联，本节不再叙述天津文化在古代的发展过程，重点揭示近代天津与西方外来文化的相互影响。

第二次鸦片战争过后，天津于1860年开埠通商。列强在天津开辟租界，清朝统治集团兴办“洋务”也以此为基地。来自西方的基督教、近代科技、教育模式以及建筑、竞技、音乐、娱乐等文化次第涌入。伴随着洋务新政的实施，以军事工业制造为基础，天津的工业制造体系初步形成，天津机器局以及西局子和东局子、大沽船厂、军械所、武备学堂等奠定了城市近代化的根基，北洋制造推动天津变为华北近代工业的中心。天津领风气之先，是中国近代工业的重要发源地之一，由此改变了作为首都附属城市的被动地位。1870年，清政府撤销三口通商大臣，由直隶总督兼领北洋通商大臣并加授钦差大臣关防，管理天津及直隶的军政民政，代表朝廷处理外交事务，筹建近代国防工业，统率庞大的新式陆海军，天津因此又成为清朝的外交基地和洋务运动的中心。

对外贸易的发展和外国租界的设立，将西方现代文明的巨大优势直观地展现在世人面前，促使天津的城市文化也发生蜕变。自洋务运动在天津兴起后，“国家维新之大计，擘画经营，尤多发轫于是邦，然后渐及于各省。是区区虽为一隅，而天下兴废之关键系焉"[①]。"凡将校之训练，巡警之编制，司法之改良，教育之普及，皆创自直隶，中央及各省或转相效法"[②]。一大批堪称"中国之最"的成果，充分体现了天津作为"现代化试验区"的重要地位和城市文化的强大生命力。

天津在许多方面都是近代中国先进生产力的代表者。1866年设立的机器局，制造了中国第一艘潜水艇，在火药、武器、船舶、钱币制造方面多有创造。1878年在天津成立的开平矿务局，开创了中国机械化采矿的历史。在农业方面，1881年建立的天津沽塘耕植畜牧公司，率先用西法进行种植和畜牧业开发。

1901年，英商瑞记洋行经理德国人巴贝和丹麦人林德与买办黄玉堃、陈协中等人，向直隶总督李鸿章申请自来水的专利，获得批准。1902年组织华洋商股合办自来水公司，到1905年，水厂每24小时内可以供应一百万加仑。1903年，天津创立的工艺学堂、实习工厂和考工厂，是建立自办工业体系的尝试。进入民国后，"中国化学工业之父"范旭东创办了久大盐业公司、水利制碱公司、黄海化学工业研究所，都是国内乃至亚洲的首创。在交通运输领域，1873年成立轮船招商局天津分局，1881年唐胥铁路建成通车，1906年中国第一条电车线路运行，都是中国人自己经营的近代化运输事业和城市公共交通的创举。

建立电报电话通信，天津也走在了全国最前面。1877年架设国内第一条电报线，1880年设立北洋电报学堂以培养专业人才，中国最早的电报网络以天津为中心开始向外延展。近代邮政事业也诞生在天津，1878年3月23日，中国第一家邮政局——天津海关书信馆对公众开放，同年7月发行了中国第一套印有"大清邮政局"字样的"大龙邮票"。

作为重要港口城市，天津外贸出口尤其是重要农畜产品的出口量占全国首位。20世纪二三十年代的棉花出口，天津口岸占到全国半数以上。1932年，本国银行资本总额占到全国银行总额的12.69%，从而奠定了天津作为北方最大金融中心的地位。

天津也是近代化军事建设的基地，1880年建立北洋水师学堂，1888年成立第一支近代化海军北洋水师，1889年设计了北洋水师采用的长方形龙旗，这也是中国的第一种国旗。中国近代陆军的发展与天津"小站练兵"密不可分，1885年在天津成立北洋武备学堂。民国年间掌握政权的北洋集团，一直将天津视为根据地和大本营。

2.天津文化的特点

天津是一座移民城市，在历史上接纳了戍边、漕运、经商、逃荒的大批移民，士兵、商旅、百姓从各地汇聚天津，形成了五方杂处的民风民俗与多元、包容、开放的文化品格。即使仅就语言而论，天津方言的母语源自以安徽宿州为中心的江淮平原，皖北、苏北

① 金钺：《天津政俗沿革记》序，1938年刻本。

② 沈祖宪辑：《养寿园奏议辑要》卷二十九《奏报天津试办地方自治情形折》，文海出版社1966年影印本，第885—886页。

的移民不仅改变了天津的人口构成，而且铸造了独具特色的天津方言。开埠通商之后，南方与北方、中华与欧美、传统与现代，在撞击与交融中营造出新的文化面貌。

传统文化在园林雅集与文人结社中得到延续。清代盐商热衷于筑造私家园林，张霖的问津园、龙震的老夫村、查日乾的水西庄、安尚义的沽水草堂等，不仅以园林风景著称，也是文士名流诗酒酬唱的人文荟萃之所。文人结社由来已久，或吟诗填词，或演唱昆曲，一直延续到民国时期。道光年间梅成栋编成《津门诗钞》，收录元明清以来四百多位诗人的三千多首诗作。乡邦人士查为仁、金玉冈、康尧衢、崔旭、樊彬、华长卿、王又朴、沈兆沄、杨光仪等都有文集传世，在书画艺术方面天津更是人才济济。民国时期，乡贤王襄、陆文郁、高凌雯、郑炳勋、吴英华、王守恂、陈铁卿、陈邦怀、金钺以及客籍学人梁启超、章式之、卢弼等，是研究传统文化、编纂地方志等领域的主要代表。

新旧文化的交替，中西文化的融合，在近代天津表现得非常典型。天津是中国近代史的重要窗口，也是传播新思想、建设新文化的基地。清代光绪年间，严复在天津译书著文宣传西学，号召国人变法、救亡、竞存、自强，影响了一个时代的知识分子。清末各种政治思潮纷纭涌现，天津新闻舆论界的《克复学报》《民意报》等极力宣传革命。王钟声在辛亥革命前率领剧团来津演出改良新剧《黑奴吁天录》《徐锡麟》《官场现形记》等，引起强烈的社会反响。在近代教育与文化事业方面，1895年在天津开学的北洋西学学堂（后改北洋大学、天津大学），以美国哈佛大学和耶鲁大学为蓝本。从洋务时期的北洋电报学堂、北洋水师学堂、北洋武备学堂，到清末新政时期的北洋工艺学堂、北洋军医学堂、北洋法政学堂，以及中国最早的法政学校、女子师范学校、警察学校等，都建立于天津。

天津也是中国近代传媒业的重要发源地。1902年创刊的《大公报》，同年创刊的《北洋官报》，是中国近代史上重要的政府官报。1915年10月创刊的《益世报》，是天津最有名的报纸之一（图6-2）。此外如《北洋周刊》，于1927年6月在天津创刊，由天津国立北洋大学学生自治会编辑并出版发行。还有创刊于1926年的《北洋画报》，被称为“北方巨擘”。

民国时期的许多企业也非常重视文化建设，除了出版专业刊物之外，还组织球队、建立剧团、赞助教育，为城市文化发展提供了经济支撑。在城市建筑方面，天津堪称包罗近代欧洲风格的“万国建筑博览会”，英国中古式、希腊雅典式、德国哥特式、法国罗曼式、俄罗斯古典式、意大利文艺复兴式等样式应有尽有。解放北路的银行、洋行，劝业场商贸街区内的商场、饭店，中心公园地区原意租界和五大道的单居花园洋房等西洋建筑，是天津城市风貌颇具特色的组成部分。

雅俗文化并存、南北文化融汇，是天津文化的另一重要特征，其中最具代表性的是天津的民俗与戏曲、曲艺。天津市井文化具有悠久传统和独特风韵，举凡杨柳青年画、泥人张彩塑、北方曲艺、通俗小说、天津方言、天津小吃、节令风俗等，都是天津文化最精彩的篇章。以民国时期传奇武术家霍元甲为代表的习武之风长盛不衰，还珠楼主等创作的武侠、言情、警世等类型的章回小说，把天津营造成了“通俗小说北方创作中心”。天津戏曲、曲艺和音乐的历史，从军粮城出土的唐代歌舞俑、蓟州区白塔寺发现的辽代歌舞砖雕等考古发现，以及清乾隆年间汪沆《津门杂事》、道光年间崔旭《津门百咏》等文献中，都可见其端倪。

自清代中叶以来，沿着南运河、三岔口一线码头，陆续出现了众多的茶馆、书场、戏园。外地伶人天津跑码头，农村的野台子戏班由此登上城市舞台。到晚清时期，天津成为中国戏剧的中心舞台、北方曲艺的发祥之地，与北京、上海并称戏曲艺术的三大重镇，“北京学艺、天津唱红、上海赚钱”是旧时梨园界流行的俗话。京剧、河北梆子、评剧、话剧是天津戏剧的主要代表剧种，这里汇聚了各类戏剧曲艺形式，许多演员或剧目在天津走红之后享誉全国。评戏、河北梆子等地方戏扎根天津、唱遍北方。天津时调、天津快板、京韵大鼓、梅花大鼓、铁片大鼓、京东大鼓、单弦、评书、相声、数来宝、口技、杂技，具有浓郁地方色彩的艺术门类数不胜数、名家辈出，为天津赢得了“曲艺之乡”的美誉。

从晚清到民国，在持续动荡的大变局中，天津以近代文明要素为基础建构了一个新的城市模式，在华北乃至全国都具有重要的示范意义。

（四）燕赵雄风：感慨悲歌渐成旧时风景

燕赵文化是在海河流域腹地产生的区域文化，和齐鲁、三晋、荆楚、吴越等文化一样，形成于“人类文明轴心期”的春秋战国时代。以胡服骑射、完璧归赵、毛遂自荐、昭王招贤、荆轲刺秦为象征，奠定了以“感慨悲歌”或称“慷慨悲歌”为主旋律的文化特质。

1.燕赵文化的形成背景和基本特征

燕赵文化特质的形成，与这片地域所处的自然环境和文化环境密切相关。北方的地理特征总体上离不开干旱苦寒、土地贫瘠等字眼，这就必然影响到人们的生产生活以及心理情感，进而波及风俗习尚和文化学术。反过来说，没有生活环境的艰难苦寒，就没有古代燕赵的勇武任侠。这里经常受到胡人侵扰，人们见惯了刀光剑影，因此也就擅长骑射、剽悍难制、慷慨任侠，从而形成了古朴厚重的民风。

燕国是西周初年分封的诸侯国之一，战国时虽为七雄之一，但也正如司马迁所言：“外迫蛮貉，内措齐晋，崎岖强国之间，最为弱小，几灭者数矣。”[①] 因此，处在苦寒之地的燕国，时刻面临着遭受别国侵略乃至被吞并的危险，开放与尚武就成了立国的基石。燕昭王筑黄金台招贤、千金市骨以求才，燕太子丹敬待荆轲谋刺秦王，对燕地文化风格的形

① 《史记》卷三十四《燕召公世家》，第1561—1562页。

成起了关键作用，荆轲的《易水歌》则为好气任侠的精神定下了文化基调。浓重的忧患意识，刚烈悲壮的行为方式，都透出慷慨悲凉的气质。三家分晋之后的赵国也是战国七雄之一，赵武灵王时代通过胡服骑射增强国力、开拓疆土，既与燕文化密切沟通，也强化了与胡人文化的交融。邯郸作为繁华富庶的大都会，经济文化发达，人民富有斗志和自信，为赵国文化注入了更多雄健豪放的成分。尽管如此，燕赵大地仍然形成了共同的文化特质。司马迁称赵、中山等国所在的河北地区“丈夫悲歌慷慨”①，韩愈说“燕赵古称多感慨悲歌之士”②。黄宗羲论诗人性情时提到：“彼知性者，则吴楚之色泽，中原之风骨，燕赵之悲歌慷慨，盈天地间，皆恻隐之流动也。”③地理位置靠近边塞、人文精神豪迈尚武的燕与赵，在地域文化上逐渐合流，“慷慨悲歌”由此成为燕赵文化延续数千年的显著标志和基本特征。

燕赵大地处在中原汉族与北方少数民族、农耕经济与游牧经济互相交接的区域，由此形成的两种文化在这里融汇，勇武任侠的地域风俗孕育了与之适应的诗风和文风。汉代乐府歌辞中，《燕歌行》《出自蓟门行》《邯郸少年行》等曲目，最初以边塞、军旅、游侠、远别为基本内容，后来成为名称与内容逐渐分离的诗歌体裁。东汉末年与三国时期聚集在邺城、以曹氏父子为中心的文士，文学创作大都具有慷慨悲凉、雄峻古朴的艺术风格，直至形成文学史上著名的“建安风骨”。曹操《蒿里行》《苦寒行》《短歌行》等诗作，钟嵘称赞“曹公古直，甚有悲凉之句”④，南宋敖陶孙誉之为“如幽燕老将，气韵沉雄”⑤。曹植《白马篇》则是一首英雄主义的赞歌：“弃身锋刃端，性命安可怀？父母且不顾，何言子与妻！名编壮士籍，不得中顾私。捐躯赴国难，视死忽如归！”⑥包括戏曲、曲艺在内，北方的雄健与南方的柔美风格迥异。明代戏曲家王骥德归纳说：“以辞而论，则宋胡翰所谓‘晋之东，其辞变为南北，南音多艳曲，北俗杂胡戎’。以地而论，则吴莱氏所谓‘晋宋六代以降，南朝之乐多用吴音，北国之乐仅袭夷虏’。以声而论，则关中康德涵所谓‘南词主激越，其变也为流丽；北曲主忼慨，其变也为朴实。惟朴实，故声有矩度而难借；惟流丽，故唱得宛转而易调’”⑦。流传至今的河北梆子，大多以语句铿锵有力、腔调激昂悲壮为特征，其他艺术形式同样不失地域文化固有的刚劲色彩。

2.京津崛起对燕赵文化的影响

金元明清奠都北京，元以后处于全国中心地位的京师文化同燕赵地域文化相结合，为燕赵文化带来了新的元素。数百年间持续作为首都，使北京成为全国政治、文化中心。全

① 《史记》卷一百二十九《货殖列传》，第3163页。

② 韩愈：《送董邵南序》，马其昶《韩昌黎文集校注》本，上海古籍出版社1986年版，第247页。

③ 黄宗羲：《马雪航诗序》，《黄梨洲文集》，中华书局1959年版，第364页。

④ 钟嵘：《诗品》卷下《魏武帝》，《钟嵘诗品校释》本，北京大学出版社1986年版，第170页。

⑤ 魏庆之：《诗人玉屑》卷二《诗评·臞翁诗评》，《四库全书》本，第6页。

⑥ 曹植：《白马篇》，《古诗源》卷五《魏诗·曹植》，中华书局1963年版，第116页。

⑦ 王骥德：《曲律》卷一《总论南北曲第二》，《指海》第十七集，清道光二十六年刻本，第2—3页。

国各地的人才和各民族文化在北京融汇、聚合、交流，又辐射到四面八方。而从北京到全国东南西北各地，或从全国各地进入北京，都必须经过燕赵大地。因此，燕赵受京师文化的熏染和影响，在时间上早于南北任一省份，在程度上要深于全国其他地区。自金代海陵王迁都燕京，特别是元大都及明清北京做了全国首都之后，燕赵地区便成为腹里、京畿。

辽金以来，除明代以外，皆为少数民族入主中原，多民族文化不断融合，最后凝汇为大中华文化，环绕京城的畿辅是展现这一过程的核心地带之一，同时是文化形成和向外扩散的重要地区。在畿辅文化圈层结构中，燕赵与京城之文化交流与融合有其历史规律。在学术、宗教、科举文化方面，以京城为中心展开，燕赵之地主要发挥支撑和服务功能，总体而言属于单向流动，各种文化要素更倾向于由畿辅向京城集中。虽然京师也会给燕赵带来一定的辐射作用，但影响有限，没有形成相对平衡的双向交流融合。

另一方面，对于燕赵文化而言，不仅没有“近水楼台先得月”，反而“大树底下难乘凉”。这是因为，在国家尺度上，政治中心北京长期与作为经济重心的江南彼此分离，而燕赵地区既与北京在行政关系上联系松散，又与江南地区相距甚远。这样，燕赵地区除了军事上拱卫国都的作用得到高度重视之外，经济、文化的发展一直不曾享有朝廷足够的激励和支撑。兼容并蓄的京师文化所代表的是全国而不是环绕四周的燕赵，清代在承德地区建设避暑山庄和木兰围场，使承德一度成为北京之外的第二个政治文化中心，为燕赵文化增添了浓重的皇家色彩，但这些都属于首都北京的附属物。与此同时，正是由于处在“天子脚下”，燕赵人民受到的政治控制最为严重。自先秦时期遗传下来的雄健豪放虽然潜藏于心，现实的威压却导致大众心理状态的收缩内敛，顺从隐忍逐渐盖过了慷慨悲歌的古风。

天津在近代崛起于燕赵大地，形成了独树一帜的地域文化。京津两市对资源和人才的强大吸纳力，客观上造成了河北作为商业腹地、资源供应地、人才输送地的功能定位，被京津文化冲淡的燕赵文化不免在许多方面相形见绌。当历史进程由金戈铁马的动荡年代过渡到经济挂帅的和平年代之后，慷慨尚武的文化精神就失去了展示的舞台，再加上政治压迫下的故步自封、守成有余而创新不足，燕赵地区的民风和经济随之归于平淡，在当代条件下尤其需要重新振作和奋力改变。

[附录4] 鄚州庙、庙会与京津冀地缘文化共同体

京津冀之间的文化关联，体现在古今多种文化现象的形成与发展过程中。庙宇是精神信仰的体现，以庙宇为中心举办的庙会则是以商贸娱乐为主体、兼有表达思想文化功能的大众文化载体之一，三省市之间由此表现出作为“地缘文化共同体”的某些一致性。兹将张慧芝《鄚州庙、庙会与京津冀地缘文化共同体》一文（《北京史学》2019年春季刊）附录如下，作为认识京津冀地缘关系的一个典型案例：

京津冀协同发展在今天是一个国家层面的战略问题，在历史时期它可能并不明显、甚或并不是一个问题。在国家都城北迁海河流域之后，京津冀三地同属京畿区，且占了流域面积90%以上。在河运、河海联运废止前，白洋淀远不止今天作为“华北之肾”的生态功能，它还是连接南北、东西的水陆联运枢纽。淀内的鄚州大庙，民间传称“南七北六十三省，天下大庙数鄚州”，“天津水全，北京人全，济南神全，鄚州货全”①，甚至将它与京津并列为“北方三大雄镇”②。民间赞誉不免溢美，但由此也可蠡测，庙及庙会在京畿地区曾有的影响。近年研究鄚州庙会的学者不多，主要有卢忠民、李增琦等人，特别是前者较为系统地分析了鄚州庙会的历史变迁及致因。近年鄚州庙、庙会的重建和恢复步入了快车道，如何将二者纳入新时代京津冀乡土文化认同及现代转型构建工程，并作为一个视角、案例，探求全面现代化进程中地缘文化共同体构建之路径，应是值得深究的课题。

1.鄚州庙与庙会的兴衰

庙会作为中国传统市集形式之一，因其设在寺庙内或其附近而得名。庙与庙会之间不仅是经贸活动的关联，二者作为地域社会经济发展的产物，更是地域文化集中体现的形式之一。特别是近现代以来，随着商贸活动的产业化，庙会功能进一步向文化功能集中。地处白洋淀水乡、京津保腹地的鄚州庙与庙会之变迁，也大致如此。

（1）鄚州庙建毁及新建的时间脉络

依据清乾隆《任邱县志》、嘉庆《河间府志》、道光《任邱县续志》，及明代万历《御制重修鄚州药王庙碑》《敕建三皇殿碑》《敕重修鄚州药王庙碑》等记载③，鄚州庙建毁的时间脉络大致如下：

(a) 肇建于元代。县志记载“扁鹊祠在鄚城北，元达鲁花赤野仙乞实迷儿进义建”④。鄚州庙由扁鹊祠扩展而成，在元代由一位名叫野仙乞实迷儿进义的达鲁花赤主持建立。这位地方官员与扁鹊祠，仅见这一条史料。

(b) 明代奉敕重修。“明知县周佑、王齐重修，天启间奉敕重修，殿宇宏丽”⑤。据《御制重修鄚州药王庙碑》《敕建三皇殿碑》两碑文所载，万历十二年大规模重建，正殿依然供奉扁鹊，东西两配殿配享历代十大名医；但到万历十九年奉皇帝之命敕建，这一情况便被改变了：在扁鹊殿西侧新增三皇殿、文昌殿，三皇殿成为主殿，始与国家医圣祭祀正祀一致。主殿由扁鹊祠变为三皇庙，扁鹊祠降为东殿。

(c) 清代屡毁屡建。鄚州庙主祀三皇后，民间依然称它扁鹊庙或药王庙。乾隆、道

① 李增琦：《鄚州镇商业市场的变迁》，全国政协文史资料委员会编《文史资料存稿选编》第22辑，中国文史出版社2002年版，第245页。

② 张僧会、张克林：《鄚州五题》，中国人民政治协商会议任丘市委员会编《任丘文史资料》第8辑，2002年印刷本，第210页。

③ 刘仁远主编：《扁鹊汇考》，军事医学科学出版社2002年版，第161—164页。

④ [乾隆]《任邱县志》卷二《建置》，成文出版有限公司影印本，第277页。

⑤ [乾隆]《任邱县志》卷二《建置》，第277页。

光县志等史料记载了5次大火灾，分别是：康熙十七年（1678）、五十六年（1717），乾隆五十三年（1790），道光十三年（1833）、十四年（1834），这些火灾后焚毁的殿宇、塑像都得到了修复或重建。

（d）近代毁建。1928年任丘县长邵洪基倡导“拉神像、废私塾、兴学堂”，将十大神医塑像全部拉倒，但在百姓的坚持下扁鹊塑像被保留下来。1932年，山东军阀韩复榘因母病还愿，将塑像重新修复[①]。据当地村民讲述，大庙最终在抗日战争时期，成为一片瓦砾。

（e）1949年以来毁建。1947年尚存三大山门，1963年白洋淀大水，殿基还在水面以上，成为灾民避难处所。1965年白洋淀开卡除堑时，在大庙遗址附近挖出一间小庙，并发现刻有“扁鹊祠”字样的石碑。“文革”中，残存的古碑砖瓦被拉去盖房填渠，仅余一座断裂的石碑。1992年重修扁鹊祠，因原址已在白洋淀的泄洪区内，新址向南移1公里，临近鄚州古城遗址。

（2）鄚州庙会的兴衰

赵世瑜等学者对华北地区庙会进行了深入研究，提出庙会出现和发展须仰赖两个条件：其一是宗教繁荣，其二是基于商贸需求的城镇墟集增加，并将庙会主要功能归纳为三：祭祀、娱乐、商贸。鄚州庙始建于元代，供奉扁鹊，也正是在元代，国家开始将上古时期的三皇作为医神加以祭祀。明代鄚州庙被敕令扩建为三皇庙，扁鹊祠成为配殿，但在民间一直称它扁鹊庙或药王庙，并有包括乾隆帝、韩复榘等人在内求医问病的很多传说。鄚州庙会出现在明万历年间，明清时期成为跨省区性的大规模交易市场[②]，也是全国众多庙会中最为旺盛的庙会[③]。“无论如何，其庙会在该地之形成，首先是由崇神祈灵而来。”[④]因此，鄚州庙会兴衰与京畿地区对以扁鹊为代表的名医群体的崇拜祭祀密切关联。

卢忠民认为鄚州镇“异于冀中其他集镇”，并将其典型特点归纳为二：（a）明以后行政地位降为镇，但鉴于它此前的政治、军事地位，当地一直将它“以城看待”，甚至高于县城；（b）该镇药王庙（扁鹊祠）庙会，系明万历帝钦设，这在全国“绝无仅有”。他系统考证了鄚州庙会变迁问题，关于庙会兴衰的时间节点，提出：“鄚州镇庙会兴起于明万历年间，清康乾时期达鼎盛，近代以后总势趋衰”[⑤]；针对衰败的原因，提出近代以后不仅“酬神、娱乐、商贸”等功能皆有所弱化，根本原因是“晚清、民国政府鄚州大庙、庙会政策与明、前清时期相比骤变”。例如，道光十三年（1833）、十四年（1834）大庙“连毁于火”后，官府不再重金修缮，更严禁“进香作会”，这之后鄚州庙会“景物消歇，不似从前”[⑥]，

① 王英才等：《鄚州述古》，中国人民政治协商会议任丘市委员会编《任丘文史资料》第1辑，1988年印刷本，第64页。

② 张岗：《河北通史》（明朝卷），河北人民出版社2000年版，第218页。

③ 河北省社科院地方史编写组：《河北简史》，河北人民出版社1990年版，第386页。

④ 赵世瑜：《明清时期华北庙会研究》，《历史研究》1992年第5期。

⑤ 卢忠民：《明清至民国时期任丘鄚州镇庙会变迁初探》，《古今农业》2006年第1期。

⑥ ［道光］《任邱县志续编》卷下《绪言志·余录》，成文出版有限公司影印本，第86页。

再也没有恢复以前的盛况。

现代重修后的扁鹊祠，于1993年农历四月十五开放接待游人，庙会随之重现，并逐步恢复到每年正月十五、四月十五、九月十五共三个庙会日。目前鄚州庙会虽无法与明清鼎盛时期的情形相提并论，但也吸引着周边京津冀等地的香客、中外游客及京津冀蒙鲁等省市的物资交流。庙会期间每日人数以万计，在正月十五当日，人数更逾十万。

2.鄚州庙、庙会的主要文化特征

赵世瑜分析了大城市与乡村小镇庙会的区别，认为与京师等“通都大邑”消费特征一致，庙会“除大量中、高档消费品外，还有许多精神产品和消闲用品”，“带有更多的文化娱乐色彩”；而后者“商业贸易色彩更浓”①，重在满足生产生活所需。鄚州地处白洋淀水乡，毗邻京津，位于“京德御道”与大清河水运交汇地，其庙、庙会最主要的职能绝不仅仅是满足本地村镇，更主要是承担着京畿地区服务京师消费需求的职能。

（1）京畿地区疾疫与名医祭祀

关注鄚州庙最初动因在二：一是它的地理位置，位于白洋淀，且在2018年被划入雄安新区；二是它由元代扁鹊祠扩展形成，明清及民国时期整个东殿祭祀依然是与普通民众息息相关的一个真实存在——以扁鹊为代表的名医群体。为什么会在元朝出现“三皇庙”医圣祭祀？顾颉刚等提出元代统治者“为了注意民生日用，觉得医术很该重视，所以模仿了儒学来办医学，模仿了孔子庙来造三皇庙”②。此外，可能还有另外一个来自现实需求的驱动力，那就是明清小冰期、京畿地区疫疾发生率的增加。

龚胜生对三千年来中国疫情分布规律进行了研究，提出：(a)从时间看，气候趋于干冷时期，频率呈上升趋势；(b)从空间看，城市高于乡村，京畿地区、人口稠密地区、自然灾害频发地区等为多发区；(c)从扩展模式分析，呈现从黄河中下游向外扩展的趋势。③李明志等人的研究，也提出近六百年来旱灾与瘟疫存在正向关联④。鄚州扁鹊祠始建于元代、兴盛于明清，与明清小冰期干寒气候一致，或曰是与传统社会京畿地区疫情逐步进入高发时期同步。任丘县在明清时期境内有“瘟神庙，五月初五日致祭”⑤，县志还记载明武宗正德十四年春“大疫”⑥，明世宗嘉靖二十一年“大饥，多瘟疫”⑦，“道光元年正月朔……大疫”⑧。民间传说许希曾疗好乾隆帝顽症，自称师承扁鹊，以此请求重修焚损的扁鹊祠，

① 赵世瑜：《明清时期华北庙会研究》，《历史研究》1992年第5期。

② 顾颉刚：《古史辨自序》上册，商务印书馆2011年版，第424页。

③ 龚胜生：《中国疫灾的时空分布变迁规律》，《地理学报》2003年第6期。

④ 李明志、袁嘉祖：《近600年来我国的旱灾与瘟疫》，《北京林业大学学报（社会科学版）》2003年第3期。

⑤ [乾隆]《任邱县志》卷四《礼乐》，第413页。

⑥ [乾隆]《任邱县志》卷十《五行》，第1236页。

⑦ [乾隆]《任邱县志》卷十《五行》，第1240页。

⑧ [道光]《任邱县志续编》卷下《五行志》，第47页。

乾隆帝准奏，即发帑银重建[①]，蠡测应是把宋仁宗和名医许希的故事搬了过来。于是在现实需求和统治者的扶持下，三皇庙、以扁鹊为代表的名医祭祀兴起或进一步兴盛。明人沈德符记鄚州药王庙“专祀扁鹊”,“香火最盛”[②]，赵世瑜也提出“华北各地庙会最盛的地方首先是该庙之神最受崇拜、香火最盛的地方”，药王庙是其中之一[③]。

官方医圣祭祀的是上古传说的三皇：伏羲、神农、黄帝，故称三皇庙，殿两边陪祭的亦是黄帝的臣子俞跗以下、姓名载于医书的十位传说人物，但没有详列其姓名[④]。明初沿袭元制，三皇用句芒、祝融、风后、力牧左右配祀，俞跗、桐君、僦贷季、少师、雷公、鬼臾区、伯高、岐伯、少俞、高阳十大名医配从祭祀，这是最早由官府敕封的古代十大名医[⑤]。三皇及四位左右配祀，再及配从祭祀的十大名医，都是上古时代的神话传说人物。扁鹊是先秦时期有名姓传世的真实人物，配享的历代十大名医亦皆凡夫俗子，其中东配殿为王叔和、张仲景、雷太乙、淳于意、华佗，西配殿是孙思邈、皇甫谧、韩普济、葛稚川、刘守真。这些真实存在的医生群体，游走庙堂乡间，用自己的精湛医术为世人除祛病痛，他们的医学理论、治疗方法有书籍传世，妙手回春的经典案例在民间口口相传，因此成为民众述说痛苦灾难的重要出口，是百姓可以触摸到的真实存在的希望。

（2）白洋淀清代行宫与名医祭祀音乐兴盛

冀中平原一带流传的笙管乐，民间俗称“音乐会”，并多以当地村名加“音乐会”命名，如圈头村音乐会。它参与的礼俗仪式以祭拜药王为主，还包括丧葬、春节祈福等。“音乐会”起始时间不详，据《安新县志》(2005)、《白洋淀志》(1996)记载，结合民间传说，其兴盛大致和清康熙、乾隆时代皇家在白洋淀内打水围等娱乐活动有关。

（a）圈头村音乐会与鄚州庙祭祀音乐之关系

2005年《河北日报》记者描述了圈头村音乐会现场情形:“音乐会演奏时，进香者或单独，或三三两两，或一群人集体叩头参拜，然后点燃一簇香，对着药王许愿。这种民间为祭拜‘药王’而举行的演奏，便成为圈头村音乐会的主要场景。”演出棚壁上悬挂着一绿色条幅，上书“佑商驯盗，感应昭彰”[⑥]。从仪式、条幅等，可以看出它和鄚州庙、庙会之间存在的关联。

有学者通过圈头村与鄚州大庙之间的交通情况，推证二者之间的依存关系：“以前从圈头乘船走水路可直达鄚州大庙”，现在去鄚州镇“要先乘船约3.5公里，而后走3.5公里的旱路”。冬天更为便利，“人们走在结冰的湖面上，而后骑自行车到鄚州”，所以时至今

---

① 王英才等:《鄚州述古》,《任丘文史资料》第1辑，第94页。

② 沈德符:《万历野获编》卷二十四《外郡·鄚州》，中华书局1959年版，第616页。

③ 赵世瑜:《明清时期华北庙会研究》,《历史研究》1992年第5期。

④《元史》卷七十六《祭祀志五》，第1902页。

⑤《明史》卷五十《礼志四》，第1294页。

⑥ 崔立秋:《聆听圈头古乐》,《河北日报》2005年6月17日第9版。

日“圈头人到鄚州赶集是常见的现象”。由此推证，“当时圈头行宫药王庙中引用鄚州大庙中所用音乐是很自然的事情”①。

此外，圈头村村民关于音乐会乐曲的来源，还有另外一种说法：20世纪初，圈头村一位先生在鄚州药王庙遇到一位名叫聊艺（依据发音所记）的高僧，僧人对他说还有几首音乐没有教给村里的音乐会，让村里派三个人来继续学习，此事还未落实，日军便占领这一地区，大庙被毁、僧人流离。因此，目前圈头村音乐会所保存的曲目中，有几首无人会演奏②。白洋淀一带屈家营音乐会等，在曲牌和乐曲上皆与智化寺京音乐有些相似③，据此推证，圈头村音乐会的乐谱、乐曲由僧人传播的可能性极大。再者，圈头村在清代本来就是任丘县鄚州社所辖的村庄之一，两地在行政区划系统中的密切关联，也为此提供了政治和社会的基础。

（b）清代皇家行宫与大庙、音乐会之关系

“水围”是古代帝王在水域进行的围猎娱乐项目，据《册府元龟》记载，水围之制始于后周太祖广顺三年（953）正月。金元以降定都北京后，各朝帝王多在北京南海子举行水围，清顺治帝就曾在南海子行围。从康熙十六年四月开始“在京畿雄、霸二州的白洋淀举行水围。此后，康熙、乾隆两朝在此举行水围达三十次之多”④。《安新县志》记载，乾隆十三年（1748）“乾隆奉陪皇太后前往曲阜祭孔，途经赵北口住一日。乾隆首次在白洋淀行水围，建圈头行宫，并维修赵北口、郭里口、端村行宫”。至乾隆十八年（1753）“三月，乾隆去易县西陵扫墓之后，再次陪同皇太后来白洋淀阅视水围。先后在郭里口、端村、赵北口、圈头四处行宫驻跸”⑤。

清朝皇帝无论是途经白洋淀还是专程赴白洋淀水围，茶余饭后总需要其他的高雅娱乐活动，祭祀、音乐皆属这一层面的文化精神需求。据《安新县志》记载，乾隆十八年（1753）陪皇太后驻跸圈头行宫，听了圈头村的音乐会演奏大加赞赏，于是御赐飞龙旗、飞虎旗各一面和雕龙红蜡。现仍保存飞虎旗一面和雕龙红蜡4支，演奏之音在现代人听来“肃穆而庄重、沉稳而舒缓，不紧不慢、不急不躁，极富古雅、圣洁之气”⑥。《白洋淀志》亦记载了圈头行宫，只是时间上认为建于清康熙年间，它收录的“清代圈头村行宫图”显示行宫中有药王庙一座⑦。结合民间流传的乾隆皇帝和乡间医生许希的故事，再加上清代鄚

① 张伯瑜：《变革社会中的中国传统音乐——河北省白洋淀圈头村“音乐会”的调查研究与音乐收集》，中央音乐学院出版社2012年版，第8页。
② 《变革社会中的中国传统音乐——河北省白洋淀圈头村“音乐会”的调查研究与音乐收集》，第7页。
③ 乔建中：《望：一位老农在28年间守护一个民间乐社的口述史》，中央编译出版社2014年版，第68页。
④ 陈爱平：《古代帝王起居生活》，岳麓书社1997年版，第195页。
⑤ 高俊杰主编：《安新县志》，新华出版社2000年版，第36—37页。
⑥ 顾婧：《圈头村“音乐会”——白洋淀里聆听天籁》，《人民日报·海外版》2007年11月20日第7版。
⑦ 安新县地方志办公室：《白洋淀志》，中国书店出版社1996年版，第452—453页。

州庙屡毁屡建的史实，亦可佐证皇室对鄚州扁鹊祭祀的崇信及其与圈头村音乐会之间的关联。

（3）“佑商驯盗”与京畿地区侠义文化

李白《侠客行》用“赵客”一词代指“侠客”，源于先秦时期燕赵一带多出侠义之士。隋唐之际声势浩大的“山东豪杰”，也特指太行山以东、黄河以北地区的各路英雄。鄚州一带被称为“燕南赵北地”，辖区内的李广村，传说始建于西汉，因名将李广曾驻兵于此，故名。鄚州镇的军事地位隋唐以降不断提升，特别是宋代北方边境内缩，边界胶着在河北霸县至雄县一线，宋辽双方皆屯重兵于此，北宋王朝还在这一带设置了历史上著名的三关，民间因此有杨家将镇守三关的传说。

（a）镖局与鄚州庙会的侠义文化

金元以降河北成为京畿重地，明清时期穿白洋淀而过的“京德御道”（也称“两京御道”）更为繁忙[①]，清前中期皇帝“南幸”，重在巡视黄河流域和长江中下游地区的河淀水利，其路线主要有东西两条：东边一条便是“京德御道”，经今新城、安新、任丘、河间、交河及景县，至山东德州，通向淮河、长江流域；西边一条是保定至河南的官马大道，经霸县、文安、大城、静海、清苑（保定）及安新诸县，至河南[②]。除了庙会的原因，鄚州镇的地缘政治位置在明清时期也十分重要。

明清至民国初期，鄚州庙会一直保持了市场繁荣。这一时期社会治安良好，客商安全有保障，货物存放不遗失，为其成为物资集散地提供了条件[③]。清代鄚州所在的任丘县军事地位并不重要，因此没有驻扎重兵，“任邑南有河间，西有保阳（按，即保定），东有天津，各驻重兵以为防卫，故邑汛设不过百余人，用以备弹压缉盗贼而已。”[④]这样，镖局在稳定庙会秩序上起了很大作用。民间传说为保证鄚州庙会安全，清前期皇帝曾派南七北六“十三省总镖头”黄三太驻扎鄚州。在京剧《鄚州庙》中，黄三太之子黄天霸为了庙会安全，曾在鄚州捉拿过谢虎。

（b）“为国为民，侠之大者”

明清庙会兴盛时期，南来的文人墨客多由“京德御道”过鄚州入京师。他们留下的许多诗篇，不乏对鄚州一带侠义精神的赞颂。明清之际安致远《过鄚州》写道：“古戍苍茫朔

① 顾恒敬：《任丘境内明清“两京御道”考略》，中国人民政治协商会议任丘市委员会编《任丘文史资料》第6辑，2002年印刷本，第112页。

② 参见河北省冀县地方志编纂委员会编《冀县志》，中国科学技术出版社1993年，第231页；大城县公路交通史编写组编《大城县公路交通史略》，河北省廊坊地区交通局印刷本，第44页。

③ 王传玉：《鄚州庙会源流考和改革开放中的经济腾飞》，中国人民政治协商会议任丘市委员会编《任丘文史资料》第6辑，2002年印刷本，第78页。

④ [乾隆]《任邱县志》卷五《武备》，第475页。

气横，黄尘扑面野云生。人传燕赵悲歌地，水咽荆高变徵声。”[①]这些作品从民族兴衰、国家安危层面，品评、颂扬以荆轲为鼻祖的燕赵侠士。“为国为民，侠之大者”，至近代国家风雨飘摇之际，京畿地区又涌现了一大批“铁肩担道义”的侠义群体。例如，精武体育会创始人大侠霍元甲，是天津静海人；大刀王五是河北沧州人；中国共产党的主要创始人李大钊，是河北乐亭人；抗日战争时期还有平原游击队、敌后武工队、雁翎队等等，不胜枚举。

中国传统的侠客江湖对医生多有崇拜，祛病疗伤功能尚在其次，最重要的是一流的武功多以传统中医经络之学为基础。因此，与武侠并列的便是医侠，他们悬壶济世、救死扶伤，甚至医道通天，被披上了一层神秘的色彩。人们冠以“侠医”称谓者，通常淡泊名利、离群索居，不介入江湖纷争，有隐士风骨，如东汉初年的涪翁、汉末的华佗、南朝的陶弘景等。“侠医”寄情山野民间，他们凭自己的一技之长和慈爱众生的杏林精神行侠，或曰他们既行侠，也行医。前文提及2005年圈头村音乐会演出现场的棚壁上，悬挂着一绿色条幅，上书“佑商驯盗，感应昭彰”八个大字[②]，鄚州药王“侠医”文化跃然而出。

（4）鄚州镇水陆联运与京畿地区传统商业文化

鄚州庙、庙会的交通基础，除了传统驿路，还和元明清时期的南北漕运、海河水运、海河和渤海湾河海联运等相关。这在地处北方、以陆路交通为主的京津冀地区，具有一定的特殊性和更为突出的便捷性。

（a）水陆联运枢纽是鄚州庙会“货全”的交通基础

交通是庙会兴起的物质基础，也是决定庙会辐射范围的重要因素。鄚州庙会在明清进入鼎盛，便和期间南北漕运、东西水运以及“京德御道”繁荣直接相关。鄚州位于津保水运中枢，附近的水道主要有三条：a. 自赵北口舟行入白洋淀，再西入清水河至定州、望都，西北行入拒马河至定兴、涿州境；b. 向东入大清河至天津入海；c. 古洋河自河间境向北入任丘境至五官淀，再入雄县至瓦济河（易水），而后东行至天津入海[③]。明太祖洪武九年（1376）设鄚州驿，期间出于军事等需要，扩建了燕王驻守的北京与国都南京之间的兵马大道，民间称之为“两京御道”或“京德御道”，是道途经鄚州镇。明成祖永乐十九年（1421）迁都北京，这条御道进一步繁荣，直到20世纪初京汉、津浦铁路通车，才被后者取代。

从水陆交通分布情况可以看出，鄚州不仅与京津保三大政治经济中心及其腹地之间物资贸易便捷，更可通过大清河水运、“京德御道”，将南北东西甚至海上来的物资汇聚于此，使它成为海河流域乃至整个北方一个重要的商贸中心，所以才会有“鄚州货全”的说法。

---

① ［道光］《任邱县志续编》卷下《艺文》，第79页。

② 崔立秋：《聆听圈头古乐》，《河北日报》2005年6月17日第9版。

③ 任丘市交通局史志年鉴编写办公室编：《任丘市交通志》，1987年印刷本，第2页。

(b) 京畿地区传统商业文化最大的功能应是“服务”，服务的对象则是全国最大的消费中心京师。

据《御制重修鄚州药王庙碑》《敕建三皇殿碑》两碑文记载，三皇殿于万历二十一年十月初十竣工后，神宗又敕令兴办鄚州庙会，召天下人前来。钦命扁鹊生日所在的四月为庙会，“每岁四月庙会，诸货鳞集，祈福报赛者，接踵摩肩”[①]。会期一月，其间赶会的南北商贾、善男信女，每日数以万计。明人记载，每年举办庙会时，“河淮以北，秦晋以东，宣大蓟辽诸边，各方商贾辇运珍异，并布帛菽粟之属，入城为市”[②]。赶庙商贾遍及全国，“如川广云贵的珍贵药材，湖广的刺绣，江浙的绸缎，浏阳的夏布，四川的油漆，湖笔、徽墨及江南的土特产品，竹器凉货，皮毛毡毯，东北的人参、鹿茸，内蒙的哈拉尼绒，都来鄚州庙会集散”，因此被称“鄚州货全”[③]。

与商业贸易同步的，还有它的娱乐功能，对京津权贵及社会上层市民来讲就是“游览”功能。一个月的庙会期间内，因其“货全”，“京津巨贾”多到鄚州庙会进货[④]。不仅如此，京师的皇亲贵胄、武将侠客，以及寄生于其间的烟花柳巷的名娼丽竖，也借着祝贺药王生日的由头，乘车骑马欢腾而来。对此，沈德符记载：“京师自勋戚金吾中贵大侠，以及名娼丽竖，车载马驰，云贺药王生日，幕帟遍野，鼓乐喧天。……贸易游览，阅两旬方渐散。”[⑤]想象在冀中平原、白洋淀水边，帷幔、帐幕围绕鄚州庙搭起来，当地民间及京津的乐队演奏声响彻云天，来自京师衣着华丽、面容俊美的男女倡优亦活跃其间，该是一番怎样的繁华热闹景象。

从商品贸易的层次等级上分析，鄚州镇的庙会因其位于京畿地区，更重要的是它一度作为前往京津的重要水陆枢纽，明清时期除了一般庙会集市农村初级市场中心的功能之外，更多承担着京畿城镇服务京师所需的政治经济职能。这样，尽管清代任丘境内可交换的商品只有屈指可数的“布、棉、丝、靛、苇席、蒲扇”等[⑥]，但鄚州镇在康乾时期已然“民居繁盛，商贾辐辏”，这正是庙会商贸职能的民间性与服务京师相结合的产物。

3.鄚州庙、庙会重建及恢复的文化考量

宋代以降商品经济不断发展，为庙会的发展提供了物质基础，并使庙会进一步向乡村扩展；与此同时，庙会的文化娱乐功能也进一步民间化，“不断展示着新的民间文艺形式与内容，展示着下层民众的精神活动”[⑦]。全球化的今天，传统庙会的经济功能是很微弱的，

---

① [乾隆]《任邱县志》卷二《建置》，第277页。
② 《万历野获编》卷二十四《外郡·鄚州》，第616页。
③ 《鄚州述古》，《任丘文史资料》第1辑，第95页。
④ 《鄚州述古》，《任丘文史资料》第1辑，第95页。
⑤ 《万历野获编》卷二十四《外郡·鄚州》，第616—617页。
⑥ [乾隆]《任邱县志》卷三《食货·货之属》，第382页。
⑦ 赵世瑜：《明清时期华北庙会研究》，《历史研究》1992年第5期。

恢复庙会更多考量的是它的文化功能。具体而言，新时代大庙、庙会的重建过程必须注意两点：其一，要关注“文化”与“文化产业”概念间存在的本质区别；其二，要激活大庙建筑、庙会活动所承载的优秀传统文化及与其相关的红色革命文化，这一过程要遵循乡土文化现代转型与重构的学理规律，须着力避免传统文化被市场资本降格为只是为利润而出卖的普通商品。

（1）1992年以来旅游部门对鄚州庙的重建

1992年鄚州庙的重建由任丘市旅游局主持实施，最直接的目的是为当地旅游经济发展“打造”新的景观，也就是所谓“文化搭台，经济唱戏”。在京津冀协同发展的大背景下，任丘市政府近年一直在努力打造“京津冀明星城市”，创建国家文化生态旅游城市，提出重点实施“一庙两遗三城”工程，一庙就是鄚州庙。新建的大庙位于鄚州城北、古州村西，毗邻白洋淀。第一期工程首建的是药王庙，主体依次由山门、宫门、扁鹊祠、扁鹊墓四部分组成，在这条中轴线两侧，相对称建有东西配殿、名人书画展览室、文物陈列室等。正殿供奉神医扁鹊，左右为侍童，东西配殿是王叔和、张仲景等历代名医塑像，与明清鄚州扁鹊祠所供奉的十大名医一致。此外新增的有东配殿的财神殿、西配殿的奶奶殿，后者用以满足人们的求子祈愿。

近年“打造历史文物”在中国蜂拥而起，但其间一些地面建筑消失殆尽的该不该重建？如何重建？它们在未来能否成为文物？诸多问题也一直存在争论。依据1964年通过的《保护文物建筑及历史地段的国际宪章》(简称《威尼斯宪章》)第15条等规定，重建文物是被禁止的，这也是目前国际文物保护公认的原则。今天所看到的扁鹊祠建筑群，系1992年任丘市委、市政府重新选址修建，可以说它并不是文物层面上的“恢复”，而是基于现实经济文化的需求，通过仿古建筑“再现”了一段消失的历史记忆，是一个崭新的庙宇群。它是地方政府出于文化旅游产品开发而“打造”出来的，但若有社会需求且建筑质量保证，未来则有可能成为新的文化遗产。

寺庙是宗教信仰的活动场所，所以庙会必须体现出浓厚的崇拜色彩，来者首先是香客信众，至于它所具有的文化娱乐与商业功能也都由此而来。在生产力尚无法满足人们的所有需求，科学思想尚无法解读人们的所有困惑的当下，面对扁鹊庙、财神庙、奶奶庙等，民众除了表达敬仰以外，更重要的是从中寻找一种战胜病魔、摒除困苦的信心和力量，进而迎接健康幸福的生活。近年鄚州新庙一直作为旅游景点对外开放，这种营业式的开放也引来当地民众，特别是曾捐钱修庙的民众的一些不同意见。这一问题非短期能够解决，但提升大庙、庙会的弘扬传承地域文化的功能，应当是一种趋势。

（2）鄚州庙名医祭祀与现代文化失谐问题

1993年农历四月十五，新修的鄚州庙对游人开放，2009年庙会入选第三批河北省省级非物质文化遗产名录。嗣后，为达到文化与经济相互促进的目的，2014年任丘市扁鹊医学思想研究会发起举办了"第一届扁鹊文化研究暨学术交流会"，旨在弘扬中华中医文化；2016年农历四月十八，在传说中的扁鹊诞辰日，举办了"中国任丘扁鹊中医文化节"，以"传承扁鹊文化，弘扬中医四诊""治未病与健康四大基石"等为主题。这些以祭祀扁鹊为核心的活动，不啻为宣传中国传统医学的一种有效手段。

与此同时，祭祀神化的扁鹊、名医群体，许愿祈祷他们的神力庇佑，也如火如荼。目前的会期是三天：正月十五、四月十五、九月十五，其中最为"火爆"的是正月十五。这天不仅人山人海，许多香客还要争第一炷香、要焚烧"香山"以竞争，以致是日大庙内烟雾缭绕、火光冲天，出现"香火过旺"等问题。据附近居民讲，近年在正月十五当天，售卖香蜡的摊点从鄚州镇北道口起，沿着任雄路一直延伸到大庙，约有3里之遥。比此更甚、香火更旺的是已成为废墟的老庙址，正月十四的下午，香蜡等祭祀用品的摊位就开始出现，有约2里地的长廊，十四夜晚人们就开始前往遗址的大土疙瘩前，等着烧十五日凌晨的第一炷香。子夜时分一到,"香山"竞相燃起，霎时火海一片，一些香客还"与时俱进"燃放孔明灯，天上地下火光呼应、颇为壮观。

为避免引发火灾，近年政府一直发布鄚州庙会期间进香和节后禁放的通告，如任丘市政府《关于规范鄚州庙会期间进香活动的通告》(任政告〔2018〕32号)要求："禁止烧香山、烧高香、烧香龙等大规模进香活动"，"禁止生产、销售、使用单炷直径超过1厘米、长度超过55厘米的粗大香支"，"禁止燃放烟花爆竹、孔明灯"，还规定"每个燃香点间距最少要保持六米"。2019年2月，雄安新区生态环境局雄县分局等联合发布《关于规范鄚州庙会期间进香活动的通告》重申禁令。与此同时，如何从文化层面引导、规范，使对以扁鹊为代表的传统名医群体的祭祀，既能满足香客焚香许愿、祈求祛病安康的心理诉求，又能传承历史文化精髓，且能在更高的层面与区域现代转型一致，是一个亟待解决的难题。

(3)"音乐会"等文化的传承与现实困境

圈头村音乐会，2007年入选第二批河北省省级非物质文化遗产名录项目，2008年入选第二批国家级非物质文化遗产名录项目，而且是中央音乐学院音乐学系采风基地。和世界其他地区非物质文化遗产在传承过程中遇到的问题一样，圈头村音乐会也面临着传承无人、内力不足的困境。同时，国家文艺政策也是其至关重要的外力。

(a)"音乐会"的灵魂是民间信仰

宋代以降，中国开始了一个下层文化和地方区域文化的大丰富和大发展时期，民歌民谣、民间戏曲、各种讲唱文艺、民风民俗、民间信仰及宗教甚至秘密结社都大为增加①。圈头村音乐会大致始于明末清初，它的诞生、发展建立在民间信仰基础之上，没有了信仰作

① 赵世瑜:《明清时期华北庙会研究》,《历史研究》1992年第5期。

为基础，“音乐会”的生命也行将结束[①]。“音乐会”服务于鄚州庙扁鹊祭祀、依附于庙会形式而存在，是典型的为某种民间信仰而存在的会社组织。它不仅用来祭祀扁鹊等名医群体，当地村民们也用这一音乐祭祀祖先和神灵，为故去的亲人超度，因而也被称为“音乐圣会”或“音乐善会”。

有关研究指出，“曲调的完整性、功能的健全性使得圈头村音乐会成为中国传统音乐文化的活标本”。迄今，“音乐会”保留着明清时代甚至更古老的曲目，它所演奏的曲目在创办以来的传承过程中“没有变化，完全一个样，一个字（音符）也不会错。因为这是给神听的。给神演奏的乐曲不能随意乱动”。圈头村音乐会作为民间演奏机构，历经近现代的社会动荡仍能传承下来是一个奇迹，尽管曲目数量因战争等不可抗拒因素有些遗失，但它能将传统曲目几近原汁原味地保留下来，本身就堪称文化盛举。究其原因，“关键在于村民们对于心目中药王祭祀的虔诚”[②]，这也是避免它在现代转型中失传的关键内力。

（b）“音乐会”传承价值及困境

近代鄚州大庙被火焚毁、“进香作会”被官方严禁后，圈头村音乐会依然保持了祭祀药王的传统，但演奏地点不再是大庙，而是在村中搭棚祭祀演奏。现在村里每年农历四月十九日至二十一日祭祀药王的演奏活动，正是当年乘船前往鄚州庙会祭祀传统的延续。20世纪80年代“音乐会”得以恢复，传统乐曲的演奏与祭祀药王的演出也随之解禁。目前圈头村音乐会每年还有两次固定演奏活动：一次是腊月三十在本村主要街道的演奏，当地称之“熏香”；另一次则是正月初一到村里的先贤祠演奏。平日，“音乐会”则为本村及周边地区的丧礼、祭祀及社会和政府部门庆典活动无偿服务。值得关注的是，“音乐会”自创始以来至今，从不曾进行商业演奏。“音乐会”始终将药王祭祀、祖先祭祀作为唯一目的，与地域文化中的“侠义”精神交织、交融，反过来又促进了地缘文化及当地居民道德观念特色的形成。

圈头村音乐会之所以成为“中国传统音乐文化的活标本”，还和它独特的乐谱及由此决定的传承制度有关。“音乐会”使用的乐谱是用汉字记写的中国古乐工尺谱，它与现代五线谱或简谱不同，只有音调高低，没有强弱变化、感情基调等提示。因此，学习传统工尺谱乐谱的主要渠道就是家族或师徒传承制，长辈、师傅口传心授，后人、徒弟念唱记诵，且延续封建时代传男不传女的习俗。20世纪80年代“音乐会”恢复后，当时的会首陈小花就开始培养弟子，并打破了传男不传女的旧习[③]，保证了现在“音乐会”演奏队伍年龄结构相对合理。此外，祭祀文化的神圣性所决定的祭祀仪式对音乐的需求，也是“音乐会”得以传承的另一个根本原因。但是，随着文化的现代转型，对祭祀及祭祀音乐怀有敬

① 项阳、张国振主编：《白洋淀上的一颗民间音乐明珠——圈头村“音乐圣会”》，中央音乐学院出版社2013年版，第64页。

② 《白洋淀上的一颗民间音乐明珠——圈头村“音乐圣会”》，第64页。

③ 《白洋淀上的一颗民间音乐明珠——圈头村“音乐圣会”》，第63—64页。

仰、虔诚的年轻人，对“音乐会”感兴趣的人都越来越少。因此，“音乐会”从需求到传承都面临着前所未有的困难，需要国家政策、媒体和学术界等外力的关注扶持。

4.庙、庙会与新时代地缘文化共同体构建

随着2017年雄安新区设立，鄚州镇的行政归属由任丘市转移到了雄安。与此同时，随着“引水入淀”工程推进，白洋淀水域面积逐步扩大，鄚州庙的水乡景观也处于恢复中。简而言之，随着以白洋淀为核心的雄安新区逐步建设，作为传统文化重要载体的鄚州扁鹊庙及其承载的名医、侠医文化，还有拱卫、服务京师的京畿文化等，必将得到进一步关注，并在京津冀地缘文化共同体构建中发挥作用。

（1）理性对待传统庙、庙会文化与现代化的关系

文化转型是生产力、经济基础变化的必然产物，“是人类碰到的普遍问题”。更为重要的是，文化转型成功与否，往往决定着整个社会政治经济转型的成败。针对文化转型问题，费孝通关注了“文化意识”在其中的重要作用，“文化意识就意味着一个人应该有着关于他的本土文化的综合知识。拥有了这个知识能够有助于变革传统文化”。人类是生活在一定文化中的群体，与文化须臾难离。所以，社会的变革必须与文化的转型同步。基于“文化意识”在人类社会“文化转型”中的重要作用，费孝通提出了“文化自觉”的概念：人类“应该知道自己的文化的起源和形成过程”，“应该熟悉他们文化的特点”，唯有如此方可“有能力预测文化发展的走向”[①]。我们只有熟知自己的传统文化，明晰其形成过程、地域特征，抓住其历史文脉精髓，才能确保文化实现传统到现代的转型。

文化作为人类生存状态的凝结，它无所不包。正如艾略特在《试论文化定义》一文中所言，文化包括“所有具有特色的活动和一个民族的兴趣和爱好”，如某一个日子、某一件事、某一个东西，他列举了一系列体现在人们日常生活中的文化，诸如世界杯决赛、狗跑赛、弹子游戏、飞镖板、水煮白菜切片、醋泡白菜切片、十九世纪的哥特式教堂，以及某种奶酪、喜爱某位作曲家等等[②]，来说明文化与日常生活的关系，或者说在日常生活中确定文化的内容。具体到中国庙会这一形式与百姓日常生活的关联，从赵世瑜专著《狂欢与日常——明清以来的庙会与民间社会》名称就可窥见一斑。文化处于“日常生活里无处不在的创造中”[③]，随着对传统文化的重视，弘扬优秀传统文化已被纳入民族复兴大业，各地庙宇修复、庙会恢复正在加速进行。在这一背景下，更需理性对待传统庙、庙会文化的文化特征，增强我们的“文化意识”与“文化自觉”，对相关活动加以科学引导。

（2）庙会文化与现代地缘文化共同体构建

赵世瑜基于对明清时期晋东南泽州地区的研究，提出了“巨村为镇”的概念。封建社

① 费孝通：《关于“文化自觉”的一些自白》，《学术研究》2003年第7期。

② Quentin Skinner. *Language and Social Change*. J.Tully. *Meaning and Context*. Princeton: Princeton University Press（1988），p.120.

③ Edward Said. *Culture and Imperialism*. New York：Random House（1993）.

会后期形成的镇，在生产性质上与村对立，但“并不一定在空间上独立于原有的村落”，多与村落继续保持着极为密切的关系。从镇与村“地缘上的一致性”出发，他提出将二者的关系概括为以社为核心的“地缘共同体”①。承担祭祀功能的社，就是维系这个地缘共同体的历史文化资源。鄚州镇与鄚州庙会之间的关系不同于泽州，鄚州镇并不是“巨村为镇”，它很早就是交通枢纽、军事重镇，鄚州古城在先秦时期就已存在。明清时期大庙香火与庙会的繁盛与鄚州镇社会经济发展之间，互为因果、相互促进。清代任丘境内可以交换的主要商品，依然是“布、棉、丝、靛、苇席、蒲扇”等初级农业产品②，鄚州镇与周边乡村之间亦难达到“市场共同体”的发展程度，却也呈现出以祭祀为中心的“地缘共同体”关系。

文化既然是群体形成的凝聚力与群体特征的标志，它也就必然具有区分不同群体的功能，包括个体文化身份的识别及群体文化身份的认同。“文化则仅仅包括其自己的成员而不包括其他文化的成员，其可贵之处就在于它的区分功能。”③不同文化区的形成，正是文化区分功能的直接产物。受自然地理禀赋、山河阻隔及行政建置等因素影响，历史时期逐步形成了不同层级的地缘文化、地缘共同体。鄚州庙地处水陆联运枢纽之地，明清两代又有北京南下江淮的官道、御道经过，扁鹊祭祀的兴盛又与明清小冰期京畿地区瘟疫高发的现实需求相联。所以，鄚州庙会一方面在商贸功能方面，满足民间需求与服务京师需要并存，后者更重要；另一方面庙会文化的辐射空间范围也扩延至整个华北，最核心的地域便是以京津保三大城市为中心的区域。从文化功能分析，民间信仰绝不仅仅是烧香拜佛，而是为我们研究某一地域百姓日常生活、乡村社会结构、地域层级关系提供一种解读途径，庙会祭祀揭示着“民间信仰所表达的‘社会空间’之所以存在的历史过程”，以及“在这些过程中所蕴含和积淀的社会文化内涵”④。由此可以得出这样的结论：以“侠义”“侠医”等为个性，带有京畿地区拱卫京师、服务京师特征的鄚州庙会文化，是今天京津冀三地文化现代转型的重要历史文脉，亦是三地区域协同发展过程中地域文化共同体构建的重要组成部分。

① 赵世瑜：《村民与镇民：明清山西泽州的聚落与认同》，《清史研究》2009年第3期。

② [乾隆]《任邱县志》卷三《食货·货之属》，第382页。

③ [英]弗雷德·英格利斯著：《文化》，南京大学出版社2008年版，第14页。

④ 郑振满、陈春声主编：《民间信仰与社会空间》，福建人民出版社2005年版，第3页。

第七章

协同发展：地缘关系的终极归宿

京津冀地缘关系的形成和演变，亦如《三国演义》所谓“天下大势，分久必合，合久必分”，前面各章已从地理、政治、经济、军事、文化等角度作了探讨。历史地理与区域史的研究既要解决所属学科的基本理论问题，也有必要致力于从客观、冷静、科学的态度出发，在一定尺度上以历史关照现实。对于京津冀地缘关系问题的历史考察，无疑应当具有这样的两重意义。

（一）地域毗连：促使地缘关系形成的首要条件

地缘关系的形成以不同区域之间的地理位置为基础，无论彼此毗连还是相隔遥远，都不影响地缘关系的客观存在，只是其表现形式和具体内容各不相同而已。京津冀之间为什么存在割不断的地缘关系，根本原因就在于它们在地理位置上相互毗连，三省市的主体所处的地理空间原本就是同一个地理单元——以西边的太行山与北面的燕山为依托的海河平原。

太行山自古就是河北与山西之间的地理阻隔，燕山山脉则是华北与东北的天然分界。北京、天津后来居上，但终究是在明清直隶的土地上崛起，无论何种力量都无法改变三者之间在地理上的关联。以山脉而论，从北京昌平穿过居庸关到延庆岔道城的关沟，是太行山脉与燕山山脉的分界线。北京西山是太行山的余脉，也是北京市与河北省张家口地区南部、保定地区北部的分界。昌平一带的军都山是燕山西部的余脉，北面与河北省张家口地区相连。由此向东的燕山山脉主干，则是北京与河北承德、唐山地区所共有。燕山一线的万里长城东段，大致自河北易县、张家口等市县，经北京昌平、怀柔、密云、平谷等区，再经天津市最北端的蓟州区，继续向东连接河北遵化、迁安、抚宁直至山海关，将河北、北京、天津串联在一起。它们在历史上尤其是明代共同构成了一道军事防线，其自然地理基础就是同属于彼此不可分割的太行山与燕山山脉。

从气候和水系而论，大气环流控制下的气候特征和天气现象，是在大尺度范围内制约区域环境的地理要素。与之相伴的重大水旱灾害一旦发生，往往不会仅限于某个省份，而是波及整个华北乃至中国北方，京津冀三地更是经常成为“难兄难弟”，最根本的原因就在于它们相距太近。在气候学与气象学尺度上，京津两市的辖境几乎可以忽略不计，它们都要服从整个河北平原与北部和西部山区的基本特征，局部的差别或小气候并不能影响总体的形势。就水系而论，汇集到天津境内的海河水系的河流，无一不是发源于河北省甚至山西省，或从西北向东南，或从西南向东北，流向地势最低的天津一带，像一条条散落的扇骨归结到最后的那根扇柄一样，形成了扇状分布的海河水系，天津也就成了“九河下梢”之地。晚近被视为北京“母亲河”的永定河，发源于山西北部，穿越河北张家口地区的宣化一怀来盆地，冲出西山进入北京西南各区，再经河北廊坊等地，最后汇入北运河，成为海河水系的组成部分。它在历史时期的往复摆动，不仅横扫了北京市的西南部平原地区，而且对保定以北的大清河水系影响深远，进而成为制约大运河北段是否畅通的关键因素之一。

行政区域的划分是国家统治所辖领土、管理地方事务的途径和手段，因此，在海河平原之上才出现了不止一个最高级的政区单元。国家力量干预下形成的行政分隔，并不能完全阻断地理上的关联。天津、保定、张家口、宣化、山海关之所以成为首都北京在不同方向上的军事屏障和门户，天津之所以成为扼守北京经济命脉的河海漕运枢纽，京津冀三地之所以形成首都、口岸、腹地的政治经济分工，在地域文化上之所以存在众多相同或相近之处，都离不开地理上的彼此毗邻，这正是俗语所谓“远亲不如近邻，近邻不如对门”。从历史上的行政一体化到晚近时代的相互分隔，是在地域经济关系与生态需求并不十分紧密的古代或近代做出、以满足相应时期国家统治需要为宗旨的政治调适。一旦到了彼此经济关系由松弛变为紧密，生态需求由迟缓变为急迫，许多问题需要以更开阔的视野看待、在更广大的范围内统筹安排时，行政分隔就成为解决问题的障碍。京津两市的政治经济优势，对于河北而言是迫使人才和资源外流的“黑洞”，在许多方面河北都是客观上不得不输出的“原料地”，这应当是行政与市场共同作用的结果。当京津两市在发展过程中遭遇人口、土地、水源、生态等瓶颈，诸如城市功能疏解、风沙源头治理、水资源合理规划利用等问题时，提倡京津冀区域一体化协同发展就成为势所必然的选择。究其原因，还是由于彼此在地理上连成一体而不得不如此。

（二）北京为都：主导地缘关系演变的核心因素

区域和城市发展的历程表明，近千年来国家基本连续地以北京为首都，这是主导京津冀地缘关系形成和演变的核心因素。优先满足首都需求是执政者考虑问题的出发点，天津与河北只能处在政治上维护、军事上保障、经济上辅助、资源上供给的从属地位。

自金代海陵王迁都燕京以来，历史上的北京就成为最高统治者及其领导下的官僚集团最集中的所在地。作为国家的政治中枢，宫殿巍峨、衙署林立是城市最突出的外在特征，这样的城市无疑首先是一座“政治的”城市。国家的政令、军令从这里发出，自然奠定了它在行政区划系统中独一无二的地位，周边乃至全国各地惟有服从和执行。这样，巩固政治中心的安全就是国家军事布局的第一选择。明代拱卫北京的多重防御体系，外有燕山长城与周边隘口层层把守，内有规模庞大的京营驻扎，天津上升为扼守河海咽喉的京师门户，宣府、保定等地则是扎紧京师藩篱的畿辅重镇，这是历代根据山川形胜和内外形势确定区域军事格局的最典型的代表。王夫之对朱棣迁都北京予以高度肯定："永乐定鼎，始建九五。水土未薄，天气翕聚。天子守边，四方来辅。后之所宅，固当踵迹灵区，以光赞我成祖也。"[①]后世喋喋不休的所谓"天子戍边"或"天子守国门"之类的说法，源头大约就在于此。显然，永乐帝的选择既有使国家政治中心回归自己崛起的政治大本营的考虑，也是在放弃开平、大宁等塞外战略要地之后应对军事窘迫局面的无奈选择。"天子守边，四方来辅"，导致作为政治中心的北京同时又是全国最大的军事中心。

正是由于政治中心与军事中心的叠加，畿辅地区乃至全国支撑首都需求的压力进一步加剧，促成了北京在城市发展的某些方面一家独大的局面。为了供应国都需要的巨量漕粮，大运河与海上航线最终奔向北京。近代兴起的铁路虽然并非发端于北京，但它随后成了全国的铁路交通中心。明清时期实施畿辅营田水利工程，出发点是为了减少首都对江南漕粮的需求。古代官方主导下的人口迁移，大多是以充实京师为基本宗旨。遍及全国的资源调配和采办贡纳，自然是为了满足北京这个政治中心的需求，建材及能源供应对周边地区的环境影响最为突出。漕运枢纽天津在清代崛起为商港后，北京东南的海上门户由此增强了经济职能，直隶地区则成为经天津出口的多种农副产品的生产基地。政治地位与经济发展的地域差异，也决定了京津冀在文化上既有相近之处又有所不同，大体形成了北京颇多政治色彩、天津更具商业味道、河北偏于传统风格的空间分布特征。

以北京为主导的历史上的京津冀地缘关系，大致可以分为四个阶段：(1)早期政治的"京"与周边的"冀"之间的"双边关系"：其远源可以上溯至燕都蓟城、汉唐幽州城、辽南京、金中都、元大都、明北京与周边的燕赵、汉唐幽州、辽南京道、金中都路、元中书省、明直隶省之间的关系，这个时期的地缘关系纽带还比较松散。(2)清代的京津冀"三角关系"：天津成为通商口岸之后，表现为政治中心北京、商业中心天津与广阔腹地直隶之间的关系。(3)清末民国三个同级政区之间的地缘关系：京津两市为建设近代化城市而推行的新市政、制定的新规划，要求城区拓展、辖区扩大、腹地更广，同为省级政区的北京、天津、直隶(河北)之间的分合与辖境调整，为当代京津冀地缘关系的形成奠定了直接基础。(4)中央强力制约下的当代地缘关系：在最近七十多年间，形成了北京政治地位空前巩固、城市区域大幅度拓展、经济文化一马当先，天津发展比较迅速、河北相对滞后但颇具资源生态潜力的格局，三地的互补与协同成为有利于各方未来发展的客观要求。京津两市对河北辖境的"蚕食"，正反映了它们尤其是北京在三方关系中的强势地位。

天津在清代崛起为商业口岸，是一座"经济的"城市。河北包围着这两大中心城市，

① 王夫之：《黄书·后序》，清光绪间《宝墨斋丛书》本。

成为与它们从城乡分离到相互关联逐渐密切的经济腹地，在其他许多方面也变得越来越不可分割。

（三）地缘政治：决定地缘关系走势的现实选择

在国际关系中，地理环境的动态性对地缘政治格局及其基本特征具有决定性的影响，自然资源的发现与耗尽、人口与资本的流动、经济方式的转变、从乡村景观转为城市景观等，都是地理环境发生变化的反映。对于京津冀地区来说，京津城市发展对周边土地和其他资源的需求，周边地区能否提供城市人口和产业的疏解空间与经济前景，决定着现阶段河北某些区域在地缘关系中受到重视的程度。

资源问题是影响地缘政治关系的重要因素，在国家之间与一国之内的不同区域之间的表现颇为相似。就前者而言，当代世界对石油、天然气、矿产、木材的需求，使人们“重新发现”了通常远离全球政治经济焦点的非洲地区的战略意义。从后者来说，河北宣化龙烟铁矿1919年建立的石景山炼厂，是北京首钢的前身；迁安的铁矿石、开滦的煤炭，是京津钢铁基地的原料和燃料供应地之一。当不同属地的产业变为同行竞争、供应地资源枯竭或供需链条松懈之后，彼此之间的地域关联就会立即疏远。首钢搬出北京后的新址选在河北唐山曹妃甸，最重要的动因是为举办2008年奥运会减轻空气污染，由此成为“现代工业的扩散行为也是在回应政治考虑”①的典型例证。2017年4月1日宣布的“雄安新区”与此前的北京通州“副中心”建设，大体都是以坚持北京在全国政治地理格局中的唯一性为出发点所做出的决策。华北地区普遍存在的水资源短缺已持续多年，但国家跨流域“南水北调”的着眼点首先是保障首都北京的需求；天津曾经遭遇的城市居民饮水危机，引发了同样属于跨流域的“引滦入津”工程。

世界经济的全球化不能摆脱地理条件的影响，资本与制造业外包主要流向了拥有广阔市场、劳动力队伍廉价并善于学习的国家或地区的沿海地带，发展中国家的失地农民涌向已经无法吸收他们的城市，偏远的中小城市由于被政府忽视而逐渐萎缩，经济与信息的贫富差距甚至会引发某些国家内部的政治裂痕。在京津冀地区，曾被视为解决三农问题良方的“城市化”或“城镇化”效果有限，近乎无节制的资源掠夺、破坏、浪费以及房地产等名目繁多的开发区主导的新型“圈地运动”，却使农民失地与环境恶化日益加剧。北京在政治、经济、资源、人才等方面具有得天独厚的首都优势，环绕在周围的河北多方承受着“空吸效应”之弊，多年前形成了面积广大的“环京津贫困带”。“欧洲的城市”与“非洲的农村”同时出现在首都周边半径100公里的区域内，这在全世界几乎是绝无仅有的现象。

---

①《地缘政治学：国际关系的地理学》，第9页。

自亚洲开发银行2005年指出这个问题以来，京津与河北之间的落差不降反增。自20世纪50年代以来，经济地理学者着眼于保定的工业基础，唐山、张家口的煤炭及铁矿资源优势，曾经设计过“京津保”、“京津唐”或“京津唐张”工业布局方案。近年来努力推进的“京津冀一体化”协同发展，是一个三方互补、规模空前的宏大构想。行政区划的壁垒以及由此而生的立场、态度、利益的沟壑，需要在国家层面的主导之下逐渐消除，进而建立新的地缘关系与地缘政治格局。尽管国内省区之间的地缘关系并不能简单地视为国际关系的“缩微版”，但在认识和协调区域关系的问题上，地缘政治学的某些理论应当具有积极的提示作用和借鉴意义。

（四）未来趋向：以经济文化协同突破行政瓶颈

“京津冀一体化协同发展”固然是当代顶层设计与现实需求共同影响下的国家战略，从历史角度观察也有其政治、经济、军事、文化等方面的客观必然性，但在实施过程中依然存在着有关各方利益的激烈博弈，实现预期目标还需付出艰苦努力。多年累积而成的区域功能定位需要适度调整以达到彼此互补，行政关系的变革更是牵一发而动全身的重大举动。立足于兼顾稳定与发展的现实，从经济、生态、科技、文化等领域的协同动作入手，最终突破以政区分隔为标志的利益瓶颈，可能会收到较好的效果。

以往着眼于京津冀区域一体化协同发展，曾经制定过不少总体或专题的规划，但它们不是由于旷日持久的拖延变成明日黄花，就是尚未出台就已被某一方的新规划抛在后面而中途作废。每个省市的规划都有各自的行政力量支持和推动，涉及三方的规划则需要利益兼顾、责任分清，其间存在着许多有待相互商讨、适当妥协的问题。此外，现有政治经济地位的差距，也决定了三方对待区域规划的态度，其间往往出现北京从容以对而不急于牵头、河北心情迫切但实力不够、天津处在中间却无法脱颖而出的局面。近年来，京津两市尤其是北京在发展过程中遇到的土地、生态、人口、产业布局等问题，已经不能仅在北京市辖境范围内寻求解决，与河北的协同成为必然选择，河北也需要借助京津在科技、文化等方面的优势促进自身的发展，共同利益与客观情势使三方的地缘关系变得越来越紧密。

在京津冀三方都在致力于实施本地发展战略或既定规划的前提下，彼此之间在某些规划方面的对接和延伸，应该成为互利互补、实现双赢的途径之一。例如，2017年9月13日中共中央、国务院批复的《北京城市总体规划（2016年—2035年）》，包括大运河、长城、西山永定河“三个文化带”的整体保护利用。这项任务尽管是由北京提出并载入了规划，但不论哪个方面都离不开与天津、河北的协同，仅仅做好“北京段”的工作显然远远不够。就长城而言，它在历史上首先是冷兵器时代一道难以逾越的军事屏障，随后逐渐变为国家形象和民族精神的象征，而长城文化带就是以长城作为地理依托的历史文化聚集的狭长区域。北京地区的长城始建于北齐，明代在此基础上大规模整修完善，我们今天所见的大多是明长城。富有众多传说、历史更加悠久的秦汉长城，分布在河北、内蒙古、辽宁以及我国西部的十多个省区之内。北京在明代是长城防线的指挥中枢，现在率先提出长城文化带建设，有效地带动了周边省区联合行动，由此扩大了燕山南北长城文化的保护范围，拓宽了历史文化保护的责任主体，增强了文化遗产的保护力度。同样，作为世界文化遗产的"中国大运河"，由京杭大运河、隋唐大运河、浙东大运河等组合而成，北京段只是它的精华段落之一，这就更需要从南到北、从东到西，政府、专家和社会力量密切协作，而天津段、河北段与北京段尤其不可分割。西山永定河文化带，涉及山西、河北、北京、天津、内蒙古五省市区。西山是范围广阔的文物聚集带，穿过西山塑造北京的永定河，在研究与保护方面更需要上、中、下游的全力协同。不论是长城、大运河还是西山永定河文化带的研究和建设，首都北京都应对沿线其他地区发挥号召、引领、示范的作用。与此相似，在生态、资源、经济、文化以及社会发展的其他方面，互相毗邻的京津冀三地同样需要从整体上制定规划并付诸实施，这也是历史上的京津冀地缘关系对当代的重要启示。

参考文献

一、地方志

1.《嘉庆重修一统志》，商务印书馆1934年《四部丛刊续编》本。

2.《顺天府志》，北京大学出版社1983年影印《永乐大典》辑本。

3.曹锽：[光绪]《获鹿县志》，光绪七年刻本。

4.陈金骏：[乾隆]《乐亭县志》，乾隆二十二年刻本。

5.陈仪：《直隶河渠志》，《畿辅河道水利丛书》本。

6.陈柱：[道光]《南宫县志》，道光十一年刻本。

7.程光滢：[同治]《磁州续志》，同治十三年刻本。

8.戴铣：[弘治]《易州志》，《天一阁藏明代方志选刊》本，上海古籍出版社1981年版。

9.杜灏：[乾隆]《沙河县志》，乾隆二十二年刻本。

10.樊深：[嘉靖]《河间府志》，《天一阁藏明代方志选刊》本，上海古籍出版社1964年版。

11.范鉴古、洪家禄：[民国]《大名县志》，1934年铅印本。

12.高必大：[康熙]《天津卫志》，《天津通志·旧志点校卷》，南开大学出版社1999年版。

13.郭大进：[乾隆]《正定府志》，乾隆二十七年刻本。

14.郭棻：[康熙]《保定府志》，康熙十九年刻本。

15.郭棻：[康熙]《畿辅通志》，康熙二十二年刻本。

16.海忠：[道光]《承德府志》，道光十一年刻本。

17.韩琛：[民国]《三河县新志》，1935年铅印本。

18.胡景桂：[光绪]《广平府志》，《中国地方志集成》本。

19.黄掌纶：[嘉庆]《长芦盐法志》，科学出版社2009年版。

20.贾恩绂：[民国]《南宫县志》，《中国方志丛书》本。

21.贾永宗：[乾隆]《满城县志》，乾隆十六年刻本。

22. 蒋玉虹、俞樾：[同治]《续天津县志》，《天津通志·旧志点校卷》本，南开大学出版社2001年版。

23. 焦遇祥、张林：[民国]《平山县志料》，1932年铅印本。

24. 金梅：[乾隆]《通州志》，《华东师范大学图书馆藏稀见方志丛刊》，北京图书馆出版社2005年版。

25. 孔广棣：[乾隆]《永年县志》，乾隆二十二年刻本。

26. 李鸿章等：《畿辅通志》，清光绪十年刻本。

27. 李吉甫：《元和郡县图志》，中华书局1983年版。

28. 李清芝：[光绪]《南和县志》，光绪十九年抄本。

29. 李棠：[乾隆]《大名县志》，清乾隆五十四年刻本。

30. 李晓泠：[民国]《高阳县志》，1933年铅印本。

31. 李中桂：[光绪]《束鹿乡土志》，光绪三十二年铅印本。

32. 林牟贻：[同治]《赤城县续志》，光绪七年刻本。

33. 刘炳、王应鲸：[乾隆]《任邱县志》，乾隆二十七年刻本。

34. 刘崇本：[光绪]《雄县乡土志》，《中国方志丛书》本。

35. 刘鸿书：[民国]《徐水县志》，1932年铅印本。

36. 陆是奎：[光绪]《望都县乡土图说》，光绪三十一年铅印本。

37. 栾尚约：[嘉靖]《宣府镇志》，明嘉靖四十年刊本。

38. 裴显相、沈乐善：[嘉庆]《束鹿县志》，嘉庆四年刻本。

39. 秦有容：[康熙]《平山县志》，康熙十二年刻本。

40. 秦兆阶：《赞皇乡土志》，《乡土志抄稿本选编》本，线装书局2002年版。

41. 瞿光缙、边士圻：[道光]《任邱县志续编》，道光十七年刻本。

42. 任守恭：[民国]《万全县志》，1934年铅印本。

43. 施彦士：[道光]《万全县志》，道光十四年刻本。

44. 史梦兰：[光绪]《永平府志》，光绪五年刻本。

45. 史梦兰：[同治]《迁安县志》，同治十二年刻本。

46. 宋蕴璞：[民国]《天津志略》，《天津通志·旧志点校卷》本，南开大学出版社1999年版。

47. 田尔砚、郝慎冈：[光绪]《内邱县乡土志》，《中国方志丛书》本。

48. 童关照：《昌黎乡土志》，《乡土志抄稿本选编》本。

49. 王金英：[乾隆]《永平府志》，乾隆三十九年刻本。

50. 王树楠：[民国]《冀县志》，1929年铅印本。

51. 王正熙：[万历]《保定府志》，万历三十五年刻本。

52.吴景果：[康熙]《怀柔县新志》，康熙六十年刻本。
53.吴汝纶：《深州风土记》，光绪二十六年刻本。
54.吴廷华、汪沆：[乾隆]《天津府志》，《天津通志·旧志点校卷》本，南开大学出版社1999年版。
55.吴廷华：[乾隆]《天津县志》，《天津通志·旧志点校卷》本，南开大学出版社2001年版。
56.席之瓒：[光绪]《怀来县志》，光绪八年刻本。
57.夏应麟：[光绪]《巨鹿县志》，《中国地方志集成》本。
58.夏兆丰：[乾隆]《武安县志》，乾隆五年刻本。
59.谢恩承：[光绪]《宣化县乡土志》，《乡土志抄稿选编》本，线装书局2002年版。
60.熊梦祥：《析津志》，《析津志辑佚》本，北京古籍出版社1983年版。
61.徐以观：[乾隆]《宁河县志》，乾隆四十四年刻本。
62.徐宗亮、蔡启盛：[光绪]《重修天津府志》，《天津通志·旧志点校卷》本，南开大学出版社1999年版。
63.阎永龄、王懿：[康熙]《赵州志》，康熙十二年刻本。
64.杨桂森：[道光]《保安州志》，道光十五年刻本。
65.杨荫溎：[光绪]《广平县乡土志》，清光绪三十二年抄本。
66.佚名：[光绪]《延庆州乡土志》，《乡土志抄稿本选编》本。
67.佚名：[光绪]《永年县乡土志》，《乡土志抄稿本选编》本。
68.佚名：[民国]《保安州乡土志》，《中国方志丛书》本。
69.佚名：《津门保甲图说》，《天津通志·旧志点校卷》本，南开大学出版社2001年版。
70.佚名：《直隶风土记》，线装书局2002年版。
71.于如川：[光绪]《栖霞县续志》，光绪五年刻本。
72.俞湘：[道光]《安州志》，《中国地方志集成》本。
73.张锡三：[同治]《阜平县志》，同治十三年刻本。
74.张毓温：[光绪]《藁城县志》，光绪七年刻本。
75.张之洞、缪荃孙：[光绪]《顺天府志》，光绪十二年刻本。
76.章学诚：[乾隆]《永清县志》，乾隆四十四年刻本。
77.周祐：[光绪]《邢台县志》，光绪三十一年刻本。
78.周晋堃：光绪《丰润县志》，光绪十七年刻本。
79.周文莲、胡天游：[乾隆]《河间府志》，乾隆二十五年刻本。
80.周章焕：[乾隆]《南和县志》，乾隆十四年刻本。
81.朱世纬：[康熙]《永年县志》，乾隆十年增补本。

82.左承业：[乾隆]《万全县志》，乾隆十年刻本。

二、古代著述与官修文献

83.[光绪]《大清会典事例》，清光绪二十五年刻本。
84.[雍正]《大清会典》，《大清五朝会典》本，线装书局2006年版。
85.《八旗通志》，《文津阁四库全书清史资料汇刊》本，商务印书馆2006年版。
86.《明实录》，台北中研院历史语言研究所1966年影印本。
87.《钦定户部漕运全书》，《续修四库全书》本。
88.《清朝通典》，浙江古籍出版社2000年版。
89.《清实录》，中华书局1985年影印本。
90.《战国策》，岳麓书社1988年版。
91.《左传》，《黄侃手批白文十三经》本，上海古籍出版社1983年影印。
92.班固：《汉书》，中华书局点校本。
93.毕沅：《续资治通鉴》，中华书局1957年版。
94.毕自严：《饷抚疏草》，《四库禁毁书丛刊》本。
95.曹丕：《燕歌行》，《玉台新咏》本，中国书店1986年影印本。
96.曹植：《白马篇》，《古诗源》本，中华书局1963年版。
97.陈寿：《三国志》，中华书局点校本。
98.陈子昂：《登幽州台歌》，《全唐诗》本，中华书局1960年版。
99.鄂尔泰：《改漕船修水利疏》，《清经世文编》本。
100.范晔：《后汉书》，中华书局点校本。
101.方观承：《御题棉花图》，清拓本。
102.房玄龄等：《晋书》，中华书局点校本。
103.富弼：《论河北七事疏》，《历代名臣奏议》本，台湾学生书局1985年影印。
104.富察敦崇：《燕京岁时记》，北京古籍出版社1981年版。
105.高承：《事物纪原》，中华书局1989年版。
106.高岱：《鸿猷录》，《四库存目丛书》本，齐鲁书社1996年影印版。
107.高适：《燕歌行》，《全唐诗》本，中华书局1960年版。
108.谷应泰：《明史纪事本末》，中华书局1977年版。
109.顾炎武：《日知录》，《日知录集释》本，中华书局1936年版。
110.顾祖禹：《读史方舆纪要》，中华书局1955年版。
111.韩愈：《送董邵南序》，《韩昌黎文集校注》本，上海古籍出版社1986年版。

112. 何秋涛:《朔方备乘》，文海出版社1972年版。
113. 贺仲轼:《两宫鼎建记》,《四库全书存目丛书》本。
114. 洪皓:《松漠纪闻》，吉林文史出版社1986年版。
115. 黄润可:《畿辅见闻录》，清乾隆十九年刻本。
116. 黄宗羲:《马雪航诗序》,《黄梨洲文集》，中华书局1959年版。
117. 贾桢等辑:《筹办夷务始末》，中华书局2014年版。
118. 蒋曙:《兴革利弊疏》,《明经世文编》本，中华书局1962年版。
119. 蒋一葵:《长安客话》，北京古籍出版社1994年版。
120. 焦竑:《国朝献征录》,《四库全书存目丛书》本。
121. 李百药:《北齐书》，中华书局点校本。
122. 李邦华:《李忠肃先生集》,《四库禁毁书丛刊》本。
123. 李邦直:《议戎策上》,《文渊阁四库全书》本。
124. 李慈铭:《越缦堂日记补》，商务印书馆1936年版。
125. 李德林:《隋公进爵为王诏》，严可均辑《全隋文》，清光绪间广雅书局刻本。
126. 李东阳:《天津卫城修造记》，康熙《天津卫志》，清抄本。
127. 李绂:《穆堂别稿》，清乾隆十二年刻本。
128. 李鸿章:《复沈中丞》,《李鸿章全集》本，安徽教育出版社2008年版。
129. 李鸿章:《综论饷源并山东热河各矿》,《李文忠公全书》，清光绪间金陵刊本。
130. 李焘:《续资治通鉴长编》，中华书局1995年版。
131. 李岳瑞:《春冰室野乘》,《丛书集成续编》本，上海书店出版社1994年版。
132. 郦道元:《水经注》，上海古籍出版社1990年版。
133. 令狐德棻:《周书》，中华书局点校本
134. 刘邦谟、王好善辑:《宝坻政书》,《北京图书馆古籍珍本丛刊》本。
135. 刘侗、于奕正:《帝京景物略》，上海古籍出版社2001年版。
136. 刘若愚:《酌中志》，北京古籍出版社1994年版。
137. 刘晞颜:《宝坻县记碑》,《全金石刻文辑校》本。
138. 刘效祖:《四镇三关志》,《中国珍本丛书》拍摄明万历四年刻本。
139. 刘昫:《旧唐书》，中华书局点校本。
140. 刘因:《静修先生文集》，商务印书馆《四部丛刊初编》本。
141. 吕柟:《吕泾野先生集》，上海古籍出版社2005年版。
142. 麻兆庆:《昌平外志》，清光绪二十一年刻本。
143. 马文升:《为禁伐边山林木以资保障事疏》,《明经世文编·马端肃公奏疏二》。
144. 欧阳修:《新唐书》，中华书局点校本。

145. 秦武域:《闻见瓣香录》,《丛书集成续编》本，上海书店出版社1994年版。
146. 丘濬:《大学衍义补》，京华出版社1999年版。
147. 权衡:《庚申外史》,《四库全书存目丛书》本，齐鲁书社1996年影印版。
148. 全祖望:《汉书地理志稽疑》，中华书局1985年版。
149. 确庵、耐庵编:《靖康稗史》,《靖康稗史笺证》本，中华书局1988年版。
150. 申时行等:[万历]《大明会典》，明万历年间刻本。
151. 沈德符:《万历野获编》，中华书局1959年版。
152. 沈德潜编:《古诗源》，中华书局1964年版。
153. 沈括:《梦溪笔谈》，胡道静校注《梦溪笔谈校证》本，上海出版公司1956年版。
154. 沈桐生辑:《光绪政要》，宣统元年南洋官书局石印本。
155. 司马光:《资治通鉴》，中华书局点校本。
156. 司马迁:《史记》，中华书局点校本。
157. 宋濂等:《元史》，中华书局点校本。
158. 苏轼:《苏轼文集》，中华书局1986年版。
159. 苏辙:《栾城集》，上海古籍出版社1987年版。
160. 孙承泽:《天府广记》，北京古籍出版社1984年版。
161. 孙武:《孙子兵法》，中华书局1954年影印《诸子集成》本。
162. 田況:《儒林公议》,《文渊阁四库全书》本。
163. 脱脱等:《金史》，中华书局点校本。
164. 脱脱等:《辽史》，中华书局2016年点校修订本。
165. 脱脱等:《宋史》，中华书局点校本。
166. 汪应蛟:《抚畿奏疏》,《续修四库全书》本。
167. 汪应蛟:《海滨屯田疏》,《畿辅河道水利丛书》本。
168. 王夫之:《黄书·后序》，清光绪《宝墨斋丛书》本。
169. 王骥德:《曲律》，清道光二十六年《指海》刻本。
170. 王溥:《唐会要》，中华书局1955年版。
171. 王庆云:《石渠馀纪》，北京古籍出版社1985年版。
172. 王在晋:《通漕类编》,《四库全书存目》本。
173. 危素:《元海运志》，广文书局1972年影印本。
174. 魏庆之:《诗人玉屑》,《四库全书》本。
175. 魏收:《魏书》，中华书局点校本。
176. 魏徵等:《隋书》，中华书局点校本。
177. 温达等:《平定朔漠方略》，台北成文出版有限公司1960年版。

178.文祥:《自订年谱》，洪良品校《文文忠公事略》，文海出版社《近代中国史料丛刊》本。

179.翁同龢:《翁文恭公日记》,《续修四库全书》本，上海古籍出版社2002年影印。

180.吴邦庆:《水利营田图说》,《畿辅河道水利丛书》本。

181.徐昌祚:《燕山丛录》,《中国农学遗产选集》本，农业出版社1958年版。

182.徐光启:《漕河议》,《明经世文编》本，中华书局1962年版。

183.徐光启:《农政全书》,《四库全书》本。

184.徐梦莘编:《三朝北盟会编》，上海古籍出版社1987年版。

185. 徐松辑:《宋会要辑稿》，中华书局1957年版。

186.薛居正:《旧五代史》，中华书局点校本。

187.严从简:《殊域周咨录》，中华书局1993年版。

188.杨宏:《漕运通志》,《北京图书馆古籍珍本丛刊》本，北京图书馆出版社2000年版。

189.杨俊民:《边饷渐增供亿难继酌长策以图治安疏》,《明经世文编》本。

190.杨荣:《朝天观记》,《古今图书集成·方舆汇编·职方典》卷157，中华书局、巴蜀书社1985年影印本。

191.杨锡绂:《漕运则例纂》,《四库未收书辑刊》本，北京出版社2000年版。

192.叶隆礼:《契丹国志》，上海古籍出版社1985年版。

193.于敏中等:《日下旧闻考》，北京古籍出版社1985年版。

194.于谦:《军务疏》,《明经世文编》卷33，中华书局1962年影印版。

195.宇文懋昭:《大金国志》,《大金国志校证》本，中华书局1986年版。

196.乐史:《太平寰宇记》，中华书局2007年版。

197.允祥:《怡贤亲王疏钞》，吴邦庆辑录《畿辅河道水利丛书》本。

198.张焘:《津门杂记》，来新夏主编《天津风土丛书》本。

299.张廷玉等:《明史》，中华书局点校本。

200.张学颜:《万历会计录》,《北京图书馆古籍珍本丛刊》本。

201.赵尔巽等:《清史稿》，中华书局点校本。

202.赵慎畛:《榆巢杂识》，中华书局2001年版。

203.赵翼:《檐曝杂记》，中华书局1982年版。

204.钟嵘:《诗品》,《钟嵘诗品校释》本，北京大学出版社1986年版。

三、今近著译与史料整理

205.[俄]波兹德涅耶夫:《蒙古及蒙古人》,内蒙古人民出版社1989年版。

206.[美]索尔·科恩著,严春松译:《地缘政治学:国际关系的地理学》,上海社会科学院出版社2011年版。

207.[日]大岛让次著,王振勋译:《天津棉花》,《天津棉鉴》1930年第4期。

208.[英]弗雷德·英格利斯编著:《文化》,南京大学出版社2008年版。

209.《马克思恩格斯全集》第50卷《资本流通的过程》,人民出版社2016年版。

210.《热河改建行省之大会议》,《申报》1910年5月25日第5版。

211.《中国盐政沿革史·长芦》,盐务署印行1914年版。

212.北京档案馆:《1928—1936年北平行政区域边界勘划史料》,《北京档案史料》1999年3期。

213.北京图书馆金石组编:《北京图书馆藏中国历代石刻拓片汇编》,中州古籍出版社1990年版。

214.北平市工务局:《北平市都市计划设计资料第一集》,1947年8月编印。

215.曹尔琴:《河北省及北京市、天津市古今县释名》,《中国历史地理论丛》1985年第1期。

216.陈爱平:《古代帝王起居生活》,岳麓书社1997年版。

217.陈昌远:《河南县名由来初探》,《史学月刊》1981年第2期。

218.陈苏镇:《汉初侯国隶属关系考》,《文史》2005年第1辑。

219.陈苏镇:《汉文帝“易侯邑”及“令列侯之国”考辨》,《历史研究》2005年第5期。

220.陈铁卿:《河北省行政区划沿革新考》,《河北月刊》第2卷1期至第3卷12期,1934—1935年。

221.陈铁卿:《河北省县名次序之衍成》,《河北月刊》第3卷第8期,1935年8月。

222.陈铁卿:《河北省县名考原》,《河北月刊》第1卷第1期,1933年1月。

223.陈铁卿:《纪魏县元城与大名合并经过及其复县运动》,《河北月刊》1933年1卷2期。

224.陈伟:《晋南阳考》,《历史地理》第18辑,上海人民出版社2002年版。

225.陈垣:《史讳举例》,中华书局2004年版。

226.程龙:《井陉县治的变迁及其军事意义》,《历史地理》第17辑,上海人民出版社2001年版。

227.从翰香主编:《近代冀鲁豫乡村》,中国社会科学出版社1995年版。

228.崔立秋:《聆听圈头古乐》,《河北日报》2005年6月17日第9版。

229.丁锡田:《山东县名之溯源》,《地学杂志》1924年第15期。

230.樊如森:《天津——近代北方经济的龙头》,《中国历史地理论丛》2006年第2期。

231.费孝通:《关于“文化自觉”的一些自白》,《学术研究》2003年第7期。

232.冯承钧译:《马可波罗行纪》,上海书店出版社2001年版。

233.冯永谦:《辽史地理志考补——中京道、南京道、西京道失载之州军》,《北方文物》1998年第3期。

234.傅林祥:《抗战时期日伪河北省政区变迁》,《历史地理》第29辑,上海人民出版社2014年版。

235.傅增淞:《承德府调查记》,《地学杂志》第一年第一号。

236.高寿仙:《北京人口史》,中国人民大学出版社2014年版。

237.耿虎:《试论唐代河北道政区的几个问题》,《厦门大学学报(哲学社会科学版)》2002年第3期。

238.工商部工商访问局:《调查》,《工商半月刊》1929年第11期。

239.龚胜生:《中国疫灾的时空分布变迁规律》,《地理学报》2003年第6期。

240.故宫博物院明清档案部编:《清代档案史料丛编》第4辑,中华书局1979年版。

241.顾颉刚:《古史辨自序》,商务印书馆2011年版。

242.国民政府工商部工商访问局:《天津花生油生产状况》,《工商半月刊》1930年第4期。

243.国民政府工商部工商访问局:《天津棉花之分析》,《工商半月刊》1929年第18期。

244.韩光辉:《北京历史人口地理》,北京大学出版社1996年版。

245.韩嘉谷:《天津平原的西汉县治和相关历史》,《天津社会科学》1983年第4期。

246.韩嘉谷:《天津平原的西汉县治和相关历史》,《天津社会科学》1983年第4期。

247.何德骞:《天津县治议迁咸水沽》,《今晚报》2013年5月28日。

248.河北省档案馆藏:《河北省人民政府档案·天津县归津市建制》,1953年2月27日。

249.河北省地名办公室编:《河北政区沿革志》,河北科学技术出版社1985年版。

250.河北省社科院地方史编写组:《河北简史》,河北人民出版社1990年版。

251.侯仁之主编:《北京历史地图集》,北京出版集团文津出版社2013年版。

252.后晓荣:《秦代燕地五郡置县考》,《古代文明》2009年第4期。

253.后晓荣:《秦代政区地理》,社会科学文献出版社2009年版。

254.后晓荣:《秦广阳郡置县考》,《首都师范大学学报(社会科学版)》2009年第4期。

255.后晓荣:《燕国地方行政称“都”考》,《首都师范大学学报(社会科学版)》2012年第6期。

256.胡恒:《关于清代县的裁撤的考察——以山西四县为中心》,《清史研究》2011年第2期。

257.华林甫:《二十世纪正史地理志研究述评》,《中国地方志》2006年第2期。

258.华林甫:《中国历代更改重复地名及其现实意义》,《历史研究》2000年第4期。

259.华林甫:《中国历史地理学·综述》,山东教育出版社2009年版。

260.蒋廷黻编:《筹办夷务始末补遗》,北京大学出版社1988年版。

261.金嘉伟:《西汉幽州边防体系》,江苏师范大学2017年硕士学位论文。

262.金钺:《天津政俗沿革记》序,1938年刻本。

263.金紫恒:《河间行政沿革简史》,《地名知识》1982年第4期。

264.靳宝主编:《北京军事史》,人民出版社2018年版。

266.京山:《宛平县和拱极城》,《北京档案》1987年第1期。

266.景爱:《长城》,学苑出版社2008年版。

267.孔明丽:《元代中书省政区职能研究》,中国人民大学2009年博士学位论文。

268.雷梦水等编:《中华竹枝词》,北京古籍出版社1997年版。

269.李辉:《北宋河北高阳关路研究》,山东大学2010年硕士学位论文。

270.李洛之、聂汤谷:《天津的经济地位》,经济部冀热察绥区特派员办公处驻津办事处1948年版。

271.李明志、袁嘉祖:《近600年来我国的旱灾与瘟疫》,《北京林业大学学报(社会科学版)》2003年第3期。

272.李启文:《西汉勃海郡初置领县考》,《历史地理》第十三辑,上海人民出版社1996年版。

273.李文治、江太新:《清代漕运》,社会科学文献出版社2008年版。

274.李晓杰:《东汉政区地理》,山东教育出版社1999年版。

275.李严、张玉坤、李哲:《长城并非线性——卫所制度下明长城军事聚落的层次体系研究》,《新建筑》2011年第3期。

276.李增琦:《鄚州镇商业市场的变迁》,全国政协文史资料委员会编《文史资料存稿选编》第22辑,中国文史出版社2002年版。

277.李治安、薛磊:《中国行政区划通史·元代卷》,复旦大学出版社2009年版。

278.李治安:《元中书省直辖"腹里"政区考略》,《元史论丛》第十辑,中国广播电视出版社2005年版。

279.李治安等:《元代华北地区研究——兼论汉人的华夷观念》,南开大学出版社2008年版。

280.梁思成、张锐:《天津特别市物质建设方案》,《梁思成全集》第1卷，中国建筑工业出版社2001年版。

281.梁思成:《北京——都市计划的无比杰作》,《梁思成文集》(四)，中国建筑工业出版社1986年版。

282.刘海文等:《河北宣化纪年唐墓发掘简报》,《文物》2008年第7期。

283.刘华圃、高克成:《解放前天津的中药业》,《天津工商史料丛刊》第1辑。

284.刘锦藻:《清朝续文献通考》，浙江古籍出版社2000年版。

285.刘淼:《明代盐业经济研究》，汕头大学出版社1996年版。

286.刘仁远主编:《扁鹊汇考》，军事医学科学出版社2002年版。

287.卢忠民:《明清至民国时期任丘鄚州镇庙会变迁初探》,《古今农业》2006年第1期。

288.路洪昌、梁勇:《河北若干历史地理问题考辨》,《河北师范大学学报(社会科学版)》1988年第4期。

289.路洪昌:《“河北”考释》,《河北地方史》1987年第3期。

290.路洪昌:《论河北省县的命名》,《河北师范大学学报(哲学社会科学版)》1982年第3期。

291.路洪昌:《鲜虞中山国疆域变迁考》,《河北学刊》1983年第3期。

292.马孟龙:《西汉侯国地理》，上海古籍出版社2013年版，第261页。

293.宓汝成编:《中国近代铁路史资料》，中华书局1963年版。

294.牛平汉:《清代政区沿革综表》，中国地图出版社1990年版。

295.彭文峰:《后晋真定府行唐县改为永昌县的具体时间》,《中国历史地理论丛》2008年第2期。

296.彭泽益:《中国近代手工业史资料》第1册，中华书局 1984 年版。

297.齐思和等编:《第二次鸦片战争》第2册，上海人民出版社1978年版。

298.乔建中:《望：一位老农在28年间守护一个民间乐社的口述史》，中央编译出版社2014年版。

299.沈祖宪辑:《养寿园奏议辑要》，文海出版社1966年影印本。

300.施和金:《北齐地理志》，中华书局2008年版。

301.实业部天津商品检验局:《工商要闻》,《检验月刊》1934年第3 、4期。

302.实业部天津商品检验局:《顺德皮毛业调查》,《检验月刊》1934年第2期。

303.史念海:《秦汉时代的农业地区》,《河山集》，三联书店1963年版。

304.史念海:《战国至唐初太行山东经济地区的发展》,《河山集》，三联书店1963年版。

305.史为乐:《中华人民共和国政区沿革(1949—2002)》，人民出版社2006年版。

306.孙德常、周祖常编:《天津近代经济史》，天津社会科学院出版社1990年版。

307.孙冬虎、许辉:《北京交通史》，人民出版社2012年版。

308.孙冬虎、许辉:《北京历史人文地理纲要》，中国社会科学出版社2016年版。

309.孙冬虎:《“京津冀一体化”的历史考察》,《北京社会科学》2014年第12期。

310.台北故宫博物院编:《宫中档乾隆朝奏折》，台北故宫博物院1987年版。

311.台湾三军大学编:《中国历代战争史》，军事译文出版社1983年版。

312.太平天国历史博物馆编:《太平天国史料丛编简辑》第5册，中华书局1962年版。

313.谭其骧主编:《中国历史地图集》，中国地图出版社1982年版。

314.天津市档案馆等编:《天津商会档案汇编》，天津社会科学院出版社1989年版。

315.天津市历史博物馆考古部:《天津军粮城海口汉唐遗迹调查》,《考古》1993年第2期。

316.天津市文化局考古发掘队:《天津军粮城发现的唐代墓葬》,《考古》1963年第3期。

317.铁道部交通史编纂委员会:《交通史路政编》第1册。

318.通州区文化委员会:《通州文物志》，文化艺术出版社2006年版。

319.王德权:《从“罢郡存州”到“改州为郡”——隋代河北政区调整个案研究》,《台湾师范大学历史学报》第26期，1998年6月。

320.王德权:《从“汉县”到“唐县”——三至八世纪河北县治体系变动的考察》,《唐研究》卷五，北京大学出版社1999年版。

321.王洪波、韩光辉:《从军事城堡到塞北都会》,《经济地理》2013年第5期。

322.王静:《明清天津盐业研究》，南开大学2009年博士学位论文。

323.王琳峰、张玉坤:《明长城蓟镇戍边屯堡时空分布研究》,《建筑学报》2011年S1期。

324.王琳峰、张玉坤:《明宣府镇城的建置及其演变》,《史学月刊》2010年第11期。

325.王颋:《完颜金行政地理》，香港天马出版有限公司2005年版。

326.王文楚:《飞狐道的历史变迁》,《古代交通地理丛考》，中华书局1996年版。

327.王仲荦:《北周地理志》，中华书局1980年版。

328.魏光奇:《官治与自治——20世纪上半期的中国县制》，商务印书馆2004年版。

329.魏光奇:《有法与无法——清代的州县制度及其运作》，商务印书馆2010年版。

330.温海清:《画境中州——金元之际华北行政建置考》，上海古籍出版社2012年版。

331.翁俊雄:《唐朝鼎盛时期政区与人口》，首都师范大学出版社1995年版。

332.翁俊雄:《唐初政区与人口》，北京师范学院出版社1990年版。

333.翁俊雄:《唐后期政区与人口》，首都师范大学出版社1999年版。

334.吴承明:《中国资本主义与国内市场》，中国社会科学出版社1985年版。

335.吴弘明等:《津海关年报档案汇编(1889—1911)》,天津社会科学院出版社1993年版。

336.吴松弟:《两唐书地理志汇释》,安徽教育出版社2002年版。

337.向南主编:《辽代石刻文编》,河北教育出版社1995年版。

338.项阳、张国振主编:《白洋淀上的一颗民间音乐明珠——圈头村“音乐圣会”》,中央音乐学院出版社2013年版。

339.辛德勇:《古代交通与地理文献研究》,中华书局1996年版。

340.邢铁:《新河县城的历史考察——华北平原古县城考察之一》,《河北学刊》1998年第3期。

341.徐珂:《清稗类钞》,中华书局1984年版。

342.许檀:《清代前期的沿海贸易与天津城市的崛起》,《城市史研究》第13—14辑,天津古籍出版社1997年版。

343.阎忠:《燕北长城考》,《社会科学战线》1995年第2期。

344.杨馨远、黄建芳:《论汉代参户故城地理位置——兼论东平舒县治位置》,《历史地理》第19辑,上海人民出版社2003年版。

345.杨志玖:《关于渔阳、范阳、蓟县的方位问题——并论〈重修蓟县志〉的错误》,《天津社会科学》1983年第2期。

346.姚贤镐:《中国近代对外贸易史资料》,中华书局1962年版。

347.尹钧科:《北京历代建置沿革》,北京出版社1984年版。

348.尹钧科:《论北京历代建置沿革的特点》,《北京社会科学》1987年第4期。

349.尹钧科:《北京建置沿革史》,人民出版社2008年版。

350.于鹤年:《河北省十六国时代郡县考略》,《女师学院期刊》第1卷第1期,1933年1月。

351.张伯瑜:《变革社会中的中国传统音乐》,中央音乐学院出版社2012年版。

352.张岗:《河北通史》(明朝卷),河北人民出版社2000年版。

353.张慧芝、冯石岗:《京师·口岸·腹地:京津冀一体化的历史地理学解读》,《河北学刊》2013年第1期。

354.张家口市宣化区文物保管所:《河北张家口宣化东升路东汉墓(M3)发掘简报》,《文物》2015年第3期。

355.张维华:《中国长城建置考》,中华书局1979年版。

356.张正明:《晋商兴衰史》,山西经济出版社2010年版。

387.张之:《唐邺县两治所考附:隋邺县两治所》,《文物春秋》1996年第2期。

358.赵泉澄:《清代地理沿革表》,中华书局1955年版。

359.赵世瑜:《明清时期华北庙会研究》,《历史研究》1992年第5期。

360.赵允元:《赤峰调查记》,《地学杂志》第一年第四号。

361.郑振满、陈春声主编:《民间信仰与社会空间》,福建人民出版社2005年版。

362.中国第一历史档案馆编:《嘉庆道光两朝上谕档》,广西师范大学出版社2000年版。

363.中国第一历史档案馆编:《雍正朝汉文朱批奏折汇编》,江苏古籍出版社1991年版。

364.中国第一历史档案馆译编:《雍正朝满文朱批奏折全译》,黄山书社1998年版。

365.中国军事史编写组:《中国军事史》,解放军出版社1991年版。

366.中国科学院历史研究所第三所编辑:《庚子记事》,科学出版社1959年版。

367.中国人民大学清史所等编:《清代的矿业》,中华书局1983年版。

368.周飞舟:《制度变迁和农村工业化包买制在清末民初手工业发展中的历史角色》,中国社会科学出版社2006年版。

369.周长山:《河北地区汉代城市的历史考察》,《中国历史地理论丛》2005年第2期。

370.周振鹤:《西汉政区地理》,人民出版社1987年版。

371.周振鹤:《与满城汉墓有关的历史地理问题》,《文物》1982年第8期。

后 记

这本书稿是北京市社会科学基金重大项目《京津冀地缘关系的历史考察》(批准号:15ZDA24)的最终成果，也是我们试图拓展研究空间、力求服务社会发展的记录。2015年底由北京市社科联批准立项，2019年秋完成研究工作交付鉴定。承蒙评审专家勖勉，2020年6月以优秀结项。经过随后的陆续修改补充，以《京津冀地缘关系史》之名交付出版。

本书是我们团队密切合作的结晶，依照共同讨论制定的研究大纲，结合各自的业务专长和已有积累，每位成员的工作各有侧重。高福美撰写“财货川流：地缘关系的经济血脉”，李诚撰写“分合伸缩：地缘关系的政治调适”，靳宝撰写“拱卫京师：地缘关系的军事纽带”并起草了“星罗棋布：秦汉奠定的城镇格局”一节，王建伟撰写“风习相类：地缘关系的文化镜像”。其余部分以及全书的修改定稿由我完成，李诚对全书附图做了重绘或加工。我们的工作还只是初步的尝试，今后还需继续探索和深化。感谢各位同事的精诚团结和积极努力！

京津冀之间的地缘关系涉及历史与现实的许多方面，本书将四篇论文作为附录以见其一斑。我们的同事吴文涛女士是“永定河文化带”的首倡者，在2016年主持完成《桑干河——永定河历史文化资源整合研究》课题的基础上，《永定河：连接京津冀晋蒙的一条大文化带》(删节稿改题《永定河流域这条“大文化带”值得重视》，载于《北京日报》2017年5月15日）等论文的发表和相关建议的提出，促成了《北京城市总体规划（2016—2030年）草案》中的“西山文化带”最终调整为“西山永定河文化带”，进而激发了此后关于永定河文化的大量研究；赵雅丽女士《清代京津冀之缘聚与缘散》一文（《北京史学》2019年春季刊)，对影响京津冀地缘关系演变的因素等问题，进行了颇具新意的讨论。我们的好朋友、河北工业大学张慧芝教授《鄚州庙、庙会与京津冀地缘文化共同体》一文（《北京史学》2019年春季刊)，通过分析鄚州庙和庙会的发展过程与文化价值，对历史悠久的地域文化在当代条件下如何摆脱困境、有序传承，做出了深入的理论思考。连同李诚讨论清代政区问题的《置县存废下的博弈与妥协》(《中国地方志》2018年第2期）一起，都是从多角度认识京津冀地缘关系的有力臂助。诸位允准转录大作，为本书增色不少，在此谨致以衷心的感谢！征引时对个别字句略有增删修改，如有不当之处，当然都是我的责任。

本书得以列入北京燕山出版社的“北京学术丛书”系列，承蒙夏艳社长等领导和专家鼎力支持，刘占凤、张金彪两位编辑为本书做了精心的编辑校核。我与燕山出版社同仁的友谊由来已久，2007年李剑波主任作为责任编辑，帮我出版了《北京近千年生态环境变迁研究》；2009年《北京地名研究》(与尹钧科先生合著)与2010年《北京地名发展史》的出版，都有赖于常思薇女士作为责任编辑付出的辛劳。每忆及此，心中都充满深深的感激之情！

项目进行过程中，得到了北京市社会科学院科研处朱霞辉处长和俞音同志的热情关照，历史研究所的同事们一如既往地提供了多方保障，在此一并致以诚挚的谢意！

2021年11月23日识于北京市社会科学院历史所